शान्ति सूत्र

शैलेष कुमार दुबे

Cover Design Nitin Singh

Formatting Design TheVati Consults

परिचय

...

"**शांति सूत्र: एक यात्रा भावनात्मक उपचार और आंतरिक शांति की ओर**" सिर्फ एक किताब नहीं, बल्कि एक मार्गदर्शक है–जो आपको खुद को समझने, अपनी भावनाओं को अपनाने और अपने भीतर छुपी शक्ति को पहचानने में मदद करेगी। कई बार हम अपने डर, दुख और चिंताओं को अनदेखा करने की कोशिश करते हैं, लेकिन यह हमें भीतर ही भीतर और तोड़ता चला जाता है। यह पुस्तक आपको एक सुरक्षित स्थान देती है, जहाँ आप अपनी भावनाओं को खुलकर समझ सकते हैं और उन जज़्बातों को सही दिशा में मोड़ सकते हैं।

माइंडफुलनेस अभ्यासों की मदद से आप सीखेंगे कि बिना किसी निर्णय या अपराधबोध के अपनी भावनाओं को कैसे स्वीकार किया जाए। हम अतीत के आघातों (traumas) के प्रभाव को समझेंगे और यह जानेंगे कि उन अनुभवों को कैसे संसाधित किया जाए, ताकि वे हमारे वर्तमान को नियंत्रित न करें। आत्म-करुणा (self-compassion) इस सफर का एक महत्वपूर्ण हिस्सा होगा– क्योंकि जब हम खुद को समझने और अपनाने लगते हैं, तभी सच्ची हीलिंग होती है।

गहरी भावनात्मक चिकित्सा और आंतरिक शांति को बढ़ावा देने के लिए इस किताब में **हिप्नोथेरेपी तकनीकों** को शामिल किया गया है। आप यहाँ **मार्गदर्शित कल्पनाएँ** (guided visualizations) पाएंगे, जो आपको अपने

भीतरी बच्चे (inner child) से फिर से जुड़ने, आत्म-प्रेम को बढ़ाने और नकारात्मक विचारों को सकारात्मक में बदलने में मदद करेंगी।

लेकिन यह किताब सिर्फ पढ़ने के लिए नहीं है–यह अनुभव करने, अपनाने और जीने के लिए है। यहाँ दी गई व्यावहारिक एक्सरसाइज़ और जर्नलिंग प्रॉम्प्ट्स आपको अपने उपचार सफर में सक्रिय रूप से भाग लेने के लिए प्रेरित करेंगी। आप सिर्फ यह नहीं जानेंगे कि भावनात्मक उपचार *क्या* है, बल्कि यह भी सीखेंगे कि इसे *कैसे* अपनी ज़िंदगी में लागू करें।

अंदर से हीलिंग की यात्रा

हीलिंग केवल घावों को मिटाने की प्रक्रिया मात्र नहीं है, बल्कि स्वयं को समझने और स्वीकार करने की एक गहरी यात्रा है। यह यात्रा हमें सिखाती है कि हमारे मन में उठने वाले हर प्रश्न का उत्तर हमारे भीतर ही छुपा है।

जिस प्रकार एक पत्थर, गहरे दबाव और समय के साथ चमकदार हीरा बन जाता है, उसी प्रकार हमारे भीतर का हर दर्द हमें तराशता है, हमें एक नए स्वरूप में ढालता है। हीलिंग हमें केवल अतीत से मुक्त ही नहीं करती, बल्कि हमें स्वयं से जोड़ती है–एक ऐसी यात्रा जो हमें अपने वास्तविक स्वरूप की ओर ले जाती है।

भगवद गीता में श्रीकृष्ण कहते हैं–'*दुख से भागने से शांति नहीं मिलती, बल्कि उसे समझने और स्वीकार करने से आत्मबोध उत्पन्न होता है।*' जब हम अपने दुख को समझते हैं और उसे स्वीकार करते हैं, तभी हम आंतरिक शांति और सच्चे आत्मज्ञान की ओर बढ़ते हैं।"

हीलिंग एक मंज़िल नहीं, बल्कि अनवरत यात्रा है–एक ऐसा सफर जो हमें भीतर से पूर्ण और मुक्त करता है।"

यह सफर हमें धीरे-धीरे बदलता है। जब हम अपने घावों को समझने और स्वीकारने लगते हैं, तो खुद से लड़ना बंद कर देते हैं। हम अपने अनुभवों को एक नई नजर से देखने लगते हैं, और यही नजरिया हमें भीतर से हल्का करता है। धीरे-धीरे, हम खुद को वैसे ही अपनाना सीख जाते हैं जैसे हम हैं–बिना किसी शिकायत के, बिना किसी पछतावे के। और जब यह स्वीकार करना आ जाता है, तो शांति अपने आप हमारे भीतर घर कर लेती है।

खुद को जानने की ताकत

हीलिंग वहीं से शुरू होती है, जब हम अपने अंदर झाँकने की हिम्मत करते हैं। यह आसान नहीं होता। कई बार हमें खुद से ऐसे सवाल पूछने पड़ते हैं, जिनका जवाब शायद हम सालों से टालते आ रहे होते हैं–*"क्यों कुछ यादें अब भी दर्द देती हैं?""क्यों मैं बार-बार वही गलतियाँ दोहराता हूँ?""मैं अपने आपको सच में कैसे देखता हूँ?"*

ये सवाल हमें उन जख़्मों तक ले जाते हैं, जिन्हें हमने कभी पूरी तरह महसूस ही नहीं किया, लेकिन जो अब भी हमारे अंदर कहीं दबे हुए हैं।

ज़रा सोचिए, अंधेरी रात का सन्नाटा, और एक शख़्स बालकनी में खड़ा टिमटिमाते तारों को निहार रहा है। हल्की ठंडी हवा उसके चेहरे को छूती है, और उसी पल, उसे वो लम्हा याद आ जाता है जब किसी ने उसका हाथ थामकर साथ निभाने का वादा किया था। लेकिन वह शख़्स बिना कुछ कहे, बिना अलविदा किए उसकी दुनिया से चला गया–बस यूँ ही, उसके मन में अनगिनत सवाल छोड़कर, जिनके जवाब वह अब तक तलाश रहा है।

वह बार-बार उसकी पुरानी तस्वीरों को देखता, अपने बीते हुए पलों को फिर से जीने की कोशिश करता। कितने बेफिक्र और खुश थे वो दिन, जब वे एक साथ थे। उनकी पहली लॉन्ग ड्राइव, जहाँ रास्ते भर बातें होती रहीं। देर रात तक चलने वाली वो बातें, उसकी माँ के हाथ के लड्डू जो वो छुपकर लाया थी, और वो मंदिर, जहाँ उन्होंने साथ रहने के लिये प्रार्थनायें की थीं। अब ये सब सिर्फ यादें थीं, जो उसकी साँसों में बसी हुई थीं।

आज उसकी भीगी आँखें मोबाइल की स्क्रीन पर टिकी हैं, वो आखिरी तस्वीर को निहारते हुए, जब वो ट्रेन में एक दूसरे के साथ थे–अब बस यही एक याद बची थी। वो पहली मुलाकात, वो बेफिक्र हँसी, अधूरी कॉफी, और वे रास्ते, जहाँ ज़िंदगी हल्की लगती थी। हर चीज़, हर पल, अब बस एक सदी की तरह लगता था–जैसे कोई दूर का सपना, जो अब सच नहीं हो सकता

कई बार उसे लगा कि वह ये सब भुलाकर आगे बढ़ चुका है। लेकिन फिर कोई गाना, कोई जगह, या कोई खुशबू उसे फिर से उसी याद में धकेल देती। उसने इस दर्द से कई बार भागने की कोशिश की–खुद को काम में डुबो दिया,

दोस्तों के साथ हंसा, ज़ोर से ठहाके लगाए, ठीक होने का नाटक किया। लेकिन हर रात, जब अकेलापन घर करता, जब सन्नाटा उसके मन में उतरने लगता, तब वह खुद से पूछता–*"क्या वाकई प्यार कभी खत्म होता है?"*

और फिर, एक रात, आईने के सामने खड़े होकर, उसने अपनी आँखों में वही सवाल देखा–"मैं किससे भाग रहा हूँ?"

उसे अहसास हुआ कि वह कभी भी असल में आगे नहीं बढ़ा था, बस दर्द से नजरें चुरा रहा था। लेकिन क्या दर्द से भागना ही हल है? या फिर उसे समझना, उसे अपनाना और उसे खुद का हिस्सा बना लेना ही असली हीलिंग है?

हीलिंग सिर्फ बीते हुए कल को भूल जाने का नाम नहीं है। यह उन अधूरी भावनाओं को स्वीकार करने और उनके साथ शांति बनाने की प्रक्रिया है। प्यार शायद वक्त के साथ ख़त्म हो जाए, लेकिन जो गहराई यह हमें सिखाता है, वह हमारे भीतर हमेशा बनी रहती है। वही गहराई, जो हमें खुद से जोड़ती है, जो हमें समझने पर मजबूर करती है, और जो हमें मजबूत बनाती है।

हमारा मन ही हमारा सबसे बड़ा हथियार है, अगर हम उसे सही दिशा में ले जाएँ। लेकिन अगर हम अपने दर्द को बार-बार दोहराते रहें, अपनी ही भावनाओं में उलझे रहें, तो यही मन हमारा सबसे बड़ा दुश्मन बन जाता है।

हीलिंग तब शुरू होती है, जब हम खुद को समझने लगते हैं। जब हम अपने मन को अपने पक्ष में करना सीखते हैं। जब हम अपने जख्मों को अपनी ताकत बना लेते हैं। तभी हमें अहसास होता है कि असली शांति बाहर नहीं, बल्कि हमारे अंदर ही है।"

भावनाएँ और पुराने ज़ख्म क्यों मायने रखते हैं?

हमारी भावनाएँ सिर्फ हमारे दिल में नहीं, बल्कि हमारे हर अनुभव, हर रिश्ते, और हर याद में मौजूद होती हैं। ये हमें बनाती हैं, हमें बदलती हैं और हमें यह सिखाती हैं कि जीवन को कैसे जिया जाए। कुछ भावनाएँ हमें उड़ने का एहसास कराती हैं, तो कुछ हमारे पैरों की ज़मीन खींच लेती हैं। लेकिन सच यही है–हर भावना, चाहे वह सुखद हो या पीड़ादायक, हमारे विकास का हिस्सा होती है।

सकारात्मक भावनाएँ: जीवन की रोशनी

प्यार: यह केवल किसी और से जुड़ने की भावना नहीं है, बल्कि खुद से जुड़ने का भी अहसास है। यह हमें सुरक्षा, अपनापन और belongingness का अनुभव कराता है।

खुशी: यह वह हल्की मुस्कान है, जो बिना किसी कारण के चेहरे पर आ जाती है। यह हमें आगे बढ़ने की ऊर्जा देती है, हमें मुश्किलों में भी रोशनी दिखाती है।

शांति: यह किसी पहाड़ की चोटी पर बहती ठंडी हवा की तरह होती है–सुकून देने वाली, स्थिर और हल्की। जब जीवन में हलचल हो, तब यही शांति हमें संतुलित रखती है।

कृतज्ञता: यह हमारे पास जो कुछ भी है, उसकी कद्र करना सिखाती है। जब हम शुक्रगुजार होते हैं, तो जीवन हमें और देने लगता है।

नकारात्मक भावनाएँ: ज़रूरी सबक

गुस्सा: यह एक संकेत है कि कुछ ऐसा हो रहा है जो हमें स्वीकार्य नहीं है। लेकिन इसे सही दिशा में मोड़ना ज़रूरी है, वरना यह हमें ही जला सकता है।

डर: यह हमें सतर्क करता है, हमारी सुरक्षा का ध्यान रखता है। लेकिन अगर हम इसे काबू में न रखें, तो यह हमारी उड़ान को रोक सकता है।

उदासी: यह हमें हमारे अधूरेपन से मिलवाती है, हमें खुद को समझने का समय देती है। यह दर्द देती है, लेकिन यही दर्द हमें नए सिरे से जीना सिखाता है।

आपका आंतरिक शांति और आत्म-स्वीकृति का सफर यहीं से शुरू होता है। आप अकेले नहीं हैं–इस किताब के हर पन्ने पर आपको एक साथी मिलेगा। तो चलिए, इस खूबसूरत यात्रा को मिलकर तय करते हैं!

भूमिका

...

आंतरिक शांति की राह सीधी नहीं होती। यह एक सफर है–कभी आसान, कभी उलझनों से भरा। रास्ते में कई मोड़ आते हैं, कभी चढ़ाई मुश्किल लगती है, और कभी ऐसा महसूस होता है कि हम कहीं खो गए हैं। लेकिन सच यह है कि हर मोड़, हर ठहराव हमें खुद को और गहराई से समझने का मौका देता है। **"शांति सूत्र"** इसी सफर में आपका साथी बनने के लिए लिखा गया है। यह सिर्फ एक किताब नहीं, बल्कि एक मार्गदर्शक है, जो आपको खुद से जुड़ने, अपने जज़्बातों को समझने और अपनी आंतरिक शक्ति को पहचानने में मदद करेगा।

शायद आपने भी कभी ऐसा महसूस किया हो कि पुरानी यादें या अनकहे जज़्बात मन में कहीं दबी रह जाती हैं। हम उन्हें नजरअंदाज करने की कोशिश करते हैं, लेकिन वे बार-बार लौटकर आती हैं। इस किताब में माइंडफुलनेस, हिप्नोथेरेपी और भावनात्मक उपचार की तकनीकों को इस तरह पिरोया गया है कि आप न सिर्फ इन्हें समझें, बल्कि अपनी जिंदगी में अपना भी सकें– बिना किसी दबाव के, अपने हिसाब से।

यह कोई चमत्कारी उपाय नहीं, जो रातों-रात सब ठीक कर दे। यह खुद को जानने, स्वीकार करने और अपनाने की प्रक्रिया है। हर किसी का हीलिंग सफर अलग होता है, और यह किताब आपको उसी सफर में सहारा देने के लिए है– कुछ आसान उपायों, गाइडेड विज़ुअलाइज़ेशन और जर्नलिंग एक्सरसाइज़ के साथ, जो आपकी आंतरिक शक्ति को जागृत करने में मदद करेंगी।

बस पढ़ने तक इसे सीमित मत रखिए, इसे अपनाइए, इसे जीकर देखिए। धीरे-धीरे, बिना किसी जल्दी के। खुद से प्यार और धैर्य के साथ। क्योंकि सच्ची यात्रा वही होती है, जो भीतर की ओर जाती है। और इस सफर में आप अकेले नहीं हैं–यह किताब आपके हर कदम पर आपका साथ देगी। तो चलिए, इस खूबसूरत यात्रा की शुरुआत करते हैं।

अनुक्रमणिका

...

अध्याय 1

मिरर ऑफ माइंड: अपनी इनर वर्ल्ड को समझना

कल्पना कीजिए, आप सुबह उठते हैं और आईने के सामने खड़े होते हैं, लेकिन यह आईना आपका चेहरा नहीं दिखा रहा। इसके बजाय, यह आपके भीतर छुपी भावनाएँ, विचार, भय और अधूरे सपने दिखा रहा है। क्या आप खुद को इस रूप में पहचान पाएंगे? यह सवाल हमें अपने भीतर झाँकने और आत्म-अवलोकन करने के लिए प्रेरित करता है।

अक्सर, हम अपनी पहचान को बाहरी चीज़ों से जोड़ते हैं–हमारा शरीर, कपड़े, समाज में हमारी छवि। लेकिन जो सबसे महत्वपूर्ण है, वह हमारा आंतरिक संसार है। अद्वैत वेदांत के सिद्धांत में आदि शंकराचार्य ने कहा है:

"ब्रह्म सत्यं जगन्मिथ्या, जीवो ब्रह्मैव नापरः।"

अर्थात, ब्रह्म (शुद्ध चेतना) ही परम सत्य है, और यह संसार (जिसे हम अपनी वास्तविकता समझते हैं) माया है। जब हम अपने वास्तविक स्वरूप को पहचानने की बजाय बाहरी दुनिया को ही सत्य मानते हैं, तब हम अपने

भीतर की सच्चाई से दूर हो जाते हैं। यदि आईना हमारी असली भावनाएँ दिखाने लगे–हमारे वे डर, जो हमें आगे बढ़ने से रोकते हैं, वे सपने, जिन्हें हमने अधूरा छोड़ दिया, और वे भावनाएँ, जिन्हें हम सालों से दबाते आ रहे हैं–तो शायद हमें एहसास होगा कि हमने खुद को कितना अनदेखा किया है।

यह समझ आत्म-जागरूकता की ओर पहला कदम है। आदि शंकराचार्य अपने ग्रंथ *विवेक चूड़ामणि* में कहते हैं:

"मनोबुद्ध्यहंकारचितानि नाहं, न च श्रोत्रजिह्वे न च घ्राणनेत्रे।"

अर्थात, "मैं न तो मन हूँ, न बुद्धि, न अहंकार, न चित। मैं न तो कान हूँ, न जीभ, न नाक, न आँख।" इस श्लोक का भाव यह है कि हमारी असली पहचान इन सीमित चीज़ों से परे है। हम केवल अपनी भावनाओं, इच्छाओं, और डर से बने हुए नहीं हैं, बल्कि उनके पीछे मौजूद शुद्ध चेतना हैं।

जब हम आईने में देखते हैं, तो हमें अपनी बाहरी छवि दिखती है, लेकिन अगर हम ध्यानपूर्वक देखें, तो हमें अपने भीतर का संसार भी दिख सकता है। यह वैसा ही है जैसे शांत जल में अपनी छवि देखना–जब पानी स्थिर होता है, तभी हम अपना असली प्रतिबिंब देख सकते हैं। यदि हमारा मन विचारों और भावनाओं के तूफान में उलझा रहेगा, तो हम खुद को पहचान नहीं पाएंगे।

आत्म-जागरूकता का यह आईना हमें अपनी असली पहचान से जोड़ता है, जहाँ हम खुद को सिर्फ देख नहीं रहे, बल्कि समझ भी रहे हैं। यह हमें अपने भीतर के डर को स्वीकारने, अपने अधूरे सपनों को दोबारा जीने और आत्म-प्रेम को अपनाने की शक्ति देता है। जब हम अपने विचारों को एक बाहरी दृष्टिकोण से देखने लगते हैं, तो हम उनसे बंधे नहीं रहते, बल्कि उन्हें समझकर आगे बढ़ते हैं।

आदि शंकराचार्य के अनुसार, जब हम स्वयं को जान लेते हैं, तो सभी भय समाप्त हो जाते हैं। जैसे अंधेरे कमरे में दीपक जलाने से भ्रम दूर हो जाता है, वैसे ही आत्म-जागरूकता का प्रकाश हमें हमारी असली पहचान से परिचित

कराता है। यही पहला कदम है–खुद को स्वीकारने, खुद से प्रेम करने और अपने भीतर छुपी शक्ति को पहचानने का।

सेल्फ-अवेयरनेस: खुद को पहचानने की दो दिशाएँ

आप एक झील के किनारे खड़े हैं। पानी का एक हिस्सा बिल्कुल साफ़ और स्थिर है, जिसमें आप अपना प्रतिबिंब स्पष्ट रूप से देख सकते हैं। लेकिन झील का दूसरा हिस्सा लहरों से भरा है, जहाँ आपकी छवि धुंधली और विकृत दिखती है। यही स्थिति हमारी आत्म-जागरूकता की भी होती है–एक ओर हम खुद को भीतर से समझने की कोशिश करते हैं (आंतरिक आत्म-जागरूकता), तो दूसरी ओर हम यह भी जानने की कोशिश करते हैं कि दुनिया हमें किस नजरिए से देखती है (बाहरी आत्म-जागरूकता)। अगर हम इन दोनों को संतुलित नहीं रखते, तो हमारी समझ अधूरी रह जाती है।

आंतरिक आत्म-जागरूकता: अपने भीतर झांकना

आंतरिक आत्म-जागरूकता का मतलब है कि हम अपने विचारों, भावनाओं और विश्वासों को गहराई से समझें। यह बिल्कुल वैसा ही है, जैसे कोई व्यक्ति जंगल में अकेले यात्रा कर रहा हो और उसे यह तय करना हो कि किस दिशा में जाना सही रहेगा। बिना आत्म-जागरूकता के, हम दूसरों की उम्मीदों और समाज के नियमों के आधार पर अपने फैसले लेने लगते हैं, लेकिन अगर हम भीतर झांककर अपनी सच्ची चाहतों को समझें, तो हमारी दिशा स्पष्ट हो जाती है।

कई लोग सालों तक एक ऐसी नौकरी में फंसे रहते हैं जो उन्हें पसंद नहीं होती, सिर्फ इसलिए कि वे यह तय नहीं कर पाते कि वे वास्तव में क्या चाहते हैं। लेकिन जैसे ही वे खुद से सवाल पूछते हैं–*"क्या यह सच में मेरा लक्ष्य है, या मैं सिर्फ समाज की अपेक्षाओं को पूरा कर रहा हूँ?"*–वे खुद को नए रास्तों की ओर ले जा सकते हैं। यह आत्म-जागरूकता उन्हें पहचानने में मदद करती है कि वे किन चीजों से प्रेरित होते हैं, कौन-सी बातें उन्हें भीतर से खुशी देती हैं, और किन डर या मानसिक अवरोधों ने उन्हें रोका हुआ है।

बाहरी आत्म-जागरूकता: खुद को दूसरों की नजरों से देखना

अगर आंतरिक आत्म-जागरूकता हमें अपने भीतर देखने की क्षमता देती है, तो बाहरी आत्म-जागरूकता हमें यह समझने में मदद करती है कि हम दूसरों को कैसे प्रभावित कर रहे हैं। यह ठीक वैसा ही है, जैसे हम किसी काँच की खिड़की से बाहर का दृश्य देख रहे हों–हम जो देख रहे हैं, वह असली दुनिया का प्रतिबिंब है, लेकिन अगर काँच धूल और धुंध से भरा हो, तो हमारा नज़रिया गलत हो सकता है।

हममें से कई लोग यह मानकर चलते हैं कि हम जैसे खुद को देखते हैं, दुनिया भी हमें वैसा ही देखती है। लेकिन वास्तविकता अक्सर अलग होती है। उदाहरण के लिए, कोई व्यक्ति खुद को विनम्र और सहयोगी समझ सकता है, लेकिन उसके सहकर्मी उसे आत्मकेंद्रित या कठोर मान सकते हैं। यदि वह व्यक्ति बाहरी आत्म-जागरूकता विकसित करे और ईमानदारी से दूसरों की प्रतिक्रियाएँ सुने, तो वह अपने व्यवहार में आवश्यक बदलाव ला सकता है।

बाहरी आत्म-जागरूकता हमें यह भी सिखाती है कि हमें दूसरों की राय को कैसे स्वीकार करना चाहिए। कई बार, हम सिर्फ वही सुनना चाहते हैं जो हमें अच्छा लगे, लेकिन अगर हम आलोचना को खुले दिमाग से लेंगे, तो हम खुद को सुधार सकते हैं।

दोनों के बीच संतुलन क्यों ज़रूरी है?

आइए फिर से झील के उदाहरण पर लौटें। यदि पानी पूरी तरह स्थिर हो और उसमें कोई लहर न हो, तो भले ही हमारी छवि स्पष्ट दिखे, लेकिन पानी का ठहराव उसे बासी बना सकता है। दूसरी ओर, अगर लहरें बहुत तेज़ हों, तो हमें अपनी छवि देखने में मुश्किल होगी। यही बात आत्म-जागरूकता पर भी लागू होती है।

यदि हम केवल आंतरिक आत्म-जागरूकता पर ध्यान दें, तो हम खुद को समझ तो लेंगे, लेकिन यह नहीं जान पाएंगे कि हम दूसरों को कैसे प्रभावित कर रहे हैं। इसका नतीजा यह हो सकता है कि हम अपनी दुनिया में सिमट जाएँ और सामाजिक रिश्तों में समस्याएँ खड़ी होने लगें।

दूसरी ओर, यदि हम केवल बाहरी आत्म-जागरूकता पर फोकस करें, तो हम दूसरों की राय और अपेक्षाओं के अनुसार जीने लगेंगे और अपनी असली पहचान खो सकते हैं। इससे हम एक ऐसे व्यक्ति बन सकते हैं जो सिर्फ प्रशंसा और स्वीकार्यता के लिए काम करता है, लेकिन अंदर से खोखला महसूस करता है।

संतुलित आत्म-जागरूकता का जादू

जब हम आंतरिक और बाहरी आत्म-जागरूकता को संतुलित कर लेते हैं, तो हम आत्म-स्वीकार (Self-Acceptance) और आत्म-विकास (Self-Growth) के रास्ते पर बढ़ते हैं। यह हमें यह समझने में मदद करता है कि हम कौन हैं और साथ ही यह भी कि हमारे शब्द और कर्म दूसरों को कैसे प्रभावित कर रहे हैं।

संतुलित आत्म-जागरूकता हमें आत्म-विश्वास देती है, क्योंकि हम अपने विचारों और भावनाओं को बिना किसी डर के पहचान सकते हैं। यह हमें विनम्र भी बनाती है, क्योंकि हम जानते हैं कि हमें दूसरों से भी सीखना है। और सबसे महत्वपूर्ण बात, यह हमें आत्म-संतोष और आंतरिक शांति की ओर ले जाती है।

तो अगली बार जब आप खुद को समझने की कोशिश करें, तो सिर्फ अपने विचारों तक सीमित न रहें। दूसरों की प्रतिक्रियाओं को भी ध्यान में रखें, लेकिन इस तरह कि वे आपकी असली पहचान को बदलने की जगह उसे और मजबूत करें। जब आप इस संतुलन को पा लेंगे, तो आप न सिर्फ खुद को बेहतर समझेंगे, बल्कि अपने आसपास की दुनिया में भी ज्यादा प्रभावशाली और संतुलित महसूस करेंगे।

सेल्फ-अवेयरनेस: जीवन का आईना जो आपको सच्ची दिशा दिखाता है

कल्पना कीजिए कि आप एक कार चला रहे हैं, लेकिन आपके पास न तो कोई रियरव्यू मिरर है, न ही कोई स्पीडोमीटर, और न ही कोई GPS। आप आगे बढ़ रहे हैं, लेकिन आपको यह नहीं पता कि सही दिशा में जा रहे हैं या नहीं। ऐसे में आप न केवल भटक सकते हैं, बल्कि किसी दुर्घटना का शिकार भी हो सकते हैं। ठीक इसी तरह, अगर आपके जीवन में सेल्फ-अवेयरनेस

(आत्म-जागरूकता) नहीं है, तो आप बाहरी हालात के हाथों में एक नाव की तरह बहते रहेंगे, बिना यह जाने कि आपका असली गंतव्य क्या है।

आधुनिक मनोविज्ञान और न्यूरोसाइंस की रिसर्च यह साबित करती हैं कि सेल्फ-अवेयरनेस सिर्फ एक व्यक्तिगत गुण नहीं है, बल्कि यह हमारे मानसिक स्वास्थ्य, निर्णय लेने की क्षमता, भावनात्मक संतुलन, और रिश्तों की गुणवत्ता में गहरी भूमिका निभाती है। स्टैनफोर्ड यूनिवर्सिटी की एक स्टडी के अनुसार, जो लोग सेल्फ-अवेयर होते हैं, वे अपने करियर और निजी जीवन में अधिक सफल होते हैं क्योंकि वे खुद को बेहतर तरीके से समझते हैं और इसी समझ के आधार पर निर्णय लेते हैं।

सही फैसले लेने में मदद करता है

हमारी जिंदगी में आने वाले हर मोड़ पर हमें फैसले लेने पड़ते हैं–कौन-सा करियर चुनें, किससे दोस्ती करें, कौन-से रिश्ते बनाए रखें और किन चीज़ों में अपनी ऊर्जा लगाएँ। लेकिन जब हम अपनी भावनाओं और इच्छाओं को सही से नहीं समझ पाते, तो हम कई बार गलत फैसले ले लेते हैं, जो आगे चलकर पछतावे में बदल जाते हैं।

सेल्फ-अवेयर लोग अपनी प्राथमिकताओं को स्पष्ट रूप से समझते हैं। वे खुद से सवाल पूछते हैं–

- क्या यह करियर मेरे स्वभाव और रुचि के अनुकूल है?
- क्या यह रिश्ता मेरे मानसिक स्वास्थ्य को बेहतर बना रहा है या मुझे थका रहा है?
- क्या मैं इस काम को सच में पसंद करता हूँ, या सिर्फ समाज की उम्मीदों को पूरा कर रहा हूँ?

हार्वर्ड बिजनेस रिव्यू की एक रिपोर्ट बताती है कि सेल्फ-अवेयर लोग अपने फैसले बाहरी दबाव की बजाय अपनी वास्तविक ज़रूरतों और मूल्यों के आधार पर लेते हैं, जिससे उनकी सफलता की संभावना बढ़ जाती है।

इमोशनल हीलिंग (भावनात्मक उपचार) में मदद करता है

कई बार हम गुस्सा, दुख, या असुरक्षा महसूस करते हैं, लेकिन हमें यह समझ नहीं आता कि इन भावनाओं की असली जड़ क्या है। उदाहरण के लिए,

अगर किसी ने आपको हल्की-सी आलोचना की और आप बहुत अधिक आहत महसूस करने लगे, तो यह हो सकता है कि आपकी असुरक्षा बचपन में मिले किसी नकारात्मक अनुभव से जुड़ी हो।

सेल्फ-अवेयरनेस हमें अपने ट्रिगर्स को पहचानने और उनकी जड़ तक जाने में मदद करती है। मनोवैज्ञानिक डेनियल गोलमैन, जो इमोशनल इंटेलिजेंस के सिद्धांत के जनक हैं, कहते हैं कि आत्म-जागरूक लोग अपनी भावनाओं को सिर्फ महसूस नहीं करते, बल्कि उनके पीछे की कहानियों को भी समझते हैं। इससे वे अपने जख्मों को धीरे-धीरे भर सकते हैं और अपने मानसिक संतुलन को सुधार सकते हैं।

रिश्तों को बेहतर बनाता है

अगर हमें अपनी भावनाओं और जरूरतों का सही ज्ञान नहीं है, तो हम दूसरों की भावनाओं को भी सही से नहीं समझ पाएंगे। उदाहरण के लिए, यदि आपको यह एहसास ही नहीं कि आप तनाव में हैं, तो आप अनजाने में अपने दोस्तों, परिवार, या सहकर्मियों पर चिड़चिड़े हो सकते हैं।

सेल्फ-अवेयर लोग:

- अपनी भावनाओं को नियंत्रित कर पाते हैं, जिससे वे बिना वजह दूसरों पर गुस्सा नहीं करते।
- अपने व्यवहार को समझकर उसमें बदलाव ला सकते हैं।
- दूसरों की भावनाओं को बेहतर तरीके से समझकर सहानुभूति रख सकते हैं।

कार्नेगी मेलन यूनिवर्सिटी की एक रिसर्च बताती है कि जो लोग अपने व्यवहार और संचार शैली के प्रति जागरूक होते हैं, वे अधिक संतोषजनक और गहरे रिश्ते बना पाते हैं।

स्ट्रेस और एंग्जायटी को कम करता है

अगर आपको नहीं पता कि आपको किस चीज़ से तनाव होता है, तो आप उसे कंट्रोल भी नहीं कर सकते। लेकिन अगर आप जानते हैं कि कौन-सी चीजें आपको बेचैन बनाती हैं, तो आप अपने आसपास की परिस्थितियों को उसी के अनुसार बदल सकते हैं।

उदाहरण के लिए:

- अगर आपको पता है कि सुबह जल्दी उठने से आपका दिमाग शांत रहता है, तो आप अपनी दिनचर्या को उसी हिसाब से सेट कर सकते हैं।
- अगर सोशल मीडिया आपको तनाव देता है, तो आप उसकी लिमिट तय कर सकते हैं।

यूनिवर्सिटी ऑफ कैलिफोर्निया, बर्कले द्वारा किए गए एक अध्ययन में पाया गया कि जिन लोगों में सेल्फ-अवेयरनेस अधिक होती है, वे अपनी नकारात्मक भावनाओं को नियंत्रित करने में ज्यादा सक्षम होते हैं और उनमें एंग्जायटी और डिप्रेशन की संभावना कम होती है।

पर्सनल ग्रोथ की कुंजी है

अगर आप नहीं जानते कि आप कहाँ खड़े हैं, तो आप यह भी नहीं जान पाएंगे कि आपको कहाँ जाना है। यह ठीक वैसा ही है, जैसे बिना नक्शे के किसी अनजान सफर पर निकल जाना।

सेल्फ-अवेयर लोग:

- अपनी स्ट्रेंथ और वीकनेस को पहचानते हैं।
- उन पैटर्न्स को देख पाते हैं जो उनकी ग्रोथ रोक रहे हैं।
- अपनी वास्तविक इच्छाओं को समझकर उन्हें पूरा करने की दिशा में बढ़ते हैं।

हार्वर्ड यूनिवर्सिटी की एक स्टडी के अनुसार, जिन लोगों में आत्म-जागरूकता अधिक होती है, वे अपने करियर और निजी जीवन में तेजी से आगे बढ़ते हैं क्योंकि वे लगातार खुद में सुधार करने के लिए प्रयासरत रहते हैं।

कल्पना कीजिए कि आपके घर में एक पुराना ज़ख्म जैसा दरार है। आप उसे एक खूबसूरत कालीन से ढँक तो देते हैं ताकि कोई उसे देख न सके। लेकिन दरार तो वहीं की वहीं है–धीरे-धीरे बड़ी होती जाती है, घर की नींव को कमजोर करती है। इसी तरह, जब हम अपने भावनात्मक घावों को नजरअंदाज करते हैं, तो वे हमारे भीतर गहराई से जड़ें जमा लेते हैं, चाहे हम ऊपर से कितने भी मजबूत क्यों न दिखें।

अक्सर, हम तकलीफ से बचने के लिए खुद को व्यस्त रखते हैं। हम सोचते हैं कि अगर हम अपने जख्मों को न देखें, तो वे खुद-ब-खुद ठीक हो जाएंगे। लेकिन असलियत इससे बिल्कुल अलग होती है। कोई पुराना घाव तभी भर सकता है, जब हम उसे ध्यान से साफ़ करें, उसकी देखभाल करें, और उसे ठीक होने के लिए सही वातावरण दें। यही प्रक्रिया भावनात्मक उपचार में भी लागू होती है।

अगर किसी व्यक्ति को बचपन में बार-बार आलोचना का सामना करना पड़ा हो, तो संभावना है कि वह बड़ा होकर हर असफलता से डरने लगे। वह अपने हर फैसले पर संदेह करेगा, हमेशा इस डर में रहेगा कि कहीं उसे फिर से अपमानित न होना पड़े। इसी तरह, अगर किसी व्यक्ति को बचपन में प्यार और सराहना नहीं मिली, तो वह दूसरों से लगातार स्वीकृति पाने की कोशिश करता रहेगा। वह हर रिश्ते में मान्यता की तलाश करेगा, और जब उसे वह नहीं मिलेगी, तो वह और भी अधूरा महसूस करेगा।

आत्म-जागरूकता इस घाव को देखने की हिम्मत देती है। यह हमें अपने दर्द के स्रोत तक पहुँचने में मदद करती है–यह समझने में कि क्यों हम बार-बार वही भावनात्मक प्रतिक्रियाएँ देते हैं, क्यों हमें कुछ बातें दूसरों से अधिक प्रभावित करती हैं, और क्यों हम अपने डर और असुरक्षाओं से जूझते रहते हैं।

जब हम अपने घावों को पहचानने लगते हैं, तो हम उनके प्रभाव को कम करने का पहला कदम उठा लेते हैं। इसका मतलब यह नहीं कि वे तुरंत ठीक हो जाएंगे, लेकिन यह सुनिश्चित करता है कि वे हमें अब नियंत्रित नहीं करेंगे। जिस तरह एक कलाकार अपनी टूटी हुई मूर्ति को प्यार से जोड़कर उसे पहले से भी खूबसूरत बना सकता है, उसी तरह, जब हम अपने अंदर की टूटन को अपनाते हैं और उसे ठीक करने का प्रयास करते हैं, तो हम पहले से ज्यादा मजबूत, शांत और संपूर्ण बन जाते हैं।

असल ज़िंदगी की झलक:

कोई व्यक्ति जो अपने अंदर असीमित क्षमताएं रखता है, लेकिन उसे इसका अहसास ही नहीं। वह साधारण महसूस करता है, अपनी काबिलियत पर शक करता है, और हर मुश्किल को अपने बस से बाहर मानता है। फिर

अचानक, कोई उसे उसकी भूली हुई ताकत की याद दिलाता है–और फिर सब कुछ बदल जाता है।

यही कहानी हनुमान जी की भी है, जो मैंने बचपन में मेरी दादी से सुनी थी।

जब रावण के खिलाफ युद्ध की तैयारी हो रही थी, तब सबसे बड़ी चुनौती थी–लंका तक सीता माता का पता लगाने कौन जाएगा? समुद्र इतना विशाल था कि कोई भी उस पार जाने की हिम्मत नहीं कर पा रहा था।

हनुमान जी भी वहीं बैठे थे, लेकिन चुप थे। वे एक महान योद्धा थे, परंतु अपनी असली शक्ति को भूल चुके थे।

तभी जामवंत जी ने उन्हें देखा और मुस्कुराते हुए कहा, *"हे हनुमान, क्या तुम सच में नहीं जानते कि तुम कौन हो? क्या तुम्हें याद है कि जब तुम छोटे थे, तो सूर्य को खेल-खेल में फल समझकर निगलने चले गए थे? क्या तुम भूल गए कि तुम्हारी शक्ति किसी भी बाधा को पार कर सकती है?"*

जैसे ही हनुमान जी ने ये शब्द सुने, उनके भीतर एक ऊर्जा जाग गई। अचानक, जैसे किसी ने उनकी आत्मा के आईने पर जमी धूल हटा दी हो। उन्हें अपनी असली पहचान याद आ गई। उनके शरीर में एक नई चेतना दौड़ पड़ी, उनका मन संकोच और संशय से मुक्त हो गया।

उन्होंने लंबी सांस ली, एक क्षण के लिए अपनी शक्ति को महसूस किया– और फिर एक विशाल छलांग लगाकर समुद्र पार कर लिया।

कई बार हम खुद को सीमित समझते हैं, अपनी क्षमताओं पर शक करते हैं, और सोचते हैं कि कोई भी बड़ा काम हमारे बस की बात नहीं। लेकिन सच्चाई यह है कि हम सबके अंदर एक 'हनुमान' छुपा हुआ है–जो बस आत्म- जागरूकता के जागने की प्रतीक्षा कर रहा है। जैसे ही हमें अपनी असली क्षमता का बोध होता है, हम वो कर सकते हैं जो हमें पहले असंभव लगता था।

भगवद गीता में भगवान कृष्ण कहते हैं:

अर्थ: जब आत्म-ज्ञान से अज्ञान का पर्दा हटता है, तो ज्ञान आत्मा को उसी प्रकार प्रकाशित करता है, जैसे सूर्य पूरे जगत को प्रकाशित करता है।

यह श्लोक हमें याद दिलाता है कि आत्म-जागरूकता वह प्रकाश है जो अज्ञान के अंधकार को मिटाता है और हमें स्पष्टता और सच्चे आत्म-बोध की ओर ले जाता है।

आत्म-जागरूकता केवल एक मनोवैज्ञानिक अवधारणा नहीं है, बल्कि यह जीवन जीने की एक कला है। जब हम अपनी भावनाओं और विचारों को समझने लगते हैं, तो हम खुद को परिस्थितियों का शिकार नहीं, बल्कि अपने भाग्य के निर्माता के रूप में देखने लगते हैं।

यह सफर आसान नहीं है। कभी-कभी यह दर्दनाक हो सकता है, क्योंकि हमें अपनी सच्चाई का सामना करना पड़ता है। लेकिन यह यात्रा अनमोल है, क्योंकि अंत में, यह हमें उस शांति, स्वतंत्रता और आत्म-साक्षात्कार की ओर ले जाती है, जिसकी हम वास्तव में तलाश कर रहे होते हैं।

अचेतन प्रोग्रामिंग: वे ट्रिगर जो हमें अनजाने में ढालते हैं

क्या आपने कभी सोचा है कि कुछ बातें हमें इतनी गहराई से क्यों छू जाती हैं? कोई साधारण सी टिप्पणी, कोई विशेष माहौल या किसी का व्यवहार–और अचानक, हमारे भीतर भावनाओं का तूफान उमड़ पड़ता है। ऐसा लगता है जैसे किसी ने हमारे अंदर कोई पुराना बटन दबा दिया हो, और हम उसी तरह प्रतिक्रिया देने लगते हैं, जैसे हमेशा देते आए हैं।

इसी तरह, हम अपने जीवन में कई बार वही गलतियाँ दोहराते हैं–चाहे रिश्तों में हों, करियर में या अपनी आदतों में। हम जानते हैं कि कोई पैटर्न हमारे लिए सही नहीं है, फिर भी हम उसे बदल नहीं पाते। क्यों? क्योंकि ये

छुपे हुए पैटर्न और भावनात्मक ट्रिगर हमारे भीतर गहराई से जड़ें जमा चुके होते हैं। ये हमारे बचपन के अनुभवों, समाज से मिले संदेशों और गुजरे हुए पलों की छाया से बनते हैं।

लेकिन अच्छी खबर यह है कि जब हम इन पैटर्न्स को पहचानना और समझना शुरू करते हैं, तो उनके प्रभाव से बाहर निकलने का रास्ता भी मिल जाता है। यह वही पहला कदम है जो हमें अतीत की बेड़ियों से मुक्त कर एक अधिक संतुलित, सचेत और संतोषजनक जीवन की ओर ले जाता है।

भावनात्मक ट्रिगर: वो अनदेखी चोटें जो हमें आज भी प्रभावित करती हैं

कभी-कभी, कोई छोटी-सी बात हमें अंदर तक झकझोर देती है, और हम खुद से ही पूछने लगते हैं - *"मैं इतनी छोटी बात पर इतना परेशान क्यों हो रहा हूँ?"* ये वही भावनात्मक ट्रिगर होते हैं, जो हमारे बीते अनुभवों से जुड़े होते हैं और हमें बिना बताए हमारे विचारों और भावनाओं को प्रभावित करते हैं।

सोचिए, ऑफिस में आपका कोई सहकर्मी हल्के अंदाज में कहता है, *"तुम्हारा काम थोड़ा और बेहतर हो सकता था।"* बात मामूली लगती है, लेकिन आपके भीतर कुछ उबलने लगता है। शायद आपको बचपन में अक्सर यह सुनने को मिला हो कि *"तुम कभी भी काफी अच्छे नहीं हो।"* वो पुराना एहसास फिर से जाग उठता है, और आप असहज महसूस करने लगते हैं।

या फिर, अगर किसी करीबी से हल्की बहस हो जाए और आपको अचानक यह डर सताने लगे कि *"अब शायद ये मुझसे दूर हो जाएगा,"* तो हो सकता है कि यह डर आपके किसी पुराने अनुभव से आया हो, जब आपने किसी अपने को सच में खो दिया था।

कुछ ट्रिगर हमें साफ-साफ समझ आते हैं–हम जानते हैं कि हमें किस बात से चोट पहुँची। लेकिन कुछ ट्रिगर इतने गहरे छिपे होते हैं कि हम बस बेचैनी महसूस करते हैं, पर कारण नहीं समझ पाते। लेकिन हर ट्रिगर हमें एक कहानी सुनाने की कोशिश कर रहा होता है–हमारे उन घावों की, जो शायद अब तक ठीक नहीं हुए।

जब हम इन संकेतों को समझने लगते हैं, तो हम सिर्फ प्रतिक्रियाएँ देने के बजाय खुद को जानने और बेहतर बनाने की दिशा में कदम बढ़ा सकते हैं।

अनजाने में हमें कौन से अनुभव नियंत्रित कर रहे हैं?"

कल्पना कीजिए कि आपके पास एक पुराना संगीत बॉक्स है। जैसे ही आप उसे खोलते हैं, वह अपने आप किसी भूले-बिसरे गीत को बजाने लगता है– चाहे आपने वह गीत बजाने की योजना बनाई हो या नहीं। हमारे भावनात्मक ट्रिगर्स भी कुछ ऐसे ही होते हैं। एक मामूली सी घटना, एक शब्द, या किसी व्यक्ति की प्रतिक्रिया अचानक हमारे भीतर किसी पुराने दर्द को जगा सकती है और हमें अहसास तक नहीं होता कि हम अनजाने में अतीत की छाया में जी रहे हैं।

हममें से कई लोग सोचते हैं कि हम अपने हर निर्णय को पूरी तरह जागरूक होकर लेते हैं, लेकिन सच यह है कि हमारा दिमाग कई बार हमारे पुराने अनुभवों को आधार बनाकर हमारी प्रतिक्रियाएँ तय करता है। जब कोई ट्रिगर सक्रिय होता है, तो हमारा दिमाग तुरंत अतीत से जुड़ी भावनाओं को वर्तमान पर थोप देता है। यह एक स्वचालित प्रक्रिया होती है, जिसमें हम बिना सोचे-समझे उन्हीं भावनाओं में बह जाते हैं, जो कभी किसी पुराने अनुभव में हमने महसूस की थीं।

कैसे काम करता है यह प्रोसेस?

मान लीजिए कि आपने बचपन में स्कूल में एक बार क्लास के सामने जवाब देने की कोशिश की थी, लेकिन टीचर या दोस्तों ने आपकी बात का मज़ाक उड़ा दिया। वह अनुभव आपकी चेतना में कहीं गहराई से बैठ गया। अब, सालों बाद, जब आप ऑफिस में किसी मीटिंग में अपनी राय रखने के लिए खड़े होते हैं, तो अचानक आपके भीतर घबराहट दौड़ जाती है, मानो वही पुरानी घटना फिर से दोहराई जा रही हो। यह सिर्फ एक उदाहरण है कि कैसे पुराने अनुभव हमारी वर्तमान प्रतिक्रियाओं को प्रभावित करते हैं।

इसी तरह, अगर बचपन में आपकी भावनाओं को बार-बार नज़रअंदाज़ किया गया हो, तो जब कोई करीबी व्यक्ति आपकी कॉल का जवाब न दे या

आपकी बात को गंभीरता से न ले, तो आपको तुरंत ऐसा लग सकता है कि आपको ठुकरा दिया गया है, भले ही सामने वाले की अपनी कोई वजह हो। यह आपके भीतर गहरे बैठे "नजरअंदाजी के डर" का नतीजा है, जो अनजाने में आपकी भावनाओं को नियंत्रित कर रहा है।

टकराव से बचने की प्रवृत्ति

कई लोग बहस या मतभेद से दूर भागते हैं, क्योंकि उनके दिमाग ने यह सीख रखा होता है कि टकराव का मतलब केवल दर्द है। यदि किसी व्यक्ति ने बचपन में एक ऐसे घर में समय बिताया हो जहाँ हमेशा झगड़े होते थे, तो वह बड़ा होने पर भी किसी भी प्रकार के मतभेद से बचने की कोशिश करेगा। जब भी कोई बहस शुरू होती है, वह खुद को गलत मान लेता है या बातचीत से ही पीछे हट जाता है, क्योंकि उसका दिमाग यही मान चुका होता है कि टकराव का कोई सकारात्मक परिणाम नहीं हो सकता।

क्या किया जा सकता है?

जब भी कोई भावना अचानक बहुत तीव्र हो जाए, तो खुद से सवाल पूछिए—*"क्या यह प्रतिक्रिया इस पल के लिए है, या यह मेरे किसी पुराने अनुभव का प्रभाव है?"* जब हम अपने ट्रिगर्स को पहचानने लगते हैं, तो हम उन्हें अपने वर्तमान जीवन को नियंत्रित करने से रोक सकते हैं। भावनात्मक जागरूकता हमें इस संगीत बॉक्स की चाबी अपने हाथ में लेने का अवसर देती है, ताकि वही पुराना गीत बार-बार बिना हमारी अनुमति के न बजता रहे।

भावनाओं के पीछे छिपे पैटर्न: क्यों हम बार-बार वही प्रतिक्रिया देते हैं?

हमारी भावनाएँ और प्रतिक्रियाएँ सिर्फ उसी पल की उपज नहीं होतीं, बल्कि वे हमारे अतीत के अनुभवों और सीखे हुए व्यवहारों से गहराई से जुड़ी होती हैं। कई बार हमें एहसास भी नहीं होता कि हमारे भीतर पहले से ही कुछ ऐसे भावनात्मक पैटर्न विकसित हो चुके हैं, जो हमें बार-बार एक ही तरह से प्रतिक्रिया देने के लिए प्रेरित करते हैं।

कैसे जुड़े हैं ट्रिगर और पैटर्न?

जब कोई शब्द, घटना, या स्थिति हमारे भीतर अनचाही भावनाएँ जगा देती है, तो वह ट्रिगर होता है। यह ठीक वैसा ही है जैसे एक पुरानी घाव को छूते ही वह फिर से दर्द देने लगे। यह दर्द हमें उसी तरह से प्रतिक्रिया देने पर मजबूर करता है, जैसा हमने अतीत में सीखा था–यानी एक सीखा हुआ पैटर्न।

अगर कोई हल्की आलोचना भी आपको बेचैन कर देती है, तो संभव है कि बचपन में बार-बार नकारे जाने का अनुभव आपके भीतर यह असुरक्षा छोड़ गया हो। इसी तरह, अगर आप हर बहस से बचते हैं, तो शायद आपने रिश्तों को सिर्फ टकराव के रूप में देखा हो। और अगर आपको हर समय ध्यान और मान्यता चाहिए, तो संभव है कि अतीत में आपकी भावनाओं को नजरअंदाज किया गया हो।

ट्रिगर हमारी अनदेखी भावनाओं को सतह पर लाते हैं, और पैटर्न हमारे पुराने बचाव तंत्र को दोहराते हैं। जब तक हम इन्हें पहचानते नहीं, तब तक हम अपने ही अतीत की धुनों पर नाचते रहते हैं।

खुद को समझना ही खुद को बदलने की पहली सीढ़ी है

कई बार हमें एहसास भी नहीं होता कि हम क्यों गुस्सा हो जाते हैं या क्यों किसी बात पर जरूरत से ज्यादा दुखी हो जाते हैं। लेकिन अगर हम अपनी भावनाओं को करीब से देखें, तो समझ आएगा कि यह सिर्फ वर्तमान की प्रतिक्रिया नहीं है, बल्कि किसी पुराने घाव की गूंज है। जैसे, अगर हल्की-सी आलोचना भी हमें बेचैन कर देती है, तो शायद बचपन में बार-बार नकारे जाने का दर्द अब भी हमारे भीतर मौजूद है। जब तक हम इसे पहचानते नहीं, तब तक हम हर बार वही प्रतिक्रिया देते रहेंगे।

रिश्तों में भी ऐसा ही होता है। कई बार हम किसी के शब्दों को उनके असली अर्थ में नहीं, बल्कि अपने बीते अनुभवों के चश्मे से देखते हैं। कोई साधारण बात हमें ठुकराए जाने या नज़रअंदाज किए जाने की तरह लग सकती है, जबकि असल में ऐसा कुछ नहीं होता। लेकिन जब हम खुद को

समझने लगते हैं, तो हमें एहसास होता है कि हर बार रिएक्ट करने की ज़रूरत नहीं है–हम समझदारी से जवाब भी दे सकते हैं।

खुद को समझना आत्म-नियंत्रण की ओर पहला कदम है। यह वही क्षण है जब लहरें शांत होने लगती हैं और मन समुद्र की गहराइयों की तरह स्थिर और स्पष्ट हो जाता है।

आत्म-जागरूकता के पौराणिक प्रतीक

राजा दशरथ महान और धर्मपरायण शासक थे, लेकिन उनके जीवन में एक ऐसी घटना घटी, जिसने उनके मन में गहरे भावनात्मक घाव छोड़ दिए।

जब वे युवा थे, तो उन्होंने एक दिन वन में श्रवण कुमार को गलती से तीर मार दिया। उस समय वे शब्दवेधी बाण विद्या का अभ्यास कर रहे थे और बिना देखे तीर तो चला दिया, यह मानते हुए कि कोई पशु जल पी रहा होगा। लेकिन जब उन्हें पता चला कि उन्होंने एक निर्दोष बालक को मार दिया है, तो वे अत्यधिक दुखी हुए।

श्रवण कुमार के वृद्ध और अंधे माता-पिता ने जब यह जाना, तो उन्होंने राजा दशरथ को श्राप दिया कि "जिस प्रकार हम अपने पुत्र-वियोग के कारण पीड़ा सह रहे हैं, उसी प्रकार तुम भी अपने पुत्र-वियोग में प्राण त्यागोगे।"

भावनात्मक ट्रिगरः यह घटना राजा दशरथ के मन में अपराधबोध और गहरे दुख के रूप में बैठ गई। उन्होंने अपने जीवन में इस भय को अनजाने में पाल लिया कि यदि वे अपने प्रिय व्यक्ति को खो देंगे, तो वे असहनीय कष्ट में पड़ जाएंगे।

वर्षों बाद, जब कैकेयी ने भरत के लिए राज्य और राम के लिए वनवास की माँग की, तब राजा दशरथ ने अपनी बात न निभा पाने के डर और पुत्र-वियोग की आशंका में अत्यधिक भावनात्मक प्रतिक्रिया दी। उनका मानसिक नियंत्रण खो गया और वे राम को वनवास देते ही धीरे-धीरे शोक में डूबते गए, जिससे अंततः उनका देहावसान हो गया।

यदि राजा दशरथ ने अपने बचपन की उस घटना के कारण उत्पन्न अपराधबोध और डर को पहचाना होता और आत्म-स्वीकार किया होता, तो वे

अधिक धैर्य और विवेक के साथ कैकेयी की माँग का सामना कर सकते थे। उन्होंने अनजाने में अपने बचपन के भावनात्मक घावों से प्रेरित होकर आवेग में निर्णय लिया, जो आगे चलकर उनके लिए दुःखद साबित हुआ।

प्रासंगिकता:

जिस तरह राजा दशरथ ने **अनजाने में अपने ट्रिगर (पुत्र-वियोग का डर) के कारण आवेग में प्रतिक्रिया दी**, उसी तरह हम भी जीवन में पुरानी घटनाओं से उपजी भावनाओं को पहचानने में असफल रहते हैं। जब हम अपने भीतर के ट्रिगर को समझते हैं, तो हम बिना भावनाओं में बहकर सही निर्णय लेने में सक्षम हो सकते हैं।

भगवद गीता से आत्म-जागरूकता के सूत्र

भगवद गीता हमें सिखाती है कि भावनाओं को अलग होकर देखना चाहिए, ताकि हम उन पर नियंत्रण पा सकें।

भगवद गीता के अध्याय 2 श्लोक 14 में, भगवान कृष्ण अर्जुन को यह बताते हैं:

"मात्रास्पर्शास्तु कौन्तेय शीतोष्णसुखदुःखदाः।
आगमापायिनोऽनित्यास्तांस्तितिक्षस्व भारत॥"

(अर्थ: इंद्रियों और उनके विषयों के संपर्क से गर्मी, सर्दी, सुख और दुख उत्पन्न होते हैं। ये आते-जाते रहते हैं और अस्थायी हैं। हे अर्जुन, इन्हें सहन करो।)

यह श्लोक हमें एक बहुत ही गहरी सीख देता है–**भावनाएँ स्थायी नहीं होतीं।** जीवन में सुख और दुख, खुशी और ग़म, सफलता और असफलता का आना-जाना तय है। लेकिन अगर हम इनसे खुद को जोड़कर देखते हैं, तो हम भावनाओं के बहाव में बह जाते हैं और सही निर्णय नहीं ले पाते।

कैसे पहचानें कि कौन-सा ट्रिगर आपको प्रभावित कर रहा है?

ट्रिगर्स को पहचानने का पहला तरीका है–अपनी प्रतिक्रियाओं पर गौर करना। जब कोई छोटी-सी बात आपको हद से ज्यादा परेशान कर दे, तो रुकें और अपने भीतर झाँकें। क्या यह गुस्सा वाकई इस स्थिति की वजह से है,

या कोई पुराना अनुभव फिर से सामने आ रहा है? अगर हल्की आलोचना भी आपको बेचैन कर देती है, तो शायद यह बचपन में सुनी किसी नकारात्मक टिप्पणी की छाया हो।

हमारा शरीर भी ट्रिगर्स के संकेत देता है। कभी-कभी कोई बात सुनकर हमारा दिल तेज़ी से धड़कने लगता है, साँसें उथली हो जाती हैं, या शरीर में तनाव आ जाता है। यह संकेत बताते हैं कि कोई पुरानी स्मृति या अनुभव दोबारा उभर रहा है।

अगर आप अपने ट्रिगर्स को समझना चाहते हैं, तो उन्हें शब्दों में उतारना ज़रूरी है। जब भी कोई स्थिति आपको विचलित करे, तो इसे डायरी में लिखें— क्या हुआ, आपकी प्रतिक्रिया कैसी थी, और किस बात ने यह भावना उकसाई? जब आप बार-बार लिखेंगे, तो आपको एक पैटर्न दिखने लगेगा। यह पैटर्न आपको यह समझने में मदद करेगा कि कौन-से अनुभव आपको बार-बार प्रभावित कर रहे हैं और आप उनसे कैसे निपट सकते हैं।

पुरानी आदतों को नया आकार कैसे दें?

सबसे पहले, हमें अपनी स्वचालित प्रतिक्रियाओं को पहचानना होगा। जब कोई हमें टोकता है और हम तुरंत गुस्सा महसूस करने लगते हैं, तो यह हमारा सीखा हुआ पैटर्न हो सकता है। अगली बार जब ऐसा हो, तो एक पल रुकें और खुद से पूछें–क्या यह सच में मेरा वर्तमान भाव है, या बस एक पुरानी आदत? यह ठहराव ही बदलाव की पहली सीढ़ी है।

हमारे भीतर कई मान्यताएँ भी होती हैं, जो बचपन से गहरी जड़ें जमा चुकी हैं। जैसे, "मुझे हमेशा दूसरों को खुश रखना चाहिए" या "अगर मैं गलती करूँगा तो लोग मुझे पसंद नहीं करेंगे।" जब भी ऐसा कोई विचार आए, तो उसे चुनौती दें। क्या यह हर बार सच साबित हुआ है? अगर आपका कोई दोस्त ऐसा सोचे, तो आप उसे क्या सलाह देंगे? इन विचारों को धीरे-धीरे बदलने की जरूरत होती है।

बदलाव लाने के लिए हमें पुरानी आदतों की जगह नई आदतें विकसित करनी होंगी। अगर आपको गुस्से में चुप रहने की आदत है, तो अगली बार अपनी भावनाओं को शांति से व्यक्त करने की कोशिश करें। अगर आप हर

बहस से बचने के लिए झूठ बोलते हैं, तो सच कहने का अभ्यास करें। हर छोटा प्रयास आपके दिमाग में नया रास्ता बनाने में मदद करेगा।

अक्सर, हमारी आदतें किसी गहरे भावनात्मक घाव से जुड़ी होती हैं। इन्हें समझे बिना बदलाव मुश्किल होता है। इसके लिए जर्नलिंग करें, ध्यान (Meditation) से अपने विचारों को स्पष्ट करें, और खुद को नई परिस्थितियों में डालने का अभ्यास करें। अगर कोई पैटर्न बहुत मजबूत है, तो किसी मार्गदर्शक या थेरेपिस्ट की मदद लेना भी फायदेमंद होगा।

याद रखें, आदतें कोई पत्थर की लकीर नहीं होतीं। उन्हें तोड़ा और नए आकार में ढाला जा सकता है–बस धैर्य और निरंतर प्रयास की जरूरत होती है।

भीतर की खोज: खुद को समझने और संवारने के आसान स्टेप्स

भीतर की खोज: खुद को समझने और संवारने के आसान स्टेप्स

आत्म-जागरूकता केवल एक विचार नहीं, बल्कि एक जीवनशैली है। यह हमें अपने विचारों, भावनाओं और प्रतिक्रियाओं को बिना किसी निर्णय के देखने की क्षमता देता है। जब हम खुद को गहराई से समझने लगते हैं, तो अपने जीवन में सचेत और सकारात्मक बदलाव लाना आसान हो जाता है। इस प्रक्रिया को आसान बनाने के लिए, हम आत्म-जागरूकता को बढ़ाने के चार प्रभावी तरीकों पर चर्चा करेंगे: साक्षी भाव, बॉडी स्कैन मेडिटेशन, जर्नलिंग, और विज़ुअलाइज़ेशन एक्सरसाइज़।

साक्षी भाव: बिना निर्णय के देखने की कला

आत्म-जागरूकता का पहला कदम है दृष्टा भाव विकसित करना–यानी खुद को बिना किसी पूर्वाग्रह या आलोचना के देखना। यह हमें अपनी भावनाओं और विचारों के प्रवाह को समझने में मदद करता है, बिना उनके प्रभाव में आए। कल्पना करें कि आप एक नदी के किनारे बैठे हैं और पानी की सतह पर तैरते हुए पत्तों को देख रहे हैं। ये पत्ते आपके विचार और भावनाएँ हैं–वे आते हैं, बहते हैं और चले जाते हैं। लेकिन आप सिर्फ एक पर्यवेक्षक हैं, न कि उन पत्तों के प्रवाह में बह जाने वाले यात्री। और सरल भाषा में बोला जाये

तो किसी फूल की ख़ूबसूरती को देखकर उसकी प्रशंसा करना लेकिन उससे दिल न लगा बैठना।

साक्षी भाव विकसित करने के लिए कुछ सरल अभ्यास किए जा सकते हैं:

- जब भी कोई भावना तीव्र हो, प्रतिक्रिया देने से पहले गहरी सांस लें।

- खुद से प्रश्न पूछें: "मैं अभी क्या महसूस कर रहा हूँ?" "क्या यह भावना किसी पुराने अनुभव से जुड़ी है?"

- अपनी भावनाओं को खुद से अलग मानें—जैसे किसी ट्रेन की खिड़की से बाहर का नज़ारा देख रहे हों।

- प्रतिदिन कुछ मिनट ध्यान करें और अपने विचारों को बिना किसी निर्णय के बहने दें।

साक्षी भाव विकसित करने से हमें भावनात्मक प्रतिक्रियाओं पर नियंत्रण मिलता है और हम संतुलित निर्णय लेने में सक्षम होते हैं।

बॉडी स्कैन मेडिटेशन: अपने भीतर की आवाज़ को सुनना

हमारा शरीर हमारे अनुभवों, भावनाओं और अनदेखे तनावों को संजोकर रखता है। जब कोई भावना भीतर दबी रह जाती है, तो वह शरीर में भारीपन, जकड़न या थकान के रूप में प्रकट होती है। बॉडी स्कैन मेडिटेशन हमें अपने शरीर की इन सूक्ष्म अभिव्यक्तियों को पहचानने और उन्हें मुक्त करने में मदद करता है। यह माइंडफुलनेस और सेल्फ-हिप्नोथैरेपी का एक रूप भी है, जिसमें हम शरीर की संवेदनाओं पर ध्यान केंद्रित करके गहरे रिलैक्सेशन में जाते हैं।

कैसे करें बॉडी स्कैन मेडिटेशन?

- एक शांत स्थान पर बैठें या लेटें और आँखें बंद करें।

- अपने माथे, आँखों, जबड़े और गर्दन में किसी भी तनाव या जकड़न को महसूस करें।

- धीरे-धीरे अपने शरीर को स्कैन करें—कंधों, छाती, पेट, पीठ और पैरों तक।

- गहरी सांस लें और कल्पना करें कि हर सांस के साथ तनाव धीरे-धीरे पिघल रहा है।

इस अभ्यास से भावनाओं को दबाने के बजाय उन्हें महसूस करने, तनाव को कम करने और आत्म-जागरूकता को बढ़ाने में मदद मिलती है।

जर्नलिंग: अपने भीतर की आवाज़ को पहचानना

हमारे मन में हर वक्त विचारों की हलचल चलती रहती है। डायरी लिखना हमें अपने भीतर के संवाद को शब्दों में ढालने का अवसर देती है। जब हम अपनी भावनाओं को कागज़ पर उतारते हैं, तो वे स्पष्ट हो जाती हैं और हमें अपने पैटर्न, ट्रिगर्स और गहराई से छिपे डर को समझने का मौका मिलता है।

कैसे करें प्रभावी जर्नलिंग?

- बिना किसी जजमेंट के अपने विचारों को लिखें।

- रोज़ाना या हफ्ते में कुछ समय अपने विचारों को लिखने के लिए निकालें।

- अपने नोट्स को समय-समय पर दोबारा पढ़ें, जिससे अपने पैटर्न और ग्रोथ को समझ सकें।

- कुछ सवालों के जवाब लिखें, जैसे: "आज सबसे ज्यादा कौन सी भावना मेरे भीतर प्रभावी रही, और क्यों?" "क्या कोई खास विचार या डर बार-बार मेरे मन में आता है?"

जर्नलिंग से हमें अपने भीतर छुपे पैटर्न को समझने, आत्म-संदेह को कम करने और स्पष्ट सोच विकसित करने में मदद मिलती है।

विजुअलाइज़ेशन एक्सरसाइज़: अपने भीतर की उच्च ऊर्जा से जुड़ें

हमारे भीतर एक ऐसा पक्ष है जो न केवल हमारी वर्तमान वास्तविकता से परे देख सकता है, बल्कि हमें सही मार्गदर्शन भी दे सकता है। इसे हमारा "उच्चतर स्व" कहा जाता है—वह आत्मिक चेतना जो हमारे डर, संदेह और सीमाओं से परे है। विजुअलाइज़ेशन का अभ्यास इस उच्चतर स्व से जुड़ने का एक शक्तिशाली माध्यम है।

कैसे करें विजुअलाइज़ेशन?

- एक शांत स्थान पर बैठें, आँखें बंद करें और गहरी सांस लें।

- अपने आप को किसी शांत जगह जैसे पहाड़, बगीचे, या समुद्र तट पर कल्पना करें।

- अपने उच्चतर स्व से संवाद करें और उससे मार्गदर्शन प्राप्त करें।

- जो भी संदेश या अंतर्दृष्टि मिले, उसे अपने जर्नल में लिखें।

विज़ुअलाइज़ेशन आत्म-जागरूकता को गहरा करता है, जीवन में स्पष्टता और आत्म-विश्वास लाता है, और हमें हमारी आंतरिक शक्ति से जोड़ता है।

अर्जुन का संघर्ष: खुद को समझने और स्वीकारने की राह

भगवद गीता, दुनिया के सबसे गहरे आध्यात्मिक ग्रंथों में से एक, आत्म-संघर्ष और आत्म-खोज की कहानी कहती है। अर्जुन, एक वीर योद्धा, कुरुक्षेत्र के युद्धक्षेत्र में खड़ा है, लेकिन उसके मन में अनिश्चितता और भय की लहरें उमड़ रही हैं। यह केवल एक पौराणिक कथा नहीं, बल्कि हमारे जीवन के उतार-चढ़ाव का प्रतिबिंब है। उसकी यात्रा हमें आत्म-जागरूकता, विचारशीलता और सही निर्णय लेने की ताकत सिखाती है।

युद्ध का मैदान: कुरुक्षेत्र

महाभारत का युद्ध बस शुरू ही होने वाला है। दोनों ओर सेनाएं खड़ी हैं– पांडव और कौरव। अर्जुन, जो निडर और कुशल योद्धा है, जब अपने सामने अपने ही गुरु, चचेरे भाइयों और परिवारजनों को देखता है, तो उसके भीतर एक द्वंद्व छिड़ जाता है।

अर्जुन का आंतरिक संघर्ष

हम सभी कभी न कभी कठिन चुनावों का सामना करते हैं, और अर्जुन की स्थिति भी कुछ ऐसी ही थी। उसके मन में कई सवाल उठ रहे थे:

- **कर्तव्य बनाम भावना:** क्या धर्म के लिए युद्ध करना उचित है, भले ही इसका मतलब अपने ही परिवार से लड़ना हो?

- **लगाव बनाम वैराग्य:** क्या व्यक्तिगत संबंधों को महत्व देना चाहिए या अपने कर्तव्य का पालन करना चाहिए?

- **डर बनाम साहस:** क्या गलत निर्णय का भय हमें अपने लक्ष्य से दूर कर सकता है?

इन सवालों ने अर्जुन को इतना विचलित कर दिया कि उसने अपना धनुष नीचे रख दिया और युद्ध न करने का निश्चय किया।

अंतर्द्वंद्व और आत्मबोध की यात्रा

अर्जुन का संघर्ष केवल बाहरी नहीं था, बल्कि यह मानसिक और भावनात्मक स्तर पर भी था। जब हम किसी कठिन निर्णय का सामना करते हैं, तो हमारा मस्तिष्क "फाइट या फ्लाइट" प्रतिक्रिया देता है। अर्जुन भी इसी स्थिति में थे–एक ओर कर्तव्य की पुकार थी, और दूसरी ओर संबंधों का मोह। यह दर्शाता है कि किसी भी चुनौतीपूर्ण परिस्थिति में मानसिक स्पष्टता और सही मार्गदर्शन कितना महत्वपूर्ण होता है।

जब जीवन अनिश्चितताओं और भ्रम से घिर जाता है, जब मन कमजोर पड़ने लगता है, तब आत्म-जागरूकता का प्रकाश ही व्यक्ति को भीतर से मजबूत बना सकता है। महाभारत के युद्धक्षेत्र में अर्जुन भी इसी उलझन में थे–कर्तव्य और भावनाओं के बीच फंसे हुए, सही निर्णय लेने में असमर्थ। उस समय, भगवान कृष्ण न केवल उनके सारथी बने, बल्कि आत्म-ज्ञान और कर्मयोग की दिव्य शिक्षा भी दी, जिससे अर्जुन अपने भीतर छिपे डर, मोह और संदेह से मुक्त हो सके।

कृष्ण की सीख: आंतरिक शांति और कर्म का मार्ग

- **आत्म-जागरूकता जरूरी है:** जब तक हम स्वयं को नहीं समझेंगे, तब तक बाहरी दुनिया का सामना करना कठिन रहेगा। कृष्ण सिखाते हैं कि हमें अपने विचारों, भावनाओं और प्रतिक्रियाओं को निष्पक्ष रूप से देखना सीखना चाहिए। हम केवल यह शरीर नहीं हैं, बल्कि इससे कहीं अधिक गहरे अस्तित्व का हिस्सा हैं।

- **कर्तव्य सर्वोपरि है:** अर्जुन युद्ध नहीं करना चाहते थे, लेकिन कृष्ण ने उन्हें याद दिलाया कि कर्तव्य से विमुख होना दीर्घकालिक पीड़ा लाता है। हमें सही और धर्मसंगत कार्य को पूरे मन से करना चाहिए, चाहे परिस्थितियां कितनी भी कठिन क्यों न हों।

- **परिणामों से मुक्त होकर कर्म करें:** जीवन में हम केवल कर्म के अधिकार रखते हैं, लेकिन उसके फल पर नहीं। जब हम निस्वार्थ भाव से अपना सर्वश्रेष्ठ देते हैं और फल की चिंता छोड़ देते हैं, तो मानसिक शांति अपने

आप प्राप्त होती है। यह हमें तनाव, भय और अनिश्चितता से मुक्त करता है।

- **आत्मा अमर है:** शरीर नश्वर है, लेकिन आत्मा अमर है। मृत्यु एक अंत नहीं, बल्कि एक परिवर्तन है। जब यह सत्य गहराई से समझ में आ जाता है, तो अनावश्यक भय और मोह स्वतः ही समाप्त हो जाते हैं।

आत्म-बोध की यात्रा:

अर्जुन के भीतर जो द्वंद्व था, वही द्वंद्व हर व्यक्ति के जीवन में कभी न कभी आता है–क्या सही है, क्या गलत है? किस रास्ते पर चलना चाहिए? इस अंधकार में कृष्ण का ज्ञान एक प्रकाश की तरह मार्गदर्शन करता है। आत्म-जागरूकता की यह यात्रा हमें केवल हमारे बाहरी कार्यों में ही नहीं, बल्कि हमारे आंतरिक विकास में भी सहायता करती है, जिससे हम स्वयं को और अधिक स्पष्ट रूप से देख पाते हैं और जीवन को संतुलन के साथ जी पाते हैं।

जब आत्म-संदेह से आत्म-बोध का सफर शुरू हुआ

कृष्ण के मार्गदर्शन से अर्जुन के मन का कोहरा छंट गया। उसने आत्म-जागरूकता को अपनाया और अपने कर्तव्य को पूरी निष्ठा से निभाने के लिए तैयार हो गया।

अर्जुन केवल महाभारत का योद्धा नहीं था, वह हमारे भीतर चलने वाले मानसिक द्वंद्व, असमंजस और आत्म-खोज का प्रतीक भी है। जब कुरुक्षेत्र में उसने अपने ही संबंधियों के खिलाफ युद्ध लड़ने से इंकार किया, तो यह केवल बाहरी युद्ध का नहीं, बल्कि आंतरिक संघर्ष का प्रतीक था। अर्जुन का संशय वही है जो हम सभी कभी न कभी अपने जीवन में महसूस करते हैं– जब हमें कोई महत्वपूर्ण निर्णय लेना होता है, लेकिन भावनाएँ, डर और असमंजस हमें रोकते हैं।

हमारे जीवन में भी अर्जुन की तरह स्थितियाँ आती हैं, जहाँ सही और गलत के बीच का भेद धुंधला हो जाता है। कभी-कभी हम अपनी भावनाओं से इतने प्रभावित होते हैं कि तर्कसंगत सोचने की क्षमता खो बैठते हैं। भविष्य का भय हमें आगे बढ़ने से रोकता है–हम असफलता से डरते हैं, अस्वीकृति का भय हमें जकड़ लेता है, और अनिश्चितता हमें निष्क्रिय बना देती है। इन

सबके बीच, हमें मार्गदर्शन की आवश्यकता होती है, कोई ऐसा जो हमें सच का आईना दिखाए और हमारी सोच को स्पष्ट करे।

महाभारत में अर्जुन को यह मार्गदर्शन श्रीकृष्ण ने गीता के रूप में दिया, जिससे उसे आत्म-जागरूकता प्राप्त हुई। लेकिन हमारे जीवन में यह भूमिका कौन निभा सकता है? यह एक किताब हो सकती है, एक जीवन का अनुभव, या खुद से किया गया आत्म-विश्लेषण। आत्म-जागरूकता का अर्थ है अपने विचारों, भावनाओं और निर्णयों को गहराई से समझना। जब हम आत्म-जागरूक होते हैं, तो हमें यह स्पष्ट हो जाता है कि हमारे निर्णय भावनाओं पर आधारित हैं या तर्कसंगत सोच पर। हमें यह पहचानने की शक्ति मिलती है कि हमारे जीवन के संघर्ष वास्तव में बाहरी नहीं, बल्कि आंतरिक हैं।

जब अर्जुन ने आत्म-जागरूकता प्राप्त की, तो उसके संशय समाप्त हो गए और वह अपने लक्ष्य के प्रति दृढ़ हुआ। इसी तरह, जब हम अपने भीतर झाँकते हैं और अपने डर, असुरक्षाओं और कमजोरियों को स्वीकार करते हैं, तो हम अपने जीवन में अधिक स्पष्टता और आत्म-विश्वास के साथ आगे बढ़ सकते हैं। आत्म-जागरूकता केवल एक आध्यात्मिक विचार नहीं, बल्कि जीवन को सही दिशा में ले जाने का सबसे शक्तिशाली उपकरण है।

अध्याय 2

भावनाएँ - हमारी सोच और व्यवहार के अदृश्य सूत्रधार

मन का समंदर: गहराइयों में छुपे भावनात्मक उतार-चढ़ाव

क्या आपने कभी महसूस किया है कि आपकी भावनाएँ अचानक क्यों बदल जाती हैं? कभी ऐसा हुआ है कि आप सुबह पूरी ऊर्जा के साथ उठते हैं, लेकिन दोपहर तक मन भारी हो जाता है, और शाम तक फिर से हल्का महसूस करने लगते हैं? यह भावनात्मक परिवर्तन वैसे ही हैं जैसे समंदर की लहरें—कभी शांत, कभी तूफानी। हमारी भावनाएँ भी इसी मन के समुद्र की तरह हैं— अनिश्चित, गहरी और हमारे भीतरी संसार से गहराई से जुड़ी हुई।

आदि शंकराचार्य ने कहा है:

"यदा सर्वे प्रमुच्यन्ते कामा येऽस्य हृदि श्रिताः। अथ मर्त्योऽमृतो भवत्यत्र ब्रह्म समश्नुते॥"

(कठोपनिषद 2.3.14)

अर्थात, जब मन में स्थित सभी इच्छाएँ समाप्त हो जाती हैं, तब मनुष्य अमरत्व को प्राप्त करता है और ब्रह्म को अनुभव करता है। लेकिन हमारे मन का स्वभाव इच्छाओं और भावनाओं से भरा हुआ है, और यही भावनाएँ हमें कभी शांति की ओर तो कभी अशांति की ओर ले जाती हैं।

खुशी की हल्की सी लहर हमें सुबह की पहली किरण की तरह छू जाती है, जिससे हर चीज़ चमकदार लगने लगती है। लेकिन यह क्षणिक होती है, जैसे समुद्र की लहरें किनारे को छूकर वापस चली जाती हैं। वहीं उदासी कभी-कभी एक घने कोहरे की तरह मन पर छा जाती है, हमें हमारी ही दुनिया में अकेला छोड़ देती है। डर ठंडी हवा की तरह जकड़ लेता है, गुस्सा जंगल की आग की तरह भड़क उठता है, और प्यार एक कोमल हवा की तरह हमें सहलाता है।

शंकराचार्य का अद्वैत वेदांत कहता है कि हमारी यह भावनाएँ और मन की स्थितियाँ केवल माया हैं, जो वास्तविकता पर पर्दा डालती हैं। *"मनोमयं मात्मनि यो विजानाति, स सर्वदुःखैर्न विमुच्यते।"* (विवेक चूड़ामणि) - यदि हम अपने मन को ही अपनी पहचान मान लेते हैं, तो हम कभी भी दुखों से मुक्त नहीं हो सकते।

हमारा मन कभी शांत झील की तरह होता है, तो कभी उसमें लहरों का तूफान उमड़ता है। लेकिन क्या हमने कभी इन भावनाओं को सच में समझने की कोशिश की है? जब हम ध्यानपूर्वक देखते हैं, तो पाते हैं कि यह भावनाएँ स्थायी नहीं हैं–ये आती हैं, चली जाती हैं, और फिर से लौटती हैं। जैसे आकाश में बादल आते-जाते रहते हैं, वैसे ही हमारे मन के विचार और भावनाएँ भी अस्थायी हैं।

समुद्र की गहराई में जाकर देखें, तो वहाँ हमेशा शांति रहती है, चाहे सतह पर कितनी ही बड़ी लहरें क्यों न उठ रही हों। हमारा वास्तविक स्वरूप भी ऐसा ही है–शुद्ध, शांत, और अपरिवर्तनीय। लेकिन जब हम सतह पर होने वाले उतार-चढ़ाव को ही अपनी सच्चाई मान लेते हैं, तो हम अपने मूल स्वभाव से दूर हो जाते हैं।

अर्थात, "मुझे न तो किसी से द्वेष है, न कोई राग, न लोभ, न मोह, न अभिमान और न ही किसी के प्रति ईर्ष्या।" जब हम इस सत्य को पहचान लेते हैं, तो भावनाओं का तूफान हमें हिला नहीं सकता। हम उन्हें आते-जाते देखते हैं, लेकिन उनसे प्रभावित नहीं होते।

भावनाओं से बचना या उन्हें समझना?

बचपन से ही हमें यह सिखाया जाता है कि भावनाएँ दिखाना कमजोरी की निशानी है– "लड़के रोते नहीं," "मज़बूत बनो," "आगे बढ़ो।" ये साधारण से शब्द हमारे मन में यह धारणा बना देते हैं कि अपनी भावनाओं को व्यक्त करना गलत है। हम दर्द छुपाने लगते हैं, निराशा को मास्क करने लगते हैं, और अपने दिल के चारों ओर एक मज़बूत दीवार खड़ी कर लेते हैं।

लेकिन क्या सच में भावनाएँ हमें कमजोर बनाती हैं? या वे हमें खुद को समझने का मौका देती हैं?

जो महसूस होता है, वह हमें कुछ सिखाने आया है

हर भावना अपने साथ एक संदेश लेकर आती है। जब हम उदासी को दबाते हैं, तो खुद को ठीक होने का अवसर नहीं देते। जब हम डर को नज़रअंदाज़ करते हैं, तो खुद को बढ़ने से रोक लेते हैं। जब हम गुस्से से भागते हैं, तो अपनी आंतरिक आवाज़ को दबा देते हैं। जितना हम अपनी भावनाओं का विरोध करते हैं, उतना ही वे हमें भीतर से नियंत्रित करती हैं।

भगवद गीता हमें सिखाती है:

"जिसने मन को जीत लिया है, उसके लिए मन सबसे अच्छा मित्र है; लेकिन जिसने ऐसा नहीं किया, उसके लिए मन सबसे बड़ा शत्रु बन जाता है।" (भगवद गीता 6.6)

भावनाओं की भाषा समझना ही असली सामर्थ्य है

भावनाओं पर नियंत्रण पाने का मतलब उन्हें दबाना नहीं है; बल्कि उन्हें गहराई से समझना है। इसका मतलब है उनकी उपस्थिति को स्वीकार करना, उनके साथ बैठना, और उन्हें हमें सिखाने देना। यह भावनाओं के साथ हमारे रिश्ते को बदलने की यात्रा है–प्रतिरोध से स्वीकार तक, डर से ज्ञान तक।

एक नदी की तरह, जिसे जबरदस्ती रोका जाए तो उसका रुका हुआ पानी सड़ने लगता है, लेकिन जब उसे बहने दिया जाए तो वह अपने आसपास की ज़मीन को उपजाऊ बनाती है–उसी तरह, जब हम अपनी भावनाओं को खुलकर बहने देते हैं, तो वे हमें शुद्ध करती हैं, पुराने घावों को भरने में मदद करती हैं, और नई शुरुआत के लिए जगह बनाती हैं।

इस यात्रा में, भावनात्मक जागरूकता एक अहम् कदम है। जब हम अपनी भावनाओं को बिना किसी निर्णय के देखते हैं, तो हम उनकी भाषा सीखते हैं। हम यह समझने लगते हैं कि उदासी एक सजा नहीं, बल्कि एक अधूरे घाव का संकेत है। डर एक बाधा नहीं, बल्कि साहस का निमंत्रण है। गुस्सा विनाश नहीं, बल्कि बदलाव की पुकार है। और प्यार कमज़ोरी नहीं, बल्कि सबसे गहरी ताकत है।

खुद को समझने की चाबी

भावनाएँ हमारे जीवन को अर्थ और गहराई देती हैं–जैसे रंग किसी पेंटिंग को जीवंत बना देते हैं। कभी ये हल्की फुहार की तरह हमें ताजगी देती हैं, तो कभी तूफान की तरह हमें हिला देती हैं। लेकिन जब हम अपनी भावनाओं को समझने लगते हैं, तो वे हमें केवल विचलित नहीं करतीं, बल्कि जीवन का गहरा ज्ञान भी देती हैं।

आदि शंकराचार्य ने कहा है:
"शब्दजालं महारण्यं चित्तभ्रमणकारणम्।"
(विवेक चूड़ामणि)

अर्थात, विचारों और भावनाओं का जाल एक घने जंगल की तरह है, जिसमें उलझकर मन भ्रमित हो जाता है। जब तक हम अपनी भावनाओं को पहचानकर

उन्हें नियंत्रित नहीं करते, वे हमें अपने प्रवाह में बहा ले जाती हैं। लेकिन यदि हम इस जंगल में रास्ता खोज लें, तो यही भावनाएँ हमें आत्म-बोध तक ले जा सकती हैं।

अगर आप किसी समुद्र के किनारे खड़े हैं तो आप देखेंगे कि लहरें कभी शांत होती हैं, कभी प्रचंड। लेकिन गहराई में जाने पर समुद्र सदा स्थिर और शांत रहता है। ठीक इसी तरह, जब हम अपनी भावनाओं की सतह पर अटके रहते हैं, तो वे हमें अस्त-व्यस्त कर सकती हैं। लेकिन जब हम उनके मूल स्रोत को समझते हैं, तो हम भीतर से अडिग और शांत हो जाते हैं।

भावनाएँ केवल प्रतिक्रियाएँ नहीं हैं; वे संकेत हैं, जो हमें अपने भीतर झाँकने और खुद को गहराई से समझने का अवसर देती हैं। यही आत्म-जागरूकता की चाबी है, जो हमें सच्चे संतुलन और आंतरिक शांति की ओर ले जाती है।

भावनाएं: मन की भाषा जो हमेशा कुछ कह रही होती है

भावनाएं कोई संयोग नहीं हैं; वे हमारे भीतर और बाहर हो रही घटनाओं का प्रतिबिंब होती हैं। हर भावना—चाहे खुशी हो, उदासी, गुस्सा, डर या प्यार—अपने साथ एक संदेश लेकर आती है। जब हम इन संकेतों पर ध्यान देते हैं, तो हम खुद को और अपने जीवन को बेहतर समझने लगते हैं।

उदाहरण के लिए, गुस्सा अक्सर यह बताता है कि हमारी सीमाओं का उल्लंघन हुआ है। उदासी हमें यह अहसास दिलाती है कि हमें किसी चीज़ की आवश्यकता है या हम किसी नुकसान से गुज़र रहे हैं। डर हमें सचेत करता है, जबकि खुशी यह संकेत देती है कि हम अपनी पसंद की दिशा में बढ़ रहे हैं। जब हम इन भावनाओं को नज़रअंदाज़ करते हैं, तो वे भीतर ही भीतर दबकर चिंता, तनाव और यहां तक कि शारीरिक बीमारियों का रूप ले सकती हैं।

भावनाओं की गहराई को समझना: सतह से परे झाँकना

कल्पना कीजिए कि आप समुद्र के किनारे खड़े हैं। लहरें बार-बार किनारे से टकरा रही हैं—कभी शांत, तो कभी उग्र। यही हमारी भावनाएँ भी हैं। सतह पर दिखने वाली लहरें क्षणिक होती हैं, लेकिन उनके पीछे गहरे पानी में कुछ

और ही चल रहा होता है–अनदेखी धाराएँ, छुपी हुई गहराइयाँ, और ऐसा बहुत कुछ जो पहली नज़र में नहीं दिखता। हमारी भावनाएँ भी कुछ ऐसी ही होती हैं। जो हम बाहर से महसूस करते हैं, वह केवल एक परत होती है, लेकिन उसके नीचे और भी कई परतें होती हैं, जिनमें हमारे अनुभव, धारणाएँ, और अधूरी चाहतें छुपी होती हैं।

जब कोई हमें टोकता है, हमारी आलोचना करता है, या हमारे विचारों से असहमत होता है, तो पहली प्रतिक्रिया अक्सर गुस्से, शर्मिंदगी, या असहमति की होती है। यह ठीक वैसा ही है, जैसे समुद्र की सतह पर लहरों का उछलना– हम इसे तुरंत देख सकते हैं, महसूस कर सकते हैं। लेकिन क्या गुस्सा ही हमारी असली भावना होती है? शायद नहीं। अगर इस गुस्से के पीछे झाँका जाए, तो हो सकता है कि वहाँ अस्वीकार किए जाने का डर छुपा हो, या यह भावना कि हमारी राय की कद्र नहीं हो रही।

भावनाओं की परतें: सतही से गहरी भावनाओं तक

कई बार हम सोचते हैं कि हमारी भावनाएँ अचानक ही उत्पन्न होती हैं, लेकिन वास्तव में वे लंबे समय से संचित अनुभवों और आंतरिक विश्वासों का परिणाम होती हैं। मान लीजिए कि आप किसी से प्यार करते हैं और वह व्यक्ति आपको अनदेखा करता है। आपकी पहली प्रतिक्रिया होगी दुःख या निराशा। लेकिन जब आप इस भावना की गहराई में उतरते हैं, तो आपको महसूस होता है कि यह दुःख सिर्फ उस व्यक्ति के व्यवहार से नहीं आया, बल्कि यह उस गहरे डर से उपजा है कि आप शायद उस प्यार के योग्य नहीं हैं या आपको छोड़ दिया जाएगा।

इसी तरह, जब कोई दोस्त या प्रियजन आपकी बात को बार-बार अनसुना करता है, तो पहली भावना चिढ़ या गुस्से की होती है। लेकिन यदि इस गुस्से के पीछे झाँका जाए, तो वहाँ छुपी होगी एक अनदेखी पीड़ा–एक भावनात्मक असुरक्षा कि आपकी उपस्थिति, आपकी राय, या आपके विचारों की कोई अहमियत नहीं है।

हमारी भावनाएँ कई बार उन पुराने घावों से भी जुड़ी होती हैं, जिनका हमें पूरी तरह से एहसास भी नहीं होता। जैसे बचपन में अगर किसी को यह महसूस हुआ कि उसकी भावनाओं को महत्व नहीं दिया जा रहा, तो बड़े होकर

वह व्यक्ति किसी भी अनदेखी को अस्वीकार या अपमान के रूप में महसूस कर सकता है। इसी तरह, किसी ने अगर अपने जीवन में बार-बार असफलता का सामना किया हो, तो भविष्य में किसी भी नई चुनौती के सामने उसे डर और आत्म-संदेह की भावना घेर सकती है।

आत्म-जागरूकता: भावनाओं को पहचानना और स्वीकार करना

जिस तरह गहरे समुद्र में जाने के लिए स्कूबा डाइविंग का सहारा लिया जाता है, उसी तरह हमें अपनी भावनाओं की गहराई में उतरने के लिए आत्म-जागरूकता की जरूरत होती है। हमें खुद से पूछना होगा:

- "क्या मेरी यह भावना किसी पुराने अनुभव से जुड़ी है?"
- "क्या यह डर सिर्फ इस स्थिति का नतीजा है, या यह मेरे अतीत की किसी पीड़ा से उपजा है?"
- "क्या इस गुस्से के पीछे कोई ऐसा भाव छुपा है जिसे मैंने कभी स्वीकार ही नहीं किया?"

जब हम इन सवालों के जवाब तलाशने लगते हैं, तो हमें अपनी भावनाओं की सही दिशा समझ में आने लगती है। इसका मतलब यह नहीं है कि हमें अपनी भावनाओं को दबाना है या उन्हें नकारना है। बल्कि इसका अर्थ यह है कि हमें अपनी भावनाओं को समझकर उन्हें स्वीकार करना है, ताकि वे हमारे जीवन को नियंत्रित करने के बजाय हमारे आत्म-विकास में सहायक बनें।

भावनाओं को अपनाना: समुंदर को समझना

एक अच्छा नाविक सिर्फ समुद्र की सतह पर ही ध्यान नहीं देता, बल्कि वह पानी के नीचे की धाराओं को भी समझने की कोशिश करता है। अगर उसे यह पता हो कि कब धाराएँ तेज़ होंगी, कब लहरें उग्र होंगी, तो वह अपनी नाव को बेहतर तरीके से चला सकता है।

इसी तरह, जब हम अपनी भावनाओं को पहचानने और समझने लगते हैं, तो हम अपने जीवन की दिशा को अधिक स्पष्टता से तय कर सकते हैं। तब गुस्सा सिर्फ गुस्सा नहीं रहता, बल्कि यह हमें हमारे भीतर छुपे असुरक्षा के भाव को देखने का मौका देता है। तब दुःख केवल दुःख नहीं रहता, बल्कि

यह हमें यह अहसास कराता है कि हमें किन चीज़ों से सच्ची खुशी मिलती है।

अगर हम अपनी भावनाओं को सही तरह से पहचानने लगें, तो वे हमें कमजोर करने के बजाय हमें और अधिक सशक्त बना सकती हैं। यह ठीक वैसा ही है जैसे कोई अनुभवी नाविक समुद्र की लहरों को समझकर उन्हें अपने सफर का हिस्सा बना लेता है, बजाय उनसे डरने के। जब हम अपनी भावनाओं को स्वीकार करते हैं और उनसे सीखते हैं, तो जीवन की लहरें हमें डुबोने के बजाय हमें आगे बढ़ाने लगती हैं।

मूल भावनाएँ – बचपन के एहसास जो जीवनभर साथ चलते हैं

हमारी सबसे गहरी भावनाएँ वही होती हैं, जो बचपन में हमारे भीतर जड़ें जमा लेती हैं। ये भावनाएँ न केवल हमारे व्यक्तिगत अनुभवों से आती हैं, बल्कि हमारे आसपास के माहौल, रिश्तों, और समाज से मिले संदेशों से भी गहराई से प्रभावित होती हैं। कई बार, ये भावनाएँ इतनी स्वाभाविक लगती हैं कि हमें एहसास भी नहीं होता कि वे हमारी सोचने, महसूस करने और निर्णय लेने की प्रक्रिया को चुपचाप नियंत्रित कर रही हैं।

बचपन की छाप: अनदेखे एहसासों का असर

जब कोई बच्चा प्यार, अपनापन और स्वीकृति से भरा माहौल पाता है, तो वह खुद को सुरक्षित महसूस करता है और आत्मविश्वास के साथ आगे बढ़ता है। लेकिन जब उसे बार-बार अनदेखा किया जाता है, उसकी भावनाओं को दबा दिया जाता है, या उसे यह महसूस कराया जाता है कि वह पर्याप्त नहीं है, तो ये अनुभव उसके भीतर एक छुपी हुई असुरक्षा पैदा कर सकते हैं। यह असुरक्षा एक छाया की तरह उसके साथ चलती है और जीवन के हर पहलू में असर डालती है–चाहे वह रिश्ते हों, करियर हो, या खुद को देखने का नजरिया।

"मैं पर्याप्त नहीं हूँ" - उपेक्षा का दर्द

कल्पना कीजिए कि एक नन्हा पौधा बढ़ना चाहता है, लेकिन उसे बार-बार काट दिया जाता है। धीरे-धीरे वह बढ़ने की उम्मीद ही छोड़ देता है। यही होता है जब कोई बच्चा बार-बार अनदेखा किया जाता है। उसे महसूस होने लगता

है कि उसकी ज़रूरतें मायने नहीं रखतीं, और बड़ा होकर वह अपने मूल्य पर संदेह करने लगता है। यह भावना उसके रिश्तों में भी झलकती है–वह बार-बार सोच सकता है कि लोग उसे पूरी तरह से स्वीकार नहीं करेंगे, या उसे हमेशा दूसरों की अपेक्षाओं पर खरा उतरना होगा। इसी तरह, जब बचपन में किसी को यह महसूस कराया जाता है कि उसकी राय, उसकी पसंद, या उसके निर्णय सही नहीं होते, तो बड़ा होने पर वह हर कदम पर खुद को लेकर असमंजस में रहता है। "अगर मैंने गलत फैसला ले लिया तो?" यह डर उसे आगे बढ़ने से रोक सकता है।

"मुझे हमेशा मजबूत रहना होगा" - भावनाओं को दबाने की आदत

अगर किसी को बचपन से यह सिखाया गया हो कि "लड़कों को रोना नहीं चाहिए" या "कमजोर लोग ही अपनी भावनाएँ जाहिर करते हैं," तो वह बड़ा होकर अपनी भावनाओं को छुपाने लगता है। लेकिन भावनाएँ किसी बंद कमरे की हवा की तरह होती हैं–अगर उन्हें बाहर निकलने का मौका न दिया जाए, तो वे अंदर ही अंदर दम घोंट सकती हैं। धीरे-धीरे यह व्यक्ति अपने दर्द को समझने के बजाय, उसे अनदेखा करने का आदी हो जाता है, और नतीजतन मानसिक तनाव, गुस्सा, या अकेलापन बढ़ने लगता है।

भावनाओं से भागने के बजाय उन्हें अपनाना

भावनाएँ किसी सागर की लहरों की तरह होती हैं–अगर हम उनसे लड़ने की कोशिश करेंगे, तो वे हमें थका देंगी, लेकिन अगर हम उन्हें समझकर स्वीकार करेंगे, तो वे हमें बहाव के साथ आगे ले जा सकती हैं। खुद से यह कहना कि "मुझे दुख नहीं होना चाहिए" या "मुझे गुस्सा नहीं आना चाहिए," वैसा ही है जैसे किसी नदी को यह कहकर रोकने की कोशिश करना कि उसे बहना नहीं चाहिए।

जब हम अपनी भावनाओं को स्वीकार करते हैं, तो वे हमारे लिए एक आईना बन जाती हैं–हमें खुद को बेहतर समझने का अवसर देती हैं। दुख, गुस्सा, असुरक्षा–ये सब हमें कुछ न कुछ सिखाने के लिए आती हैं। सवाल यह नहीं है कि हम इनसे बच सकते हैं या नहीं, बल्कि सवाल यह है कि हम इन्हें पहचानकर उनसे क्या सीख सकते हैं।

जब हम अपनी भावनाओं से भागने के बजाय उन्हें अपनाने लगते हैं, तब हम न केवल अपने पुराने घावों से मुक्त होते हैं, बल्कि आत्म-स्वीकृति और आंतरिक शांति की ओर भी बढ़ते हैं। हमारी भावनाएँ हमारी सबसे बड़ी शिक्षक होती हैं–अगर हम उन्हें ध्यान से सुनें।

अनन्या की कहानी - दिल टूटने से आत्म-खोज तक

दिल टूटना किसी तूफान की तरह होता है–एक पल सब कुछ शांत और सुरक्षित लगता है, और अगले ही पल सब तहस-नहस हो जाता है। अनन्या की ज़िंदगी भी कुछ इसी तरह बदल गई थी। उसने एक ऐसा रिश्ता खो दिया था, जिसे वह अपनी दुनिया समझ बैठी थी। यह सिर्फ एक व्यक्ति के जाने का दर्द नहीं था, बल्कि उन सारे सपनों, वादों और भावनाओं के बिखरने का था, जिनका उसने कभी संजोया था।

रिश्ते की समाप्ति एक भूचाल की तरह आई। वह अब भी उन्हीं लम्हों को दोहराने की कोशिश करती, जो कभी उसकी ज़िंदगी के सबसे खूबसूरत हिस्से थे। हर पुरानी तस्वीर, हर बातचीत की गूंज उसके मन में एक गहरे शून्य की तरह बस गई थी। वह चाहती थी कि कुछ तो ऐसा हो जिससे यह यकीन हो जाए कि यह सिर्फ एक बुरा सपना था–कि वह जब जागेगी, सब कुछ पहले जैसा होगा। लेकिन हकीकत उसके सामने पत्थर की लकीर की तरह अटल खड़ी थी।

अनन्या खुद से सवाल करने लगी–
"क्या मुझमें कोई कमी थी?"
"क्या हमारी कहानी कभी असली थी?"
"अगर प्यार इतना मजबूत था, तो यह खत्म कैसे हो सकता है?"

हर सवाल उसे और अंदर तक तोड़ रहा था, जैसे कोई लहर बार-बार किनारे से टकराकर खुद को ही मिटा रही हो। वह खुद को ही दोष देने लगी। शायद वह ही काफी नहीं थी? शायद उसने ही कुछ गलत कर दिया था? यह आत्म-संदेह उसे अंदर ही अंदर खोखला कर रहा था।

वह लोगों से दूर रहने लगी। दोस्तों के फोन अनसुने रहने लगे, और उसके भीतर एक ऐसी दीवार खड़ी हो गई, जिससे कोई पार नहीं आ सकता था। वह पूरी तरह से अकेलेपन के उस गहरे अंधेरे में डूब गई, जहाँ से बाहर निकलने का कोई रास्ता नजर नहीं आता।

आत्म-खोज की पहली किरण लेकिन फिर, एक दिन, जब वह अपने कमरे की खिड़की से बाहर देख रही थी, उसकी नज़र एक सूखे पेड़ पर पड़ी। वह पेड़ बिना पत्तों के खड़ा था, मानो उसने अपना सब कुछ खो दिया हो। लेकिन कुछ देर बाद, उसने देखा कि उसकी टहनियों पर छोटे-छोटे नए अंकुर भी उग रहे थे—नई पत्तियाँ, एक नया जीवन। उस पल उसे एहसास हुआ कि बदलाव का मतलब हमेशा अंत नहीं होता, बल्कि एक नई शुरुआत भी हो सकता है।

वह समझने लगी कि उसकी ज़िंदगी केवल उस रिश्ते तक सीमित नहीं थी। वह एक पूरी इंसान थी, जिसकी पहचान सिर्फ किसी और के साथ होने में नहीं थी। उसने खुद को फिर से खोजने की ठानी—जैसे धरती पर गिरा कोई बीज, जो मिट्टी में सड़ता तो जरूर है, लेकिन फिर वहीं से एक नया पौधा जन्म लेता है।

धीरे-धीरे उसने अपने पुराने सपनों की जगह नए सपने देखने शुरू किए। उसने उन चीज़ों को अपनाया, जो उसे खुशी देती थीं—लिखना, यात्रा करना, खुद को बेहतर बनाना। यह सफर आसान नहीं था, लेकिन हर दिन, हर नए अनुभव के साथ, वह खुद को थोड़ा और पा रही थी।

भावनाओं को दबाने के बजाय उन्हें सुनना

भावनाएं नदी की तरह होती हैं—अगर उन्हें रोका जाए, तो वे बाढ़ बनकर सब कुछ तहस-नहस कर सकती हैं, लेकिन अगर उन्हें बहने दिया जाए, तो वे जीवन को नई ऊर्जा दे सकती हैं। अनन्या को पहले यह समझ नहीं आया था। उसने अपने भीतर बहती भावनाओं को रोकने की कोशिश की थी, लेकिन जितना वह उन्हें दबाने की कोशिश करती, उतना ही वे और ज्यादा ताकत के साथ बाहर आने की कोशिश करतीं।

उसका दर्द सिर्फ उस व्यक्ति के चले जाने का नहीं था। यह किसी बहुत पुराने घाव को फिर से कुरेद रहा था। वह बार-बार सोचती—*"क्या मैं छोड़ दिए*

जाने के लिए ही बनी हूँ?" यह सवाल उसे अतीत की उन्हीं भावनाओं तक ले जाता, जिनसे उसने कभी सामना नहीं किया था। बचपन में माता-पिता की अनजानी अनदेखी, दोस्तों का दूर हो जाना, हर वह अनुभव जहाँ उसने अकेलापन महसूस किया था–सब कुछ अब फिर से सामने आने लगा।

दर्द से दोस्ती लेकिन एक दिन, जब वह अपनी लिखी हुई डायरी के पन्नों को पलट रही थी, उसे पढ़कर एहसास हुआ कि उसने पहली बार खुद से इतनी ईमानदारी से बातें की हैं। जर्नलिंग ने उसके दर्द को शब्द दे दिए थे, और यह शब्द अब उसे डराने के बजाय उसके अपने लगने लगे थे। उसने अपने भीतर की आवाज़ सुनी–*"मैं इस दर्द को महसूस कर रही हूँ, क्योंकि यह मुझे कुछ सिखाना चाहता है।"*

उसने जाना कि जैसे मिट्टी को नया जीवन देने के लिए पहली बारिश का सामना करना पड़ता है, वैसे ही आत्म-खोज के सफर में पुराने घावों का सामना करना ज़रूरी होता है। वह अपने भीतर के हर डर, हर उम्मीद और हर अधूरे सपने को पहचानने लगी।

शांति की ओर पहला कदम धीरे-धीरे उसने माइंडफुलनेस और ध्यान को अपने जीवन में शामिल किया। जब भी पुरानी यादें उसे घेरने लगतीं, वह अपने वर्तमान पर ध्यान केंद्रित करती–*"अभी, इस पल, मैं ठीक हूँ।"* यह अभ्यास आसान नहीं था, लेकिन हर दिन, थोड़ा-थोड़ा करके, उसने खुद को उन यादों में उलझने से रोकना शुरू किया।

वह समझ चुकी थी कि भावनाओं को नकारने से वे खत्म नहीं होतीं, बल्कि और गहरी होती जाती हैं। इसलिए उसने उन्हें बहने दिया–जिस तरह एक नदी चट्टानों से टकराकर अपनी दिशा खुद बना लेती है, वैसे ही उसने भी अपने दर्द को नया अर्थ देना शुरू कर दिया।

खुद को फिर से पाना अब जब वह आईने में खुद को देखती, तो उसमें सिर्फ एक टूटा हुआ दिल नहीं, बल्कि एक उभरता हुआ इंसान नजर आता। उसने अपने उन शौकों को फिर से जिंदा किया, जो कभी इस रिश्ते के साये में खो गए थे–लिखना, किताबें पढ़ना, नई जगहों की खोज करना।

उसने यह भी स्वीकार किया कि प्यार सिर्फ किसी और से मिलने वाली चीज़ नहीं है, बल्कि खुद को पूरी तरह से अपनाने से भी आता है। जब उसने इस रिश्ते को अपने जीवन का सिर्फ एक अध्याय माना, न कि पूरी किताब, तब वह सच में आगे बढ़ने लगी।

अंत में, अनन्या ने महसूस किया कि भावनाएं सिर्फ तकलीफ देने के लिए नहीं होतीं, वे हमें नया आकार देने के लिए भी आती हैं–बस हमें उन्हें सुनने की हिम्मत करनी होती है।

उपचार कोई जादू नहीं था जो एक रात में हो गया। इसमें समय लगा, धैर्य लगा, और सबसे ज़्यादा–उस दर्द से भागने के बजाय, उसे महसूस करने की हिम्मत लगी। लेकिन धीरे-धीरे, अनन्या को स्पष्टता मिली।

अब, जब वह पीछे मुड़कर देखती है, तो उसे एहसास होता है कि यह दिल टूटना उसे तोड़ने के लिए नहीं हुआ था। यह उसे खुद को गहराई से जोड़ने का एक मौका था।

अनन्या की कहानी हमें याद दिलाती है कि हर दर्द में एक संदेश छुपा होता है। जब हम अपनी भावनाओं को दयालुता और समझ के साथ सुनते हैं, तो वे हमें सिर्फ तकलीफ नहीं देतीं–वे हमें आत्म-खोज और आत्म-स्वीकृति की ओर भी ले जाती हैं।

हीलिंग का सफर: खुद को समझने और अपनाने की कला

हीलिंग का सफर उस पेड़ की तरह होता है, जो ठंडी सर्दी में अपनी सारी पत्तियाँ खो देता है, लेकिन फिर भी भीतर जड़ें मजबूत बनाए रखता है, ताकि बसंत आने पर फिर से हरा-भरा हो सके। यह सफर आसान नहीं होता, लेकिन जब कोई खुद को समझने और अपनाने की दिशा में बढ़ता है, तो हर घाव धीरे-धीरे भरने लगता है।

शुरुआत में हमें लगता है कि हमें बस इस दर्द से बाहर निकलना है–जैसे किसी अंधेरी सुरंग से गुजर रहे हों, जिसकी कोई अंत नजर नहीं आ रहा हो। लेकिन धीरे-धीरे एहसास होता है कि हीलिंग का मतलब दर्द को मिटाना नहीं, बल्कि उसे एक नई समझ के साथ देखना है। जब हम अपने भीतर के घावों को अनदेखा करते हैं, तो वे किसी छुपे हुए बीज की तरह अंदर ही अंदर जड़ें

फैलाने लगते हैं। लेकिन जब हम ध्यान से उन्हें समझते हैं, तो वे अंकुर होकर नया जीवन देने लगते हैं।

इस सफर में आत्म-करुणा सबसे बड़ा सहारा होती है। जैसे कोई माली अपने पौधों की देखभाल करता है, वैसे ही हमें अपनी भावनाओं की देखभाल करनी होती है–उन्हें जज किए बिना, धैर्य से। कभी-कभी पुराने दर्द वापस लौटते हैं, जैसे हवा में बीते मौसम की हल्की खुशबू आ जाए। लेकिन अब हम उन्हें अलग नज़रिए से देख सकते हैं–न कि किसी बोझ की तरह, बल्कि जीवन के हिस्से की तरह।

जर्नलिंग - खुद से एक ईमानदार बातचीत

जर्नलिंग उस नदी की तरह है, जो बहते-बहते अपने अंदर की सारी गंदगी को छान लेती है और धीरे-धीरे निर्मल हो जाती है। जब हम अपने विचारों और भावनाओं को कागज़ पर उतारते हैं, तो यह ठीक वैसा ही होता है–हम अपने भीतर की उलझनों को बाहर निकालते हैं, उन्हें शब्दों में ढालते हैं और धीरे-धीरे स्पष्टता पाने लगते हैं। यह खुद से की गई एक ईमानदार बातचीत होती है, जहां कोई दिखावा नहीं होता, कोई जज करने वाला नहीं होता–सिर्फ हम और हमारे असली एहसास।

कई बार हमारा मन किसी पुराने घर की अलमारी की तरह हो जाता है, जिसमें बरसों से जमी धूल, पुरानी यादें और भूले-बिसरे अहसास भरे होते हैं। हमें पता भी नहीं होता कि वहां क्या-क्या रखा है, लेकिन जब एक-एक कर उन दराजों को खोलते हैं, तो धूल हटने लगती है, चीजें स्पष्ट दिखने लगती हैं। जर्नलिंग भी ठीक यही करती है–यह उन भावनाओं को सतह पर लाती है, जिन्हें हमने लंबे समय से अनदेखा किया होता है।

जब हम लिखना शुरू करते हैं, तो यह महज़ कुछ शब्दों का खेल नहीं होता, बल्कि अपने मन को खोलने की प्रक्रिया होती है। लिखते वक्त हमें किसी को खुश करने की ज़रूरत नहीं होती, किसी की अपेक्षाओं पर खरा उतरने की चिंता नहीं होती। यह खुद से बिना किसी झिझक के बातचीत करने का एक जरिया है। हम खुद से पूछ सकते हैं–*"आज मैं क्या महसूस कर रहा हूँ?"* या *"मेरी यह बेचैनी मुझसे क्या कहना चाहती है?"* और इन सवालों के जवाब खुद-ब-खुद हमारे शब्दों में उतरने लगते हैं।

धीरे-धीरे, जब यह प्रक्रिया आदत बन जाती है, तो हमें अपने भीतर के पैटर्न समझ आने लगते हैं। कौन-सी चीज़ हमें बार-बार दुखी कर रही है? कौन-सा डर हमें रोक रहा है? कौन-से अधूरे सपने अब भी हमें बेचैन कर देते हैं? जर्नलिंग इन सभी सवालों का जवाब ढूँढने में मदद करती है। यह केवल भावनाओं का बहाव नहीं, बल्कि आत्म-समझ की ओर एक गहरा कदम है।

और यह सफर तब और भी खूबसूरत हो जाता है, जब हम इसे अपनी दिनचर्या का हिस्सा बना लेते हैं। कोई नियम नहीं, कोई बंधन नहीं—बस जब भी मन भारी लगे, एक कागज़ उठाइए और लिख डालिए। यह उस पुराने कुएँ की तरह है, जिसमें नीचे साफ पानी छुपा होता है, बस ऊपर जमी गंदगी को हटाने की ज़रूरत होती है। जैसे-जैसे हम लिखते जाते हैं, हमारे विचारों की धुंध छँटने लगती है और हमें खुद का असली चेहरा साफ-साफ दिखने लगता है।

जर्नलिंग केवल एक आदत नहीं, बल्कि खुद के लिए बनाया गया एक सुरक्षित स्थान है—जहाँ हम बिना डर, बिना पर्दे के, पूरी तरह से अपने सच्चे रूप में मौजूद रह सकते हैं। और यही इसका सबसे सुंदर पहलू है।

ध्यान: मन की लहरों से परे

ध्यान उस शांत झील की तरह है, जिसकी सतह पर हलचल तो होती है, लेकिन गहराई में पानी हमेशा स्थिर रहता है। जब हम ध्यान करते हैं, तो हम अपने भीतर की भावनाओं को ठीक उसी तरह देखते हैं, जैसे कोई झील अपनी सतह पर पड़ने वाली हर हल्की-फुल्की लहर को देखती है—बिना उससे प्रभावित हुए। आमतौर पर, जब कोई भावना हमारे भीतर उठती है, तो हम दो तरीकों से प्रतिक्रिया देते हैं—या तो हम उसमें पूरी तरह डूब जाते हैं, या उसे नजरअंदाज करके दबाने की कोशिश करते हैं। लेकिन ध्यान हमें इन दोनों से अलग एक तीसरा रास्ता दिखाता है—भावनाओं को सिर्फ देखने का।

कल्पना कीजिए कि आप एक फिल्म देख रहे हैं। स्क्रीन पर अलग-अलग दृश्य चलते हैं—कुछ दुखद, कुछ सुखद, कुछ डरावने। लेकिन जब तक आप फिल्म का हिस्सा नहीं बनते, तब तक वे दृश्य आपको सीधे प्रभावित नहीं करते। ध्यान इसी सिद्धांत पर काम करता है। जब आप ध्यान में बैठते हैं और अपनी सांसों पर ध्यान केंद्रित करते हैं, तो आपके मन में तरह-तरह के

विचार और भावनाएं आती हैं। लेकिन ध्यान का अभ्यास यह सिखाता है कि उन भावनाओं को पकड़ने या दबाने की बजाय, बस उन्हें एक बाहरी दर्शक की तरह देखा जाए।

वैज्ञानिक शोध भी इस प्रक्रिया को प्रमाणित करते हैं। हार्वर्ड मेडिकल स्कूल और यूनिवर्सिटी ऑफ कैलिफोर्निया, लॉस एंजेलिस (UCLA) की स्टडीज़ बताती हैं कि नियमित ध्यान अभ्यास से **एमिग्डाला** (जो हमारे मस्तिष्क में भावनात्मक प्रतिक्रियाओं को नियंत्रित करता है) की गतिविधि कम हो जाती है, जिससे हम भावनाओं के प्रति ज्यादा संतुलित और कम प्रतिक्रियात्मक बनते हैं। ध्यान करने वालों में **ग्रे मैटर** (जो हमारी सोच, आत्म-जागरूकता और भावनाओं को नियंत्रित करता है) की मात्रा बढ़ जाती है, जिससे मानसिक स्पष्टता और आत्म-नियंत्रण मजबूत होता है।

आप इसे बहुत ही आसान तरीके से शुरू कर सकते हैं–बस पाँच मिनट के लिए एक शांत जगह पर बैठें। अपनी सांस पर ध्यान दें, या कोई ऐसा शब्द (मंत्र) चुनें जो आपको शांति महसूस कराए। जब कोई भावना या विचार आए, तो उसे रोकने की कोशिश न करें–बस उसे देखें और उसे जाने दें। यह प्रक्रिया धीरे-धीरे आपके अंदर भावनात्मक स्पष्टता और लचीलापन विकसित करेगी।

खुद से वैसा ही प्यार करें, जैसा आप किसी खास इंसान से करते हैं

आत्म-करुणा यानी खुद के प्रति वही दयालुता और अपनापन रखना, जो हम अपने किसी प्रियजन के लिए महसूस करते हैं। जब कोई दोस्त या परिवार का सदस्य दुखी होता है, तो हम उसे सांत्वना देते हैं, उसकी भावनाओं को समझते हैं और उसे एहसास कराते हैं कि वह अकेला नहीं है। लेकिन जब खुद की बारी आती है, तो हम अक्सर खुद को ताने देते हैं–"मुझे अब तक इससे उबर जाना चाहिए था," या "मैं इतना कमजोर क्यों हूं?"

कल्पना कीजिए कि कोई छोटा पौधा एक तेज आंधी में झुक जाता है। अगर हम उसे डांटने लगें कि "तुम इतने कमजोर क्यों हो?" तो क्या वह सीधा खड़ा हो पाएगा? नहीं। लेकिन अगर हम उसे सहारा दें, उसे सूरज की रोशनी और पानी दें, तो धीरे-धीरे वह फिर से मजबूत हो जाएगा। आत्म-करुणा भी कुछ ऐसा ही करती है–यह हमें खुद को समझने, अपनाने और धीरे-धीरे फिर से खड़े होने की ताकत देती है।

वैज्ञानिक दृष्टि से भी आत्म-करुणा मानसिक और भावनात्मक स्वास्थ्य के लिए बेहद महत्वपूर्ण है। स्टैनफोर्ड यूनिवर्सिटी की एक रिसर्च के अनुसार, आत्म-करुणा तनाव के स्तर को कम करती है और मानसिक दृढ़ता को बढ़ाती है। जब हम खुद के प्रति दयालु होते हैं, तो हमारा **कॉर्टिसोल** (तनाव हार्मोन) कम हो जाता है और **ऑक्सिटोसिन** (प्यार और सुरक्षा से जुड़ा हार्मोन) बढ़ जाता है, जिससे हम ज्यादा शांत और आत्म-विश्वासी महसूस करते हैं।

इसका मतलब यह नहीं कि आत्म-करुणा हमें कमजोर बनाती है। इसका मतलब सिर्फ इतना है कि हम अपनी कमजोरियों को स्वीकार करके उन्हें सुधारने का मौका देते हैं। जब भी आप खुद को कठोरता से जज करने लगें, एक पल रुकें और सोचें–"अगर मेरा कोई प्रिय व्यक्ति इसी स्थिति में होता, तो मैं उसे क्या कहता?" फिर वही शब्द खुद से भी कहें। क्योंकि आप भी उतनी ही दया और अपनापन पाने के हकदार हैं, जितना कोई और।

रचनात्मक अभिव्यक्ति - जब भावनाएँ एक नया रूप लेती हैं

कभी आपने बारिश के बाद मिट्टी पर बहती नदियों को देखा है? जब पानी अपनी राह खोजता है, तो वह मिट्टी को काटकर नई धाराएँ बना लेता है। ठीक इसी तरह, जब हमारी भावनाएँ भीतर उमड़ती हैं, तो उन्हें अगर कोई रास्ता नहीं मिलता, तो वे हमें भीतर ही भीतर गहराई से कुरेदने लगती हैं। लेकिन अगर उन्हें अभिव्यक्ति का माध्यम मिल जाए, तो वे एक नई दिशा में बह निकलती हैं–कभी शब्दों के रूप में, कभी रंगों में, कभी धुनों में, तो कभी किसी लयबद्ध गति में।

भावनाएँ अक्सर इतनी गहरी होती हैं कि शब्द उनके लिए अपर्याप्त लगते हैं। हम महसूस तो बहुत कुछ करते हैं, लेकिन उसे व्यक्त करना कठिन हो जाता है। ऐसे समय में रचनात्मक अभिव्यक्ति एक पुल का काम करती है, जो हमारी भीतरी दुनिया को बाहरी दुनिया से जोड़ने का जरिया बनती है। जब कोई बच्चा पहली बार रंगों से खेलता है, तो वह सिर्फ आकृतियाँ नहीं बनाता, बल्कि अपने भीतर की दुनिया को कागज पर उतारता है। जब कोई संगीतकार किसी धुन को गुनगुनाता है, तो वह केवल सुर नहीं बुनता, बल्कि अपनी भावनाओं को आवाज़ देता है। यही प्रक्रिया हमें भी अपने भीतर के असंतुलन को संतुलन में बदलने में मदद कर सकती है।

वैज्ञानिक रूप से भी यह सिद्ध हो चुका है कि रचनात्मक अभिव्यक्ति मानसिक स्वास्थ्य को सुधारने में सहायक होती है। हार्वर्ड मेडिकल स्कूल की एक रिसर्च के अनुसार, कला और संगीत जैसी गतिविधियाँ हमारे मस्तिष्क के **एमिगडाला** (जो भावनात्मक प्रतिक्रियाओं को नियंत्रित करता है) को शांत करती हैं, जिससे चिंता और तनाव कम होते हैं। इसी तरह, लेखन थेरेपी को लेकर की गई एक स्टडी में पाया गया कि जो लोग अपनी भावनाओं को लिखकर व्यक्त करते हैं, उनकी न केवल मानसिक स्थिति बेहतर होती है, बल्कि उनका इम्यून सिस्टम भी मजबूत होता है।

जब भी भावनाएँ आपको घेरने लगे और शब्द कम पड़ जाएँ, तो उन्हें किसी रचनात्मक माध्यम में बदलने की कोशिश करें। रंगों के ज़रिए, धुनों के सहारे, या अपनी उंगलियों को कागज पर बहने देकर। यह सिर्फ एक कला नहीं, बल्कि आत्म-अन्वेषण और आत्म-स्वीकार का एक तरीका है। क्योंकि जब हम अपनी भावनाओं को एक नया रूप देते हैं, तो वे बोझ नहीं रहतीं—वे एक सुंदर कृति बन जाती हैं, जो हमें खुद को बेहतर तरीके से समझने और स्वीकारने का अवसर देती है।

समर्थन की तलाश - मदद माँगना कमजोरी नहीं, हिम्मत है

हीलिंग एक गहरी, व्यक्तिगत यात्रा है, लेकिन इसका यह मतलब नहीं कि आपको इसे अकेले तय करना होगा। कई बार, हम अपने दर्द को खुद तक सीमित रखने की आदत बना लेते हैं—शायद इसलिए कि हमें लगता है कि कोई हमें नहीं समझेगा, या इसलिए कि हम कमजोर नहीं दिखना चाहते। लेकिन सच्चाई यह है कि मदद माँगना कमजोरी नहीं, बल्कि अपने भीतर की ताकत को पहचानने और स्वीकार करने का सबसे बड़ा प्रमाण है।

जब हम अपने मन की बात किसी ऐसे व्यक्ति से साझा करते हैं जिस पर हम भरोसा करते हैं, तो हमारा बोझ हल्का महसूस होता है। यह व्यक्ति कोई भी हो सकता है—कोई करीबी दोस्त, परिवार का सदस्य, या कोई ऐसा इंसान जो आपको बिना जज किए सुन सके। कभी-कभी, सिर्फ किसी के सामने अपने दिल की बात कह देने से ही मन को राहत मिलती है।

थेरेपी और प्रोफेशनल मदद लेने से न हिचकें

अगर आपको ऐसा लगता है कि आपकी भावनाएँ आपके नियंत्रण से बाहर जा रही हैं या पुरानी तकलीफें आपको लगातार परेशान कर रही हैं, तो एक थेरेपिस्ट, काउंसलर या लाइफ कोच से बात करना फायदेमंद हो सकता है। प्रोफेशनल गाइडेंस आपको अपने दर्द को समझने और सही दिशा में आगे बढ़ने में मदद कर सकती है। थेरेपी आपको ऐसे टूल्स और टेक्नीक्स दे सकती है जो आपकी भावनाओं को सँभालने में सहायक साबित हो सकती हैं।

समुदाय से जुड़ें, जहाँ आपकी भावनाओं को जगह मिले

कई बार, हम यह सोचकर खुद को अलग-थलग कर लेते हैं कि हमारी भावनाएँ सिर्फ हमारी ही हैं। लेकिन जब हम ऐसे लोगों से जुड़ते हैं जो हमारे जैसी ही परिस्थितियों से गुज़र रहे होते हैं, तो हमें एहसास होता है कि हम अकेले नहीं हैं। किसी सपोर्ट ग्रुप, ऑनलाइन कम्युनिटी, या ध्यान (मेडिटेशन) समूह का हिस्सा बनना आपको भावनात्मक मजबूती देने के साथ-साथ आपको समझे जाने का एहसास भी देता है।

सुनने और सुने जाने की शक्ति

कई बार हमें किसी के द्वारा कोई समाधान नहीं चाहिए होता, सिर्फ यह एहसास चाहिए होता कि कोई हमारी तकलीफ को महसूस कर रहा है, हमें सुन रहा है। यह अहसास अपने आप में ही एक गहरा उपचार बन सकता है। जब हम अपने मन की बातें ज़ाहिर करने लगते हैं, तो वे हमें उतनी भारी नहीं लगतीं।

याद रखें, सहारा लेना कोई कमजोरी नहीं

इस दुनिया में कोई भी पूरी तरह से अकेले नहीं जीता—हर कोई कभी न कभी किसी के सहारे की ज़रूरत महसूस करता है। अपनी तकलीफों को दूसरों से साझा करने और मदद माँगने में कोई शर्म नहीं होनी चाहिए। यह स्वीकार करना कि हमें मदद चाहिए, हमारी आत्म-जागरूकता और साहस को दर्शाता है। क्योंकि सच्ची हिम्मत वही होती है जो दर्द के बावजूद मदद के लिए हाथ बढ़ाने की हिम्मत करे।

ये तकनीकें कोई जादू की छड़ी नहीं हैं, जो एक ही दिन में सारे घाव भर दें। लेकिन **नियमित अभ्यास से**, वे आपकी भावनाओं के साथ आपके रिश्ते को पूरी तरह बदल सकती हैं।

जब आप अपने दर्द को समझने और अपनाने की हिम्मत जुटाते हैं, तो वही दर्द धीरे-धीरे आपकी सबसे बड़ी ताकत बन जाता है। हीलिंग का मतलब दर्द को खत्म करना नहीं, बल्कि **उससे सीखकर आगे बढ़ना है**–एक शांत, संतुलित और जागरूक जीवन की ओर।

भावनाओं का प्रवाह: अध्यात्म के प्रकाश में संतुलन की खोज

यह विषय गहन और संवेदनशील है, जहाँ भावनाएँ केवल हमारे मन के क्षणिक अनुभव नहीं हैं, बल्कि आत्म-जागरूकता और आध्यात्मिक उत्थान के द्वार भी खोलती हैं। भावनाओं को संतुलित करना एक कला है, जिसे हम केवल दमन या अस्वीकार करने से नहीं, बल्कि समझने, स्वीकार करने और सही दिशा में प्रवाहित करने से सीख सकते हैं। भगवद गीता की शिक्षाएँ इस प्रक्रिया में महत्वपूर्ण भूमिका निभाती हैं, क्योंकि वे हमें दिखाती हैं कि भावनाओं को कैसे आत्म-साक्षात्कार और आंतरिक शांति के मार्ग में रूपांतरित किया जा सकता है।

भगवद गीता में श्रीकृष्ण कहते हैं कि हमारा मन ही हमारा सबसे बड़ा मित्र और सबसे बड़ा शत्रु हो सकता है। यदि हम अपने मन को समझकर नियंत्रित कर लें, तो यह हमारे लिए सहायक बन जाता है, लेकिन यदि हम अपने मन को ही अपने ऊपर हावी होने दें, तो यह हमें पीड़ा और अशांति की ओर धकेल सकता है। यह वही स्थिति है जब कोई नाविक बिना पतवार की नाव लेकर समुद्र में उतर जाए–यदि नाव दिशाहीन है, तो लहरें इसे इधर-उधर भटका सकती हैं, लेकिन यदि नाविक अपने हाथ में पतवार को मजबूती से थामे हुए है, तो वह सही दिशा में आगे बढ़ सकता है।

इस आत्म-नियंत्रण की प्राप्ति का मार्ग 'वैराग्य' से होकर गुजरता है। लेकिन वैराग्य का अर्थ यह नहीं कि हम दुनिया से भाग जाएँ या भावनाओं से दूरी बना लें। यह एक संतुलित दृष्टिकोण है, जहाँ हम अनुभव तो करते

हैं, लेकिन उनसे इतने अधिक जुड़े नहीं रहते कि वे हमारी आंतरिक शांति को भंग कर दें। इसे ऐसे समझें जैसे आकाश में तैरते बादल–वे आते हैं, बरसते हैं, लेकिन अंततः बहकर चले जाते हैं। यदि हम बादलों को पकड़ने की कोशिश करें, तो निराशा ही हाथ लगेगी, लेकिन यदि हम उन्हें देखने और अनुभव करने दें, तो वे अपने समय पर स्वतः ही विलीन हो जाएँगे। ठीक इसी प्रकार, भावनाएँ आती हैं और जाती हैं, लेकिन हमें उन्हें थामकर नहीं रखना चाहिए।

यह समझने के लिए कि भावनाओं से मुक्त कैसे हुआ जाए, भगवद गीता में श्रीकृष्ण कर्म के सिद्धांत को प्रस्तुत करते हैं–हमें केवल अपने कार्यों पर ध्यान देना चाहिए, न कि उनके परिणामों पर। जब कोई किसान बीज बोता है, तो वह यह सोचकर परेशान नहीं होता कि फल कब आएगा, बल्कि वह अपने खेत की देखभाल करता है। इसी तरह, यदि हम अपने कर्मों को समर्पण के भाव से करें और परिणाम की चिंता से स्वयं को मुक्त करें, तो जीवन में एक नई सहजता और स्वतंत्रता का अनुभव होता है।

लेकिन भावनाओं को संतुलित करने की प्रक्रिया में क्षमा एक महत्वपूर्ण भूमिका निभाती है। क्षमा केवल किसी और को माफ करने तक सीमित नहीं है, बल्कि यह एक आंतरिक प्रक्रिया है, जहाँ हम स्वयं को भी उन नकारात्मक भावनाओं से मुक्त करते हैं, जो हमें जकड़ कर रखती हैं। यह ठीक वैसा ही है जैसे एक पक्षी को पिंजरे में कैद कर लिया जाए–वह उड़ना चाहता है, लेकिन बेड़ियों से बंधा हुआ है। जब हम क्षमा करते हैं, तो हम स्वयं को उस बोझ से मुक्त करते हैं, जो हमें अंदर से कमजोर बना रहा होता है।

आखिरकार, जब हम जीवन के प्रवाह को स्वीकार करना सीखते हैं, तब हम समर्पण की अवस्था तक पहुँचते हैं। समर्पण का अर्थ हार मानना नहीं, बल्कि एक विश्वास और प्रवाह की स्थिति में आना है, जहाँ हम यह समझते हैं कि हम अकेले इस संसार को नियंत्रित नहीं कर सकते। जब नदी बहती है, तो वह खुद तय नहीं करती कि उसे कहाँ जाना है, बल्कि वह प्रवाह को स्वीकार कर लेती है और समुद्र तक पहुँच जाती है। इसी प्रकार, जब हम अपने जीवन को एक उच्च शक्ति के हाथों में सौंप देते हैं और चिंता से मुक्त होकर प्रवाह में बहना सीखते हैं, तब हमें वास्तविक शांति और संतुलन की प्राप्ति होती है।

भावनाओं के साथ एक नया रिश्ता बनाएं

हमारी भावनाएं सिर्फ क्षणिक प्रतिक्रियाएं नहीं हैं, बल्कि वे हमारी आंतरिक दुनिया के सबसे गहरे रहस्यों को उजागर करने वाली कुंजी हैं। जब हम इन आध्यात्मिक शिक्षाओं को अपनाते हैं, तो हमारी भावनाएं केवल मनोवैज्ञानिक अनुभव न रहकर आत्म-जागरूकता और आध्यात्मिक विकास की राह दिखाने वाले संकेत बन जाती हैं।

1. अपने मन को मित्र बनाना

अक्सर हम अपने मन से संघर्ष करते हैं–उसकी बेचैनियों, उसकी उलझनों और उसके नकारात्मक विचारों से। लेकिन यदि हम अपने मन को अपना दुश्मन मानेंगे, तो शांति कैसे पा सकेंगे? हमें अपने मन को दंडित करने की नहीं, बल्कि उसे समझने की जरूरत है। जब हम अपने विचारों को जज किए बिना देखना शुरू करते हैं, तो धीरे-धीरे हमारा मन एक सहयोगी बन जाता है, जो हमें सही दिशा दिखा सकता है।

2. भावनाओं का साक्षी बनना

हमारी भावनाएं हमें नियंत्रित करने लगती हैं जब हम उन्हें खुद से जोड़ लेते हैं–"मैं गुस्से में हूँ" कहने की बजाय, यदि हम कहें "मेरे भीतर गुस्से की भावना उत्पन्न हुई है," तो यह एक बड़ा बदलाव लाता है। हम भावनाओं से प्रभावित हुए बिना उन्हें देखना सीख सकते हैं। यह बिल्कुल वैसे ही है जैसे समुद्र की लहरों को किनारे से देखना–आप उनमें डूबते नहीं, बल्कि बस उनका प्रवाह देखते हैं।

3. क्षमा और समर्पण से आंतरिक शांति

कई बार हमारी भावनाएं पुरानी चोटों से जुड़ी होती हैं। हम बीते हुए दर्द को पकड़े रहते हैं और अनजाने में खुद को ही कष्ट देते हैं। लेकिन जब हम क्षमा करना सीखते हैं–खुद को और दूसरों को–तो वह बोझ धीरे-धीरे हल्का होने लगता है। समर्पण का अर्थ हार मानना नहीं है, बल्कि यह स्वीकार करना है कि कुछ चीजें हमारे नियंत्रण में नहीं हैं, और उन्हें ब्रह्मांड की बुद्धिमत्ता पर छोड़ देना ही सच्ची शांति का मार्ग है।

तो अगली बार जब कोई भावना आपको विचलित करे, तो उसे सिर्फ एक मानसिक प्रतिक्रिया न समझें। यह आपके भीतर छिपी किसी अनकही बात को उजागर करने का अवसर हो सकता है। अपने भीतर उठने वाली भावनाओं को ध्यान से सुनें–क्या वे किसी अधूरे घाव की ओर इशारा कर रही हैं? क्या वे किसी छूटे हुए सबक की याद दिला रही हैं?

अध्याय 3

पुराना आघात - अतीत के बोझ को छोड़ना

जो बीत गया, उसे जाने दो

क्या आपने कभी महसूस किया है कि अतीत की कोई याद, कोई अधूरा एहसास या कोई बीता दर्द आज भी आपके मन के किसी कोने में जिंदा है? जैसे कोई छाया, जो वक्त के साथ धुंधली होने के बजाय और गहरी होती जा रही हो। कुछ घटनाएँ हमें इतना प्रभावित करती हैं कि वे केवल यादें नहीं रहतीं, बल्कि हमारी सोच, हमारी भावनाएँ और यहाँ तक कि हमारे निर्णयों को भी नियंत्रित करने लगती हैं। यह ऐसा है जैसे हम एक अदृश्य जंजीर से बंधे हैं–हर बार जब हम आगे बढ़ना चाहते हैं, यह हमें पीछे खींच लेती है।

आदि शंकराचार्य ने कहा है:

"अतीतानुसंधानं न भविष्यदधीनता। वर्तमान क्षणेनैव जीवनं योजयेत् बुधः॥"

(विवेक चूड़ामणि)

अर्थात, बुद्धिमान व्यक्ति न तो अतीत में उलझता है और न ही भविष्य की चिंता में जीता है; वह केवल वर्तमान क्षण में जीने का प्रयास करता है। लेकिन यह कैसे संभव है, जब बीते हुए अनुभव हमें आज भी परिभाषित कर रहे हों?

कभी-कभी ये जंजीरें छोटी निराशाओं और चुपचाप सही गई पीड़ाओं से बनी होती हैं। कभी वे गहरे जख्मों की शक्ल में होती हैं, जो हमारे आत्म-मूल्य और विश्वास को कमजोर कर देती हैं। लेकिन क्या हो अगर हम इन जंजीरों को खोल सकें? क्या हो अगर अतीत को भुलाने के बजाय, हम उसके साथ अपने रिश्ते को बदल सकें?

कल्पना कीजिए कि आप एक नाव में बैठे हैं और किनारे तक जाना चाहते हैं, लेकिन पीछे एक भारी लंगर बंधा हुआ है। यह लंगर आपके पुराने दुख, पछतावे और वे घटनाएँ हैं, जो आपको बार-बार वापस खींच लेती हैं। जब तक आप इस लंगर को काटकर अलग नहीं करेंगे, तब तक आप कितनी भी ताकत लगा लें, नाव आगे नहीं बढ़ पाएगी। यही अतीत के साथ होता है–हमें इसे जाने देने की कला सीखनी होगी।

भगवद गीता हमें सिखाती है:
"जो व्यक्ति सुख और दुख के प्रवाह से विचलित नहीं होता और दोनों में स्थिर रहता है, वह वास्तव में बुद्धिमान है।"
(भगवद गीता 2.15)

लेकिन स्थिरता तक पहुँचना आसान नहीं है। हमें अपने अनुभवों से भागने की जरूरत नहीं है, बल्कि उन्हें स्वीकार करने और उनसे सीखने की जरूरत है। जैसे समंदर की लहरें किनारे से टकराकर लौट जाती हैं, वैसे ही हमें भी अपने अतीत की लहरों को देखने और जाने देने की आदत डालनी होगी।

शंकराचार्य कहते हैं:
"मोह एव महादुःखं नान्यदस्ति विनाशनम्।"
(विवेक चूड़ामणि)

अर्थात, मोह ही सबसे बड़ा दुख है, और जब तक हम उसे जाने नहीं देते, हम वास्तव में मुक्त नहीं हो सकते। अतीत को जाने देना मोह से मुक्ति पाने का पहला कदम है। यह तभी संभव है जब हम स्वीकार करें कि जो हो चुका है, वह बदल नहीं सकता, लेकिन हम अपने वर्तमान और भविष्य को कैसे देखेंगे, यह पूरी तरह हमारे हाथ में है।

अतीत की परछाइयाँ: वो कहानियाँ जो हमें गढ़ती हैं

हम सबके भीतर कुछ कहानियाँ बसी होती हैं–कहानियाँ, जो हमारे अतीत की गूंज से बनी होती हैं। ये कहानियाँ हमारे मन में इतनी गहराई से दर्ज हो जाती हैं कि हम खुद को उसी दृष्टिकोण से देखने लगते हैं। आघात सिर्फ एक बीती घटना नहीं होती; यह हमारी आत्म-छवि, हमारे विश्वास और हमारे जीवन के प्रति दृष्टिकोण को आकार देने वाला एक शक्तिशाली कारक बन जाता है।

कभी-कभी यह कहानी ठुकराए जाने की होती है–शायद बचपन में किसी प्रियजन ने हमें नज़रअंदाज किया हो, या किसी रिश्ते में हमें उस तरह का स्वीकार नहीं मिला हो, जिसकी हमें जरूरत थी। समय बीत जाता है, लेकिन यह अनुभव हमारे अवचेतन में छिपकर बैठा रहता है। नतीजा? हर नया रिश्ता, हर नई दोस्ती हमें यह सोचने पर मजबूर कर देती है कि कहीं हमें फिर से नकार न दिया जाए। हम सतर्क हो जाते हैं, अनजाने में एक दीवार खड़ी कर लेते हैं, ताकि फिर से वही दर्द न सहना पड़े।

कभी-कभी यह कहानी असफलता की होती है–एक समय जब हमने कोशिश की, लेकिन नाकाम रहे। हो सकता है कि किसी परीक्षा में हम असफल हुए हों, किसी करियर विकल्प में हमें सफलता न मिली हो, या किसी मौके पर हम खुद को साबित न कर पाए हों। लेकिन एक बार मिली असफलता कब हमारी पहचान बन जाती है, हमें खुद भी पता नहीं चलता। अब हर नया अवसर डराने लगता है, हर नई कोशिश के पहले ही हार मान लेने का मन करता है, क्योंकि कहीं न कहीं, हम खुद को उस असफलता के लायक ही मानने लगते हैं।

आघात की अदृश्य ज़ंजीरें

कई बार हमारा अतीत हमारे पैरों में ऐसी अदृश्य बेड़ियाँ डाल देता है कि हम चाहकर भी आगे नहीं बढ़ पाते। यह बेड़ियाँ दिखाई नहीं देतीं, लेकिन हमारे हर कदम में उनकी हल्की खनक महसूस होती है। जब कोई नया अवसर दरवाज़ा खटखटाता है, तो हम झिझक जाते हैं, मानो कोई अनदेखा हाथ हमें पीछे खींच रहा हो। यह वही हाथ है, जो कभी हमें रोकता था–किसी डर, आलोचना या अस्वीकृति के रूप में।

यह अदृश्य ज़ंजीरें केवल हमारे विचारों को ही नहीं, बल्कि हमारे संबंधों, आत्मविश्वास और पूरी जिंदगी को जकड़ लेती हैं। एक बच्चा, जिसे बचपन में बार-बार यह कहा गया हो कि वह कभी सफल नहीं होगा, बड़ा होकर हर असफलता को अपने मूल्य से जोड़ने लगेगा। जब भी जीवन में कोई नई चुनौती सामने आएगी, तो वह अपने भीतर एक फुसफुसाहट सुनेगा–"तुमसे नहीं होगा।" यह आवाज़ उसकी खुद की नहीं होती, बल्कि उन बीते दिनों की होती है, जब उसे बार-बार कमजोर होने का अहसास कराया गया था।

इसी तरह, कोई बच्चा जिसे बचपन में किसी प्रियजन की अनुपस्थिति का सामना करना पड़ा हो–चाहे वह शारीरिक रूप से छोड़ा गया हो या भावनात्मक रूप से अनदेखा किया गया हो–वह बड़ा होकर अपने हर रिश्ते में एक अनकहा डर लेकर चलता है। उसे हर रिश्ता रेत पर बनी किलेबंदी की तरह लगता है, जिसे किसी भी क्षण बह जाने का खतरा है। वह पूरी तरह से किसी पर भरोसा नहीं कर पाता, क्योंकि कहीं न कहीं, मन के कोने में यह भय बना रहता है कि जो पास आएगा, वह एक दिन छोड़कर चला जाएगा।

यह घाव वैसे ही हैं जैसे एक पुरानी किताब के पन्नों पर जमी धूल। हम उसे पढ़ने की कोशिश करते हैं, लेकिन हर बार यह धूल हमारी आँखों में चुभ जाती है। हमें लगता है कि हमने बीते कल को पीछे छोड़ दिया है, लेकिन वह हर नए अनुभव में किसी न किसी तरह खुद को दोहराने लगता है।

आघात केवल बीती घटनाओं की स्मृतियाँ नहीं होते; वे हमारी आत्मछवि में इतनी गहराई तक घुल जाते हैं कि हमें महसूस भी नहीं होता कि हम अपने जीवन को उनकी परछाई में जी रहे हैं। लेकिन हर ज़ंजीर के टूटने की

एक प्रक्रिया होती है–पहले उसे देखना, फिर समझना और अंततः धीरे-धीरे उससे मुक्त होना।

क्या हम इस जंजीर को तोड़ सकते हैं?

हमारा मन किसी बहती नदी की तरह है–हर अनुभव, हर संघर्ष, हर चोट उसमें निशान छोड़ जाती है। जैसे नदी की धाराएँ समय के साथ किसी चट्टान पर गहरे निशान बना देती हैं, वैसे ही हमारे अतीत की घटनाएँ हमारे मन पर प्रभाव छोड़ती हैं। ये छापें हमारे विचारों, प्रतिक्रियाओं और भावनात्मक प्रतिक्रियाओं को आकार देती हैं। हम अक्सर महसूस भी नहीं कर पाते कि हमारे वर्तमान निर्णय और भावनाएँ किसी पुराने ज़ख्म की छाया में आकार ले रही हैं।

लेकिन सवाल यह है–क्या हम इस नदी की दिशा बदल सकते हैं? क्या हम उन पुरानी लकीरों को मिटा सकते हैं, जिन्होंने हमें सीमाओं में जकड़ रखा है?

मुक्ति का अर्थ–अतीत को अपनाना, न कि उससे भागना

कई बार लोग मानते हैं कि बीते हुए कल से आज़ाद होने का सबसे आसान तरीका उसे भुला देना है। लेकिन क्या सच में हम किसी चीज़ को मिटाकर उससे मुक्त हो सकते हैं? अतीत कोई धुंधला सपना नहीं, जिसे चाहें तो जागते ही भुला दें। यह हमारे मन की मिट्टी में घुल चुका है, हमारे हर विचार, हर निर्णय और हर डर में उसकी छाप है। उससे भागने की कोशिश करना वैसा ही है जैसे किसी नदी में अपनी परछाई देखकर उसे मिटाने की कोशिश करना। परछाई तब तक बनी रहती है जब तक हम खुद पानी में झाँकते रहते हैं।

मुक्ति का अर्थ है उस पानी की सतह पर बने प्रतिबिंब को देखने की हिम्मत जुटाना–बिना डर, बिना शर्म, बिना पछतावे के। जब हम अपने अतीत के घावों से मुँह मोड़ते हैं, तो वे और गहरे धँसते जाते हैं। यह घाव बंद दरवाजों की तरह होते हैं, जिन्हें हम खोलने से डरते हैं, लेकिन वे भीतर से हमें ही जकड़कर रखते हैं। जब तक हम उन दरवाजों को खोलते नहीं, तब तक हम असल मायनों में आज़ाद नहीं हो सकते।

हमारे घाव हमें रोक सकते हैं, लेकिन अगर हम उन्हें समझ लें, तो यही घाव हमें आगे भी बढ़ा सकते हैं। जिस तरह आग किसी चीज़ को जलाकर राख कर सकती है, लेकिन अगर उसे सही दिशा में मोड़ दिया जाए तो वही आग रोशनी भी दे सकती है। दर्द भी कुछ ऐसा ही होता है–अगर हम इसे दबाकर रखते हैं, तो यह अंदर ही अंदर जलाता है, लेकिन अगर इसे समझकर स्वीकार कर लें, तो यही दर्द एक नई ताकत बन सकता है।

हर चोट के भीतर एक सबक छिपा होता है। कई बार वह हमें सहनशील बनाता है, कभी आत्म-प्रेम का रास्ता दिखाता है, और कभी हमारे अंदर छिपी उस ताकत से परिचय कराता है, जिसका हमें खुद भी अहसास नहीं था। लेकिन यह सब तब ही संभव होता है जब हम अपने घावों से भागने के बजाय उन्हें अपनाने का साहस करें।

मुक्ति का अर्थ भूल जाना नहीं, बल्कि समझना है। जब हम अपने बीते हुए पलों को अपनाकर उनसे सीखते हैं, तब वे हमें पराजित करने के बजाय सशक्त करने लगते हैं। तब अतीत एक बोझ नहीं, बल्कि एक मार्गदर्शक बन जाता है–एक ऐसा दीपक, जो हमारे भविष्य के रास्ते को रोशन करता है।

बिछड़ने का दर्द: जब एक रिश्ता सिर्फ यादों में रह जाता है

रिश्तों का तानाबाना रेशमी धागों से बुना होता है, जो हमारी आत्मा के सबसे कोमल हिस्सों को छूते हैं। जब कोई अपना बिछड़ जाता है, तो यह सिर्फ एक व्यक्ति को खोने का दर्द नहीं होता–यह एक पूरी दुनिया के बिखर जाने जैसा महसूस होता है। जैसे कोई पुराना, परिचित घर, जिसमें हर कोना हमारी हँसी और आँसुओं की यादें समेटे था, अचानक ढह जाए और हम उस मलबे के बीच अकेले खड़े रह जाएँ, जहाँ कभी हमारी खुशियों की नींव थी।

हर रिश्ता केवल दो लोगों का मिलन नहीं होता, बल्कि इसमें अनगिनत सपने, अनकही बातें, और रोज़मर्रा की आदतें समाई होती हैं। जब वह रिश्ता खत्म होता है, तो सिर्फ एक व्यक्ति नहीं जाता–हमारी दिनचर्या बदल जाती है, हमारी भावनाएँ अधूरी रह जाती हैं, और सबसे बढ़कर, हमारी पहचान का एक हिस्सा खो जाता है।

भावनात्मक आघात: जब पहचान भी छूट जाती है

जब हम किसी से गहरे जुड़े होते हैं, तो हमारी ज़िंदगी का एक बड़ा हिस्सा उनके साथ गुंथा हुआ होता है। उनकी हँसी हमारे सुख का आधार बन जाती है, उनकी मौजूदगी हमें सुरक्षित महसूस कराती है, और उनकी पसंद-नापसंद धीरे-धीरे हमारी आदतों में घुल जाती हैं। लेकिन जब यह रिश्ता खत्म होता है, तो केवल वे नहीं जाते–हमारा वह रूप भी चला जाता है, जो उनके साथ रहने पर विकसित हुआ था।

यह एक पुराने दरवाजे को बंद करने जैसा नहीं होता, जिसे बस एक धक्का देकर पीछे छोड़ दिया जाए। यह तो वैसा होता है जैसे एक विशाल वृक्ष की जड़ें उखाड़ ली जाएँ, और हम उस खालीपन में अपनी नई पहचान की तलाश करने को मजबूर हो जाएँ।

अचानक खालीपन: जब रिश्ता खत्म होता है

रिश्ते के खत्म होने के बाद वह अधूरापन असहनीय लगता है। जो बातें कभी हमारी रोज़मर्रा की ज़िंदगी का हिस्सा थीं–सुबह की गुड मॉर्निंग टेक्स्ट, शाम की लंबी बातचीत, अनकहे शब्दों में समझ लेना–वो सब अचानक थम जाता है। यह वैसा ही है जैसे किसी रोज़ सुनाई देने वाली संगीत की मधुर धुन अचानक बंद हो जाए और चारों ओर सन्नाटा छा जाए।

कभी-कभी हम खुद को यह समझाने की कोशिश करते हैं कि समय के साथ यह सब ठीक हो जाएगा, लेकिन मन का वह कोना, जहाँ यह रिश्ता बसा था, अभी भी खाली महसूस करता है। कुछ आदतें इतनी गहरी हो जाती हैं कि उनका छूटना, आत्मा का एक टुकड़ा खो देने जैसा लगता है।

मनोवैज्ञानिक प्रभाव: क्यों लगता है यह आघात जैसा?

मानसिक आघात सिर्फ एक भावनात्मक झटका नहीं होता, बल्कि यह मानसिक और शारीरिक रूप से भी असर डालता है। जब हम किसी को प्यार करते हैं, तो हमारा मस्तिष्क डोपामाइन और ऑक्सीटोसिन जैसे हार्मोन रिलीज करता है, जो हमें सुरक्षित और संतुष्ट महसूस कराते हैं। लेकिन जब वह व्यक्ति चला जाता है, तो यह सपोर्ट सिस्टम अचानक टूट जाता है, और

मस्तिष्क इसे एक खतरे की तरह देखता है। इससे तनाव बढ़ता है, दिल की धड़कनें तेज़ होती हैं, और अंदर एक अजीब बेचैनी बनी रहती है।

यह अनुभव हमें आत्म-संदेह से भी भर सकता है। हम बार-बार खुद से सवाल करने लगते हैं–"क्या मैं पर्याप्त नहीं था?" "क्या मुझसे कोई गलती हो गई?" यह अस्वीकृति हमारे भीतर की असुरक्षाओं को और गहरा कर देती है, जिससे आत्म-सम्मान पर चोट पहुँचती है।

इसके अलावा, कई बार ब्रेकअप पुरानी तकलीफों को भी दोबारा उभार देता है। अगर अतीत में हमें किसी ने छोड़ दिया हो या हमें किसी ने अनदेखा किया हो, तो ब्रेकअप का दर्द उन पुराने ज़ख्मों को फिर से हरा कर देता है। यह परित्याग का डर पैदा कर सकता है, जिससे हमें ऐसा महसूस होने लगता है कि शायद कोई भी हमें पूरी तरह स्वीकार नहीं करेगा।

तो फिर मानसिक आघात इतना दर्दनाक क्यों होता है?

क्योंकि यह सिर्फ किसी एक इंसान के जाने का सवाल नहीं होता। यह कई चीज़ों के खोने जैसा होता है:

- वह आदतें, जो उनके साथ जुड़ी थीं।
- वह सपने, जो भविष्य के लिए संजोए थे।
- वह सुरक्षा, जो उनकी उपस्थिति से महसूस होती थी।

यह दर्द किसी पुराने घाव की तरह होता है, जो बार-बार टीस मारता है। लेकिन यह भी सच है कि समय के साथ यह हल्का होने लगता है। जैसे रात की काली स्याही धीरे-धीरे भोर की रोशनी में घुल जाती है, वैसे ही यह दर्द भी समय के साथ फीका पड़ने लगता है।

उबरने की प्रक्रिया: धीरे-धीरे खुद को पाना

इससे उबरना आसान नहीं होता, लेकिन असंभव भी नहीं। धीरे-धीरे हम अपने अंदर की उस शक्ति को महसूस करने लगते हैं, जो इस दर्द को सहने और उससे आगे बढ़ने की ताकत देती है।

कभी-कभी हमें लगता है कि यह दर्द हमेशा रहेगा, लेकिन जैसे कोई पेड़ अपने टूटे हुए हिस्से को फिर से हरा कर लेता है, वैसे ही हमारा मन भी धीरे-

धीरे खुद को सँभाल लेता है। यह सफर कठिन हो सकता है, लेकिन अंत में हम एक नए, मजबूत, और गहरे आत्म-बोध के साथ उभरते हैं–एक ऐसी पहचान के साथ, जो अब किसी और के साथ नहीं, बल्कि हमारे अपने अस्तित्व की देन होती है।

दर्द को अपनाकर आत्म-चिकित्सा की ओर

एक समय ऐसा आया होगा जब आपने महसूस किया होगा कि इस दर्द से भागना कोई समाधान नहीं है। हो सकता है कि आपने ध्यान भटकाने के लिए खुद को व्यस्त रखने की कोशिश की हो–काम, सोशल मीडिया, नई गतिविधियाँ–लेकिन यह खालीपन कहीं न कहीं बना रहा। और तभी एक सच्चाई सामने आई:

"दर्द से बचा नहीं जा सकता, इसे महसूस करके ही मुक्त हुआ जा सकता है।"

यहीं से आपकी चिकित्सा यात्रा होती है। आपको खुद से ईमानदारी से पूछना चाहिए:

- "क्या यह दर्द सिर्फ इस ब्रेकअप का है, या यह मेरे अंदर पहले से दबे किसी पुराने घाव से जुड़ा हुआ है?"
- "क्या मैं अपने आत्म-मूल्य को किसी और की स्वीकृति से जोड़ रहा था?"

यही वे सवाल हैं, जिनके जवाब आपको खुद को बेहतर समझने और दर्द से उबरने में मदद कर सकते हैं।

परिवर्तन - खुद को फिर से बनाना

कल्पना कीजिए कि आप एक पुराने पेड़ की तरह हैं, जिसकी शाखाएँ तेज़ आँधियों से टूट गई थीं। पहले, आपको लगा कि यह नुकसान स्थायी है, कि अब आप वैसे नहीं रह पाएंगे जैसे पहले थे। लेकिन धीरे-धीरे, आपने देखा कि उन्हीं टूटी शाखाओं से नई कोंपलें फूटने लगीं। आपने महसूस किया कि गिरना अंत नहीं था, बल्कि फिर से उठने का अवसर था।

जब आपने बाहरी स्वीकृति की परवाह करना छोड़ा, तो आपको एहसास हुआ कि असली ताकत भीतर से आती है। जब आपने पछतावे को जाने दिया,

तो आत्म-विकास की राह खुली। जब आपने खुद को बिना शर्तों स्वीकार किया, तो हर ज़ख़्म एक सीख में बदल गया।

ब्रेकअप कोई अंत नहीं था, बल्कि खुद को नए सिरे से समझने की शुरुआत थी। आपने अपनी तकलीफ़ों से खुद को फिर से गढ़ा, जैसे आग में तपकर सोना और अधिक शुद्ध हो जाता है। अब, जब आप पीछे मुड़कर देखते हैं, तो आपको एहसास होता है कि आपने केवल खोया नहीं, बल्कि बहुत कुछ पाया–खुद को, अपनी ताकत को, और अपनी संपूर्णता को।

केस स्टडी 1: आघात के चक्र को तोड़ना और नयी राहें खोजना

रिया की कहानी उस नदी की तरह थी, जिसे अपने बहाव का रास्ता कभी खुद तय करने का मौका नहीं मिला। उसके चारों ओर मजबूत चट्टानें थीं– कभी परिवार की उम्मीदों के रूप में, कभी समाज के नियमों के रूप में–जो उसकी धारा को मोड़ते रहे, रोकते रहे, और अंततः उसे एक ऐसे संकरे रास्ते में बहने के लिए मजबूर कर दिया, जहां उसका अस्तित्व केवल बहते रहने तक सीमित रह गया।

बचपन में उसे यही सिखाया गया कि उसके भावनात्मक तूफान किसी को परेशान नहीं करने चाहिए। जब वह दुखी होती और अपनी मां के पास जाकर स्नेह मांगती, तो उसे चुप करा दिया जाता। "छोटी-छोटी बातों पर रोना ठीक नहीं," यह बात उसके मन में ऐसी बस गई कि धीरे-धीरे उसने अपनी भावनाओं को महसूस करना ही बंद कर दिया। वह समझ गई कि उसे प्यार पाने के लिए खुद को मजबूत दिखाना होगा, अपनी इच्छाओं को मारना होगा, और बस दूसरों की अपेक्षाओं के अनुसार जीना होगा।

रिया की पढ़ाई भी इसी चुप्पी का शिकार हो गई। उसके पिता के कठोर अनुशासन ने उसे सिखाया कि गलती करना अस्वीकार्य है। जब भी वह कुछ नया सीखने की कोशिश करती, तो उसे यह अहसास कराया जाता कि वह पर्याप्त नहीं है, कि उसकी कोशिशें हमेशा अधूरी रहेंगी। हर डांट, हर झिड़की के साथ, उसका आत्मविश्वास थोड़ा-थोड़ा करके गिरता रहा, जैसे किसी दीवार से धीरे-धीरे ईंटें निकाल ली जाएं, जब तक कि पूरी संरचना अस्थिर न हो जाए।

समय बीतता गया, और रिया के भीतर एक शून्य घर कर गया। वह दुनिया के सामने मुस्कुराती थी, पर भीतर से वह खाली थी—जैसे एक पुराना घर, जिसकी खिड़कियां बाहर की रोशनी को आने से रोकती हों। यह खालीपन उसके भीतर इतनी गहराई तक बस गया कि उसने इसे ही अपनी वास्तविकता मान लिया।

जब उसकी शादी हुई, तो उसने सोचा कि शायद यह नया रिश्ता उसके भीतर जमा सन्नाटा तोड़ सकेगा। लेकिन यह सिर्फ एक और बंद कमरा था— जहां उसे एक नए तरह की कैद का सामना करना पड़ा। उसके पति ने उसे प्यार देने के बजाय, सख्त नियमों में बांध दिया। वह क्या पहनेगी, किससे मिलेगी, कब घर से बाहर जाएगी—हर चीज़ पर नियंत्रण था। उसकी राय, उसकी भावनाएं, उसकी इच्छाएं—सबको नजरअंदाज किया जाता। वह उस दीवार की तरह थी, जिस पर कोई लगातार अपने नियम लिखता जा रहा था, बिना यह सोचे कि उस पर पहले से कितने निशान बने हुए हैं।

वह चुप रही, ठीक वैसे ही जैसे उसने बचपन से सीखा था। पर चुप्पी का बोझ भी हल्का नहीं होता। अंदर ही अंदर, उसकी आत्मा दरारों से भरती जा रही थी। वह अपने भीतर एक ऐसे समुद्र को महसूस कर रही थी, जिसकी लहरें तो उठती थीं, पर किनारे तक पहुंचने से पहले ही दम तोड़ देती थीं। उसे धीरे-धीरे एहसास होने लगा कि इस रिश्ते में वह सिर्फ एक नाम भर रह गई थी—कोई वास्तविक व्यक्ति नहीं, जिसकी इच्छाएं और भावनाएं मायने रखती हों।

फिर एक दिन, उसने खुद से एक सवाल किया—"क्या मैं पूरी जिंदगी यूं ही चुप रह सकती हूँ?" और पहली बार, उसके भीतर से जवाब आया—"नहीं।" यह शब्द छोटा था, पर इसका असर बहुत बड़ा था।

उसने शादी तोड़ने का फैसला किया, और यह निर्णय किसी तूफान से कम नहीं था। परिवार ने विरोध किया, समाज ने उसे कठोर शब्दों से परिभाषित किया, लेकिन उसने पीछे मुड़कर नहीं देखा। यह फैसला उसके लिए आसान नहीं था—क्योंकि पूरी जिंदगी उसने अपने जज्बातों को पीछे धकेला था, और अब पहली बार, वह खुद को प्राथमिकता दे रही थी।

रिया की कहानी उन लाखों लोगों की कहानी है, जो चुपचाप अपने घावों को भीतर दबाए जीते हैं। बचपन से ही उन्हें सिखाया जाता है कि भावनाओं को व्यक्त करना कमजोरी की निशानी है, कि सहना एक गुण है, और कि खुद को भूल जाना ही प्रेम का सबसे बड़ा प्रमाण है। लेकिन क्या वाकई ऐसा है? क्या सचमुच सहने से इंसान मजबूत बनता है, या फिर यह उसे अंदर से खोखला कर देता है?

रिया के भीतर जो सन्नाटा बस गया था, उसे तोड़ने में उसे सालों लग गए। लेकिन उसने सीखा कि चुप्पी सिर्फ एक आदत थी—कोई जरुरत नहीं। उसने जाना कि अपनी भावनाओं को जीने का हक है, और सबसे जरूरी बात— खुद के लिए खड़े होने का हक है।

आज, वह धीरे-धीरे अपने भीतर के खालीपन को भर रही है। उसकी चुप्पी अब शब्दों में बदल रही है, और उसकी भावनाएं अब सिर्फ दबाए जाने के लिए नहीं, बल्कि महसूस किए जाने के लिए हैं। यह सफर लंबा है, लेकिन अब वह जानती है कि हर दर्द सिर्फ सहे जाने के लिए नहीं होता—कुछ घावों को भरने के लिए भी हिम्मत की जरूरत होती है।

आत्मिक उन्नति की राह

रिया की ज़िंदगी जब एक सूखे पेड़ की तरह हो गई थी, जिसकी जड़ें ज़मीन में तो थीं, लेकिन पोषण के बिना वो धीरे-धीरे अपनी हरियाली खोता जा रहा था। उसे कभी पता ही नहीं चला था कि उसके भीतर कितनी दरारें बन चुकी हैं, क्योंकि उसने खुद को इस सच्चाई से बचाए रखा था। लेकिन जब उसने थेरेपी शुरू की, तो यह प्रक्रिया किसी बंजर ज़मीन में पहली बारिश जैसी थी—शुरुआत में ठंडी और असहज, लेकिन धीरे-धीरे जीवन देने वाली।

थेरेपी के दौरान, उसने अपने भीतर के उस बच्चे से मुलाकात की, जिसे उसने बरसों पहले छोड़ दिया था। वह बच्चा, जो प्यार के लिए तरसता था, जो अपनी भावनाओं को जताने से डरता था, और जिसे कभी किसी ने सिखाया ही नहीं कि उसकी भावनाएं भी मायने रखती हैं। रिया हर दिन आईने के सामने बैठती, अपनी ही आंखों में झांकती और धीरे से कहती—*"तुम प्यार के लायक हो। तुम पर्याप्त हो। तुम्हारी भावनाएं वैध हैं।"*

पहले तो उसे यह अजीब लगा, जैसे कोई पराया शब्द दोहरा रही हो। लेकिन धीरे-धीरे, यह शब्द उसके भीतर गहराई से उतरने लगे। उसे एहसास हुआ कि वह हमेशा से खुद को अनदेखा करती आई थी—थकान के बावजूद खुद को आगे बढ़ने के लिए मजबूर करना, दुख के बावजूद मुस्कुराना, और हर बार अपने डर को झुठला देना। लेकिन अब, उसने इन आदतों को बदलना शुरू किया। उसने खुद को रोने की इजाज़त दी, खुद को थामने की इजाज़त दी। यह पहली बार था जब वह अपने लिए वहां मौजूद थी।

एक नई शुरुआत

एक दिन, थेरेपी के दौरान उसकी थेरेपिस्ट ने उससे एक सवाल पूछा— *"अगर तुम डर के बिना अपने माता-पिता से एक बात कह सकती हो, तो वह क्या होगी?"*

रिया का गला सूख गया। उसने कभी इस बारे में नहीं सोचा था। वह कुछ देर चुप रही, फिर धीमे से बोली—*"आपको मुझ पर ध्यान देने की जरूरत थी।"*

इतना कहना उसके भीतर किसी बंद दरवाजे के खुलने जैसा था। यह शिकायत नहीं थी, यह उस सच्चाई को स्वीकार करने का साहस था जिसे वह हमेशा से दबाती आई थी। उसे हमेशा से देखे जाने की जरूरत थी, सुने जाने की जरूरत थी। और अब, पहली बार, वह खुद को देख रही थी।

समय के साथ, उसकी दुनिया बदलने लगी। वह अब दूसरों से वैसी मान्यता पाने की बेताबी महसूस नहीं करती थी जैसी पहले किया करती थी। उसने अपनी जरूरतों को बेझिझक व्यक्त करना सीख लिया था। और जब पुराने जख्म फिर से उभरते, तो वह उनसे भागने की बजाय, उनके पास बैठती, उन्हें सुनती, और करुणा के साथ उन्हें स्वीकार करती।

एक शाम, जब वह अपनी डायरी के पन्नों में अपनी यात्रा को संजो रही थी, उसने लिखा—*"हीलिंग अतीत को मिटाने के बारे में नहीं है, यह इसके साथ अपने रिश्ते को बदलने के बारे में है।"*

और उसी पल, उसे एहसास हुआ—वह अब अदृश्य नहीं थी। वह खुद की गवाह थी, खुद की साथी थी। वह आखिरकार अपने भीतर जीवन की हरियाली महसूस कर सकती थी।

केस स्टडी 2: विश्वासघात से क्षमा तक: एक आंतरिक यात्रा

श्रुति के लिए प्यार हमेशा किसी शांत झील की तरह था–गहरा, स्थिर, और भरोसेमंद। वह मानती थी कि जब दो लोग एक-दूसरे से प्रेम करते हैं, तो उनके बीच कोई रहस्य नहीं होता, कोई दीवार नहीं होती। प्यार एक ऐसी जगह होती है, जहां मन बेझिझक खुलता है, जहां सच्चाई के लिए जगह होती है। लेकिन उसे यह नहीं पता था कि उसकी झील के नीचे धीरे-धीरे दरारें बन रही थीं, और एक दिन वे दरारें उसे पूरी तरह तोड़कर रख देंगी।

वह दिन उसकी ज़िंदगी में किसी तूफान की तरह आया। अभिषेक, जो कभी उसकी हर बात को सबसे पहले सुनता था, अब धीरे-धीरे बदलने लगा था। पहले वह श्रुति के मैसेज देर से पढ़ने लगा, फिर उसके फोन अनसुने रहने लगे। जब श्रुति ने उससे पूछा, तो हर बार वही जवाब–"बिजी था।" लेकिन यह दूरी सिर्फ फोन तक सीमित नहीं रही।

वह महसूस करने लगी कि अभिषेक अब उसे जानबूझकर अनदेखा कर रहा है। जो खाने की चीज़ें उसे पसंद नहीं थीं, वही अभिषेक उसके सामने चाव से खाने लगा, जैसे यह जताने के लिए कि उसकी पसंद-नापसंद अब कोई मायने नहीं रखती। पहले जो छोटी-छोटी बातें उसे खास महसूस कराती थीं, अब वे बोझ लगने लगीं।

फिर एक दिन, जब श्रुति ने उसे किसी और लड़की के साथ हंसते हुए देखा, तो सबकुछ साफ हो गया। कोई झगड़ा नहीं हुआ, कोई सफाई नहीं दी गई–बस एक चुप्पी थी, जिसने उससे सब कुछ कह दिया।

उस रात, जब उसने अपनी आंखें बंद कीं, तो उसके भीतर सिर्फ एक ही सवाल गूंज रहा था–*"क्या मैं अब कभी किसी पर भरोसा कर पाऊंगी?"* वह अपने और अभिषेक के बीच हुई हर बातचीत को फिर से याद करने लगी। क्या कोई संकेत थे, जो उसने नज़रअंदाज कर दिए थे? क्या वह इतनी अंधी थी कि उसे यह सब दिखा ही नहीं? जितना वह सोचती, उतना ही उसका दिल और भारी होता गया।

वह महसूस कर सकती थी कि यह सिर्फ अभिषेक का धोखा नहीं था–यह उसके अपने विश्वास का टूटना था। उसने खुद को हमेशा एक समझदार इंसान

माना था, जो रिश्तों को गहराई से समझती है, जो प्यार के प्रति सच्ची है। लेकिन अब, जैसे किसी ने उसे एक आईने के सामने खड़ा कर दिया हो, जहां उसका अपना प्रतिबिंब उसे अजनबी सा लग रहा था।

समय बीतने लगा, लेकिन वह दर्द कहीं नहीं गया। वह अपने भीतर एक खोखलापन महसूस करती थी, जैसे कोई पुराना पेड़ जिसकी जड़ें कट गई हों, लेकिन जो अब भी खड़ा है, बिना किसी आधार के।

अलगाव की दीवारें

श्रुति के भीतर एक किला बन चुका था–ऊंची, मजबूत दीवारों से घिरा हुआ, जिसमें कोई भी आसानी से प्रवेश नहीं कर सकता था। यह दीवारें किसी और ने नहीं, उसने खुद बनाई थीं–विश्वासघात की चोट से, धोखे की किरचों से, और उन रातों की गहराई से जब वह खुद को समझाने की कोशिश करती कि शायद सब कुछ उसका ही दोष था।

अभिषेक के जाने के बाद, उसने महसूस किया कि भरोसा अब उसके लिए किसी पुरानी किताब के धूल भरे पन्नों जैसा हो गया था–जिसे खोलते ही पुरानी तकलीफें उभर आती थीं। जब भी कोई उसके करीब आने की कोशिश करता, वह अपने किले के दरवाजे बंद कर लेती, क्योंकि एक और चोट सहने से अच्छा था खुद को अकेलेपन की सुरक्षा में कैद कर लेना।

समस्या यह थी कि यह अलगाव सिर्फ अभिषेक तक सीमित नहीं था। धीरे-धीरे, उसने अपने चारों ओर हर रिश्ते पर संदेह करना शुरू कर दिया। ऑफिस में कोई जब मदद की पेशकश करता, तो उसे लगता कि जरूर इसके पीछे कोई स्वार्थ होगा। परिवार के प्यार भरे शब्द भी उसे बनावटी लगने लगे। रोमांटिक रिश्तों का तो सवाल ही नहीं था–वह किसी को उस हद तक खुद में झांकने देने के लिए तैयार नहीं थी।

यह उसकी अपनी बनाई हुई जेल थी–जहां कोई दर्द तो नहीं था, लेकिन राहत भी नहीं थी। दीवारें उसे बचा रही थीं, लेकिन उसी के साथ उसे कैद भी कर रही थीं।

क्षमा पर एक अलग दृष्टिकोण

श्रुति ने हमेशा क्षमा को एक समझौते की तरह देखा था–जैसे अगर उसने अभिषेक को माफ कर दिया, तो इसका मतलब होगा कि जो हुआ, वह ठीक था। लेकिन उस शाम, जब उसने आध्यात्मिक शिक्षक को सुना, तो उसे एहसास हुआ कि क्षमा किसी और को नहीं, बल्कि खुद को आज़ाद करने का एक तरीका है। यह किसी को उसके कर्मों से मुक्त करने का नहीं, बल्कि खुद को उस भारी बोझ से निकालने का रास्ता था जिसे वह इतने सालों से ढो रही थी।

उस रात, वह बालकनी में बैठी रही, चांदनी के नीचे अपनी भावनाओं को टटोलती रही। क्या होगा अगर उसने खुद को इस क्रोध से मुक्त करने की इजाज़त दे दी? क्या होगा अगर उसने इस ज़हर को अपने अंदर और बहने से रोक दिया? पहली बार, उसने खुद को क्षमा के बारे में सोचने की अनुमति दी–न अभिषेक के लिए, बल्कि अपनी ही शांति के लिए।

लेकिन यह आसान नहीं था। वह जानती थी कि एक रात में सबकुछ नहीं बदलेगा। क्षमा एक दरवाज़ा नहीं था जिसे बस एक बार खोलकर पार किया जा सके, बल्कि यह एक संकरी गली थी, जिसमें हर कदम सोच-समझकर रखना था। उसने छोटे-छोटे बदलाव करने शुरू किए।

उसने खुद को अपने दर्द को महसूस करने की इजाजत दी, बजाय इसके कि वह उससे बचने की कोशिश करे। पुराने घावों को नज़रअंदाज करने के बजाय, उसने उन्हें स्वीकार किया। वह हर रात जर्नल लिखती, उन पलों को फिर से जीती, लेकिन इस बार बिना किसी फैसले के–बस खुद को सुनने के लिए।

धीरे-धीरे, उसने अभिषेक के दृष्टिकोण से भी चीजों को देखने की कोशिश की। नहीं, इससे उसकी गलतियां सही नहीं हो जातीं, लेकिन शायद वह खुद भी अपने डर और असुरक्षाओं से लड़ रहा था। यह एहसास उसके दर्द को नहीं मिटाता था, लेकिन उसे अपने क्रोध से थोड़ा अलग होने में मदद करता था।

सबसे गहरा बदलाव तब आया जब उसने ध्यान का अभ्यास शुरू किया। वह अपनी आंखें बंद करती और खुद को एक नदी के किनारे खड़े होने की

कल्पना करती। उसके हाथ में एक भारी पत्थर होता–वही पत्थर जिसमें उसका सारा दर्द, विश्वासघात और नाराज़गी क़ैद थी। वह उसे कसकर पकड़ती, लेकिन फिर धीरे-धीरे उसे बहते हुए पानी में छोड़ देती। पत्थर डूब जाता, धाराओं में बह जाता, और उसके साथ बह जाता उसका वर्षों से संजोया गया बोझ।

उस शाम, जब वह ध्यान से बाहर आई, तो पहली बार उसके दिल में हल्कापन था। यह सफर खत्म नहीं हुआ था, लेकिन वह जानती थी कि उसने सही दिशा में पहला कदम उठा लिया था।

मुक्ति का क्षण

पार्क के चारों ओर हल्की हवा बह रही थी, पेड़ों की टहनियाँ एक धीमी लय में हिल रही थीं। श्रुति ने अपनी सांसों को गहराई से महसूस किया–हर श्वास के साथ एक नया एहसास, हर छोड़ने के साथ कुछ पुराना पीछे छूटता हुआ। आज कुछ अलग था। वह जानती थी कि यह बदलाव धीरे-धीरे आया था, लेकिन इस पल में उसे एहसास हुआ कि वह अब अभिषेक के बारे में सोचकर कांपती नहीं थी। कोई आंसू नहीं, कोई जलन नहीं, बस एक हल्की स्मृति, जैसे कोई पुरानी धुंधली तस्वीर जो अब भावना का भार नहीं रखती।

वह एक बेंच पर बैठी, जेब से एक कागज़ निकाला और लिखना शुरू किया। यह पत्र अभिषेक के लिए था, लेकिन वह उसे भेजने के लिए नहीं लिख रही थी–यह खुद के लिए था, एक अंत, जिसे अब किसी और की स्वीकृति की जरूरत नहीं थी। उसने उन सारे पलों को स्वीकार किया जिन्होंने उसे तकलीफ दी थी। उसने उन शब्दों को कागज़ पर उतारा जिन्हें उसने कभी कहने की हिम्मत नहीं की थी। लेकिन फिर, शब्द बदलने लगे। वह शिकायत नहीं कर रही थी, बल्कि सीख रही थी। उसने महसूस किया कि जिस दर्द ने उसे तोड़ा, उसी ने उसे मजबूत भी बनाया।

"तुमने मुझे रिश्तों को लेकर सतर्क रहना सिखाया, लेकिन तुमने मुझे खुद से प्रेम करना भी सिखाया। तुम्हारी वजह से मैंने समझा कि किसी और से अपेक्षा रखने से पहले खुद के लिए खड़ा होना कितना ज़रूरी है। शायद तुमने मेरे दिल को तोड़ा, लेकिन उसी दरार के बीच मैंने खुद को पाया।"

वह रुकी, पत्र को देखा, और मुस्कुराई। यह क्रोध से नहीं लिखा गया था, न ही किसी अधूरी चाह से। यह एक कहानी का अंतिम पृष्ठ था, जिसे वह अब बंद कर सकती थी।

उसने गहरी सांस ली, पत्र को मोड़ा और उसे अपने पास रखा। उसे जलाने की जरूरत नहीं थी, उसे किसी बहते पानी में बहाने की जरूरत नहीं थी। यह अब उसका हिस्सा नहीं था, फिर भी यह उसका अनुभव था–एक ऐसा अनुभव जो अब बोझ नहीं, बल्कि एक सबक बन गया था।

जब वह उठी और धीरे-धीरे आगे बढ़ी, तो उसे लगा जैसे वह पहले से हल्की हो गई हो। आसमान साफ था, हवा में एक ताजगी थी, और जीवन ने फिर से अपना खुला आकाश उसके लिए फैला दिया था।

विश्वास को फिर से बनाना: दूसरों में नहीं, बल्कि खुद में

श्रुति ने आखिरकार समझ लिया था कि क्षमा का मतलब पुराने दरवाजे फिर से खोलना नहीं होता, बल्कि उन्हें बंद करके आगे बढ़ना होता है। जब कोई कांच का टुकड़ा टूट जाता है, तो उसे जोड़ा जा सकता है, लेकिन उसमें दरारें रह जाती हैं। कुछ रिश्ते भी ऐसे ही होते हैं–इन्हें जोड़ना संभव होता है, लेकिन वे पहले जैसे नहीं रह पाते। अभिषेक के साथ उसके रिश्ते में भी यही हुआ था।

उसने खुद से कहा, *"मैं तुम्हें माफ करती हूँ, लेकिन मैं अब तुम्हें अपनी दुनिया में वापस नहीं ला सकती।"* यह कोई कटुता से लिया गया फैसला नहीं था, बल्कि आत्म-सम्मान से उपजा निर्णय था। उसने सीमाओं के मूल्य को समझ लिया था–हर किसी को अपने जीवन में स्थान देने की जरूरत नहीं होती, खासकर वे जिन्होंने एक बार उसकी आत्मा को घायल किया था।

लेकिन क्षमा केवल अभिषेक से मुक्त होने की प्रक्रिया नहीं थी। यह खुद पर दोबारा भरोसा करने की यात्रा भी थी। पहले वह सोचती थी कि अगर वह एक बार किसी पर विश्वास करके धोखा खा गई, तो शायद वह लोगों को परखने में गलत थी। लेकिन अब, उसे अहसास हुआ कि एक बुरा अनुभव उसके निर्णयों को गलत साबित नहीं करता। वह जान गई थी कि हर रिश्ता विश्वासघात की छाया में नहीं देखा जा सकता।

उसने धीरे-धीरे अपनी दुनिया को फिर से खोलना शुरू किया–इस बार डर के बिना, बल्कि समझदारी के साथ। उसे अब किसी और की सच्चाई का प्रमाण खोजने की जरूरत नहीं थी, क्योंकि उसने खुद पर विश्वास करना सीख लिया था।

शायद यही वास्तविक मुक्ति थी–दर्द को पहचानना, सबक को अपनाना, लेकिन उसे अपनी आत्मा का स्थायी हिस्सा न बनने देना।

केस स्टडी:3 दुख को पार करके जीवन को फिर से गले लगाना

मीरा की ज़िंदगी के कैनवास पर हर रंग खिलता था–खुशी, उम्मीद, प्यार। लेकिन रवि के जाने के बाद, जैसे किसी ने उस कैनवास पर स्याही गिरा दी हो। अब उसके जीवन के रंग फीके पड़ गए थे, और जो कुछ बचा था, वह था एक गहरा खालीपन, जिसे कोई भी भर नहीं सकता था।

वह हर सुबह उठती, लेकिन उसके उठने और ना उठने में कोई फ़र्क नहीं था। रवि के बिना समय ने अपनी गति खो दी थी। उसकी हंसी, उसकी बातें, उसकी मौजूदगी... सब कुछ किसी दूर होती गूंज की तरह महसूस होता था। जो घर कभी उनके प्यार की गर्माहट से भरा था, अब बेजान दीवारों से घिरा एक ठंडा खाली कमरा बन गया था। मीरा को समझ नहीं आता था कि वह इन दीवारों से लिपटकर रोए या इन्हें गिराकर इस खालीपन को खत्म करने की कोशिश करे।

रिश्तेदार, दोस्त, सब उसे दिलासा देने आए। "धैर्य रखो, समय सब ठीक कर देगा," वे कहते, लेकिन मीरा के लिए समय जैसे एक सूखी नदी बन चुका था, जिसमें अब कोई प्रवाह नहीं था। हर बीतते दिन के साथ, उसकी उदासी और गहरी होती गई। वह लोगों से कटती चली गई, क्योंकि हर सांत्वना उसे झूठी लगने लगी थी।

फिर भी, ज़िंदगी रुकी नहीं थी। हर दिन सूरज निकलता, पर उसकी रोशनी अब मीरा के लिए मायने नहीं रखती थी। रवि का कमरा, उसकी किताबें, उसकी घड़ी, यहां तक कि उसकी पसंदीदा चाय का कप भी, हर चीज़ मीरा को अतीत में खींच ले जाती।

कभी-कभी वह सोचती, क्या इस दर्द से बाहर निकलने का कोई रास्ता है? क्या यह खालीपन कभी भरेगा? या वह हमेशा इसी अंधेरे में भटकती रहेगी?

टर्निंग पॉइंट: एक कोमल निमंत्रण

मीरा के लिए ज़िंदगी किसी ठहरे हुए पानी की तरह हो गई थी–बिना हलचल, बिना किसी दिशा के। वह बस दिन काट रही थी, बिना किसी उम्मीद के। लेकिन फिर, एक शाम, जब अंजलि उसके घर आई। अंजलि ने कोई लंबी-चौड़ी बातें नहीं कीं, न ही उसे समझाने की कोशिश की। वह बस वहीं बैठी रही, मीरा के हाथ को थामे हुए, जैसे कह रही हो–"मैं यहीं हूं, तुम्हारे साथ।" उस स्पर्श में कोई जबरदस्ती नहीं थी, बस एक कोमल निमंत्रण था, एक नई संभावना की ओर।

जब उसने ध्यान शिविर की बात की, तो मीरा का पहला ख्याल यही था कि यह बेकार की चीज़ है। जब मन ही टूटा हो, तो क्या ध्यान और शांति जैसी बातें कोई मायने रखती हैं? लेकिन फिर, उसके अंदर कहीं एक हल्की-सी आवाज़ आई, जैसे किसी बंद कमरे में खिड़की के दरवाज़े पर दस्तक हो। उसने सोचा–यह सब रवि को भुलाने के लिए नहीं, बल्कि उसके प्यार को एक नए तरीके से महसूस करने के लिए हो सकता है।

कभी-कभी, जब रात का अंधेरा बहुत गहरा हो जाता है, तो एक जरा-सा दिया भी उम्मीद बन जाता है। अंजलि का प्रस्ताव वही दिया था, और मीरा ने पहली बार उसे बुझाने की बजाय, जलने देने का फैसला किया।

शिविर में, मीरा को लगा जैसे उसे अपने ही दर्द के आईने में झांकने के लिए मजबूर किया जा रहा हो। वह हमेशा इस दुःख से बचती आई थी, उसे नजरअंदाज करती रही थी, लेकिन अब उसे सीधा देखना था–उसका सामना करना था। जब ध्यान सत्र के दौरान उसे अपनी आँखें बंद कर रवि को महसूस करने को कहा गया, तो वह असमंजस में पड़ गई। ऐसा लगा जैसे कोई भूचाल उसके भीतर उठने वाला हो, और अगर उसने अपने जज़्बातों को खुलकर बहने दिया, तो वह पूरी तरह बिखर जाएगी।

लेकिन फिर, जैसे ही उसने रवि का चेहरा अपनी कल्पना में देखा, बांध टूट गया। आँसू बिना रोक-टोक बहने लगे।

"मुझे तुम्हारी बहुत याद आती है," उसने काँपती आवाज़ में कहा। "मुझे समझ नहीं आता कि तुम्हारे बिना कैसे जिया जाए।"

और फिर, उसकी कल्पना में रवि मुस्कुराया। यह कोई भ्रम नहीं था, बल्कि एक अहसास था–एक गहरी अनुभूति, जो उसके दिल के सबसे कोमल कोने से उठी थी।

"तुम्हें मेरे बिना जीने की ज़रूरत नहीं है, मीरा," रवि की आवाज़ उसके भीतर गूंजी। "मुझे अपने साथ रखो–दुख के रूप में नहीं, बल्कि प्यार के रूप में।"

उस क्षण कुछ बदल गया। मीरा को समझ आया कि दुःख रवि को भुलाने के बारे में नहीं था, बल्कि उनके प्यार को एक नए रूप में महसूस करने के बारे में था।

घर लौटने के बाद, मीरा ने हर दिन खुद के लिए थोड़ा समय निकालना शुरू किया। वह सुबह एक मोमबत्ती जलाती, अपनी डायरी में रवि से बातें करती– कभी अपने डर लिखती, कभी अपनी यादें, और धीरे-धीरे, अपनी कृतज्ञता भी। यह एक नई शुरुआत थी–एक ऐसी सुबह, जहाँ सूरज दुःख के बादलों से थोड़ा-थोड़ा झाँकने लगा था।

एक दिन, उसकी नजर भगवद गीता के एक श्लोक पर पड़ी:

"जिसका जन्म हुआ है, उसकी मृत्यु निश्चित है, और जो मर गया है, उसका पुनर्जन्म भी निश्चित है। इसलिए, तुम्हें अनिवार्य के लिए शोक नहीं करना चाहिए।"
(भगवद गीता 2.27)

पहले यह श्लोक कठोर लगा। क्या यह मीरा के दर्द को नकार रहा था? लेकिन धीरे-धीरे, उसने इसमें छिपी गहराई को महसूस किया। मृत्यु कोई अंत नहीं थी, यह केवल एक बदलाव था। और रवि का प्यार सिर्फ यादों में कैद नहीं था–वह हमेशा उसके भीतर था, उसके हर एहसास, हर सांस में।

मीरा को एहसास हुआ कि दुःख एक नदी की तरह था–अगर उसे जबरदस्ती रोका जाए, तो वह ठहरे हुए पानी की तरह सड़ने लगता है। लेकिन अगर उसे बहने दिया जाए, तो वह जीवन के नए रास्ते खोज ही लेता है।

मीरा ने अपनी जिंदगी को जबरदस्ती आगे बढ़ाने की कोशिश नहीं की, बल्कि उसे खुद को आगे बढ़ने देने की इजाज़त दी। यह ठीक वैसा ही था जैसे कोई पेड़ ठंडी सर्दियों के बाद धीरे-धीरे फिर से हरियाली से भरने लगता है–ना जल्दबाज़ी, ना मजबूरी, बस समय के साथ एक स्वाभाविक बदलाव।

उसने एक होस्पिस सेंटर में वॉलंटियर करना शुरू किया, जहां वह उन लोगों के साथ अपनी कहानी साझा करती जो गहरे दुख से गुजर रहे थे। यह उसके लिए केवल दूसरों की मदद करने का जरिया नहीं था, बल्कि खुद को भी एक नए नजरिए से देखने का अवसर था। किसी और के आंसू पोंछते हुए, उसने महसूस किया कि उसका अपना दर्द भी धीरे-धीरे हल्का हो रहा था।

मीरा ने पेंटिंग भी शुरू की–कुछ ऐसा जो वह और रवि हमेशा करना चाहते थे, लेकिन कभी कर नहीं पाए थे। जब भी वह ब्रश उठाती, उसे लगता जैसे रवि उसके साथ वहीं मौजूद है, जैसे उसकी उंगलियों से होकर रंगों में घुल रहा हो। एक दिन, जब उसने कैनवास पर सूरज की पहली किरणें उकेरीं, तो उसे एहसास हुआ कि उसकी जिंदगी में भी अब एक नई रोशनी आ रही थी।

एक सुबह, जब वह अपने बगीचे में बैठी सूरज को उगते हुए देख रही थी, तो उसने महसूस किया कि दर्द पूरी तरह खत्म नहीं हुआ था, लेकिन अब यह उसे परिभाषित नहीं कर रहा था। पहले की तरह उसका हर लम्हा रवि की यादों के भारीपन में नहीं डूबा था। अब उसकी जगह एक शांत स्वीकृति थी–जैसे किसी सागर की लहरें किनारों को छूकर लौट जाती हैं, वैसे ही उसका दुख आता और चला जाता, लेकिन अब वह उसमें डूबती नहीं थी।

मीरा की कहानी हमें सिखाती है कि दुख कोई सीधी रेखा में चलने वाली प्रक्रिया नहीं है। यह उतार-चढ़ाव से भरा होता है–कभी शांत, कभी तूफानी, लेकिन अगर हम अपने दर्द को प्यार और समझ के साथ अपनाते हैं, तो यही दर्द हमें गहरी शांति और आत्मज्ञान की ओर ले जाता है।

अगर आप भी किसी नुकसान से जूझ रहे हैं, तो याद रखें–हीलिंग का मतलब भूलना नहीं होता, बल्कि अतीत का सम्मान करते हुए वर्तमान को अपनाना होता है। और एक दिन, मीरा की तरह, आप भी एक सुबह जागेंगे और सिर्फ अपने नुकसान का बोझ नहीं, बल्कि उस प्यार को भी महसूस करेंगे जो कभी मरता नहीं।

स्व-प्रतिबिंब अभ्यास: अपनी भावनात्मक कहानी को फिर से लिखना

जब हम किसी भावनात्मक प्रतिक्रिया का अनुभव करते हैं–गुस्सा, डर, असुरक्षा, या उदासी–तो वह केवल उस पल की घटना नहीं होती। यह हमारे अंदर छिपी किसी पुरानी कहानी का प्रतिबिंब होती है। जैसे किसी शांत झील में एक कंकड़ गिरते ही लहरें उठने लगती हैं, वैसे ही हमारे बीते हुए अनुभव हमारे वर्तमान को हिला सकते हैं। इन भावनाओं को पहचानना ही पहला कदम है–यह समझना कि यह भावनाएं कहां से आ रही हैं, किस अनुभव से जुड़ी हुई हैं।

कई बार, हम किसी स्थिति में खुद को असहाय महसूस करते हैं, लेकिन जब हम ध्यान से देखते हैं, तो पाते हैं कि यह असहायता कोई नई नहीं है। यह वही भावना है जो बचपन में हमें तब महसूस हुई थी जब हमें सुना नहीं गया था, जब हमें लगा था कि हमें साबित करना होगा कि हम प्यार के लायक हैं। अगर बचपन में कोई हमें बार-बार बताता रहा हो कि हम पर्याप्त अच्छे नहीं हैं, तो हम हर आलोचना पर खुद को उसी पुराने डर में कैद महसूस करते हैं। यह एक भावनात्मक ब्लूप्रिंट है–एक नक्शा जो हमें बार-बार उसी दर्द की ओर ले जाता है।

लेकिन क्या हो अगर हम इस नक्शे को बदल दें? क्या हो अगर हम अपनी कहानी को फिर से लिखने का फैसला करें?

हम खुद से सवाल कर सकते हैं–"क्या यह पहली बार है जब मैंने ऐसा महसूस किया?" "कौन सी पुरानी घटना इससे जुड़ी हो सकती है?" "क्या मैं अब भी उसी नजरिए से चीजों को देख रहा हूँ, जो तब मेरे पास था?" यह आत्म-विश्लेषण हमें दिखाता है कि कई बार हम अतीत की छाया में खड़े होकर वर्तमान को देख रहे होते हैं।

कल्पना करें कि आपके हाथ में एक पुरानी तस्वीर है–धुंधली, फीकी, जिसमें कुछ खरोंचें हैं। अगर आप चाहें, तो इसे उसी रूप में रख सकते हैं, या फिर इसे साफ कर सकते हैं, कुछ नए रंग भर सकते हैं, इसे एक नए फ्रेम में डाल सकते हैं। आपकी भावनात्मक कहानी भी कुछ ऐसी ही है। आपको इसे मिटाना नहीं है, बल्कि इसे इस तरह से फिर से गढ़ना है कि यह आपकी ताकत बन जाए, आपकी कमजोरी नहीं।

भावनात्मक बोझ को छोड़ना और Self-Hypnosis का उपयोग

जब हम अपने आघातों और दर्द को समझने की प्रक्रिया से गुजरते हैं, तो हमें उन भावनात्मक बोझों को छोड़ने का समय आता है। हालांकि, इसका मतलब यह नहीं है कि हम अपने अतीत को पूरी तरह से भूल जाएं। बल्कि, यह उस अतीत से हमारे रिश्ते को बदलने के बारे में है। **Self-Hypnosis** इस प्रक्रिया में बेहद प्रभावी हो सकता है क्योंकि यह हमें गहरे मानसिक स्तर पर काम करने की क्षमता देता है, जिससे हम अपने भावनात्मक बोझ को छोड़ सकते हैं और अपनी आंतरिक शांति को पुनः प्राप्त कर सकते हैं।

Self-Hypnosis के माध्यम से भावनात्मक बोझ को छोड़ने की प्रक्रिया:

1. **आत्म-स्वीकृति और जागरूकता:** Self-Hypnosis का पहला कदम है अपने भीतर की स्थिति को स्वीकार करना। जब आप गहरे आत्म-हिप्नोटिक राज्य में जाते हैं, तो आप खुद को उन भावनाओं और अनुभवों से संपर्क करने का मौका देते हैं जिन्हें आपने पहले दबा दिया था। यह आपको अपनी भावनाओं को नकारे बिना उनसे निपटने का तरीका सिखाता है।

2. **गहरी शांति की अवस्था में भावनात्मक बोझ को छोड़ना:** Hypnosis का एक मुख्य हिस्सा शांति की गहरी अवस्था में पहुंचना है। इस दौरान, आप अपने अतीत के दर्द को छोड़ने के लिए एक नई मानसिक स्थिति अपनाते हैं। जैसे ही आप गहरी सांसें लेते हैं, अपनी कल्पना में उस दर्द को एक बोझ के रूप में देख सकते हैं और इसे धीरे-धीरे छोड़ने की कल्पना कर सकते हैं। यह बोझ अब आपकी शारीरिक और मानसिक स्थिति से बाहर निकलता है, जिससे आपको हल्का और मुक्त महसूस होता है।

3. **आत्म-संवेदना और प्यार से अपने छोटे स्वयं से मिलना:** Self-Hypnosis का एक और महत्वपूर्ण हिस्सा है आत्म-संवेदनशीलता। आप अपनी छोटी उम्र या अपने आघात के समय के स्वयं से संपर्क कर सकते हैं। Self-Hypnosis के दौरान, आप उसे प्यार और सुरक्षा का एहसास दिला सकते हैं। जैसे जर्नलिंग अभ्यास में आपने अपने पुराने स्वयं को एक पत्र लिखा, वैसे ही इस प्रक्रिया में भी आप अपने छोटे स्वयं को मानसिक रूप से सांत्वना दे सकते हैं।

4. **ध्यान और Visualization:** Hypnosis के दौरान ध्यान और visualization का उपयोग करना बेहद प्रभावी है। इस प्रक्रिया में, आप अपने ठीक हुए स्वयं की कल्पना करते हैं। यह एक अत्यधिक सशक्त कदम है, जिसमें आप खुद को देख सकते हैं, जो अब दर्द और घाव से मुक्त है–चमकदार, मजबूत और शांत। यह मानसिक चित्रण आपके मस्तिष्क को यह संदेश भेजता है कि आप अब अपने अतीत से मुक्त हैं और एक नया आत्म-संवाद शुरू कर रहे हैं।

5. **Affirmations और Positive Reinforcement:** Self-Hypnosis के बाद, जब आप गहरे मानसिक स्तर पर विश्राम की स्थिति में होते हैं, तो आपको सकारात्मक पुष्टि (affirmations) का उपयोग करना चाहिए। ये शब्द आपके मस्तिष्क में गहरे उतरते हैं और आपको पुनः विश्वास दिलाते हैं कि आप अपनी चिकित्सा प्रक्रिया को अपनाते हुए अपने भावनात्मक बोझ को छोड़ सकते हैं। उदाहरण स्वरूप, "मैं कल के दर्द को छोड़ देता हूँ और आज की शांति को गले लगाता हूँ" इस तरह के सकारात्मक शब्द आपके दिमाग में सशक्त बदलाव लाने में मदद करते हैं।

एक हीलिंग रिचुअल बनाना हीलिंग सिर्फ एक आंतरिक प्रक्रिया नहीं है–इसे छोड़ने और नवीनीकरण का प्रतीक बनाने वाले अनुष्ठानों के माध्यम से मूर्त बनाया जा सकता है।

जलाएँ और छोड़ें: पारंपरिक रूप से, जलाना एक शक्तिशाली प्रतीक है, जो छोड़ने और नवीनीकरण को दर्शाता है। एक कागज पर अपनी दर्दनाक यादों या सीमित विश्वासों को लिखें। उन्हें जोर से पढ़ें, ताकि आप इन विचारों और भावनाओं को महसूस कर सकें। फिर, इन शब्दों को सुरक्षित रूप से जलाकर

छोड़ने का प्रतीकात्मक कार्य करें। यह न केवल मानसिक तौर पर आपको हल्का महसूस कराता है, बल्कि यह आपको मानसिक और भावनात्मक तौर पर मुक्त भी करता है।

हीलिंग प्लेलिस्ट: संगीत और मानसिक शांति का गहरा संबंध

संगीत, एक अद्भुत माध्यम है, जो हमारे मानसिक और भावनात्मक स्वास्थ्य पर गहरा प्रभाव डालता है। यह हमारी आत्मा की गहराईयों तक पहुँच सकता है और न केवल हमारे मूड को उत्तेजित करता है, बल्कि शांति भी प्रदान करता है। संगीत का प्रभाव किसी थेरापी से कम नहीं होता, और इसका उपयोग मानसिक शांति और उपचार के लिए किया जा सकता है। जब हम सही संगीत का चयन करते हैं, तो यह हमारे विचारों और भावनाओं को एक नई दिशा दे सकता है, हमारी आंतरिक ऊर्जा को पुनर्जीवित कर सकता है, और हमें मानसिक संतुलन में मदद कर सकता है।

संगीत थेरापी की ताकत: संगीत की लहरें हमारे दिमाग और शरीर को सीधे प्रभावित करती हैं। यह हार्मोनल बदलावों, दिल की धड़कन और श्वास के पैटर्न को भी नियंत्रित कर सकता है। शांतिपूर्ण और धीमे संगीत से तनाव घटता है, जबकि प्रेरणादायक और ऊर्जावान संगीत से आत्मविश्वास और जोश का अहसास होता है।

संगीत के असर से मानसिक तनाव और दर्द कम होता है: संगीत थेरापी हमें अपनी भावनाओं को बाहर निकालने में मदद करती है। दुख, चिंता, और अवसाद के समय, कुछ शांतिपूर्ण धुनें हमारी भावनाओं को समझने और उन्हें प्रकट करने में सहायक होती हैं। यही नहीं, संगीत दर्द को कम करने में भी सहायक हो सकता है, क्योंकि यह हमारे दिमाग में एक ध्यान और आराम का वातावरण उत्पन्न करता है।

आपकी व्यक्तिगत हीलिंग प्लेलिस्ट का चयन: आपकी हीलिंग प्लेलिस्ट को तैयार करते समय, आपको वे गाने चुनने चाहिए जो आपके भीतर के दर्द को समझे और आपको अपने अनुभव से बाहर निकलने के लिए प्रेरित करें। ऐसे गाने जो आपको आराम, संतुलन, और शांति का अहसास दिलाएं। गाने जो आत्मा को शांति दे, मन को सांत्वना प्रदान करें और आपको एक सकारात्मक दिशा में सोचने के लिए प्रेरित करें।

1. **मनोबल बढ़ाने वाले गाने** - जो आपको अपने संघर्षों से बाहर निकलने और आत्मविश्वास बढ़ाने में मदद करें।

2. **सांत्वना देने वाले गाने** - जो आपको आपके दुखों में सुकून और समझ दे।

3. **शांति और ध्यान गाने** - जो आपके दिमाग को शांति और संतुलन में लाने में मदद करें।

जब आप इन गानों को सुनते हैं, तो यह आपको भीतर से बदलने और अपने जीवन को नई दिशा में ले जाने की प्रेरणा दे सकते हैं। इन गानों के साथ ध्यान करना या धीरे-धीरे गहरी सांसें लेना और मस्तिष्क को शांत करने का अभ्यास करना मानसिक उपचार का हिस्सा बन सकता है।

इस प्रकार, संगीत थेरापी एक गहरी और प्रभावी विधि हो सकती है, जो न केवल आपको आपके मानसिक और भावनात्मक संघर्षों से उबरने में मदद करती है, बल्कि आपको मानसिक शांति और आंतरिक संतुलन प्राप्त करने की दिशा में भी प्रेरित करती है।

प्रकृति से जुड़ाव: प्रकृति की सुंदरता में एक अद्भुत उपचार क्षमता है। यदि संभव हो तो, नंगे पाँव पृथ्वी पर चलें और यह महसूस करें कि पृथ्वी आपके दर्द को अवशोषित कर रही है। जब आप प्रकृति के साथ संपर्क करते हैं, तो यह आपको आंतरिक शांति और संतुलन प्रदान कर सकता है। यह प्रक्रिया आपको अपने जीवन के संघर्षों से बाहर निकालकर, एक नया दृष्टिकोण और शक्ति प्रदान करती है। यह आपको मानसिक और शारीरिक रूप से नवीनीकरण का अनुभव कराता है, जैसे आप नए सिरे से शुरुआत कर रहे हों।

अपनी नई कहानी को गले लगाएँ हीलिंग दर्द को मिटाने के बारे में नहीं है; यह उसे प्रेम और ज्ञान के साथ स्वीकार करने के बारे में है। आपका अतीत आपको आकार दे सकता है, लेकिन यह आपका मालिक नहीं है। जब आप अपनी प्रतिक्रियाओं पर नियंत्रण पाते हैं और आत्म-जागरूकता को चुनते हैं, तो आप खुद को सशक्त बनाते हैं। जब आप क्रोध की जगह क्षमा, और डर की जगह प्रेम को अपनाते हैं, तो आप अपनी आंतरिक शक्ति को पुनः प्राप्त करते हैं।

हीलिंग का वास्तविक अर्थ केवल शारीरिक या मानसिक दर्द को दूर करना नहीं है, बल्कि वह एक गहरी प्रक्रिया है जिसमें आप अपने अतीत के अनुभवों को समझने, स्वीकारने और उन्हें प्यार के साथ गले लगाने की कोशिश करते हैं। यह यात्रा केवल बाहरी इलाज नहीं, बल्कि आत्म-स्वीकृति, आत्म-मूल्य और आत्म-संवेदनशीलता की ओर एक कदम है। जब आप खुद से ये सवाल पूछते हैं, *"आज मैं हीलिंग और आत्म-मुक्ति की ओर एक छोटा कदम क्या उठा सकता हूँ?"* तो आप अपनी यात्रा की दिशा को संकल्प और जागरूकता से तय करते हैं।

याद रखें, परिवर्तन केवल एक विकल्प से शुरू होता है, और हर दिन हम एक नया विकल्प चुन सकते हैं। जब आप हर छोटे कदम के साथ खुद को प्रोत्साहित करते हैं, तो आप अपनी यात्रा की गति और दिशा को खुद नियंत्रित करते हैं। आप सक्षम हैं, आप योग्य हैं, और आपकी हीलिंग यात्रा पहले से ही शुरू हो चुकी है।

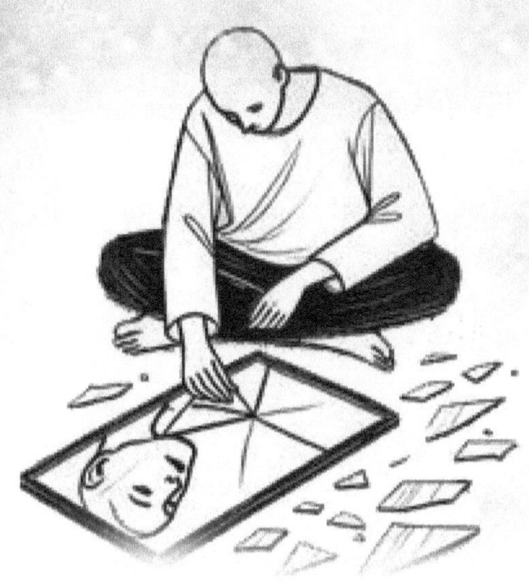

अध्याय 4

क्षमा - दिल से भार हल्का करने का रास्ता

मन के विकारों को हराने की शक्ति

क्षमा करना आसान नहीं होता। कई बार हम इसे गलत भी समझ लेते हैं। यह वैसा ही है जैसे किसी भारी पत्थर को उठाए रखना–शुरुआत में यह हमारे गुस्से और आहत भावनाओं का प्रतीक लगता है, लेकिन धीरे-धीरे यह बोझ हमारे ही शरीर और मन को कमजोर करने लगता है। जब हम किसी के किए गए अन्याय को पकड़कर बैठे रहते हैं, तो हम सोचते हैं कि इससे हमें न्याय मिलेगा, लेकिन असल में हम खुद को ही कैद कर लेते हैं। यह कैद हमारे भीतर एक न दिखाई देने वाली जंजीर की तरह होती है, जो हमें बार-बार उसी कड़वी यादों की ओर खींचकर ले जाती है।

मुझे याद है कि जब मैंने पहली बार किसी अपने का धोखा सहा, तो मैंने सोचा कि मैं कभी इसे भूल नहीं पाऊंगा। वह घटना मेरे दिमाग में इतनी गहराई से बैठ गई थी कि मैं बार-बार उसे दोहराने लगा। जब भी उस इंसान का नाम सुनता, मेरा मन एक ऐसे तूफान में फंस जाता, जहाँ गुस्सा, दुख और शिकायतें उबलने लगतीं। मुझे लगता था कि अगर मैं इस नाराजगी को

पकड़कर रखूं, तो यह मेरे दर्द को सही ठहराएगा, लेकिन धीरे-धीरे मुझे एहसास हुआ कि यह दर्द मुझे ही खा रहा है।

एक बार किसी ने मुझसे कहा था कि क्षमा करना वैसा ही है जैसे ज़हरीला पानी अपने हाथ में लेकर यह उम्मीद करना कि दूसरा व्यक्ति इससे बीमार हो जाएगा। दरअसल, वह ज़हर हमें ही धीरे-धीरे खत्म कर रहा होता है। हम सोचते हैं कि नफरत और गुस्सा हमें ताकत देंगे, लेकिन वे हमें ही भीतर से खोखला कर देते हैं। मैंने खुद यह अनुभव किया था–हर बार जब मैंने उस व्यक्ति की गलती को याद किया, तो मेरी खुद की शांति मुझसे दूर होती चली गई।

समय के साथ, मैंने महसूस किया कि क्षमा करना उस व्यक्ति के लिए नहीं, बल्कि मेरे अपने लिए था। यह निर्णय था कि मैं अब उस घटना को अपने वर्तमान और भविष्य पर हावी नहीं होने दूंगा। यह अपने भीतर बंद पड़े दरवाजे को खोलने जैसा था, जहाँ एक तरफ कड़वाहट और क्रोध था और दूसरी तरफ शांति और मुक्ति। जब मैंने खुद को यह मौका दिया कि मैं बीती बातों से आगे बढ़ सकूं, तब जाकर मैं असल मायनों में आज़ाद हुआ। क्षमा करना आसान नहीं होता, लेकिन जब हम इसे चुनते हैं, तो हम अपने ही भीतर की सबसे बड़ी बाधा को पार कर लेते हैं।

अक्षमा जलते हुए कोयले को मुट्ठी में कसकर पकड़ने जैसी है–हमें लगता है कि इससे सामने वाले को दर्द होगा, लेकिन असल में यह केवल हमारे ही हाथों को जलाता है, धीरे-धीरे हमारी ऊर्जा और शांति को खत्म कर देता है। यह विष पीने और उम्मीद करने जैसा है कि दूसरा व्यक्ति पीड़ित होगा, जबकि इसका असली असर सिर्फ हम पर होता है। यह धीरे-धीरे हमारे मन की शांति को खत्म कर देती है, हमारी खुशियों को कड़वाहट से भर देती है, और हमारे हर अच्छे पल पर भारी पड़ने लगती है। मैंने खुद इस दर्द को जिया है–एक ऐसी जकड़न जो सीने में महसूस होती है, एक थकान जो कभी जाती ही नहीं, और मन में हमेशा बेचैनी। यह सब मुझे अंदर ही अंदर तोड़ रहा था।

फिर एक दिन, एक सच्चाई सामने आई–क्षमा का मतलब उन्हें सही ठहराना नहीं था, बल्कि खुद को आज़ाद करना था। यह अहसास एक शांत

सुबह आया, जब मैं खुद से सवाल कर रहा था–क्या मैं अपने दर्द को पकड़े रखकर वाकई खुद को बचा रहा हूँ, या बस अपनी तकलीफ को बढ़ा रहा हूँ? उस पल में, मैंने पहली बार महसूस किया कि माफ करना कमजोरी नहीं, बल्कि अपनी भावनात्मक आज़ादी को वापस पाने की सबसे बड़ी ताकत है। मैं समझ गया कि मैं कब तक अपने दर्द को पकड़कर रखूंगा, यह तय करने का हक सिर्फ मुझे है। मुझे यह स्वीकार करना था कि जो हुआ, वह अतीत था, लेकिन मेरा वर्तमान और भविष्य अभी भी मेरे हाथ में था। छोड़ देना भूलने के लिए नहीं था, बल्कि खुद को एक नए जीवन की ओर बढ़ाने के लिए था।

भगवद गीता (16.3) में क्षमा को एक दिव्य गुण बताया गया है:

"वीरता, क्षमा, धैर्य, पवित्रता, द्वेष से मुक्ति, अहंकार का अभाव–हे भरतवंशी, ये (गुण) उस व्यक्ति के हैं जो दिव्य प्रकृति को प्राप्त करने के लिए जन्मा है।"

यह श्लोक मेरे लिए आंखें खोलने वाला था। मैंने महसूस किया कि माफ न कर पाने की मेरी जिद ने उस व्यक्ति को नहीं, बल्कि मुझे ही कैद कर रखा था। हर बार जब मैं उन पुराने पलों को दोहराता, मैं खुद को और भी तकलीफ दे रहा था। लेकिन अगर मैं अपने गुस्से को जाने दूं, तो क्या होगा? क्या होगा अगर मैं दर्द के बजाय शांति को चुनूं?

क्षमा की ओर मेरा सफर एक छोटे से बदलाव से शुरू हुआ–मैंने खुद को पीड़ित की तरह देखना बंद कर दिया। जो कुछ भी मुझसे छीन लिया गया था, उस पर ध्यान देने की बजाय, मैंने यह सोचना शुरू किया कि इस अनुभव ने मुझे क्या सिखाया। मैंने अपने दर्द को अपनाया, उसे महसूस किया, और फिर धीरे-धीरे उसे छोड़ने की प्रक्रिया शुरू की। यह आसान नहीं था। कई बार ऐसा लगा कि मैं फिर से उसी गुस्से और नाराजगी में घिर रहा हूं, लेकिन हर बार मैंने खुद को याद दिलाया–यह मेरे लिए है, उनके लिए नहीं।

मैंने इसे और वास्तविक बनाने के लिए कुछ साधारण लेकिन असरदार आदतें अपनाई। मैंने अपने मन की भावनाओं को जर्नल में लिखा, उन लोगों के नाम पत्र लिखे जिन्हें मैंने माफ नहीं किया था–लेकिन उन्हें कभी भेजा नहीं। हर शब्द को कागज़ पर उतारकर, मैंने उसे अपने मन से बाहर निकालने

दिया। मैंने खुद से यह दोहराया–"*मैं गुस्से और नाराजगी को छोड़ देता हूं। मैं शांति और प्रेम को चुनता हूं।*" मैंने ध्यान किया, खुद को एक हल्का, स्वतंत्र इंसान महसूस करने की कल्पना की–जो अपने अतीत की जंजीरों से मुक्त है।

फिर एक दिन, मैंने खुद में बदलाव महसूस किया। ऐसा लगा जैसे कोई भारी बोझ उतर गया हो। सीने में जकड़न जो लंबे समय से एक साये की तरह बनी हुई थी, वह हल्की पड़ने लगी थी। साँसें पहले से ज्यादा गहरी और सहज महसूस हो रही थीं। मानो कोई बंद दरवाजा धीरे-धीरे खुल रहा हो, और भीतर की रोशनी बाहर फैलने लगी हो। वो नाम, जो कभी मुझे तकलीफ देता था, अब मुझे प्रभावित नहीं करता था। मैं भूल नहीं गया था, लेकिन अब मैं उससे बंधा हुआ भी नहीं था। मैं मुक्त था।

क्रोध को पकड़े रहना जहर पीने और यह उम्मीद करने की तरह है कि दूसरा व्यक्ति पीड़ित होगा। असल में, इस जहर से सिर्फ हम ही तकलीफ झेलते हैं।

क्षमा कोई एक बार में होने वाली चीज़ नहीं है, यह एक प्रक्रिया है–हर दिन, हर पल, खुद को फिर से आज़ाद करने का निर्णय लेना। और जब हम इस आज़ादी को अपनाते हैं, तभी हमें सच्ची शांति मिलती है।

क्योंकि अंत में, क्षमा किसी और के लिए नहीं होती–यह हमारी खुद की खुशी, हमारी स्वतंत्रता और हमारे जीवन को वापस पाने के लिए होती है। जैसा कि नेल्सन मंडेला ने कहा था, "जब हम क्षमा करते हैं, तो हम अपने हृदय में शांति के लिए जगह बनाते हैं।" यह वह पल होता है जब हम अपने अतीत की बेड़ियों को तोड़कर एक नए, उज्जवल भविष्य की ओर कदम बढ़ाते हैं।

भगवद गीता में क्षमा का गूढ़ संदेश

भगवद गीता में क्षमा को केवल एक नैतिक गुण नहीं, बल्कि आत्मिक उन्नति का एक साधन माना गया है। यह वैसा ही है जैसे एक नदी, जो चाहे कितने ही पत्थरों और बाधाओं से घिरी हो, अंततः अपने प्रवाह में अविरल बनी रहती है। वह न तो ठहरती है और न ही गुस्से में अपना मार्ग छोड़ती

है। इसी तरह, क्षमा वह शक्ति है जो व्यक्ति को भीतर से मुक्त करती है, उसे स्थिर बनाती है और उसे अपनी आत्मा की गहराइयों से जोड़ती है।

अक्सर हम सोचते हैं कि किसी को क्षमा करने का अर्थ है उसकी गलती को स्वीकार कर लेना, लेकिन गीता हमें सिखाती है कि क्षमा वास्तव में हमारी आंतरिक शक्ति का प्रमाण है। यह हमें बताती है कि जब हम किसी के प्रति क्रोध और घृणा को पकड़े रहते हैं, तो हम स्वयं को ही एक अदृश्य बेड़ियों में जकड़ लेते हैं। यह बेड़ियाँ हमारे मन को अशांत करती हैं और हमें शांति से दूर ले जाती हैं। जब अर्जुन युद्धभूमि में खड़ा होकर संशय में था, तो श्रीकृष्ण ने उसे यह सिखाया कि वास्तविक शक्ति बाहरी संघर्ष में नहीं, बल्कि अपने भीतर के तूफान को शांत करने में है।

क्रोध और नाराजगी आत्मा को अशुद्ध करते हैं और व्यक्ति को मोह और अज्ञानता की ओर धकेलते हैं। क्षमा इन जंजीरों को तोड़ने का मार्ग है, जो हमें आत्म-ज्ञान की ओर ले जाता है। यह ठीक वैसा ही है जैसे एक दर्पण, जिस पर धूल जम जाए तो उसमें कुछ भी साफ नहीं दिखता। लेकिन जैसे ही उसे साफ किया जाता है, सब कुछ स्पष्ट हो जाता है। इसी तरह, जब हम क्षमा करते हैं, तो हमारे भीतर की नकारात्मकता समाप्त होती है और हम वास्तविकता को बेहतर ढंग से देख पाते हैं।

जो व्यक्ति क्षमा कर सकता है, वह न केवल स्वयं को मानसिक रूप से मुक्त करता है, बल्कि अपने आस-पास भी शांति का विस्तार करता है। यह कोई साधारण गुण नहीं, बल्कि आत्म-साक्षात्कार का एक महत्वपूर्ण चरण है। जब कोई व्यक्ति क्षमा करता है, तो वह अपने अहंकार से परे जाकर जीवन को एक व्यापक दृष्टिकोण से देखने लगता है।

गीता हमें यह भी सिखाती है कि हर व्यक्ति अपने कर्मों के अनुसार ही फल प्राप्त करता है। इसलिए, किसी को क्षमा करना यह नहीं है कि हम न्याय को नकार रहे हैं, बल्कि यह समझना है कि ब्रह्मांड का न्याय अटल है। जब हम इस सत्य को स्वीकार कर लेते हैं, तो हमारे भीतर की बेचैनी स्वतः ही समाप्त हो जाती है और हमें सच्ची आत्मिक शांति प्राप्त होती है।

भावनाओं से परे: डिटेचमेंट और स्वतंत्रता की खोज

नदी की तरह बहते जाना, बिना इस चिंता के कि रास्ते में कौन-से पत्थर आएंगे। श्रीकृष्ण भगवद गीता में यही सिखाते हैं कि कर्म करते समय हमें फल की चिंता नहीं करनी चाहिए, क्योंकि हमारी असली शक्ति हमारे प्रयास में है, न कि उसके परिणाम में। जब हम किसी चीज़ से अत्यधिक जुड़ जाते हैं, तो हमारी भावनाएँ उसी के इर्द-गिर्द घूमने लगती हैं, और हमारा मानसिक संतुलन उस पर निर्भर हो जाता है। यह ठीक वैसा ही है जैसे कोई पेड़ अगर अपने एक ही पत्ते से अत्यधिक लगाव रखे, तो वह हर झोंके के साथ हिलता रहेगा, लेकिन जो वृक्ष अपनी जड़ों से जुड़ा रहता है, वह आंधी में भी स्थिर खड़ा रहता है।

श्रीकृष्ण का संदेश यही है कि हमें अपने कर्म करने चाहिए, लेकिन उनके फल से खुद को बांधना नहीं चाहिए। जब हम अपनी उम्मीदों और इच्छाओं को किसी व्यक्ति, वस्तु या परिस्थिति से जोड़ देते हैं, तो हम उनके अनुसार चीजों के घटित होने की अपेक्षा करने लगते हैं। लेकिन जब वास्तविकता हमारे अनुसार नहीं होती, तो हम दुखी हो जाते हैं। भावनात्मक स्वतंत्रता का अर्थ है–इन बंधनों से मुक्त होकर एक ऐसी अवस्था में रहना, जहाँ बाहरी स्थितियाँ हमारे आंतरिक संतुलन को प्रभावित न कर सकें।

क्षमा भी इसी प्रक्रिया का एक हिस्सा है। जब हम किसी को क्षमा नहीं कर पाते, तो हम अपने ही मन में एक कैदखाना बना लेते हैं, जहाँ क्रोध और पीड़ा हमारी स्वतंत्रता छीन लेते हैं। लेकिन जब हम क्षमा करते हैं, तो यह ठीक वैसा ही होता है जैसे कोई पक्षी जो लंबे समय तक एक बंद दरवाजे के पीछे रहा हो, और अब उड़ने के लिए खुला आसमान पा ले। क्षमा हमें यह सिखाती है कि दूसरों के व्यवहार से हमें बांधने की जरूरत नहीं है, बल्कि हम अपने मन की शांति खुद चुन सकते हैं।

अनासक्ति का अभ्यास हमें यह समझने में मदद करता है कि जीवन में सब कुछ क्षणिक है–दुख भी और सुख भी। जब हम इस सत्य को स्वीकार कर लेते हैं, तो हम हर स्थिति को एक समान दृष्टि से देखने लगते हैं। यह हमें सच्ची मानसिक शांति देता है, जहाँ हम अपने कर्मों को पूरी ईमानदारी

और समर्पण के साथ कर सकते हैं, लेकिन उनके परिणाम को अपने मन की शांति से अलग रख सकते हैं।

मानसिक हल्कापन:

डिटेचमेंट का अभ्यास हमें अपने विचारों और भावनाओं से परे जाने का अवसर देता है। जब हम बाहरी परिस्थितियों और दूसरों के व्यवहार से प्रभावित नहीं होते, तो हम अपनी आंतरिक स्थिति पर पूरा नियंत्रण रखते हैं। इस मानसिक स्थिति में हम आसानी से निर्णय ले सकते हैं और कोई भी बाहरी तनाव हमें प्रभावित नहीं कर पाता। यही मानसिक हल्कापन है, जो हमें अपने जीवन में शांति और संतुलन लाने में मदद करता है।

नाराजगी के पीछे छुपा अहंकार

जब हम नाराज होते हैं, तो अक्सर हमें लगता है कि हम किसी के द्वारा गलत तरीके से व्यवहार किए गए हैं। यह अहंकार का सबसे स्पष्ट रूप है, जो हमें यह विश्वास दिलाता है कि हमारी व्यक्तिगत इज्जत और स्थिति को चुनौती दी गई है। जब कोई हमारे साथ अन्याय करता है, तो हमारा अहंकार यह चाहता है कि हम खुद को सही साबित करें, कि हम प्रतिशोध लें या स्वयं को श्रेष्ठ साबित करने की भावना में फंसे रहते हैं। इस अहंकार की प्रवृति हमें हमारे मानसिक और भावनात्मक संतुलन से दूर कर देती है, क्योंकि हम केवल अपनी तर्कसंगतता और अद्वितीयता पर ध्यान केंद्रित करते हैं।

भगवद गीता में श्री कृष्ण हमें बताते हैं कि सच्चा ज्ञान अहंकार से ऊपर उठने में है। जब हम अहंकार को छोड़ते हैं, तो हम अपने आत्मा की वास्तविकता और दूसरों के प्रति करुणा को महसूस कर पाते हैं। श्री कृष्ण का उपदेश "विनम्र संत एक शिक्षित और सौम्य ब्राह्मण, एक गाय, एक हाथी, एक कुत्ते और एक चांडाल को समान दृष्टि से देखते हैं" यह बताता है कि जब हम दूसरों के कार्यों को उनके जागरूकता के स्तर से समझने की कोशिश करते हैं, तो हम सहज रूप से क्षमा करने में सक्षम हो जाते हैं।

इस दृष्टिकोण को अपनाने से हमें यह समझने में मदद मिलती है कि जिन लोगों ने हमें दुख पहुँचाया है, वे भी अपनी यात्रा में एक निश्चित स्तर पर हैं। उनके कर्म भी उनके अपने अनुभव और चेतना के स्तर से निकलकर

आ रहे हैं। जब हम इसे समझते हैं, तो हम नाराजगी और अहंकार से ऊपर उठकर, सच्चे धैर्य और करुणा का अनुभव करने लगते हैं। हम अपने भीतर की शांति को महसूस करते हैं और इस प्रकार मानसिक और आत्मिक स्वतंत्रता प्राप्त करते हैं।

क्षमा और शांति: जीवन के सरल सूत्र

आंतरिक शांति ही जीवन का सबसे उच्च उद्देश्य है, और यह शांति तभी प्राप्त हो सकती है जब हम अपने भीतर से क्रोध, घृणा और नाराजगी को निकाल दें। हमारा मन ही हमारी सबसे बड़ी शक्ति और सबसे बड़ा शत्रु दोनों हो सकता है। जब हम अपने मन को नियंत्रित नहीं कर पाते और उसमें क्रोध, नाराजगी या आक्रोश को जगह देते हैं, तो यह हमारे लिए शत्रु बन जाता है, क्योंकि यही नकारात्मक भावनाएँ हमारी आंतरिक शांति को भंग कर देती हैं।

नाराजगी और मानसिक स्वतंत्रता:

जब हम गुस्से को पकड़े रखते हैं या पुराने घावों को बार-बार दोहराते हैं, तो हम स्वयं को मानसिक रूप से बंदी बना लेते हैं। यह मन के अंदर गहरी उलझन पैदा करता है और हमें शांति की ओर बढ़ने से रोकता है। ऐसी स्थितियों में हमारी ऊर्जा नकारात्मक विचारों में व्यर्थ होती है, और हम अपनी क्षमता का सही उपयोग नहीं कर पाते।

क्षमा: मानसिक स्वतंत्रता का रास्ता

इसके विपरीत, **क्षमा** एक अद्भुत साधन है, जो हमें इस मानसिक जाल से बाहर निकालता है। क्षमा का अर्थ सिर्फ दूसरों को माफ़ करना नहीं, बल्कि खुद को भी माफ़ करना है। जब हम क्षमा करते हैं, तो हम अपने भीतर के उन सभी बंधनों को तोड़ते हैं जो हमें अतीत की नकारात्मक घटनाओं में फंसा कर रखते हैं।

क्षमा से शांति का जन्म होता है। जैसे ही हम अपनी नाराजगी को छोड़ते हैं, हम अपने मन को शांत करते हैं और उसे एक नया दिशा देते हैं। हम अपनी ऊर्जा को रचनात्मकता, प्रेम और सकारात्मकता में बदल सकते हैं। यह आंतरिक शांति का सच्चा मार्ग है, जो हमें जीवन की समस्याओं से ऊपर उठने और मानसिक रूप से स्वतंत्र होने में मदद करता है।

क्षमा का अभ्यास एक गहरी, लेकिन चुनौतीपूर्ण प्रक्रिया है। जब हम किसी से चोट खाते हैं, चाहे वह विश्वासघात हो, हानि हो या अन्याय, तो हमारी भावनाओं में गहरी उलझन और आंतरिक संघर्ष उत्पन्न होता है। हम जानते हैं कि क्षमा करने से हमें मानसिक शांति और हल्कापन मिल सकता है, लेकिन जब असल में माफ़ करने का समय आता है, तो हम यह महसूस करते हैं कि कुछ हमारे अंदर अटक गया है। यह अटकाव न केवल हमारी भावनाओं को, बल्कि हमारी मानसिकता और विश्वासों को भी प्रभावित करता है।

इसका कारण हमारे अंदर मौजूद गहरे बैठे **भावनात्मक पैटर्न** और **विश्वासों** में है। जब हम किसी से बहुत ज़्यादा चोट खाते हैं, तो वह अनुभव हमारे मन और शरीर में एक स्थायी निशान छोड़ जाता है। यह निशान केवल उस व्यक्ति या घटना के बारे में नहीं होता, बल्कि हम इसे अपने आत्मसम्मान और आत्म-मूल्यता से जोड़कर देखने लगते हैं। हम खुद को यह यकीन दिलाते हैं कि यदि हमने माफ़ कर दिया, तो शायद हम अपनी कमजोरियों को स्वीकार कर रहे हैं।

हमारी **मजबूरियाँ** इस प्रक्रिया में रुकावट डालती हैं। सबसे पहली मजबूरी यह होती है कि हम खुद को यह विश्वास दिलाते हैं कि अगर हम माफ़ कर देंगे, तो उस व्यक्ति को 'जित' जाने देंगे, या वह गलत व्यवहार उचित हो जाएगा। हम यह मानते हैं कि क्षमा करने से हम खुद को कमजोर बना देंगे। दूसरी मजबूरी यह है कि हम **अतीत के दर्द** से जुड़ी हुई भावनाओं को पकड़ कर रखते हैं, जैसे कि गुस्सा, निराशा, या शोक। ये भावनाएं हमें एक तरह की सुरक्षा का अहसास कराती हैं–हमें लगता है कि गुस्से और नफ़रत में रहने से हम उस व्यक्ति से खुद को मानसिक रूप से बचा रहे हैं।

किसी को "जीतने" देने का डर

किसी को माफ़ करने के बाद हमें अक्सर यह डर लगता है कि हम उन्हें "जीतने" दे रहे हैं। यह डर हमें यह सोचने पर मजबूर करता है कि अगर हम किसी की गलती माफ़ कर देते हैं, तो हम उनके कृत्य को सही मान रहे हैं, और वे बिना किसी परिणाम के बच जाएंगे। यह डर खासतौर पर तब ज्यादा

महसूस होता है जब हमें लगता है कि दूसरे व्यक्ति को सजा मिलनी चाहिए, ताकि वह अपनी गलती का एहसास कर सके।

लेकिन इस धारणा में एक गहरी गलतफहमी छिपी हुई है। क्षमा का मतलब यह नहीं है कि हम किसी की गलती को सही ठहराते हैं, बल्कि यह एक प्रक्रिया है, जिससे हम खुद को दुख और घृणा से मुक्त कर सकते हैं। जब हम क्षमा करने से इंकार करते हैं, तो हम किसी और को सजा नहीं देते–हम खुद को उस दर्द और गुस्से में अटका लेते हैं, जो हमें भीतर से ही खा जाता है।

कल्पना कीजिए: आप एक भारी बैग लेकर चल रहे हैं, जिसमें हर शिकायत और हर पुरानी चोट एक पत्थर की तरह रखी हुई है। जिस व्यक्ति से आपको दर्द मिला, वह शायद अपनी ज़िंदगी में आगे बढ़ चुका हो, लेकिन आप अभी भी उस बोझ को उठाए हुए हैं। यह "जीतने" का सवाल नहीं है, सवाल यह है कि आप कब खुद को मुक्त करेंगे? क्या आप उस बोझ को उठाकर ज़िंदगी भर इस दर्द में जीना चाहते हैं, या आप खुद को आंतरिक स्वतंत्रता देने का फैसला करेंगे?

सच्ची शक्ति छोड़ने में है

वेदांत के अनुसार, सच्ची शक्ति पकड़ने में नहीं, बल्कि छोड़ने में है। आदि शंकराचार्य ने वैराग्य (detachment) को मुक्ति का साधन बताया है। इसका मतलब यह है कि अगर हम किसी व्यक्ति के कृत्य पर गुस्सा और नाराजगी पकड़ कर रखते हैं, तो हम अपने मानसिक और भावनात्मक शांति को खो देते हैं। जब हम नाराजगी और गुस्से को छोड़ते हैं, तो हम अपने भीतर की शक्ति को फिर से प्राप्त करते हैं। यह न केवल हमें मानसिक और भावनात्मक शांति देता है, बल्कि हमारी सोच को सकारात्मक दिशा में मोड़ता है।

नाराजगी को छोड़ने का मतलब यह नहीं है कि हम उस व्यक्ति से कोई बदला नहीं लेंगे, बल्कि इसका मतलब यह है कि हम अपने मन से उस गुस्से और नफरत को खत्म कर देंगे। हम अपनी आंतरिक शांति की ओर बढ़ेंगे और उस व्यक्ति को छोड़कर अपनी ज़िंदगी में आगे बढ़ेंगे।

हममें से कई लोगों के मन में यह गहरी सोच होती है कि अगर हम अपने गुस्से, नाराजगी, या चोट को बनाए रखते हैं, तो हम फिर से नुकसान या चोट से बच सकते हैं। यह सोच हमें यह यकीन दिलाती है कि हमारी नाराजगी या अक्षमा हमें सुरक्षित रखेगी। जैसे ही हमें किसी ने चोट पहुँचाई, हम मान लेते हैं कि अगर हम माफ कर देंगे, तो वही व्यक्ति या परिस्थिति हमें फिर से आहत कर सकती है। मन कहता है, "अगर मैं माफ कर दूंगा, तो क्या मुझे फिर से चोट नहीं लगेगी?"

यह सोच, हालांकि, एक **सुरक्षा का भ्रम** है, क्योंकि वास्तव में अक्षमा (unforgiveness) हमें सुरक्षित नहीं बनाती—बल्कि यह हमें और भी अधिक दर्द, तनाव और आंतरिक अशांति में डाल देती है। जब हम अपने भीतर गुस्सा और नाराजगी बनाए रखते हैं, तो हम खुद को **भावनात्मक रूप से बंद कर देते हैं**, जो हमें स्वतंत्रता और शांति से वंचित करता है।

कल्पना करें:

एक घायल पक्षी है, जिसे किसी कारण से उड़ने से डर लगता है। उसे यह लगता है कि अगर वह फिर से उड़ने की कोशिश करेगा, तो वह फिर से गिर सकता है। इस डर के कारण, वह अपनी **स्वतंत्रता** और **आकाश की विशालता** से खुद को वंचित कर लेता है। वह सुरक्षा के नाम पर अपनी पूरी क्षमता और जीवन की सुंदरता से चूक जाता है।

हमारी स्थिति भी कुछ ऐसी ही होती है जब हम **क्षमा करने से इनकार करते हैं**। हम डरते हैं कि अगर हम माफ करेंगे, तो हमें फिर से चोट लग सकती है, लेकिन इस डर के कारण हम अपने **मन की शांति** और **रिश्तों की गहराई** से खुद को वंचित कर देते हैं। हम सोचते हैं कि नाराजगी बनाए रखना हमें सुरक्षित करेगा, लेकिन वास्तव में हम उस आंतरिक स्वतंत्रता से दूर हो जाते हैं, जो क्षमा हमें दे सकती है।

कैसे दर्द हमारी पहचान बन जाता है?

हमारा दर्द कभी-कभी हमारे जीवन का इतना अहम हिस्सा बन जाता है कि वह हमारी पहचान बन जाता है। जब हम लंबे समय तक मानसिक या

शारीरिक पीड़ा में जीते हैं, तो यह पीड़ा हमारी सोच, हमारे व्यवहार और हमारे दृष्टिकोण को इस हद तक प्रभावित करती है कि हम इसे खुद से अलग नहीं कर पाते। धीरे-धीरे, दर्द और संघर्ष हमारी पहचान का हिस्सा बन जाते हैं।

जब कोई व्यक्ति निरंतर संघर्ष करता है, तो उसे यह महसूस होने लगता है कि वह दर्द से परे कुछ नहीं है। वह अपनी भावनाओं, अनुभवों और कठिनाइयों को अपने अस्तित्व के एक अभिन्न हिस्से के रूप में देखता है। हम यह सोचने लगते हैं कि हमारी तकलीफ, ग़म और संघर्ष ही हमारी पहचान हैं। यह एक सुरक्षा कवच जैसा होता है, क्योंकि उस दर्द को पहचान कर हम अपने अस्तित्व को मजबूत महसूस करते हैं।

कभी-कभी हम खुद को इस दर्द में इतना डूबा हुआ पाते हैं कि हमें डर लगता है कि अगर हम इसे छोड़ देंगे, तो हमारी पहचान का क्या होगा? अगर हमें अपना दर्द और संघर्ष छोड़ देना चाहिए, तो हमारी अस्तित्व की परिभाषा क्या होगी? हम यह सोचने लगते हैं कि अगर हम अब दर्द को नहीं पहचानेंगे, तो हम कौन होंगे?

वेदांत में यह समझाया गया है कि हम सिर्फ अपनी शारीरिक और मानसिक परिस्थितियों से नहीं हैं। हमारा असली स्वभाव, जो है, वह कभी भी पीड़ा, संघर्ष या असफलता से जुड़ा नहीं होता। हमारी **आत्मा** (Essence) में प्रेम, शांति और आनंद है। वेदांत यह बताता है कि हमारा वास्तविक अस्तित्व हमारे अनुभवों से परे है। हमारे जीवन में जो कुछ भी हो रहा है, वह केवल अस्थायी है। हमारी आत्मा, जो शुद्ध और निर्विकार है, वह इन अनुभवों से कहीं अधिक है।

अगर हम अपने दर्द से परे देखने की कोशिश करें, तो हम यह महसूस कर सकते हैं कि हमारा असली स्वभाव प्रेम, शांति, और आनंद से भरा हुआ है। दर्द केवल एक अस्थायी अनुभव है, और हम उसे अपनी पहचान के रूप में नहीं स्वीकार कर सकते।

इस समझ को वास्तविक जीवन में उतारने के लिए हमें आत्म-जांच की आवश्यकता होती है। खुद से यह सवाल पूछें, "अगर मैं अपने दर्द से परे देखूं, तो मैं कौन हूँ?" क्या मैं सिर्फ उस दर्द, संघर्ष, या पीड़ा का प्रतिनिधित्व करता हूँ जिसे मैंने सहा है? क्या वह मेरा असली स्वरूप है?

कभी न कभी, जीवन में ऐसे क्षण आए होंगे जब आपने किसी कारण से शुद्ध आनंद महसूस किया हो। वह आनंद, शांति, और प्रेम ही आपके असली स्वभाव का प्रतीक है। उस क्षण को याद करें और सोचें कि जब आप बिना किसी पीड़ा के आनंदित थे, तब आपके अस्तित्व का क्या रूप था? क्या आपने उस आनंद में अपने दर्द को महसूस किया था, या उस आनंद ने आपको हर चीज से परे, शुद्ध रूप में खुद को महसूस कराया?

यह एक गहरी आत्म-जांच की प्रक्रिया है, जहां हमें अपने दर्द और संघर्षों से परे जाने की कोशिश करनी होती है। जब हम इस अहसास को स्वीकार करते हैं कि हम दर्द से परे हैं, तो हम खुद को सशक्त महसूस करते हैं। हम दर्द को महसूस कर सकते हैं, लेकिन उसे अपनी पहचान नहीं बनने देते। जब हम दर्द से परे अपना असली स्वभाव समझते हैं, तो हम मानसिक शांति और आनंद की ओर बढ़ते हैं।

न्याय खोने का डर" एक गहरी और जटिल भावना है, जो हमें क्षमा करने से रोकती है। हम अक्सर यह महसूस करते हैं कि अगर हम माफ़ कर देंगे, तो इसका मतलब होगा कि हम उस अन्याय या गलत को स्वीकार कर रहे हैं, जिसे हमें चोट पहुंचाई गई है। यह डर, कि अगर हम क्षमा करेंगे तो न्याय खो देंगे, हमें न केवल आंतरिक रूप से बाधित करता है, बल्कि हमें अपनी भावनाओं और विचारों को सहेज कर रखने पर मजबूर कर देता है। आइए इसे गहराई से समझते हैं।

हमारा डर और अन्याय के प्रति प्रतिक्रिया

जब हम चोट खाते हैं, तो हमारे मन में यह सवाल उठता है: "क्या अगर मैं माफ़ कर दूँ, तो क्या यह मेरे दर्द को नकारने जैसा होगा? क्या यह उस व्यक्ति के कृत्य को सही ठहराना होगा?" हम मानते हैं कि माफ़ करने का मतलब है कि हम अन्याय को नजरअंदाज कर रहे हैं, और यह हमें असमान और कमजोर बना सकता है। हम मानते हैं कि न्याय की पूरी प्रक्रिया तब तक पूरी नहीं हो सकती जब तक हम क्षमा नहीं करते। यह एक गहरी गलतफहमी है।

यह समझना जरूरी है कि **क्षमा** का मतलब यह नहीं है कि हम उस व्यक्ति के कृत्य को सही मान लें, बल्कि इसका अर्थ है कि हम खुद को

भावनात्मक जाल से मुक्त कर रहे हैं। जब हम अपनी भावनाओं को पकड़ कर रखते हैं, जैसे गुस्सा, नफ़रत या दर्द, तो हम खुद को उस व्यक्ति और घटना में जकड़ लेते हैं। यह हमें मानसिक शांति नहीं देता, बल्कि हमें और अधिक बोझ महसूस कराता है। क्षमा का मतलब है कि हम अपने अंदर का तनाव छोड़ रहे हैं, न कि अन्याय को स्वीकार कर रहे हैं। हम यह मानते हैं कि न्याय की प्रक्रिया अलग होती है, और हम उस प्रक्रिया में अपनी जगह बना सकते हैं, फिर भी अपने दिल में शांति रख सकते हैं।

कर्ण का उदाहरण

महाभारत का कर्ण एक आदर्श उदाहरण है, जो हमें दिखाता है कि कैसे **नाराजगी और प्रतिशोध** की भावना अंततः आत्म-विनाश का कारण बन सकती है। कर्ण, जो जीवनभर अपमान, संघर्ष और दर्द से जूझते रहे, उनके जीवन का सबसे बड़ा संघर्ष यह था कि उन्होंने अपने विरोधियों से प्रतिशोध लेने की भावना को कभी छोड़ा नहीं। हालांकि कर्ण ने कई अच्छे कार्य किए, लेकिन उनका जीवन अंततः इस कारण दुखद हुआ कि उन्होंने प्रतिशोध और गुस्से को अपने दिल में रखा। अगर वह उस प्रतिशोध को छोड़ देता और क्षमा की भावना अपनाता, तो शायद उनका जीवन अलग दिशा में जाता। कर्ण का उदाहरण यह दर्शाता है कि **क्षमा** केवल दूसरों के लिए नहीं, बल्कि खुद के लिए जरूरी है, ताकि हम अपने अंदर के गुस्से और बदले की भावना से मुक्त हो सकें।

यहाँ एक महत्वपूर्ण बिंदु यह है कि **न्याय और क्षमा** आपस में विरोधी नहीं हैं। हम यह मान सकते हैं कि हमें **न्याय** मिलना चाहिए, लेकिन इसका यह मतलब नहीं है कि हम अपने दिल में शांति खो दें। हम न्याय की माँग कर सकते हैं और साथ ही **अपने मन की शांति** को बनाए रख सकते हैं। न्याय की प्रक्रिया और क्षमा दोनों एक साथ चल सकते हैं। न्याय हमें बाहरी रूप में मिल सकता है, लेकिन शांति हमें अंदर से चाहिए, और यही हमें क्षमा से मिलती है।

विश्वास के टूटे टुकड़े: बिखरने से निखरने तक का सफर

एक कुम्हार बड़े जतन से मिट्टी का एक खूबसूरत घड़ा बनाता है। वह उसे आकार देता है, उसे अपने हाथों की गर्माहट से मजबूती देता है, और जब वह पूरी तरह तैयार हो जाता है, तो अचानक किसी के हाथ से गिरकर टूट जाता है। घड़ा टूटने की आवाज़ जितनी तेज़ होती है, उससे भी ज्यादा गहरी होती है वह चुभन, जो उस कुम्हार के दिल में बस जाती है। कुछ ऐसा ही हुआ था मेरी सहकर्मी के साथ, जब उसका वर्षों का विश्वास अचानक चकनाचूर हो गया।

वह हमेशा से प्यार और ईमानदारी में विश्वास रखती थी। उसका बॉस, जिसे वह कॉलेज से जानती थी, केवल एक वरिष्ठ अधिकारी नहीं बल्कि एक ऐसा व्यक्ति था, जिसे वह दिल से चाहने लगी थी। उनके बीच एक अटूट रिश्ता था–कम से कम उसे ऐसा ही लगता था। चार साल तक उन्होंने एक मजबूत बंधन साझा किया, जिसमें विश्वास, देखभाल और भविष्य के सपने शामिल थे। लेकिन धीरे-धीरे, वह रिश्ता ठंडा पड़ने लगा। जिस व्यक्ति को उसने अपना सबकुछ मान लिया था, उसकी प्राथमिकताएँ बदल गईं।

फिर एक दिन, अचानक सब कुछ खत्म हो गया। ऐसा नहीं था कि उसने सिर्फ एक रिश्ता खोया था–उसने अपने भीतर की स्थिरता, अपने विश्वास और अपनी उम्मीदों को भी टूटते देखा। यह ऐसा था, जैसे वह एक पुल के सहारे आगे बढ़ रही थी और अचानक वह पुल ही गिर गया, जिससे वह खालीपन के एक अंतहीन गर्त में गिर पड़ी।

शुरुआत में, वह इस विश्वासघात को स्वीकार नहीं कर पाई। वह गुस्से में थी, आहत थी, और अंदर ही अंदर टूटती जा रही थी। उसकी मानसिक और शारीरिक स्थिति बिगड़ने लगी, जैसे कोई नदी अचानक सूख जाए और उसकी सतह पर दरारें पड़ने लगें। लेकिन फिर, धीरे-धीरे, आत्म-विश्लेषण और आध्यात्मिक ज्ञान ने उसे एक नई राह दिखाई। उसने समझा कि क्षमा का अर्थ केवल किसी को माफ करना नहीं, बल्कि खुद को उस पीड़ा से मुक्त करना भी होता है।

वह अपने अतीत के मलबे से उठी और उसने उन टुकड़ों को फिर से जोड़ना शुरू किया–इस बार अपने लिए। उसने अपने दर्द को स्वीकार किया, लेकिन

उसे अपनी पहचान नहीं बनने दिया। जैसे एक टूटे हुए घड़े को जापानी कला **"किंत्सुगी"** के जरिए सोने से जोड़ा जाता है और वह पहले से भी खूबसूरत बन जाता है, वैसे ही उसने अपने दर्द को अपनी शक्ति बना लिया। आज, वह शांति के एक नए पड़ाव पर है–जहाँ बीते समय की दरारें उसे कमजोर नहीं, बल्कि और ज्यादा मूल्यवान बनाती हैं।

नाराजगी और दर्द का बोझ

वह ऐसे जाल में फंस गई थी, जिससे निकलना नामुमकिन लग रहा था– जैसे किसी घने जंगल में रास्ता भटक जाना, जहां हर तरफ सिर्फ कांटे और अंधकार हो। जिस आदमी पर उसने पूरा भरोसा किया था, जिसके साथ उसने अपने भविष्य के सपने बुने थे, उसने उसके विश्वास को चकनाचूर कर दिया था। रातें आंसुओं में डूबी रहतीं, और दिन किसी बोझ की तरह लगते। नाराजगी उसके भीतर किसी बेल की तरह फैल गई थी, जो हर दिन उसे जकड़ती जा रही थी, सांस लेना मुश्किल कर रही थी। वह बार-बार उनकी बातचीत याद करती, उनकी पुरानी मुलाकातों को दिमाग में दोहराती, सोचती कि शायद उसने कोई ऐसा संकेत नज़रअंदाज़ कर दिया था जो इस अंत की ओर इशारा करता। हर अधूरा वादा, हर अनुत्तरित संदेश, हर ठंडी नजर–वे सब अब उसके सीने पर किसी भारी पत्थर की तरह पड़े थे, जिसे वह चाहकर भी हटा नहीं पा रही थी।

दर्द सिर्फ मन में नहीं था, यह उसके शरीर तक फैल गया था। उसकी ऊर्जा खत्म होने लगी थी, सिरदर्द उसका रोज़ का साथी बन गया था, और थकान हमेशा उस पर हावी रहने लगी थी। यह वैसा ही था जैसे कोई भारी लबादा उसने ओढ़ रखा हो, जो उसके हर कदम को और कठिन बना रहा था। लेकिन इस लबादे को उतारने का कोई तरीका उसे समझ नहीं आ रहा था।

उसके दिल में यह विश्वासघात एक गहरे धंसे हुए कांटे की तरह था, जिसे निकालने की कोशिश में दर्द और बढ़ जाता था। वह जानती थी कि जब तक वह इस दर्द को पकड़े रहेगी, तब तक वह मुक्त नहीं हो सकती। लेकिन छोड़ देना आसान नहीं था। नाराजगी और पीड़ा उसे वैसे ही अपनी गिरफ्त में रखे हुए थे, जैसे तेज़ बहाव में फंसी कोई टूटी हुई नाव, जो किनारे तक पहुंचने के लिए संघर्ष कर रही हो, लेकिन हर लहर उसे और पीछे धकेल देती हो।

मन से माफी की ओर

कभी-कभी, हमारा दिल एक पुराने, जर्जर घर की तरह हो जाता है–जिसमें दर्द, नाराजगी और पछतावे की परतें जमी होती हैं। हम उसे छोड़ना नहीं चाहते, क्योंकि वह कभी हमारा अपना था, हमारी यादों से भरा हुआ। लेकिन अगर हम वहां रुके रहते हैं, तो सिर्फ धूल और घुटन ही हमारे हिस्से में आती है। यही एहसास उसकी ज़िंदगी में भी आया, जब उसने सालों के दर्द को सीने से लगाए रखा। मगर फिर, उसने फैसला किया कि अब समय आ गया है कि वह इस जर्जर मकान को छोड़कर खुले आसमान की ओर कदम बढ़ाए।

पहला कदम था दर्द को स्वीकार करना। वह भाग सकती थी, उसे दबा सकती थी, लेकिन उसने अपनी भावनाओं का सामना करने का निर्णय लिया। हर आंसू, हर गुस्सा, हर टूटा हुआ ख्वाब–सबकुछ उसने एक जर्नल के पन्नों पर उतार दिया। जैसे कोई नदी बाढ़ के बाद शांत हो जाती है, वैसे ही उसकी बेचैनी भी धीरे-धीरे बहने लगी।

लेकिन दर्द को बहा देना ही काफी नहीं था; उसे एक नई दिशा भी चाहिए थी। जैसे रेत पर बनी लकीरें समंदर की लहरों से मिट जाती हैं, वैसे ही जीवन के रिश्ते, घटनाएँ और भावनाएँ भी समय के साथ बह जाती हैं। उसने खुद को इन बदलते रंगों से बांधने के बजाय, अपनी आंतरिक शांति की ओर ध्यान देना शुरू किया।

फिर, उसने अपने मन का बोझ हल्का करने के लिए एक प्रतीकात्मक कार्य किया। उसने उस इंसान को एक पत्र लिखा जिसने उसे चोट पहुंचाई थी–हर गिला, हर शिकायत, हर टूटा सपना उसने शब्दों में ढाल दिया। मगर अंत में, उसने लिखा, *"अब मैं इस दर्द को छोड़ती हूँ!"* और फिर, उसने उस पत्र को फाड़कर हवा के हवाले कर दिया। जैसे किसी पेड़ से सूखे पत्ते गिरते हैं, वैसे ही उसके भीतर की कड़वाहट धीरे-धीरे झड़ने लगी।

महीनों बाद, जब वह अपने पूर्व बॉस से एक कार्यक्रम में मिली, तो उसके भीतर एक क्षण के लिए पुरानी यादें उमड़ीं, लेकिन अब वे उसे जकड़ नहीं पाईं। उसने हल्की मुस्कान के साथ खुद को मुक्त महसूस किया–क्योंकि उसने अपने भीतर की जंजीरों को तोड़ दिया था। उसने जाना कि अतीत को बदला नहीं जा सकता, लेकिन उसे किस रूप में अपने साथ रखना है, यह पूरी तरह हमारे हाथ

में होता है। **और जब हम क्षमा का चुनाव करते हैं, तो हम सच में खुद के लिए स्वतंत्रता का चुनाव करते हैं।**

क्षमा को विकसित करने के व्यावहारिक कदम

क्षमा कोई अचानक होने वाली चीज़ नहीं है, बल्कि यह एक यात्रा है–एक ऐसी यात्रा जो हमें सचेत रूप से तय करनी होती है। यह किसी के गलत किए को सही ठहराने की बात नहीं है, बल्कि खुद को उस भावनात्मक बोझ से आज़ाद करने की प्रक्रिया है जो हमें भीतर ही भीतर परेशान करता रहता है।

भगवद गीता और वेदांत में वैराग्य (अनासक्ति) पर गहरी सीख मिलती है, जबकि आधुनिक मनोविज्ञान हमें दिखाता है कि कैसे हम अपने दिमाग को शांति की ओर मोड़ सकते हैं। इस भाग में, हम कुछ व्यावहारिक कदमों और मानसिक तकनीकों के ज़रिए सच में छोड़ने (Let Go) की प्रक्रिया को आसान बनाने की कोशिश करेंगे।

स्वीकार करें कि क्षमा आपकी खुद की शांति के लिए है

इस विचार को गहरे स्तर पर समझने के लिए हमें यह ध्यान में रखना चाहिए कि क्षमा करना न केवल दूसरों के लिए, बल्कि खुद के लिए एक आवश्यक कदम है। जब हम किसी को माफ़ नहीं करते, तो हम मानसिक रूप से उस व्यक्ति या घटना से जकड़े रहते हैं। हमारे दिल में गुस्सा, दुख, और गिल्ट का बोझ बढ़ता रहता है, जो हमारे मानसिक और शारीरिक स्वास्थ्य को प्रभावित करता है।

कल्पना कीजिए कि आपके हाथ में एक जलता हुआ कोयला है। जब तक आप उसे छोड़ते नहीं, वह आपको जलता रहेगा। अब यदि आप उस कोयले को छोड़कर उसे किसी और को फेंकने की कोशिश करते हैं, तो क्या वह व्यक्ति उस आग को महसूस करेगा? नहीं। वही कोयला आपके हाथ में है, और आपको ही जलन हो रही है। यही स्थिति गुस्से और नाराजगी की है। जब हम किसी को माफ़ नहीं करते, तो यह गुस्सा और नफरत केवल हमारे अंदर ही जलता है। उस व्यक्ति को इससे कोई फर्क नहीं पड़ता।

जब हम किसी को माफ़ करते हैं, तो हम अपने भीतर की शांति को पुनः प्राप्त करते हैं। हम अपने दिल से उस बोझ को उतार फेंकते हैं, जो हमें अंदर

से निगल रहा था। और इस प्रक्रिया से हम मुक्त होते हैं। क्षमा से हमारे मन में किसी भी प्रकार की नफरत, गुस्सा, या तनाव का स्थान नहीं रह जाता।

हमारा दिमाग साफ़ होता है, और हम मानसिक शांति की ओर कदम बढ़ाते हैं। यह किसी और के लिए नहीं, बल्कि हमारी अपनी शांति के लिए है। जब हम यह समझते हैं कि क्षमा से हम खुद को आंतरिक स्वतंत्रता और शांति दे रहे हैं, तो हम सहज रूप से इसे अपनाने की दिशा में कदम बढ़ाते हैं।

नाराजगी का बोझ छोड़ना

अपने हाथ में कोई भारी चीज़ पकड़ें, जैसे एक किताब या पत्थर। कल्पना करें कि यह आपका गुस्सा और दर्द है।

- इसे कुछ देर पकड़े रहें। महसूस करें कि समय के साथ यह भारी लगता जा रहा है।
- अब इसे गिरा दें। अपने हाथ में हल्कापन महसूस करें।
- सोचें: "अगर इसे छोड़ने से मुझे आराम मिल सकता है, तो अपनी नाराजगी को छोड़ने से मुझे कितनी शांति मिलेगी?"

अपने दर्द को पहचानें और उसे स्वीकार करें"

हमारे जीवन में जब कोई दर्दनाक घटना घटती है, तो अक्सर हम उसे नज़रअंदाज़ करने या नकारने की कोशिश करते हैं। यह मानते हुए कि इसे अनदेखा करने से शायद यह खत्म हो जाएगा, हम अपनी भावनाओं को दबा देते हैं। लेकिन सच यह है कि जब तक हम अपने दर्द को पूरी तरह से स्वीकार नहीं करते, वह दर्द खत्म नहीं होता। जैसे अगर हम किसी चोट का इलाज नहीं करते, तो वह चोट और गहरी हो जाती है, ठीक वैसे ही हमारे मानसिक और भावनात्मक दर्द का भी होता है।

वेदांत का यह सिद्धांत है कि हम जब किसी भावना या दर्द को सिर्फ "पर्यवेक्षक" की तरह देखते हैं, तो वह हमें नियंत्रित नहीं कर सकती। इसका मतलब यह है कि हमें अपनी भावनाओं को पहचानकर उनसे जुड़ी सभी परिस्थितियों को बिना किसी जुड़ाव या प्रतिक्रिया के देखना चाहिए। जब हम इस भावनात्मक अनुभव से दूरी बनाए रखते हैं और उसे सिर्फ एक बाहरी

दृष्टिकोण से देखते हैं, तो वह हमें अपने अस्तित्व पर हावी नहीं हो पाता। यह हमें शांतिपूर्वक उसे स्वीकार करने का मौका देता है, जिससे दर्द की पकड़ कमजोर पड़ने लगती है।

अपना नज़रिया बदलें: अनित्यता (Impermanence) को समझें

एक विशाल पेड़ के नीचे खड़े होकर देखो–धूप और छाँव दोनों साथ-साथ मौजूद होते हैं। कभी कोई बादल सूरज को ढँक लेता है, तो कभी तेज़ हवा पेड़ की टहनियों को हिलाकर छाया को बदल देती है। लेकिन क्या यह स्थिति स्थायी होती है? नहीं। धूप अपनी जगह बदलती है, छाँव का आकार बदलता है, और समय के साथ सब कुछ आगे बढ़ जाता है। जीवन भी कुछ ऐसा ही है–हर खुशी, हर दुख, हर नाराजगी एक गुजरती हुई छाया की तरह होती है, जिसे हम स्थायी मान बैठते हैं।

हम अक्सर अपने दुख को पकड़े रहते हैं, मानो यह कभी खत्म नहीं होगा। एक टूटा हुआ रिश्ता, एक अपमानजनक शब्द, या किसी का किया गया विश्वासघात–हम इन्हें अपने मन में गहराई तक बैठा लेते हैं। लेकिन क्या यह भावना वैसी ही रहेगी जैसा आज महसूस हो रही है? शायद नहीं। जैसे आकाश में बदलते बादल कभी घने हो जाते हैं तो कभी हल्के, वैसे ही हमारी भावनाएँ भी समय के साथ बदलती हैं। यह समझ पाना ही मानसिक शांति की ओर पहला कदम है।

भविष्य में दुख को हल्का देखना

पानी निरंतर बहता रहता है, अपने साथ न जाने कितने पत्थरों को घिसता, चिकना करता और फिर उन्हें आगे बहा ले जाता है। कुछ बड़े पत्थर शुरुआत में स्थिर लगते हैं, जैसे वे कभी हिलेंगे ही नहीं, लेकिन धीरे-धीरे पानी की धार उन्हें छोटा कर देती है और आखिरकार वे बह निकलते हैं। जीवन की कठिनाइयाँ भी कुछ ऐसी ही होती हैं। जब कोई समस्या आती है, तो वह हमें विशाल और अडिग लगती है–मानो यह हमारे जीवन का स्थायी हिस्सा बन गई हो। लेकिन जैसे समय बहता है, वैसे ही हमारे अनुभव भी बदलते हैं, और धीरे-धीरे वह समस्या भी हल्की पड़ने लगती है।

जब हम किसी दर्दनाक अनुभव में होते हैं, तो हमें लगता है कि यह कभी खत्म नहीं होगा। हम उसमें इतने डूब जाते हैं कि यह कल्पना करना भी मुश्किल हो जाता है कि भविष्य में हम इससे अलग होकर भी जी सकते हैं। लेकिन अगर हम खुद को पाँच साल आगे ले जाकर देखें, तो महसूस होगा कि जो दर्द आज असहनीय लग रहा है, वह तब शायद एक हल्की याद बनकर रह जाएगा।

इसका अनुभव करने के लिए एक छोटा-सा अभ्यास किया जा सकता है। आँखें बंद करो और पाँच साल बाद के अपने भविष्य को देखो। क्या तब भी यही तकलीफ तुम्हारे दिल में होगी? क्या तब भी यही नाराजगी और दर्द तुम्हें उसी गहराई से महसूस होगा? शायद नहीं। पाँच साल बाद की तुम्हारी सोच, तुम्हारे हालात, तुम्हारी भावनाएँ आज से अलग होंगी। समय धीरे-धीरे सब कुछ बदल देता है, ठीक वैसे ही जैसे बहती नदी धीरे-धीरे पत्थरों को घिसकर छोटी कर देती है।

जब हम यह समझ लेते हैं कि *"यह भी बीत जाएगा,"* तो हमारी मानसिक स्थिति मजबूत होने लगती है। हम जीवन को एक बड़े परिप्रेक्ष्य से देखने लगते हैं, जहाँ हर अनुभव–चाहे सुख हो या दुख–सिर्फ एक प्रवाह का हिस्सा है। इसे अपनाकर हम अपने भीतर शांति और स्वीकार्यता विकसित कर सकते हैं।

तो जब भी कोई कठिन समय आए, उसे एक बहते हुए पत्थर की तरह देखो। यह अभी तुम्हारे सामने है, लेकिन यह हमेशा के लिए यहीं नहीं रहेगा। समय इसे घिसेगा, छोटा करेगा, और आखिरकार इसे बहा ले जाएगा। और फिर, तुम्हारे जीवन की नदी एक नई दिशा में आगे बढ़ जाएगी–नई संभावनाओं और नए उजालों की ओर।

नाराजगी की जगह आत्म-प्रेम को दें

किसी को माफ़ करने का अर्थ यह नहीं है कि आप उनके किए को सही ठहरा रहे हैं। इसका अर्थ यह है कि आप खुद को उस मानसिक और भावनात्मक बोझ से मुक्त कर रहे हैं, जो धीरे-धीरे आपके भीतर जहर की तरह फैल सकता है। कल्पना कीजिए कि आपके हाथ में एक प्याला है, जिसमें धीमे-धीमे जहर घुल रहा है। हर बार जब आप किसी पुराने ग़म, नाराजगी

या क्रोध को अपने भीतर दोहराते हैं, तो आप उस जहर को घूँट-घूँट पीते हैं। लेकिन उस व्यक्ति, जिससे आप नाराज हैं, उसे इसका कोई असर नहीं होता– वह अपनी जिंदगी जी रहा होता है। यह जहर केवल आपको भीतर से जलाता है, आपको तोड़ता है। क्षमा करना उस प्याले को हाथ से छोड़ देने जैसा है। इसका मतलब यह नहीं कि आप उनके किए को सही मान रहे हैं, बल्कि यह कि आप अब उस कड़वाहट को अपने भीतर जगह नहीं देना चाहते।

जब हम किसी को माफ़ नहीं करते, तो हम उनकी गलती को अपने दिमाग में दोहराते रहते हैं। यह हमें उस अतीत की कैद में रखता है, जिसे हम भूलना चाहते हैं। लेकिन क्या वास्तव में भूल पाते हैं? नहीं, क्योंकि जब तक हम किसी को माफ़ नहीं करते, तब तक वह घाव बार-बार हरा होता रहता है।

दर्पण तकनीक इस आंतरिक मुक्ति का एक शक्तिशाली तरीका है। आईने के सामने खड़े होकर अपनी आँखों में देखिए और खुद से कहिए–*"मैं शांति के योग्य हूँ। मैं छोड़ने का चुनाव करता हूँ।"* यह सरल वाक्य नहीं है, बल्कि एक गहरा संकल्प है। जब आप इसे दोहराते हैं, तो आप धीरे-धीरे महसूस करेंगे कि आप किसी और के लिए नहीं, बल्कि अपनी खुद की भलाई के लिए माफ़ कर रहे हैं।

विज्ञान भी इसे स्वीकार करता है। रिसर्च बताती है कि माफ़ करने से हमारा स्ट्रेस हार्मोन (कॉर्टिसोल) कम होता है और मानसिक शांति बढ़ती है। गुस्सा और नकारात्मकता हमारे शरीर पर उतना ही असर डालते हैं जितना कोई शारीरिक चोट। जब हम किसी को माफ़ करते हैं, तो यह सिर्फ एक मानसिक प्रक्रिया नहीं होती, बल्कि यह हमारे शरीर को भी राहत देती है।

इसलिए, माफ़ी का चुनाव करें। वह प्याला छोड़ दें जिसमें जहर घुल रहा है। क्योंकि क्षमा करने का अर्थ यह नहीं कि आप उनकी गलती को सही मान रहे हैं–बल्कि यह है कि आप अपनी शांति और खुशी को उनसे अधिक महत्व दे रहे हैं।

क्षमा का सफर: एक गहरी व्यक्तिगत यात्रा

कल्पना कीजिए कि आप एक भारी पत्थर को अपनी पीठ पर लादे हुए हैं। यह पत्थर उन सभी नकारात्मक भावनाओं, नाराजगियों और शिकायतों

का प्रतीक है, जो आप वर्षों से अपने भीतर संभाले हुए हैं। यह न केवल आपकी ऊर्जा को चूसता है, बल्कि आपकी गति को भी धीमा कर देता है। समय के साथ, यह बोझ इतना भारी हो जाता है कि आपकी रीढ़ सीधी नहीं रहती और आप आगे बढ़ने की क्षमता खोने लगते हैं। अब सोचिए, यदि आप इस पत्थर को धीरे-धीरे उतारना शुरू कर दें–हर एक टुकड़ा एक नाराजगी, एक दर्द, या एक शिकायत का प्रतिनिधित्व करता हो–तो कैसा महसूस होगा? यही क्षमा है–अपने भीतर जमा इस भारी बोझ को हटाने की प्रक्रिया।

जब हम किसी को माफ़ नहीं कर पाते, तो हम उनके प्रति नाराजगी और नफरत को अपने भीतर पालते रहते हैं। यह नकारात्मक भावनाएँ एक धीमे ज़हर की तरह होती हैं, जो हमारी मानसिक शांति और शारीरिक स्वास्थ्य को प्रभावित करने लगती हैं। साइकोलॉजी में इसे "फाइट-ऑर-फ्लाइट" मोड कहते हैं, जहां हमारा दिमाग लगातार तनावग्रस्त रहता है, जिससे स्ट्रेस हार्मोन (कॉर्टिसोल) बढ़ जाता है और हमारा दिमाग व शरीर धीरे-धीरे इस भावनात्मक बोझ का शिकार हो जाता है। लेकिन जब हम क्षमा करना सीखते हैं, तो हम न केवल मानसिक रूप से हल्का महसूस करते हैं, बल्कि यह हमारी शारीरिक और भावनात्मक सेहत में भी सुधार लाता है।

एक सुंदर दृष्टांत इसे समझाने में मदद कर सकता है। नदी में बहता एक पत्ता अपनी धारा से बहकर आगे बढ़ता है, लेकिन अगर वह किसी चट्टान में अटक जाए, तो वह वहीं रह जाता है, सड़ने लगता है और धीरे-धीरे अपनी शक्ति खो देता है। इसी तरह, जब हम अपनी नकारात्मक भावनाओं में अटक जाते हैं, तो हम भी अपने जीवन की स्वाभाविक गति को रोक देते हैं। लेकिन जैसे ही हम उस चट्टान से खुद को मुक्त करते हैं–यानी क्षमा को अपनाते हैं–तो हम फिर से बहने लगते हैं, आगे बढ़ते हैं, और जीवन को नए तरीके से अनुभव करने लगते हैं।

इस यात्रा में आत्मनिरीक्षण और स्वीकृति की भूमिका अहम होती है। जब हम किसी को माफ़ करने में कठिनाई महसूस करते हैं, तो हमें यह पूछना चाहिए–क्या यह व्यक्ति वास्तव में मुझे चोट पहुँचा रहा है, या मैं खुद ही इस दर्द को अपने भीतर पकड़े हुए हूँ? अक्सर, हम उस व्यक्ति को सज़ा देने

की कोशिश में खुद को तकलीफ देते रहते हैं, लेकिन सच्चाई यह है कि जब हम क्षमा करते हैं, तो सबसे ज्यादा राहत हमें ही मिलती है।

क्षमा केवल एक भावनात्मक प्रक्रिया नहीं है, बल्कि यह एक सचेतन अभ्यास भी है। इसे आसान बनाने के लिए हम जर्नलिंग का सहारा ले सकते हैं, जिससे हमें अपनी भावनाओं को स्पष्ट रूप से देखने और समझने में मदद मिलती है। उदाहरण के लिए, अगर हम किसी को माफ़ करने में कठिनाई महसूस कर रहे हैं, तो हमें खुद से यह पूछना चाहिए–"अगर मैं इस नाराजगी से मुक्त हो जाऊं, तो मेरे जीवन में क्या बदलाव आएगा?" यह सवाल हमें सोचने पर मजबूर करता है कि हम अपने गुस्से और कटुता को छोड़कर कितनी राहत महसूस कर सकते हैं।

शारीरिक स्तर पर भी क्षमा का प्रभाव महसूस किया जा सकता है। जब हम अपने भीतर दबी नाराजगी को पहचानते हैं, तो यह अक्सर हमारे शरीर में तनाव, कठोरता या दर्द के रूप में प्रकट होता है। इसलिए, शारीरिक प्रतिबिंब अभ्यास (Body Scan Meditation) का अभ्यास करके हम यह समझ सकते हैं कि हमारे शरीर के कौन से हिस्से इस तनाव को पकड़े हुए हैं। जब हम गहरी सांसों के माध्यम से इस तनाव को छोड़ते हैं, तो हम मानसिक रूप से भी हल्का महसूस करते हैं।

अंततः, क्षमा का अर्थ केवल यह नहीं है कि हम किसी और के कार्यों को स्वीकार कर लें, बल्कि इसका असली सार यह है कि हम खुद को मानसिक और भावनात्मक बंधनों से मुक्त कर सकें। जब हम क्षमा करना सीखते हैं, तो हम अपने जीवन में एक नए सिरे से आगे बढ़ने की क्षमता प्राप्त करते हैं। यह एक सचेतन निर्णय है, जो हमें अपने अतीत की पीड़ा से अलग कर एक उज्जवल और शांतिपूर्ण भविष्य की ओर ले जाता है।

इस अनुभव ने मुझे खुद के बारे में क्या सिखाया?

जब हमें किसी से धोखा मिलता है या कोई हमें चोट पहुंचाता है, तो वह दर्द हमें एक नई समझ भी दे सकता है। हम अपने अंदर की संवेदनशीलता को पहचानते हैं, अपनी सीमाओं को देखते हैं और यह भी समझते हैं कि क्या हमें खुद को ज्यादा सशक्त बनाने की जरूरत है। यह प्रक्रिया दर्दनाक होती है, लेकिन जैसे एक घाव भरने के बाद हमारी त्वचा पहले से ज्यादा मजबूत

हो जाती है, वैसे ही हमारे जीवन के घाव भी हमें और समझदार बना सकते हैं।

माफी का अनुभव भी कुछ ऐसा ही होता है। जब हमें लगता है कि हम माफी के लायक नहीं हैं, और कोई हमें फिर भी माफ कर देता है, तो वह अनुभव हमें हल्का कर देता है, जैसे कोई भारी जंजीर टूट गई हो। यह हमें यह सिखाता है कि हम भी खुद को उसी करुणा और सहानुभूति के साथ देख सकते हैं, जिससे हम दूसरों को देखते हैं।

हमारे दर्द को एक रूपक में बदलना भी हमें उसे समझने में मदद कर सकता है। अगर हम इसे एक बंद दरवाजे की तरह देखें, तो हमें यह एहसास हो सकता है कि यह दरवाजा हमेशा के लिए बंद नहीं है। हमें बस एक नई चाबी ढूंढनी है–शायद वह चाबी आत्मस्वीकृति है, शायद करुणा, या फिर एक नई सोच। जब हम इस दरवाजे को खोलते हैं, तो पाते हैं कि दूसरी तरफ सिर्फ अंधेरा नहीं, बल्कि एक नया रास्ता है, जो हमें खुद की एक नई समझ तक ले जाता है।

अध्याय 5

इनर चाइल्ड - अपनी खोई हुई पहचान की खोज

आपका इनर चाइल्ड: कौन है और क्यों ज़रूरी है?

हम में से कई लोग मानते हैं कि बचपन एक ऐसा चरण है जिसे हम पार कर चुके हैं, लेकिन सच्चाई यह है कि यह कभी हमें छोड़कर नहीं जाता। हमारे शुरुआती सालों की खुशियां, डर और जख्म हमारे अवचेतन में गहराई तक समा जाते हैं, और हमारे वयस्क व्यवहार को उन तरीकों से प्रभावित करते हैं जिन्हें हम अक्सर पहचान नहीं पाते। चाहे वह परित्याग का डर हो, लोगों को खुश रखने की प्रवृत्ति हो, या स्वाभिमान के साथ संघर्ष हो–ये पैटर्न अक्सर हमारे बचपन की अधूरी जरूरतों और अनसुलझे दर्द से उपजे होते हैं।

इनर चाइल्ड की अवधारणा केवल एक मनोवैज्ञानिक विचार नहीं है; यह हमारे अतीत और वर्तमान, हमारी भावनाओं और हमारे उच्चतर स्व के बीच एक सेतु है। आइए इसे दो दृष्टिकोणों से समझते हैं:

प्रसिद्ध मनोवैज्ञानिक कार्ल जंग ने "डिवाइन चाइल्ड" (दिव्य बच्चे) की अवधारणा पेश की, जो मासूमियत, रचनात्मकता और आश्चर्य को दर्शाता है।

उनका मानना था कि इनर चाइल्ड हमारे वास्तविक स्व की कुंजी है—वह हिस्सा जो शुद्ध, जिज्ञासु और स्वतंत्र बना रहता है। हालांकि, जब बचपन में उपेक्षा, आलोचना या भावनात्मक दमन जैसे घाव होते हैं, तो वे अवचेतन पैटर्न बनाते हैं जो हमारे वयस्क जीवन में स्वाभिमान और भावनात्मक प्रतिक्रियाओं को प्रभावित करते हैं।

उदाहरण के लिए, एक बच्चा जिसे लगातार आलोचना का सामना करना पड़ा, वह एक ऐसे वयस्क के रूप में बड़ा हो सकता है जो असफलता से डरता है और बाहरी मान्यता की तलाश करता है। इसी तरह, एक बच्चा जिसे अनदेखा किया गया, वह वयस्कता में अदृश्यता और कम आत्मसम्मान की भावनाओं से जूझ सकता है।

बचपन में हमें सिखाया गया कि हमें हमेशा किसी और से बेहतर बनना है—माता-पिता अक्सर हमारी तुलना हमारे भाई-बहनों, दोस्तों, या पड़ोस के बच्चों से करते थे। 'देखो, वो कितना अच्छा कर रहा है!' जैसी बातें हमें यह एहसास दिलाती थीं कि हम जैसे हैं, वैसे पर्याप्त नहीं हैं। यह भावनात्मक घाव हमारे इनर चाइल्ड में गहरे बैठ जाते हैं, और हम वयस्क होने पर भी अपने मूल्य को दूसरों की स्वीकृति से जोड़ने लगते हैं। अपने इनर चाइल्ड को ठीक करने का अर्थ है इस विश्वास को तोड़ना और यह समझना कि हमारी आत्म-मूल्यता किसी बाहरी मान्यता पर निर्भर नहीं करती।

आध्यात्मिक दृष्टिकोण से, इनर चाइल्ड हमारे उस हिस्से को दर्शाता है जो अभी भी हमारे वास्तविक सार से जुड़ा हुआ है—वह शुद्ध, अनियंत्रित स्व। आदि शंकराचार्य के अद्वैत वेदांत के अनुसार, स्वयं शुद्ध और मुक्त है, लेकिन मन और अहंकार पिछले अनुभवों और आसक्तियों से आच्छादित हो जाते हैं। जब हम अपने इनर चाइल्ड को ठीक नहीं करते, तो हम माया (भ्रम) में फंसे रहते हैं, जो हमें हमारे वास्तविक, असीम स्वरूप को पहचानने से रोकता है।

आध्यात्मिक जागृति हमारे अतीत को अस्वीकार करने के बारे में नहीं है, बल्कि इसे एक उच्चतर जागरूकता में समाहित करने के बारे में है। अपने इनर चाइल्ड को ठीक करके, हम संस्कारों की परतों को हटाते हैं और अपने दिव्य सार से फिर से जुड़ जाते हैं।

इनर चाइल्ड Healing: क्यों ज़रूरी है अपनी खोई हुई खुशियों को फिर से पाना?

इनर चाइल्ड को ठीक करना केवल पुराने दर्द को संबोधित करने के बारे में नहीं है; यह हमारी संपूर्णता को वापस पाने और हमारी वास्तविक क्षमता को प्रकट करने के बारे में है। जब हम अपने इनर चाइल्ड को अनदेखा या दबाते हैं, तो हम भावनात्मक बोझ ढोते हैं जो हमारे रिश्तों, स्वाभिमान और समग्र कल्याण को प्रभावित करता है।

इसे इस तरह समझें:

- एक व्यक्ति जिसे बचपन में प्यार नहीं मिला, वह दूसरों पर भरोसा करने या गहरे संबंध बनाने में संघर्ष कर सकता है।

- जिसे लगातार आलोचना का सामना करना पड़ा, वह एक परफेक्शनिस्ट बन सकता है, हमेशा अपनी योग्यता साबित करने की कोशिश करता रहता है।

- एक बच्चा जिसे भावनाओं को दबाना सिखाया गया, वह एक ऐसे वयस्क के रूप में बड़ा हो सकता है जो अपनी वास्तविक भावनाओं को व्यक्त करने में संघर्ष करता है।

अपने इनर चाइल्ड को ठीक करके, हम इन पैटर्नों से मुक्त हो जाते हैं और प्यार, खुशी और प्रामाणिकता के लिए जगह बनाते हैं।

भगवद्गीता आत्म-जागरूकता और आंतरिक संबंध के महत्व पर गहन ज्ञान प्रदान करती है। अध्याय 10, श्लोक 10 में, श्रीकृष्ण कहते हैं:

"जो लोग निरंतर मेरे प्रति समर्पित रहते हैं और प्रेम से मेरी पूजा करते हैं, मैं उन्हें वह समझ प्रदान करता हूं जिससे वे मेरे पास आ सकें।"

यह श्लोक हमें याद दिलाता है कि सच्चा उपचार आत्म-जागरूकता और अपने उच्चतर स्व के प्रति समर्पण से शुरू होता है। जब हम प्रेम और करुणा के साथ अंदर की और मुड़ते हैं, तो हमें अपने घावों को ठीक करने और अपने वास्तविक स्वरूप से फिर से जुड़ने की स्पष्टता और शक्ति मिलती है।

पिछली यादें: एक खोया हुआ बच्चा और आत्मा की पुनः खोज

कल्पना कीजिए एक युवा लड़की की जो खुद को अदृश्य महसूस करती हुई बड़ी हुई। उसके माता-पिता काम में व्यस्त थे, और उसके भाई-बहनों को अधिक ध्यान मिलता था। उसने अपनी जरूरतों और भावनाओं को दबाना सीख लिया, यह सोचकर कि उसकी भावनाओं का कोई मतलब नहीं है। एक वयस्क के रूप में, वह कम आत्मसम्मान से जूझती रही और लगातार दूसरों से मान्यता की तलाश करती रही।

एक दिन, एक थेरेपी सत्र के दौरान, उसे अपने छोटे स्व की कल्पना करने के लिए कहा गया। जब उसने उस छोटी लड़की को एक कोने में अकेले बैठे हुए देखा, तो उसकी आंखों से आंसू बह निकले। पहली बार, उसने अपने इनर चाइल्ड को देखा—वह हिस्सा जो इन सभी वर्षों से प्यार और स्वीकृति की प्रतीक्षा कर रहा था।

यह जागरूकता का क्षण उसकी उपचार यात्रा की शुरुआत थी। अपने इनर चाइल्ड से फिर से जुड़कर, उसने अपने दर्द की जड़ को समझना शुरू किया और आत्म-प्रेम और स्वीकृति की ओर कदम बढ़ाया।

बचपन के घावों का अदृश्य प्रभाव

क्या आपने कभी किसी स्थिति पर अत्यधिक प्रतिक्रिया दी है और बाद में सोचा है कि यह आपको इतना गहराई से क्यों प्रभावित कर गई? कभी ऐसा लगा कि किसी की छोटी-सी आलोचना आपको अंदर तक हिला देती है? या कोई मामूली अस्वीकृति भी असहनीय क्यों लगती है?

सोचिए: बचपन में, जब आपको किसी ने नजरअंदाज किया, जब माता-पिता ने आपकी तुलना किसी और से की, या जब आपकी भावनाओं को गंभीरता से नहीं लिया गया—क्या तब भी ऐसा ही महसूस हुआ था?

बचपन हमारी भावनात्मक दुनिया की नींव रखता है। अगर हमें प्यार और सुरक्षा मिली, तो हम आत्मविश्वास और संतुलन के साथ बड़े होते हैं। लेकिन अगर हमें उपेक्षा, अस्वीकृति या आघात का सामना करना पड़ा, तो ये अनुभव हमारे अवचेतन मन पर गहरी छाप छोड़ जाते हैं।

कुछ घाव स्पष्ट होते हैं–जैसे माता-पिता की उपेक्षा, दुर्व्यवहार, या बचपन की असफलताएँ। लेकिन कुछ घाव इतने सूक्ष्म होते हैं कि हम उन्हें पहचान भी नहीं पाते–जैसे सशर्त प्यार, अवास्तविक अपेक्षाएँ, या भावनात्मक अमान्यता। फिर भी, ये सभी अनुभव हमारे मन पर अदृश्य निशान छोड़ जाते हैं।

बचपन के घाव हमारे वयस्क जीवन को कैसे प्रभावित करते हैं?

यह सवाल जीवन के गहरे पहलुओं को छूता है। बचपन में जो भी मानसिक या भावनात्मक चोटें हमें लगती हैं, उनका प्रभाव हमारे पूरे जीवन में होता है। अक्सर हम इन घावों को नज़रअंदाज़ कर देते हैं या इनका सामना करने से बचते हैं, लेकिन ये हमारे व्यक्तित्व, रिश्तों, और मानसिक स्वास्थ्य पर गहरे असर डालते हैं।

भावनात्मक उपेक्षा

भावनात्मक उपेक्षा का मतलब है जब किसी व्यक्ति, खासकर बच्चे, की भावनात्मक ज़रूरतें अनदेखी की जाती हैं। यह शारीरिक उपेक्षा से अलग है, क्योंकि इसमें शारीरिक नुकसान नहीं होता, लेकिन इसका मानसिक और भावनात्मक प्रभाव बहुत गहरा होता है। जब एक बच्चा अपनी भावनाओं या जरूरतों को व्यक्त करता है और उसे अनसुना किया जाता है, तो यह उसकी आत्ममूल्यता, विश्वास और रिश्तों पर दीर्घकालिक असर डाल सकता है।

जब अनन्या की भावनाएँ सुनी ही नहीं गईं

अनन्या अपने परिवार में सबसे छोटी थी, और यही उसकी पहचान बन गई थी–हमेशा पीछे रह जाने वाली, दूसरों की बारी के बाद आने वाली। जब भी घर में कोई नया सामान आता, उसे पुराने कपड़े, पुरानी किताबें या भाई-बहनों के छोड़े हुए खिलौने ही मिलते। यह किसी टूटी हुई नाव में बैठने जैसा था, जिसे समुद्र की लहरें बहा तो रही थीं, लेकिन उसमें दिशा तय करने की शक्ति नहीं थी।

शुरुआत में अनन्या को यह सब सामान्य लगा, लेकिन समय के साथ उसने महसूस किया कि यह सिर्फ चीजों तक सीमित नहीं था, बल्कि उसके अस्तित्व और उसकी भावनाओं को भी उसी तरह अनदेखा किया जा रहा था।

जब वह अपने माता-पिता से उम्मीद करती कि वे उसकी भी उतनी ही परवाह करेंगे, जितनी उसके बड़े भाई-बहनों की करते हैं, तो उसे केवल वही जवाब मिलता: *"तुम तो अभी छोटी हो, तुम्हें क्या समझ!"* धीरे-धीरे उसने खुद को मनाना शुरू कर दिया कि उसे खुश रहने के लिए कम में संतोष करना चाहिए। जब भी उसे कुछ पुराना मिलता, वह खुद से कहती, *"कोई बात नहीं, यह भी अच्छा है!"* लेकिन हर बार यह स्वीकृति एक छोटे-से समझौते में बदल जाती, और यह समझौता धीरे-धीरे उसकी आत्म-छवि को कमजोर करने लगा। यह उसी तरह था जैसे कोई पेड़ बारिश की प्रतीक्षा करता रहे, लेकिन हर बार बस कुछ बूंदें ही गिरें, और वह मान ले कि इतना ही पर्याप्त है, जबकि उसकी जड़ों को असली पोषण की जरूरत थी।

जब वह स्कूल में होती और कोई उसके विचारों को अनसुना कर देता, तो वह यही सोचती, *"शायद मेरी बात उतनी जरूरी नहीं है!"* जब दोस्त उसे किसी योजना में शामिल करना भूल जाते, तो उसे यह महसूस होने लगा कि शायद वह खुद भी कोई खास जगह पाने के लायक नहीं।

यह सब सिर्फ बचपन की बातें नहीं थीं, बल्कि अनन्या के मन में यह धारणा विकसित हो गई थी कि उसकी इच्छाएँ, भावनाएँ, और खुद उसका अस्तित्व कम महत्वपूर्ण था। यह भावना उसके बड़े होने के साथ भी बनी रही। जब वह बड़े होकर रिश्तों में आई, तो वह बार-बार उन लोगों को चुनती जो उसकी भावनाओं को अनदेखा कर देते थे। क्योंकि उसे बचपन से यही सिखाया गया था कि उसे हमेशा दूसरों की जरूरतों के बाद आना होगा, अपनी इच्छाओं को दबाना होगा, और यह मानना होगा कि वह जितना पा रही है, वही पर्याप्त है।

अनन्या का अनुभव हमें यह सिखाता है कि भावनात्मक उपेक्षा कोई एक बार होने वाली घटना नहीं होती, बल्कि यह एक धीमी बारिश की तरह होती है, जो मिट्टी को धीरे-धीरे इतना गीला कर देती है कि उसकी पकड़ कमजोर पड़ जाती है। बचपन में मिली यह अनदेखी इंसान की आत्मा में उसी तरह समा जाती है जैसे किसी पुराने मकान में सीलन धीरे-धीरे दीवारों में घर कर लेती है–दिखाई तो नहीं देती, लेकिन कमजोर जरूर बना देती है।

सशर्त प्यार किसी ऐसे पेड़ की तरह होता है, जिसे तभी पानी दिया जाता है जब वह फल देता है। जब तक उसकी शाखाओं पर मीठे फल लदे रहते हैं, तब तक उसकी देखभाल की जाती है, लेकिन जैसे ही उसकी शाखाएँ खाली हो जाती हैं, उसे सूखने के लिए छोड़ दिया जाता है।

यह प्यार तब तक मिलता है जब तक हम किसी की अपेक्षाओं पर खरे उतरते हैं–अच्छे ग्रेड लाते हैं, दूसरों की उम्मीदों के अनुसार व्यवहार करते हैं, या उनकी शर्तों को पूरा करते हैं। लेकिन जैसे ही हम इन शर्तों से अलग हटते हैं, यह प्यार दूर खिसकने लगता है, जैसे किसी जलते हुए दीये से तेल खत्म हो जाए और उसकी लौ मंद पड़ने लगे।

ऐसे प्रेम में व्यक्ति अपने असली स्वरूप को खोने लगता है। वह दूसरों की मान्यताओं और इच्छाओं के अनुरूप खुद को ढालने की कोशिश करता है, क्योंकि उसे डर रहता है कि अगर वह वैसा नहीं बना, जैसा दूसरों को चाहिए, तो उसे प्यार नहीं मिलेगा। यह उसी मास्क की तरह होता है, जिसे पहनकर लोग मुस्कुराते तो हैं, लेकिन भीतर से घुटते रहते हैं। सच्चा प्रेम वह होता है, जो पेड़ को सिर्फ उसके फलों के लिए नहीं, बल्कि उसकी जड़ों की मजबूती के लिए भी संजोए।

वास्तविक जीवन उदाहरण : अमित

अमित का बचपन किसी ऐसे पौधे की तरह था, जिसे तभी पानी दिया जाता था जब वह सबसे हरी पत्तियाँ और सबसे सुंदर फूल दिखाता। अगर कभी उसकी पत्तियाँ मुरझाने लगतीं या फूल देर से खिलते, तो उसे नजरअंदाज कर दिया जाता। उसके माता-पिता का स्नेह भी इसी तरह था–जब तक अमित अपनी पढ़ाई और खेल में उत्कृष्ट प्रदर्शन करता, तब तक वह उनके प्यार और स्वीकृति का पात्र बना रहता। लेकिन जैसे ही वह किसी भी परीक्षा में औसत अंक लाता या खेल में हार जाता, उसे तिरस्कार और आलोचना का सामना करना पड़ता।

धीरे-धीरे, अमित ने यह मान लिया कि उसकी पहचान उसकी उपलब्धियों से जुड़ी है। वह सोचने लगा कि यदि वह कुछ बड़ा हासिल नहीं करेगा, तो

वह किसी के लिए भी महत्वपूर्ण नहीं रहेगा। यह सोच उसके आत्म-सम्मान पर गहरी चोट करने लगी, जैसे किसी कमजोर पौधे की जड़ें सतह पर आ जाएँ और मिट्टी की पकड़ खोने लगें। हर असफलता उसके अंदर यह डर और मजबूत कर देती कि वह प्यार और अपनापन पाने के लायक नहीं है। वह हमेशा इस कोशिश में लगा रहता कि अपने माता-पिता की उम्मीदों पर खरा उतरे, लेकिन उसके दिल के किसी कोने में यह डर भी बना रहता कि एक दिन अगर वह यह सब करने में असफल हुआ, तो शायद उसे पूरी तरह नकार दिया जाएगा।

सशर्त प्यार का असर केवल बचपन तक सीमित नहीं रहता। यह धीरे-धीरे व्यक्ति की मानसिकता में जड़ें जमा लेता है, जिससे वह हर रिश्ते में इसी तरह की मान्यताओं को ढोता रहता है। अमित भी इसी चक्र में फंस गया। उसने यह महसूस करना शुरू कर दिया कि उसे हर किसी को प्रभावित करना होगा, हर किसी की उम्मीदों को पूरा करना होगा, तभी वह दूसरों की नजरों में महत्वपूर्ण बन पाएगा। लेकिन यह बोझ किसी भारी पत्थर की तरह था, जिसे वह अपने कंधों पर उठाए चल रहा था–एक ऐसा पत्थर, जो उसकी असली पहचान को दबा रहा था और उसे अपनी सच्ची भावनाओं से दूर कर रहा था।

इस स्थिति से बाहर निकलने का एकमात्र तरीका आत्म-स्वीकृति और निःस्वार्थ प्रेम को अपनाना था। अमित को यह समझने की जरूरत थी कि उसकी असली पहचान उसकी उपलब्धियों से नहीं, बल्कि उसके व्यक्तित्व, उसके मूल्यों और उसकी भावनाओं से है। जैसे एक पेड़ केवल अपने फलों से नहीं, बल्कि अपनी मजबूत जड़ों से भी मूल्यवान होता है, वैसे ही व्यक्ति केवल अपनी सफलताओं से नहीं, बल्कि अपने अस्तित्व मात्र से भी महत्वपूर्ण होता है।

बचपन में मिले आघात अक्सर जीवन भर बने रहते हैं। वे किसी अनदेखे घाव की तरह होते हैं, जो बाहर से भले ही ठीक लगें, लेकिन अंदर ही अंदर हमें तकलीफ देते रहते हैं। सशर्त प्यार भी एक ऐसा ही घाव है, जो व्यक्ति को अपने अस्तित्व पर संदेह करने पर मजबूर कर देता है। लेकिन जब हम

इसे पहचानते हैं और खुद को बिना शर्त स्वीकार करना शुरू करते हैं, तभी हम इस घाव को भरने की दिशा में पहला कदम उठाते हैं।

संस्कारों की भूमिका (पिछले प्रभाव)

हमारा जीवन और हमारे कार्य न केवल हमारे वर्तमान अनुभवों से प्रभावित होते हैं, बल्कि हमारे अतीत के संस्कारों (अवचेतन छापों) से भी गहरे रूप में जुड़े होते हैं। संस्कार वे मानसिक और भावनात्मक छापें होते हैं जो हमारे पिछले अनुभवों से हमारे मन में अंकित हो जाती हैं। भगवद्गीता में भगवान श्री कृष्ण ने इसे बहुत स्पष्ट रूप से बताया है:

"मनुष्य जैसा सोचता है, वैसा ही वह करता है।"
(भगवद्गीता 3.33)

इसका अर्थ है कि हमारे कार्य और व्यवहार सीधे हमारे पिछले संस्कारों पर निर्भर करते हैं। ये संस्कार हमारे मानसिक प्रोसेस और प्रतिक्रियाओं के बुनियादी कारण होते हैं। जब हम किसी अनुभव से गुजरते हैं, तो वह अनुभव हमारे मस्तिष्क में एक स्थायी छाप छोड़ता है, और फिर हम उसी अनुभव को अपनी आगामी परिस्थितियों में देख कर प्रतिक्रिया करते हैं।

संस्कारों का प्रभाव: संस्कारों का प्रभाव अक्सर हमें दिखाई नहीं देता क्योंकि वे हमारी अवचेतन (subconscious) मनोवृत्तियों का हिस्सा होते हैं। हम इस बात से अनजान होते हैं कि वे संस्कार हमारे निर्णयों, हमारी भावनाओं और हमारे व्यवहार को प्रभावित करते हैं।

उदाहरण के रूप में:

1. **आलोचना का संस्कार:** एक बच्चा जो बचपन में लगातार आलोचना का सामना करता है, उसे यह संस्कार विकसित हो सकता है कि वह "कभी सही नहीं होता" या "वह कुछ अच्छा नहीं कर सकता।" यह आलोचना उसे आत्म-संदेह की भावना से भर देती है और वह अपने निर्णयों में हमेशा संकोच करता है। जब वह बड़ा होता है, तो वह किसी भी नए अवसर का सामना करते हुए डरता है, क्योंकि उसके भीतर यह संस्कार बैठा होता है कि वह नाकाम रहेगा।

2. **प्यार के योग्य न होने का संस्कार:** दूसरी ओर, एक बच्चा जिसे कभी पर्याप्त सराहना या प्यार नहीं मिलता, वह यह विश्वास विकसित कर सकता है कि वह "प्यार के योग्य नहीं है"। इस संस्कार का परिणाम यह हो सकता है कि वह रिश्तों में हमेशा खुद को अनदेखा महसूस करता है या कभी भी किसी से पूरी तरह से जुड़ने की कोशिश नहीं करता। उसे यह डर रहता है कि अगर वह खुद को खोलता है, तो उसे अस्वीकार कर दिया जाएगा।

हमारा अतीत किसी पुराने दरवाजे की तरह होता है, जिसे हम अक्सर बंद करके आगे बढ़ना चाहते हैं, लेकिन उसकी दरारों से अब भी पुरानी यादों की ठंडी हवा बहती रहती है। हम सोचते हैं कि अगर इसे हमेशा के लिए बंद कर दें, तो शायद उन भावनाओं से बच पाएंगे, जिन्होंने हमें तकलीफ दी थी। लेकिन असल में, जब तक हम उस दरवाजे को खोलकर अतीत को स्वीकार नहीं करते, तब तक वह हमारे वर्तमान पर अपना असर डालता रहता है। अपने अतीत को गले लगाना, खुद को एक नई आज़ादी देने जैसा होता है– एक ऐसा मौका, जहाँ हम खुद को न सिर्फ समझ सकते हैं, बल्कि खुद के प्रति करुणा भी रख सकते हैं।

अतीत को पहचानना और उसकी शक्ति को समझना

हमारा अतीत हमारी पहचान का हिस्सा है, लेकिन यह हमारी नियति नहीं है। जैसे कोई नदी अपने प्रवाह में कई मोड़ लेती है, पत्थरों से टकराती है, लेकिन अंततः अपनी दिशा खुद तय करती है, वैसे ही हमारा जीवन भी हमारे अनुभवों से बना होता है, लेकिन हम उसे नई दिशा दे सकते हैं। बचपन में हुए अनुभव और घाव अक्सर हमारे वर्तमान व्यवहार और सोच को प्रभावित करते हैं। जब हम अपने अतीत को स्वीकार करते हैं, तो हमें यह समझने में मदद मिलती है कि किस तरह से हमारी भावनाएँ, निर्णय और प्रतिक्रियाएँ हमारे पुराने अनुभवों से प्रभावित होती हैं।

आत्म-स्वीकृति और आत्म-करुणा का महत्व

खुद को अपनाना किसी पुराने पेड़ की जड़ों को पहचानने जैसा होता है। यह पेड़ चाहे कितनी भी आंधियों से गुजरा हो, उसकी जड़ें उसे मजबूती देती हैं। जब हम अपने अतीत के हर हिस्से को स्वीकार करते हैं–चाहे वे दर्दनाक

अनुभव हों या कमजोरियाँ–तभी हम खुद को पूरी तरह से समझ पाते हैं। आत्म-स्वीकृति हमें यह एहसास कराती है कि हम केवल अपनी सफलताओं से नहीं, बल्कि अपनी कमजोरियों से भी बने हैं, और यही हमें अनोखा बनाती है।

आत्म-करुणा हमें यह सिखाती है कि हमें खुद के प्रति कठोर होने की जरूरत नहीं है। जैसे हम किसी दोस्त को उसकी गलतियों के बावजूद माफ कर सकते हैं, वैसे ही हमें खुद को भी माफ करना सीखना होगा। जब हम खुद के प्रति करुणा दिखाते हैं, तो हम अपने अंदर गहरे जमे डर और संदेह को धीरे-धीरे मिटाने लगते हैं।

इनर चाइल्ड को समझना और उसे अपनाना

हमारी भावनाएँ और प्रतिक्रियाएँ अक्सर हमारे बचपन के अनुभवों से प्रभावित होती हैं। अंदर एक छोटा बच्चा है–हमारा इनर चाइल्ड–जो कभी प्यार के लिए तरसता था, कभी उपेक्षित महसूस करता था, और कभी खुद को दूसरों की अपेक्षाओं के अनुसार ढालने की कोशिश करता था। अगर यह इनर चाइल्ड संतुष्ट नहीं होता, तो यह अलग-अलग तरीकों से खुद को प्रकट करता है।

अगर कोई व्यक्ति हमेशा दूसरों को खुश रखने की कोशिश करता है, अपनी भावनाओं को दबाता है, या असफलता से डरता है, तो यह उसके घायल इनर चाइल्ड का संकेत हो सकता है। जब तक हम अपने अंदर के इस बच्चे की आवाज़ नहीं सुनते और उसे अपनाने की कोशिश नहीं करते, तब तक यह हमें अनजाने में प्रभावित करता रहता है।

अतीत को अपनाकर नई राह बनाना

जब हम अपने इनर चाइल्ड के घावों को समझते हैं, तो हम खुद को एक नया मौका देते हैं। इसे ठीक करने के लिए Self-Hypnosis, guided visualizations, और आत्म-स्वीकृति की तकनीकें बहुत मददगार हो सकती हैं। यह प्रक्रिया किसी बंद दरवाजे को धीरे-धीरे खोलने और भीतर की रोशनी को अपनाने जैसी होती है। जब हम अपने अतीत को नकारने के बजाय उसे स्वीकार करते हैं, तब हमें अपनी असली शक्ति का एहसास होता है–एक

शक्ति जो हमें आगे बढ़ने और खुद को नए सिरे से परिभाषित करने की आज़ादी देती है।

छोड़े जाने का डर: बचपन की छाया जो आज भी पीछा करती है

छोड़े जाने का डर एक ऐसी छाया है, जो अतीत की गलियों से निकलकर हमारे वर्तमान पर मंडराती रहती है। यह डर बचपन में बोए गए उन बीजों से उपजता है, जब हमें सुरक्षा, प्रेम, और अपनापन न मिला हो। किसी भी बच्चे के लिए उसकी दुनिया उसके माता-पिता, परिवार और देखभाल करने वालों के इर्द-गिर्द घूमती है। जब इस दुनिया में अस्थिरता आती है–चाहे वह उपेक्षा के रूप में हो, भावनात्मक दूरी के रूप में, या किसी प्रियजन के चले जाने के रूप में–तो यह असुरक्षा मन की गहराइयों में समा जाती है।

यह डर ठीक वैसा ही है, जैसे समुद्र की लहरों में बहता एक पत्ता, जिसे अपनी कोई दिशा नहीं पता। वह हर नई लहर के साथ कभी आगे बढ़ता है, तो कभी पीछे खिंच जाता है। बचपन में जो भावनात्मक असुरक्षा हमने महसूस की, वह हमारे अवचेतन में ऐसी ही लहरों की तरह बनी रहती है। वयस्क होने के बावजूद, जब कोई हमें अनदेखा करता है, हमें जवाब देने में देरी करता है, या हमारे जीवन से दूर चला जाता है, तो वही पुराना डर उभर आता है। हमें लगता है कि हम फिर से खो जाएंगे, फिर से अकेले रह जाएंगे।

इसी डर के कारण कई लोग टॉक्सिक रिलेशनशिप में भी बने रहते हैं। वे जानते हैं कि रिश्ता उन्हें नुकसान पहुँचा रहा है, लेकिन उन्हें यह यकीन नहीं होता कि वे अकेले भी खुश रह सकते हैं। यह परित्याग का डर हमें बार-बार उसी दलदल में खींच लाता है, जहाँ हम अपने आत्म-सम्मान और खुशी को किसी और की स्वीकृति के बदले गिरवी रख देते हैं।

जब किसी प्रियजन से थोड़ी दूरी बनती है, तो यह डर और भी तेज़ हो जाता है। हम जरूरत से ज्यादा प्रतिक्रिया देने लगते हैं, छोटी-छोटी बातों को लेकर बेचैन हो जाते हैं, और हर चीज़ को अपने अस्तित्व के लिए खतरा मानने लगते हैं। यह ठीक वैसा ही है, जैसे कोई चिड़िया जो बचपन में तूफान में अपना घोंसला खो चुकी हो–अब जब भी हल्की-सी हवा चलती है, वह डर जाती है कि कहीं सब कुछ फिर से न बिखर जाए।

लेकिन क्या यह डर वाकई सच है? क्या वर्तमान परिस्थितियाँ वास्तव में हमारे अतीत से जुड़ी हैं, या यह बस हमारा दिमाग है, जो पुराने घावों को बार-बार कुरेद रहा है? जब हम खुद से यह सवाल पूछते हैं, तो हमें समझ में आता है कि हमारा डर वास्तविकता से ज्यादा हमारे अतीत की छाया है।

भगवद्गीता में श्री कृष्ण कहते हैं कि जिसने अपने मन को जीत लिया, वह उसका मित्र बन जाता है, लेकिन जो ऐसा नहीं कर पाता, उसका मन ही उसका सबसे बड़ा शत्रु बन जाता है। यही सिद्धांत हमारे डर पर भी लागू होता है। जब तक हम अपने बचपन के घावों को समझकर उनका उपचार नहीं करते, तब तक वे हमारे मन को नियंत्रित करते रहेंगे। लेकिन जैसे ही हम इस डर का सामना करते हैं, उसे स्वीकारते हैं, और खुद को यह भरोसा दिलाते हैं कि अब हम अकेले नहीं हैं–हम अपने ही सबसे अच्छे साथी बन सकते हैं–तब यह डर पिघलने लगता है।

छोड़े जाने का डर कोई अभिशाप नहीं है, यह बस एक कहानी है, जिसे हमारा दिमाग दोहराता रहता है। हमें यह समझना होगा कि अब हम वह असहाय बच्चा नहीं हैं, जो किसी और पर निर्भर था। हम अब अपनी ज़िंदगी की दिशा खुद तय कर सकते हैं। और जब हम अपने भीतर यह शक्ति देख लेते हैं, तो कोई भी डर हमें जकड़ कर नहीं रख सकता।

लोगों को खुश रखने की प्रवृत्ति

जब किसी बच्चे को यह एहसास होता है कि उसे तभी प्रेम और स्वीकृति मिलेगी जब वह दूसरों की अपेक्षाओं पर खरा उतरेगा, तो वह अपने भीतर एक मुखौटा विकसित कर लेता है। यह मुखौटा उसे दुनिया के सामने मुस्कुराने और हर किसी को संतुष्ट करने की सीख देता है, भले ही उसके भीतर दर्द और असंतोष का तूफान क्यों न चल रहा हो।

यह प्रवृत्ति वैसी ही है जैसे कोई पेड़, जो बचपन में इस डर से टेढ़ा होकर बढ़ने लगता है कि अगर वह सीधा खड़ा रहेगा, तो कोई उसे काट देगा। धीरे-धीरे यह झुकाव उसकी प्रकृति बन जाता है, और बड़े होने के बाद भी वह सीधा खड़ा होने का साहस नहीं जुटा पाता। इसी तरह, जो व्यक्ति दूसरों को खुश रखने की आदत बचपन में सीख लेता है, वह जीवनभर खुद की जरूरतों

को नजरअंदाज करता रहता है। वह किसी को 'न' कहने से डरता है, क्योंकि उसे लगता है कि इससे वह प्रेम और स्वीकृति खो देगा।

बचपन की यह सीख वयस्कता में कई रूपों में सामने आती है। कोई बहस या टकराव न हो, इसलिए लोग अपनी असली भावनाओं को छिपाने लगते हैं। चाहे कोई उनका अपमान करे या उनकी इच्छाओं को दबाए, वे चुपचाप सहन करते रहते हैं। उन्हें यह लगता है कि अगर उन्होंने अपनी सच्ची भावनाएँ ज़ाहिर कीं, तो लोग उन्हें नापसंद करने लगेंगे। धीरे-धीरे यह आदत उनकी पहचान बन जाती है, और वे यह भूल जाते हैं कि उनकी अपनी भी इच्छाएँ और जरूरतें हैं।

इस प्रवृत्ति का एक और प्रभाव यह होता है कि व्यक्ति खुद को हर किसी की भावनाओं के लिए जिम्मेदार मानने लगता है। अगर कोई दुखी है, तो उसे लगता है कि यह उसकी गलती है। अगर किसी को परेशानी हो रही है, तो उसे ऐसा प्रतीत होता है कि उसे ही इसका समाधान निकालना चाहिए। इस मानसिकता के कारण वह अपनी भावनाओं और इच्छाओं को पीछे छोड़ देता है और दूसरों को खुश करने में अपनी ऊर्जा झोंक देता है।

परंतु, यह प्रवृत्ति धीरे-धीरे व्यक्ति को मानसिक और भावनात्मक रूप से थका देती है। वह दूसरों को संतुष्ट करने में इतना व्यस्त हो जाता है कि खुद के लिए जीना ही भूल जाता है। ठीक वैसे ही जैसे कोई नदी, जो हर किसी की प्यास बुझाने के लिए खुद को लगातार बहाती रहती है, लेकिन अंततः खुद ही सूखने लगती है।

इस आदत से बाहर निकलने का पहला कदम यह पहचानना है कि क्या हम जो कुछ भी कर रहे हैं, वह सच में हमारी खुशी के लिए है, या सिर्फ इसलिए कि हम किसी को निराश नहीं करना चाहते। जब हम खुद से यह सवाल पूछते हैं–"क्या मैं यह इसलिए कर रहा हूँ क्योंकि मैं चाहता हूँ, या सिर्फ इसलिए कि मुझे किसी को न कहने का डर है?"–तो हमें अपनी वास्तविक भावनाओं का एहसास होने लगता है।

आदि शंकराचार्य ने कहा था कि सच्चा आत्मबोध तब होता है जब हम सही और गलत के बीच फर्क समझ पाते हैं। सच्चा प्रेम तब मिलता है जब हम अपनी असली पहचान को अपनाते हैं, न कि जब हम दूसरों की उम्मीदों

के अनुसार खुद को ढालते हैं। यही सच्ची मुक्ति है–खुद को खुश रखने का अधिकार वापस पाना।

भावनाओं को व्यक्त करने का डर

जब किसी बच्चे को बार-बार यह समझाया जाता है कि उसकी भावनाएँ अप्राकृतिक या अनावश्यक हैं। तो वह इस डर को अपने अवचेतन मन में बिठा लेता है सोचता है कि अगर उसने अपनी भावनाएँ जाहिर कीं, तो उसे जज किया जाएगा, अनदेखा किया जाएगा, या अस्वीकार कर दिया जाएगा। यह डर इतना गहराई में बैठ जाता है कि बड़े होने के बाद भी वह व्यक्ति अपने भीतर के दुख, गुस्से, या तकलीफ को दबाए रखता है। वह रोना चाहता है, लेकिन आंसू नहीं बहा पाता; गुस्सा आ रहा होता है, लेकिन जुबान बंद रखता है। धीरे-धीरे यह आदत उसकी पहचान का हिस्सा बन जाती है।

बचपन की यह सीख वयस्कता में कई तरीकों से उभरती है। कुछ लोग गहरी बातचीत से बचते हैं, सतही हंसी-मजाक में खुद को उलझाए रखते हैं, ताकि उन्हें अपनी असली भावनाओं का सामना न करना पड़े। कुछ लोग खुद को लगातार व्यस्त रखते हैं, ताकि वे अपने भीतर की आवाज को न सुन सकें।

भावनाओं को व्यक्त करने से डरने वाले लोग अक्सर खुद को यह समझाने लगते हैं कि सिर्फ खुश रहना ही सही तरीका है। वे उदासी या गुस्से को महसूस करने को गलत मान लेते हैं। लेकिन दबाई गई भावनाएँ ऐसे ही खत्म नहीं होतीं–वे भीतर ही भीतर जमा होती रहती हैं, और फिर कभी न कभी मानसिक तनाव, चिंता या अवसाद के रूप में बाहर आ जाती हैं।

इस आदत को तोड़ने का पहला कदम यह पहचानना है कि क्या हमने अपनी भावनाओं को छिपाने का तरीका समाज से सीखा है, या यह वास्तव में हमारी प्राकृतिक प्रवृत्ति है? खुद से यह सवाल पूछना कि, "क्या मैं कभी सिर्फ इसलिए नहीं रोया क्योंकि मुझे लगा कि ऐसा करना कमजोरी होगी?" इस सवाल का जवाब हमें अपने भीतर के डर को समझने में मदद कर सकता है।

एक बच्चे के रूप में, हम अपने आसपास के माहौल को समझने की क्षमता नहीं रखते। माता-पिता के झगड़े हों, परिवार में उपेक्षा मिले, या कोई ऐसा क्षण हो जब हमें अनदेखा कर दिया जाए—ऐसे में हमारा मन खुद को ही जिम्मेदार मानने लगता है। यह ठीक वैसे ही है जैसे किसी मासूम चित्रकार को यह बता दिया जाए कि उसके बनाए चित्र में कमी है, जबकि उसने अभी अपने ब्रश को सही तरीके से पकड़ना भी नहीं सीखा। हम यह मान बैठते हैं कि शायद हमारी किसी गलती से चीजें बिगड़ गईं, और इसी वजह से हमें प्यार, सराहना या अपनापन नहीं मिला।

यह दोषबोध बड़े होने के बाद भी हमें अलग-अलग तरीकों से प्रभावित करता है। कुछ लोग हर छोटी बात पर माफी मांगते रहते हैं, भले ही उनकी कोई गलती न हो। ऐसा इसलिए होता है क्योंकि उनके भीतर यह डर बैठ जाता है कि अगर उन्होंने माफी नहीं मांगी, तो लोग उनसे नाराज़ हो जाएंगे या उन्हें छोड़ देंगे। कुछ लोग अपनी सफलता और खुशी को पूरी तरह स्वीकार नहीं कर पाते। जब भी वे कोई अच्छा अवसर पाते हैं, तो उनके मन में यह विचार आता है कि शायद वे इसके लायक नहीं हैं। यह आत्म-तिरस्कार की भावना उन्हें आगे बढ़ने से रोकती है।

इसके अलावा, यह दोषबोध हमारी आत्म-छवि को भी प्रभावित करता है। हम अपने आप को बार-बार कठोरता से जज करने लगते हैं, अपनी असफलताओं को खुद से जोड़कर देखते हैं, और एक ऐसे चक्र में फंस जाते हैं, जहां हमें हमेशा ऐसा महसूस होता है कि हम कभी भी "पर्याप्त" नहीं होंगे। यह आत्म-आलोचना हमारे मानसिक स्वास्थ्य पर गहरा प्रभाव डालती है, जिससे चिंता और अवसाद जैसी समस्याएँ जन्म ले सकती हैं।

लेकिन सच यह है कि दोष और शर्म केवल मानसिक भ्रम हैं, ठीक वैसे ही जैसे कुम्हार का घड़ा जब पूरा बन जाता है, तो उसमें पहले की टेढ़ी आकृति का कोई महत्व नहीं रह जाता। आदि शंकराचार्य ने कहा था, "तुम शरीर नहीं हो, न ही मन—तुम शुद्ध चेतना हो।" जब हम इस सत्य को समझते हैं, तो हम अपने भीतर के दोषबोध को पहचानकर उसे मिटाने की प्रक्रिया शुरू कर सकते हैं। यह पहचान हमें आत्म-स्वीकृति और मानसिक

शांति की ओर ले जाती है, जहाँ हम यह समझ पाते हैं कि हम जैसे हैं, वैसे ही पूर्ण और योग्य हैं।

बचपन की चोटें और खुद को फिर से संवारने की यात्रा

हमारे अंदर का बच्चा–जिसे हम "इनर चाइल्ड" के रूप में पहचानते हैं–हमेशा हमारे साथ होता है। चाहे हम कितने भी बड़े हो जाएं, यह बच्चा हमारी सोच, भावनाओं, और निर्णयों पर गहरे प्रभाव डालता है। बचपन की उन परिस्थितियों को हम भले ही भूल चुके हों, लेकिन वे हमारे मानसिक और भावनात्मक ढांचे में अपनी छाप छोड़ जाती हैं। यदि हमें बचपन में सही तरीके से प्यार, सुरक्षा या स्वीकृति नहीं मिली, तो यह आंतरिक बच्चा आज भी हमारे जीवन में गहरे दर्द और आघात के रूप में मौजूद रहता है, और यह हमारे फैसलों और रिश्तों को प्रभावित करता है।

बचपन में अगर हम भावनात्मक उपेक्षा, प्यार की कमी, या किसी प्रकार के शारीरिक या मानसिक आघात का सामना करते हैं, तो हमारा आंतरिक बच्चा इन अनुभवों को अपने अंदर समेट लेता है। यह दर्द और आघात हमारे मानसिक मनोविज्ञान में ऐसे गहरे संस्कार छोड़ देते हैं, जो हमारी वयस्कता में भी सतह पर आते हैं। हो सकता है कि हम खुद को असुरक्षित महसूस करें, रिश्तों में अविश्वास रखें, या हमेशा खुद को अपर्याप्त महसूस करें।

इनर चाइल्ड की उपचार प्रक्रिया कोई तात्कालिक समाधान नहीं है, बल्कि एक लंबी, आत्मीय यात्रा है। यह यात्रा तब शुरू होती है जब हम अपने अतीत को स्वीकारने और समझने की इच्छा रखते हैं, और खुद से जुड़े रहते हुए उस दर्द और आघात को पहचानने की कोशिश करते हैं। इसे ठीक करना कोई जादू नहीं है, बल्कि यह एक ऐसी प्रक्रिया है जिसमें हम धीरे-धीरे अपने इनर चाइल्ड को शांति देने के लिए कदम उठाते हैं।

सबसे पहला कदम है अपने इनर चाइल्ड को पहचानना और उसकी स्थिति को स्वीकार करना। आपको यह समझने की आवश्यकता है कि जो दर्द आप महसूस कर रहे हैं, वह किसी पिछले घाव का परिणाम हो सकता है। इसे अनदेखा करना या दबाना एक अस्थायी समाधान हो सकता है, लेकिन

असली हीलिंग के लिए यह महत्वपूर्ण है कि आप उस घाव को पहचाने और उसे स्वीकार करें।

जब हम अपने भीतर के दर्द को पहचानते हैं, तो सबसे जरूरी कदम है आत्म-करुणा। हमें अपने छोटे से बच्चे के साथ वही स्नेह और सहानुभूति दिखानी होती है, जैसा हम किसी और के लिए दिखाते हैं। बचपन में शायद हमें वह करुणा नहीं मिली, लेकिन अब हमें इसे अपने भीतर से शुरू करना होगा। यह वह समय है जब हमें खुद को माफ करना होता है और यह समझना होता है कि हम अपने बच्चों के लिए जो प्यार और सुरक्षा चाहते थे, वह हम खुद को भी दे सकते हैं।

इनर चाइल्ड की हीलिंग की यात्रा धैर्य और निरंतरता की मांग करती है। यह एक सतत प्रक्रिया है, जो किसी भी मानसिक स्वास्थ्य यात्रा की तरह लंबी और चुनौतीपूर्ण हो सकती है। कभी-कभी, हमें पुरानी यादों से जूझना पड़ सकता है, या उन परतों को खोलना पड़ सकता है जिन्हें हमने वर्षों से दबा दिया था। लेकिन जैसे ही हम अपनी भावनाओं के प्रति सचेत होते हैं और उन्हें स्वीकार करते हैं, हम धीरे-धीरे अंदर से मजबूत और अधिक सुरक्षित महसूस करने लगते हैं।

यह यात्रा आपको अपने अंदर की असली शक्ति को महसूस करने में मदद करती है। जब हम अपने भीतर के दर्द से मुक्त होते हैं, तो हम खुद को एक नई रोशनी में देख सकते हैं। अब हम अपने जीवन को अपने तरीके से जी सकते हैं, बिना किसी पुराने डर या आघात के। आत्म-अनुभूति और आत्म-साक्षात्कार इस यात्रा के अंतिम लक्ष्यों में से एक हैं, जहां हम अपने अंदर छुपी शक्ति को पहचानते हैं और उसे बाहर दुनिया में प्रकट करते हैं।

अपने इनर चाइल्ड से मिलना

मार्गदर्शित कल्पना (Guided Visualization) एक ऐसा माध्यम है, जो हमें उस भूले-बिसरे हिस्से से दोबारा जोड़ने का अवसर देता है। यह हमें अपने भीतर के उस छोटे बच्चे से मिलाता है, जो कभी किसी आघात, उपेक्षा, या अधूरेपन का शिकार हुआ था। इस कल्पना के माध्यम से हम अपने इनर चाइल्ड को प्रेम, समर्थन और सुरक्षा प्रदान कर सकते हैं, जो कभी उसे नहीं मिला।

कल्पना कीजिए कि आप एक शांत और खूबसूरत बगीचे में खड़े हैं। सूरज की हल्की किरणें आपके चेहरे को छू रही हैं, ठंडी हवा आपको राहत दे रही है। अचानक, आपको अपने बचपन का एक रूप दिखाई देता है–वही मासूम चेहरा, वही चमकती आँखें, लेकिन उनमें कोई अनकहा दर्द छिपा है। आप धीरे-धीरे उसके पास जाते हैं और मुस्कुराकर कहते हैं, "मैं यहाँ हूँ। अब तुम अकेले नहीं हो।" जैसे ही आप उसे गले लगाते हैं, एक सुनहरी रोशनी आप दोनों को घेर लेती है, और वह सारी पीड़ा, असुरक्षा, और डर धीरे-धीरे हल्का होने लगता है।

यह अनुभव सिर्फ एक कल्पना भर नहीं, बल्कि अपने भीतर छिपे जख़्मों को भरने का एक वास्तविक और प्रभावी तरीका है। कई बार, हम अपने अतीत के दर्द को दबा देते हैं, लेकिन वह हमारे अवचेतन में जिंदा रहता है। यह प्रक्रिया हमें उन भावनाओं को पहचानने, स्वीकारने और उन्हें शांतिपूर्वक मुक्त करने का अवसर देती है।

हम अपने इनर चाइल्ड से बातचीत कर सकते हैं, उसे पत्र लिख सकते हैं, और उसे वह प्यार दे सकते हैं जो उसे कभी नहीं मिला। यह हमें अपने भीतर की गहराइयों से जोड़ता है, हमें अपने अतीत को समझने और स्वीकारने में मदद करता है, और अंततः हमें वर्तमान में संतुलित और मुक्त महसूस करने की ओर ले जाता है।

अपने भीतर की रोशनी को जगाएं: आत्म-करुणा और पुष्टि का अभ्यास

हमारा अवचेतन मन एक उपजाऊ भूमि की तरह है, जहाँ जो बीज बोए जाते हैं, वही उगते हैं। बचपन में मिले अनुभव और सुनी गई बातें इन बीजों की तरह होती हैं। यदि हमने अपने भीतर प्यार और स्वीकृति के बीज बोए, तो आत्म-विश्वास और करुणा के पुष्प खिलेंगे। लेकिन यदि हमें यह महसूस कराया गया कि हम पर्याप्त नहीं हैं, तो हमारे भीतर संदेह और आत्म-अस्वीकृति की जड़ें गहरी हो जाती हैं। यही कारण है कि कई बार हम खुद को कमतर समझते हैं, भले ही सच्चाई कुछ और हो।

जब कोई किसान खराब मिट्टी में अच्छी फसल उगाने की कोशिश करता है, तो उसे पहले मिट्टी को उपजाऊ बनाना पड़ता है। हमें भी अपने अवचेतन

मन की मिट्टी को फिर से तैयार करना होगा। पुरानी, नकारात्मक मान्यताओं को हटाकर, नई सकारात्मक सोच और आत्म-स्वीकृति के बीज बोने होंगे। यह प्रक्रिया समय लेती है, लेकिन यदि हम रोज़ाना अपने अवचेतन मन को प्यार और करुणा से पोषित करें, तो हमारी सोच में अद्भुत बदलाव आ सकता है।

हम जो भी लगातार खुद से कहते हैं, वही हमारे अवचेतन मन की सच्चाई बन जाती है। यदि हम बचपन से ही यह मानते आए हैं कि हम प्यार और स्वीकृति के योग्य नहीं हैं, तो यह विश्वास हमारे पूरे व्यक्तित्व को प्रभावित करता है। यह न केवल हमारे आत्म-संवाद को कमजोर बनाता है, बल्कि हमारे रिश्तों, करियर, और जीवन के हर क्षेत्र पर भी असर डालता है। लेकिन अच्छी खबर यह है कि इस मानसिकता को बदला जा सकता है। हमें खुद को प्यार और सम्मान देने की आदत विकसित करनी होगी।

आत्म-स्वीकृति और करुणा को अपने जीवन में उतारने के लिए सकारात्मक पुष्टि (affirmations) का अभ्यास किया जा सकता है। जैसे एक माली हर दिन पौधों को पानी देता है, वैसे ही हमें भी अपने भीतर सकारात्मक विचारों को सींचना होगा। हर दिन आईने के सामने खड़े होकर खुद से कहना, "मैं पर्याप्त हूँ," या "मैं प्यार के योग्य हूँ," धीरे-धीरे हमारे अवचेतन मन में एक नई सच्चाई बना देगा। जब यह नया विश्वास गहराई से स्थापित हो जाएगा, तो हम खुद को अधिक आत्मविश्वासी, शांत, और प्रेमपूर्ण महसूस करेंगे।

हमारे भीतर परिवर्तन लाने की शक्ति पहले से ही मौजूद है। हमें बस इसे पहचानना और अपनाना है। जब हम अपने अवचेतन मन की मिट्टी को प्रेम और स्वीकृति से पोषित करेंगे, तो हमारी आत्मा में आत्म-करुणा के सुंदर फूल खिलेंगे।

रचनात्मक अभिव्यक्ति और खेलने की भावना

बचपन को याद करते हुए, हम अक्सर उसे सहजता, खुशी और बिना किसी चिंता के समय के रूप में सोचते हैं। यह वह समय था जब हम बिना किसी डर या शर्म के अपनी पूरी रचनात्मकता का उपयोग करते थे–चाहे वह चित्रकारी हो, गाना हो, या बस खेलने की खुशी। जब हम बड़े होते हैं, तो धीरे-धीरे यह सहजता और रचनात्मक अभिव्यक्ति दब जाती है, और हम व्यावसायिक और सामाजिक जिम्मेदारियों में इतना व्यस्त हो जाते हैं कि हम

अपने भीतर के "इनर चाइल्ड" को खो बैठते हैं। लेकिन, यह महत्वपूर्ण है कि हम फिर से उस खुशी और रचनात्मकता को अपने जीवन में वापस लाएं, क्योंकि यह न केवल हमारी मानसिक स्थिति को सुधारता है, बल्कि यह हमें भीतर से सशक्त और खुश भी बनाता है।

रचनात्मक अभिव्यक्ति की भावना का महत्व

बचपन में, रचनात्मक गतिविधियाँ और खेल न केवल खुशी का कारण थे, बल्कि यह हमारे मानसिक और भावनात्मक विकास का हिस्सा थे। वे हमें अपनी भावनाओं को व्यक्त करने, अपनी सोच को विकसित करने, और दुनिया को नए दृष्टिकोण से देखने का अवसर देते थे। जब हम बड़े होते हैं, तो यह रचनात्मकता और खेलने की भावना अक्सर दब जाती है, क्योंकि हम अपनी ज़िंदगी में गंभीरता और जिम्मेदारियों को प्राथमिकता देने लगते हैं। लेकिन, अपने भीतर के "इनर चाइल्ड" को फिर से जिंदा करना न केवल हमारी मानसिक स्थिति को बेहतर बनाता है, बल्कि यह हमें अपने जीवन में आनंद और संतुलन महसूस करने में मदद करता है।

रचनात्मक गतिविधियाँ (Creative Activities):

रचनात्मक अभिव्यक्ति हमारी भावनाओं और विचारों को बाहर लाने का एक शानदार तरीका है। यह सिर्फ कला बनाने तक सीमित नहीं है, बल्कि इसमें खुद को व्यक्त करने के अनगिनत रूप हो सकते हैं।

- **डूडल बनाइए:** जब आप मन से ताजगी और नवीनता की तलाश कर रहे होते हैं, तो बिना किसी चिंता के डूडल बनाना बहुत राहत दे सकता है। यह आपकी सोच को मुक्त करता है और आपको अपने अंदर की रचनात्मकता को खोजने का अवसर देता है।

- **पेंटिंग कीजिए:** चित्रकारी न केवल सुंदरता का आनंद देती है, बल्कि यह एक स्वस्थ तरीके से भावनाओं को व्यक्त करने का एक तरीका भी है। आपके रंगों के चयन और उनके संयोजन से आपके अंदर की भावनाएँ बाहर आ सकती हैं।

- **कविता लिखिए:** अगर शब्दों में शक्ति है, तो कविता आपके भीतर की गहरी भावनाओं को व्यक्त करने का एक सशक्त तरीका हो सकता है।

जब आप अपने अनुभवों और विचारों को कागज पर उतारते हैं, तो आप अपनी आंतरिक स्थिति से जुड़ सकते हैं।

- **नाचिए, गाइए, या वाद्य यंत्र बजाइए:** जब बच्चे खेलते हैं या गायन-नृत्य करते हैं, तो यह शुद्ध आनंद के लिए होता है। नृत्य या गाने से हमें शरीर और मन के बीच एक गहरा संबंध महसूस होता है। यह बिना किसी उद्देश्य के खुद को अभिव्यक्त करने का एक तरीका है, और यह हमारी ऊर्जा को रिचार्ज करने में मदद करता है।

सीमाएँ निर्धारित करना और आत्म-देखभाल

हमारे जीवन में सबसे महत्वपूर्ण चीज़ों में से एक है अपने आप को प्राथमिकता देना। इस प्रक्रिया का एक महत्वपूर्ण हिस्सा है सीमाएँ निर्धारित करना और आत्म-देखभाल करना। जब हम अपनी सीमाओं को पहचानते हैं और उन्हें स्पष्ट रूप से निर्धारित करते हैं, तो हम अपनी ऊर्जा और मानसिक शांति की रक्षा कर सकते हैं। खासकर जब बात हमारे "इनर चाइल्ड" की सुरक्षा और देखभाल की हो, तो यह आवश्यक है कि हम अपने आप को भावनात्मक, शारीरिक और मानसिक रूप से संतुलित रखें।

सीमाएँ हमारे जीवन में उन नीतियों की तरह हैं जो यह तय करती हैं कि हम अपने समय, ऊर्जा, और ध्यान को कहां और कैसे निवेश करेंगे। सीमाएँ न केवल दूसरों से, बल्कि अपने आप से भी होती हैं। यह हमें खुद को और अपने इनर चाइल्ड को सुरक्षित रखने का तरीका देती हैं।

अपनी ऊर्जा को पहचानना:

सबसे पहली बात यह है कि हमें यह समझना चाहिए कि हमारी ऊर्जा सीमित होती है। जीवन में विभिन्न लोग, काम, जिम्मेदारियाँ और परिस्थितियाँ होती हैं जो हमारी ऊर्जा को प्रभावित करती हैं। कुछ लोग और स्थितियाँ हमारे मानसिक और भावनात्मक संसाधनों को खत्म कर सकती हैं।

- **क्या करें:** उन परिस्थितियों और लोगों को पहचानें जो आपके भीतर की ऊर्जा को नष्ट करते हैं। क्या आपके आस-पास कोई ऐसा व्यक्ति है जो आपको नकारात्मक रूप से प्रभावित करता है? क्या आपके काम में कोई ऐसी चीज़ है जो आपको थकाती है और आपको ख़ुश नहीं रखती?

जब आप यह पहचान लें कि कौन सी परिस्थितियाँ या लोग आपके मानसिक और भावनात्मक संसाधनों को व्यथित करते हैं, तो यह महत्वपूर्ण हो जाता है कि आप अपनी सीमाएँ तय करें। इसका मतलब है कि आपको कभी-कभी कुछ लोगों या परिस्थितियों से 'ना' कहना सीखना होगा। यह कोई बुरा या गलत काम नहीं है, बल्कि यह आत्म-सम्मान और आत्म-देखभाल का हिस्सा है।

और जब आपको लगता है कि किसी को 'ना' कहना आपकी भलाई के लिए ज़रूरी है, तो बिना किसी अपराधबोध के ऐसा करें। याद रखें, जब आप खुद को प्राथमिकता देते हैं, तो आप बेहतर तरीके से दूसरों की मदद कर सकते हैं और अपने अंदर की शांति बनाए रख सकते हैं।

खुद के साथ एक खूबसूरत रिश्ता

आत्म-देखभाल केवल शरीर को आराम देने तक सीमित नहीं है, बल्कि यह हमारे मानसिक, भावनात्मक और आध्यात्मिक स्वास्थ्य के लिए भी उतनी ही महत्वपूर्ण है। इसे एक बगीचे की तरह समझा जा सकता है, जहाँ सिर्फ पौधों को पानी देना ही काफी नहीं होता, बल्कि मिट्टी को पोषण देना, खरपतवार हटाना और समय-समय पर देखभाल करना भी जरूरी होता है। यदि हम अपने भीतर के "इनर चाइल्ड" को स्वस्थ और सुरक्षित रखना चाहते हैं, तो हमें खुद की देखभाल को प्राथमिकता देनी होगी।

हमारा दिमाग अक्सर विचारों के शोर में उलझा रहता है, जिससे हमें यह एहसास नहीं होता कि हम कितने तनाव में हैं। ध्यान और गहरी साँसें इस मानसिक शोर को कम करने और भीतर शांति लाने का प्रभावी तरीका हैं। जैसे किसी गहरे और अशांत पानी को स्थिर होने में समय लगता है, वैसे ही जब हम नियमित रूप से ध्यान करते हैं, तो हमारे विचार भी धीरे-धीरे शांत होने लगते हैं। यह एक सरल लेकिन गहरा अभ्यास है, जो हमें ताजगी और संतुलन देता है।

हममें से कई लोग मानते हैं कि व्यस्त रहना ही सफलता की कुंजी है, और आराम करने से हम आलसी या कम उत्पादक बन जाते हैं। लेकिन सच्चाई यह है कि हमारा शरीर और मन निरंतर कार्य करते हुए थक जाते हैं

और उन्हें भी पुनः ऊर्जा प्राप्त करने की आवश्यकता होती है। आराम करना आत्म-देखभाल का एक महत्वपूर्ण हिस्सा है, जिससे हम अपने मानसिक और शारीरिक स्वास्थ्य को बनाए रख सकते हैं। यह ठीक वैसा ही है जैसे कोई कलाकार अपने चित्र में रंग भरने से पहले ब्रश को आराम देता है, ताकि अगली स्ट्रोक पहले से अधिक प्रभावशाली हो।

खुद को समय देना भी आत्म-देखभाल का एक अभिन्न पहलू है। हम अपनी जिम्मेदारियों में इतने उलझ जाते हैं कि अपने लिए समय निकालना भूल जाते हैं। लेकिन जब हम अपनी पसंदीदा गतिविधियों में समय बिताते हैं, जैसे कि किताब पढ़ना, संगीत सुनना, या प्रकृति के साथ जुड़ना, तो यह हमारे भीतर आनंद और संतुलन को पुनर्जीवित करता है। यह एक टूटे हुए संगीत वाद्ययंत्र को दोबारा सुर में लाने जैसा है–जब हम खुद के लिए समय निकालते हैं, तो हमारा मन भी अपनी स्वाभाविक लय में लौट आता है।

आत्म-देखभाल हमें भावनात्मक सुरक्षा प्रदान करती है। जब हम अपनी सीमाएँ तय करते हैं और अपने लिए समय निकालते हैं, तो हम अपने मानसिक और भावनात्मक संसाधनों को सुरक्षित रखते हैं। यह हमें संतुलन और शांति का अनुभव कराता है, जिससे हम खुद के प्रति अधिक सम्मान और प्रेम महसूस करते हैं।

सीमाएँ निर्धारित करना और आत्म-देखभाल को अपनाना न केवल व्यक्तिगत भलाई का हिस्सा है, बल्कि यह हमारे भीतर के बच्चे को सुरक्षित रखने का तरीका भी है। जब हम खुद को प्राथमिकता देना सीखते हैं, तो हम अपने जीवन में अधिक खुशी और संतुलन महसूस करते हैं। आत्म-देखभाल कोई विलासिता नहीं, बल्कि स्वयं के प्रति एक आवश्यक जिम्मेदारी है। जब हम अपने भीतर की देखभाल करना शुरू करते हैं, तो हम अपने जीवन को अधिक संपूर्ण और अर्थपूर्ण बना पाते हैं।

अध्याय 6

अपराधबोध और शर्म का बोझ

अपराधबोध और शर्म: एक गहरी समझ

अपराधबोध और शर्म इंसानी अनुभव का हिस्सा हैं, लेकिन ये दोनों एक-दूसरे से अलग हैं। अपराधबोध (Guilt) तब महसूस होता है जब हमें लगता है कि हमने कुछ गलत किया है—किसी का दिल दुखा दिया, कोई वादा तोड़ दिया, या अपने मूल्यों के खिलाफ काम कर लिया। यह हमें हमारे कार्यों की ज़िम्मेदारी लेने और सुधार की दिशा में प्रेरित करता है। दूसरी ओर, शर्म (Shame) अपराधबोध से कहीं अधिक गहरी होती है। यह हमें यह विश्वास दिलाने लगती है कि *"मैं गलत हूँ,"* न कि *"मुझसे गलती हो गई।"* जब अपराधबोध हमें बेहतर बनने के लिए प्रेरित करता है, वहीं शर्म हमें अपने अस्तित्व पर ही सवाल उठाने के लिए मजबूर कर सकती है।

जब ये भावनाएँ संतुलित होती हैं, तो ये हमें जिम्मेदारी और संवेदनशीलता सिखाती हैं। लेकिन जब ये असंतुलित हो जाती हैं, तो आत्म-संदेह, आत्म-घृणा और सामाजिक अलगाव का कारण बन सकती हैं। अपराधबोध हमें बार-बार बीते हुए पलों में खींचकर ले जाता है, और शर्म हमें अपने ही अस्तित्व

को लेकर सवालों में उलझा देती है। लेकिन इनका सामना करने और इन्हें समझने से, हम इन्हें आत्म-स्वीकृति और आत्म-प्रेम में बदल सकते हैं।

अपराधबोध और शर्म: हमारे दिमाग में छुपे अदृश्य बोझ

कभी आपने गौर किया है कि जब आप कोई गलती करते हैं और अपराधबोध महसूस करते हैं, तो आपका दिमाग लगातार उस गलती को सुधारने का तरीका ढूंढता रहता है? लेकिन जब आप शर्म महसूस करते हैं, तो आपको ऐसा लगता है कि आप खुद ही समस्या हैं, और इससे बचने का एकमात्र तरीका खुद को छिपा लेना या दुनिया से कट जाना है?

मनोविज्ञान और न्यूरोसाइंस के अनुसार, अपराधबोध और शर्म, दोनों ही हमारे मस्तिष्क में अलग-अलग तंत्रिकीय प्रतिक्रियाएँ (Neural Responses) उत्पन्न करते हैं:

यह दोनों भावनाएँ, हालांकि एक जैसी महसूस हो सकती हैं, लेकिन उनका मस्तिष्क में सक्रिय होने वाला तंत्रिकीय सिस्टम और उनके परिणाम एकदम अलग होते हैं।

जब हम अपराधबोध महसूस करते हैं, तो मस्तिष्क का प्रीफ्रंटल कॉर्टेक्स सक्रिय होता है। यह वह हिस्सा है जो तर्क, आत्म-नियंत्रण और निर्णय लेने से संबंधित होता है। जब हमें लगता है कि हमने कोई गलती की है या किसी को चोट पहुँचाई है, तो हमारा मस्तिष्क हमें उस गलती को सुधारने के लिए प्रेरित करता है। उदाहरण के तौर पर, यदि आपने किसी दोस्त से गुस्से में गलत बात कह दी, तो अपराधबोध यह महसूस कराता है कि आपको अपनी गलती को स्वीकार कर माफी माँगनी चाहिए। यह भावना हमें नैतिक जिम्मेदारी का अहसास कराती है, जिससे हम अपनी गलतियों को सुधारने और अपने रिश्तों को मजबूत बनाने की कोशिश करते हैं। अपराधबोध हमें यह सीखने का अवसर देता है कि कैसे हम अपने कार्यों की जिम्मेदारी लें और दूसरों के साथ सही तरीके से पेश आएं।

वहीं, शर्म के मामले में मस्तिष्क का अमिगडाला सक्रिय होता है, जो डर और खतरे के प्रति हमारी प्रतिक्रिया को नियंत्रित करता है। शर्म हमें यह महसूस कराती है कि "मैं ही समस्या हूँ", और यह भावना हमें समाज से खुद

को दूर करने या छिपने के लिए प्रेरित करती है। यह वह भावना है जो हमें तब महसूस होती है जब हम खुद को नकारात्मक रूप में देखना शुरू करते हैं। शर्म का असर ऐसा होता है जैसे हमारे शरीर को एक तरह के खतरे का सामना करना पड़ रहा हो, जिससे हम खुद को बचाने के लिए समाज से दूर हो जाते हैं। यह एक तरह से "सर्वाइवल मोड" जैसी स्थिति उत्पन्न करता है, जिसमें हम खुद को दुनिया से अलग करने की कोशिश करते हैं।

अगर लगातार अपराधबोध और शर्म की भावना बनी रहती है, तो यह मानसिक और शारीरिक स्वास्थ्य दोनों पर नकारात्मक असर डाल सकती है। निरंतर मानसिक तनाव, जैसे कि चिंता और अवसाद, इन भावनाओं के कारण उत्पन्न हो सकते हैं, और इसके साथ ही शरीर में कोर्टिसोल (Cortisol) का स्तर बढ़ सकता है, जो शारीरिक समस्याओं को जन्म देता है। यह जैसे किसी बर्फीले तूफान की तरह होता है, जो हमारे शरीर और मस्तिष्क पर लगातार असर डालता है। जब हम इस तनाव का सामना करते हैं, तो हमें नींद की समस्याएँ, पाचन तंत्र की गड़बड़ी और इम्यून सिस्टम की कमजोरी जैसी समस्याएँ भी हो सकती हैं।

अपराधबोध और शर्म: एक सांस्कृतिक परिप्रेक्ष्य

सामूहिक समाजों जैसे भारत, चीन, और जापान में शर्म का गहरा सामाजिक पहलू होता है। यहां, व्यक्ति का अस्तित्व केवल उसकी व्यक्तिगत पहचान से नहीं जुड़ा होता, बल्कि यह परिवार, समुदाय और समाज से भी गहरे रूप से संबंधित होता है। इसलिए, जब व्यक्ति कोई गलती करता है, तो इसका असर सिर्फ उस व्यक्ति तक सीमित नहीं रहता, बल्कि यह पूरे परिवार और समाज तक फैल जाता है। उदाहरण के लिए, यदि किसी परिवार का सदस्य समाज के निर्धारित मानदंडों से हटकर कोई कदम उठाता है, तो यह न केवल उसकी व्यक्तिगत शर्म का कारण बनता है, बल्कि पूरे परिवार की प्रतिष्ठा पर भी सवाल खड़ा करता है। यहां यह सामाजिक दबाव "लोग क्या कहेंगे?" के रूप में सामने आता है, जो व्यक्ति को शर्म महसूस कराने के लिए प्रेरित करता है। यह भावना एक प्रकार से समाज द्वारा निर्धारित नियंत्रण के रूप में कार्य करती है, जिससे व्यक्ति को अपनी गलती को सुधारने के लिए प्रेरित किया जाता है।

लेकिन यदि शर्म की यह भावना अत्यधिक बढ़ जाती है, तो यह व्यक्ति को आत्म-संदेह और मानसिक तनाव का शिकार भी बना सकती है। भारतीय समाज की सामूहिकता इस दृष्टिकोण को और गहरा बनाती है, क्योंकि यहां परिवार, जाति और समुदाय से जुड़ी प्रतिष्ठा का ध्यान रखना अत्यंत महत्वपूर्ण माना जाता है। यही कारण है कि जब किसी व्यक्ति से कोई गलती होती है, तो उसका असर केवल उस व्यक्ति पर नहीं, बल्कि पूरे परिवार पर पड़ता है।

इसके विपरीत, पश्चिमी समाज, जैसे अमेरिका और यूरोप, में अधिक व्यक्तिगत ज़िम्मेदारी पर जोर दिया जाता है। वहां अपराधबोध की भावना प्रचलित होती है, क्योंकि लोग अपने व्यक्तिगत नैतिक मूल्यों को अधिक प्राथमिकता देते हैं। पश्चिमी देशों में यदि कोई गलती करता है, तो वह इसे अपनी व्यक्तिगत विफलता मानता है, न कि किसी परिवार या समुदाय की प्रतिष्ठा को नुकसान पहुंचाने के रूप में। यहां अपराधबोध उस व्यक्ति को अपनी गलतियों को सुधारने और उन्हें जिम्मेदारी से स्वीकार करने के लिए प्रेरित करता है। हालांकि, अत्यधिक अपराधबोध भी आत्म-दंड और आत्म-आलोचना का कारण बन सकता है, जो मानसिक शांति को भंग कर सकता है।

कुछ पारंपरिक संस्कृतियों जैसे नेटिव अमेरिकन समुदायों में, अपराधबोध और शर्म को आत्म-चिंतन और सामाजिक पुनःसम्बंधन के अवसर के रूप में देखा जाता है। यहां ये भावनाएँ नकारात्मक नहीं मानी जातीं, बल्कि उन्हें आत्म-जागरूकता बढ़ाने और सामुदायिक संतुलन बनाए रखने के लिए एक साधन के रूप में देखा जाता है। इस दृष्टिकोण में, गलतियाँ करना इंसानी स्वभाव का हिस्सा माना जाता है, और शर्म को विनाशकारी भावना के रूप में नहीं, बल्कि एक व्यक्तिगत और सामूहिक विकास के अवसर के रूप में स्वीकार किया जाता है।

इस प्रकार, समाज की संरचना और सांस्कृतिक दृष्टिकोण के आधार पर अपराधबोध और शर्म की भावना अलग-अलग रूपों में सामने आती है। जहां एक ओर कुछ संस्कृतियाँ इन भावनाओं को सामाजिक नियंत्रण का उपकरण मानती हैं, वहीं दूसरी ओर कुछ संस्कृतियाँ इन्हें व्यक्तिगत विकास और सामूहिक संतुलन के साधन के रूप में देखती हैं। यह सब इस बात पर निर्भर

करता है कि हम अपनी गलतियों को कैसे देखते हैं–क्या हम उन्हें अपनी व्यक्तिगत ज़िम्मेदारी मानते हैं, या समाज और परिवार के दबाव को अपनी शर्मिंदगी का कारण मानते हैं।

बचपन के संस्कार और अपराधबोध-शर्म की जड़ें

हमारे अपराधबोध (Guilt) और शर्म (Shame) के गहरे पैटर्न बचपन में ही बन जाते हैं। बचपन की वे बातें, जो हमें तब साधारण या सामान्य लगती थीं, हमारे अवचेतन में गहराई से छप जाती हैं और हमारे व्यक्तित्व, आत्म-सम्मान, और भावनात्मक प्रतिक्रियाओं को आकार देती हैं।

हमारी पहली पहचान हमारे माता-पिता, शिक्षक, और देखभाल करने वालों की नज़रों से बनती है। अगर ये लोग हमें स्वीकृति (Acceptance) और निर्विवाद प्रेम (Unconditional Love) देते हैं, तो हम एक सशक्त और सकारात्मक आत्म-छवि विकसित करते हैं। लेकिन अगर हमें लगातार आलोचना या तुलना का सामना करना पड़ता है, तो हम खुद को दोषी महसूस करने लगते हैं और अपनी असली पहचान से दूर होने लगते हैं।

बचपन की परछाइयाँ: कैसे हमारे अनुभव अपराधबोध और शर्म का बीज बोते हैं?

शंकराचार्य कहते हैं–*"तत्वमसि"* (तू *वही है)*–अर्थात हम पहले से ही पूर्ण और स्वतंत्र हैं, लेकिन बचपन के अनुभव हमें एक सीमित, दोषी और असफल व्यक्ति की छवि में बाँध देते हैं। इस अपराधबोध और शर्म से मुक्त होने के लिए हमें यह समझना होगा कि हमारी वास्तविकता किसी भी बाहरी उपलब्धि, सामाजिक स्वीकृति या तुलना से परे है। जब हम इस सत्य को स्वीकार कर लेते हैं, तभी हम इन बचपन की परछाइयों से बाहर निकल सकते हैं और अपने वास्तविक स्वरूप–पूर्णता और शांति–को पुनः पहचान सकते हैं।

बचपन की परछाइयाँ: कैसे हमारे अनुभव अपराधबोध और शर्म का बीज बोते हैं?

बचपन के अनुभव हमारी आत्म-छवि और मानसिक संरचना को गहराई से प्रभावित करते हैं। जब एक बच्चा लगातार तुलना, सशर्त स्वीकृति और पारिवारिक प्रतिष्ठा के दबाव का सामना करता है, तो उसके भीतर अपराधबोध

और शर्म की जड़ें जमने लगती हैं। यह एक अदृश्य परछाई की तरह होती है, जो बड़े होने के बाद भी उसके व्यवहार और सोच को नियंत्रित करती रहती है।

तुलना और आत्म-संदेह: "मैं पर्याप्त नहीं हूँ"

बचपन में बार-बार की गई तुलना आत्म-संदेह का बीज बो देती है। जब एक बच्चे से कहा जाता है– *"तुम अपनी बहन की तरह अच्छे नंबर क्यों नहीं ला सकते?"* या *"तुम इतने आलसी क्यों हो?"*–तो यह संदेश उसके अवचेतन में बैठ जाता है कि वह किसी न किसी रूप में "अपूर्ण" है। यह भाव धीरे-धीरे आत्म-संदेह में बदल जाता है, जिससे वह हर गलती को अपनी असफलता मानने लगता है।

आदिशंकराचार्य के अद्वैत वेदांत के अनुसार, आत्मा शुद्ध, पूर्ण और असीम है, लेकिन अज्ञान (अविद्या) के कारण हम अपने वास्तविक स्वरूप को भूल जाते हैं और सीमित अहंकार (अहं) से जुड़ जाते हैं। ठीक इसी तरह, एक बच्चा जन्म से पूर्ण होता है, लेकिन समाज और परिवार की अपेक्षाएँ उसे यह विश्वास दिला देती हैं कि वह "पर्याप्त अच्छा" नहीं है। यह अपराधबोध (Guilt) और शर्म (Shame) का रूप ले लेता है, जिससे वह अपने भीतर की दिव्यता को भूलकर आत्म-संदेह के अंधकार में चला जाता है।

सशर्त स्वीकृति: "मुझे प्यार पाने के लिए सफल होना होगा"

जब माता-पिता केवल उपलब्धियों को सराहते हैं और प्रयासों को नहीं, तो बच्चा यह मानने लगता है कि उसे प्यार और स्वीकृति तभी मिलेगी जब वह कुछ "विशेष" करेगा। उदाहरण के लिए, अगर उसे कहा जाए– *"तुमने 90% अंक प्राप्त किए? बहुत अच्छे! हमें तुम पर गर्व है!"*–तो वह यह सीख जाता है कि सफलता ही उसका मूल्य निर्धारित करती है।

यह सोच उसे परफेक्शनिज़्म की ओर धकेल देती है, जहाँ वह खुद को तभी स्वीकार करता है जब वह "बेहतर से बेहतर" करता रहे। लेकिन अद्वैत वेदांत हमें यह सिखाता है कि आत्मा किसी भी बाहरी उपलब्धि से परे है। जैसे आकाश बादलों से प्रभावित नहीं होता, वैसे ही हमारी आंतरिक शुद्धता असफलता या सफलता से प्रभावित नहीं होती। लेकिन जब हम अपने मूल्य

को बाहरी परिणामों से जोड़ लेते हैं, तो यह आत्म-दोष और अस्थायी खुशी का कारण बनता है।

शर्म और सामाजिक पहचान: "लोग क्या कहेंगे?"

भारतीय समाज में बच्चों को यह सिखाया जाता है कि उनके कर्म पूरे परिवार की प्रतिष्ठा से जुड़े हैं। जब कोई बच्चा यह सुनता है– *"अगर तुमने यह किया, तो लोग क्या कहेंगे?"*–तो वह अपनी इच्छाओं और जरूरतों को दबाना सीख जाता है।

यह मानसिकता उसे एक ऐसे जाल में फँसा देती है जहाँ वह हर निर्णय समाज की स्वीकृति के आधार पर लेता है, जिससे सामाजिक चिंता (Social Anxiety) बढ़ती है। अद्वैत वेदांत के अनुसार, यह "माया" का प्रभाव है–एक भ्रम, जो व्यक्ति को बाहरी पहचान (नाम, प्रतिष्ठा, सामाजिक छवि) में उलझाए रखता है और आत्मस्वरूप से दूर कर देता है।

रिश्तों पर अपराधबोध और शर्म का प्रभाव

अपराधबोध और शर्म रिश्तों में अदृश्य दीवारों की तरह काम करते हैं। अपराधबोध हमें लगातार दूसरों को खुश करने के लिए मजबूर करता है, जैसे कोई पेड़ जो अपनी जड़ों से पोषण लिए बिना केवल फल देने की कोशिश करता है। हम "ना" कहने से डरते हैं, अपनी जरूरतों को अनदेखा करते हैं और धीरे-धीरे भीतर से थकान और नाराजगी से भर जाते हैं। हमें लगता है कि अगर हमने अपनी इच्छाओं को प्राथमिकता दी, तो हम स्वार्थी माने जाएँगे, इसलिए हम खुद को भूलकर दूसरों की अपेक्षाओं में उलझ जाते हैं।

दूसरी ओर शर्म, हमें अपनी ही परछाई से डरने पर मजबूर कर देती है। यह ऐसा जाल बुनती है, जिसमें हम खुद को छोटा और अयोग्य मानने लगते हैं। यदि कोई अपने अतीत की गलतियों या कमजोरियों को लेकर शर्म महसूस करता है, तो वह दूसरों के सामने खुलने से बचता है। वह डरता है कि यदि कोई उसकी सच्चाई जान गया, तो उसे अस्वीकार कर देगा। यह डर उसे अंतरंगता से दूर रखता है, ठीक वैसे ही जैसे कोई नदी अपने भीतर अथाह जल होते हुए भी किनारों से बंधी रहती है और सागर से मिलने की हिम्मत नहीं कर पाती।

लेकिन जब हम इन भावनाओं को पहचानते और स्वीकारते हैं, तो रिश्तों में नई ऊर्जा आ सकती है। जैसे कोई नदी जब अपनी धारा को रोकने के बजाय बहने देती है, तो वह अंततः सागर से मिलती है, वैसे ही जब हम अपराधबोध और शर्म से मुक्त होकर खुद को व्यक्त करने लगते हैं, तो हमारे रिश्ते अधिक ईमानदार और गहरे हो जाते हैं।

शर्म का बोझ छोड़कर आत्म-स्वीकृति की उड़ान

शर्म और अपराधबोध उस भारी सामान की तरह हैं, जिसे हम अनजाने में वर्षों तक ढोते रहते हैं। यह किसी पुराने, जंग लगे पिंजरे की तरह होता है, जिसमें हम कैद तो रहते हैं, लेकिन चाबी हमारी ही जेब में होती है। हम इस बोझ को अपनी पहचान मान लेते हैं, यह भूल जाते हैं कि हमने इसे सिर्फ अपनाया है, यह हमारा मूल स्वभाव नहीं है।

लेकिन जैसे सूरज के सामने अंधेरा ज्यादा देर टिक नहीं सकता, वैसे ही जागरूकता और आत्म-करुणा के प्रकाश में ये भावनाएँ धीरे-धीरे फीकी पड़ने लगती हैं। जब हम समझते हैं कि अपराधबोध और शर्म हमारी आत्मा के नहीं, बल्कि हमारे अनुभवों के उत्पाद हैं, तो उनके प्रभाव को बदलना भी संभव हो जाता है। यह आत्म-स्वीकृति की पहली सीढ़ी है–स्वयं को वैसे ही देखने की हिम्मत करना, जैसा हम वास्तव में हैं, न कि जैसा दुनिया ने हमें बताया है।

कल्पना करें कि आप एक पतंग हैं, जो शर्म और अपराधबोध की डोर से बंधी है। यह डोर जितनी कसकर पकड़ी जाती है, उतना ही उड़ान में अवरोध आता है। लेकिन जैसे ही आप जागरूकता के माध्यम से इन भावनाओं को पहचानने और छोड़ने लगते हैं, वैसे ही यह डोर ढीली होने लगती है। और जब आप पूरी तरह से इसे मुक्त कर देते हैं, तो आत्म-स्वीकृति की हवा आपको ऊँचाइयों तक ले जाती है।

आज, बस एक पल ठहरें और सोचें–क्या वह शर्म या अपराधबोध, जो आप वर्षों से ढो रहे हैं, वास्तव में आपका सच है या केवल किसी और की दी हुई धारणा? शायद यही सवाल आपके भीतर छिपी स्वतंत्रता की पहली झलक बन जाए।

टूटे रिश्ते का बोझ: क्या सच में मेरी गलती थी?

टूटे रिश्ते की यादें किसी पुराने, बंद पड़े घर की तरह होती हैं–जहाँ अब सिर्फ सन्नाटा पसरा है। आप उस दरवाजे को बार-बार खोलने की कोशिश करते हैं, सोचते हैं कि अंदर सब कुछ वैसा ही होगा जैसा छोड़कर गए थे, लेकिन जैसे ही कदम रखते हैं, आपको महसूस होता है कि समय ने वहाँ अपना काम कर दिया है। दीवारों पर जमी धूल और खिड़कियों से आती ठंडी हवा बता देती है कि अब यह जगह आपके रहने के लिए नहीं है। फिर भी, आप वहाँ खड़े रहते हैं, यह सोचते हुए कि अगर आपने दरवाजा थोड़ा पहले खटखटाया होता।

किसी रिश्ते का अंत महज़ दो लोगों का अलग हो जाना नहीं होता, बल्कि यह उन अनगिनत संभावनाओं का बिखर जाना होता है, जिनकी कल्पना हमने की थी। यह केवल दिल टूटने की नहीं, बल्कि एक आंतरिक लड़ाई की कहानी होती है, जहाँ सबसे बड़ा दुश्मन हमारा अपना मन बन जाता है। पछतावे का बोझ कंधों पर इतना भारी हो सकता है कि हर बीती हुई बहस, हर वो शब्द जो कहे जा सकते थे लेकिन नहीं कहे गए, हमारे भीतर दोबारा जीवित हो उठते हैं।

कभी-कभी, हम सोचते हैं कि समय हर ज़ख्म को भर देगा। लेकिन समय सिर्फ आगे बढ़ना सिखाता है, ज़ख्मों को ठीक करने का काम हमें खुद करना पड़ता है। आप उस आखिरी बातचीत को बार-बार दोहराते हैं–उसने जाते-जाते एक बार मुड़कर देखा था, लेकिन क्या उस नज़र में अब भी प्यार था, या सिर्फ नफरत? और अगर वह नफरत थी, तो क्या आप ही इसकी वजह थे?

शायद यह सिर्फ एक बहस थी, कुछ शब्दों का गलत चुनाव, कुछ अहंकार की परतें जो उस लम्हे में भारी पड़ गईं। लेकिन उस पल में यह अहसास कहाँ था कि कुछ बातें वापस नहीं लौटतीं? कि कुछ मौकों की उम्र सिर्फ उतनी ही होती है, जितना हम उन्हें सँभाल पाते हैं? जब आप सोचते हैं–"काश मैंने तुरंत माफी मांग ली होती..." या "काश मैंने थोड़ा और समझने की कोशिश की होती..."–तो यह पछतावे की सबसे क्रूर सच्चाई बन जाती है। वह तब आता है, जब सब कुछ खत्म हो चुका होता है।

लेकिन क्या यह सच में सिर्फ आपकी गलती थी? क्या रिश्ते एकतरफा टूटते हैं? शायद नहीं। एक रिश्ता कभी भी सिर्फ एक व्यक्ति के शब्दों या खामोशियों से खत्म नहीं होता। कभी-कभी, कुछ चीज़ों का अंत लिखा ही होता है। और अगर आप यह बोझ जीवनभर उठाते रहेंगे, तो यह आपकी उड़ान को रोक देगा, जैसे किसी पक्षी के पैरों में बंधी कोई अदृश्य ज़ंजीर।

शायद, उस पुराने घर को छोड़कर आगे बढ़ने का समय आ गया है। आप उसे याद रख सकते हैं, लेकिन वहीं ठहरकर अपने वर्तमान को धुंधला कर देना कोई हल नहीं। आखिरकार, जब एक पंछी का घोंसला टूटता है, तो वह ज़मीन पर नहीं बैठता–वह नए आसमान की तलाश में उड़ जाता है।

नज़रों में गिरा हुआ मैं: खुद की स्वीकृति की राह

खुद की नज़रों में गिरना ऐसा है जैसे किसी आईने के सामने खड़े होकर खुद को देखना, लेकिन जो अक्स लौटकर आता है, वह धुंधला और टूटा हुआ होता है। यह सिर्फ एक एहसास नहीं, बल्कि धीरे-धीरे अंदर फैलने वाला अंधकार है, जो हर उस यकीन को निगल जाता है, जिस पर कभी हमारा आत्म-सम्मान टिका था। अपराधबोध हमें यह एहसास दिलाता है कि हमने कुछ गलत किया, लेकिन शर्म उससे भी गहरी होती है–वह यह विश्वास दिला देती है कि हम ही गलत थे।

जब कोई हमें छोड़कर चला जाता है, तो हम अपने भीतर जवाब तलाशते हैं। "शायद मैं उसके लिए काफी नहीं था... शायद मेरी ही वजह से यह रिश्ता टूट गया... शायद मैं ही ऐसा इंसान हूँ, जिसे आखिर में सब छोड़ जाते हैं।" इन शब्दों की गूँज लगातार हमारे भीतर चलती रहती है। और धीरे-धीरे, हम खुद को ही कटघरे में खड़ा कर देते हैं, मानो खुद को सज़ा देना ही एकमात्र रास्ता हो।

अकेले रहना आसान लगने लगता है, क्योंकि तब हमें किसी और की नज़रों में पढ़ने की ज़रूरत नहीं पड़ती। पुरानी आदतें, जो कभी सुकून देती थीं, अब फीकी लगने लगती हैं। किताबें खुली रह जाती हैं, लेकिन उनके पन्नों में डूबने की चाह खत्म हो जाती है। किसी महफिल में भी ऐसा लगता है जैसे हम सिर्फ एक परछाईं हैं, जो किसी और की दुनिया में गलती से भटक आई हो।

लेकिन क्या यह सच में वही इंसान है, जो कभी था? या फिर यह टूटे हुए टुकड़ों से बनी एक छवि है, जिसे हमने अपनी पहचान मान लिया है?

शायद हमें खुद को आईने में दोबारा देखने की ज़रूरत है–इस बार दया के साथ, दोष के बिना। क्योंकि हम सिर्फ अपने अतीत की गलतियों से बने हुए टुकड़े नहीं हैं, हम उन अनुभवों से उभरी एक नई कहानी भी हैं। और हर कहानी, चाहे कितनी भी बिखरी हुई क्यों न लगे, फिर से संवर सकती है।

आंतरिक युद्ध:जब खुद से भागना बंद किया

खुद से भागना आसान लगता है, लेकिन यह वैसा ही है जैसे किसी अंधेरे कमरे में अपनी ही परछाईं से बचने की कोशिश करना–जितना दौड़ते हैं, उतना ही वह हमारे साथ चलती रहती है। हम खुद को यह समझाने लगते हैं कि अगर गलती हमारी थी, तो शायद हम चीज़ों को ठीक कर सकते थे। यह सोचना एक तरह की राहत देता है, क्योंकि तब हमारे पास नियंत्रण होता है, एक उम्मीद होती है कि कुछ बदला जा सकता था। लेकिन सच्चाई इससे कहीं ज़्यादा जटिल होती है।

हर रिश्ता दो लोगों से बनता है और उसकी दिशा सिर्फ एक इंसान के हाथ में नहीं होती। हाँ, आपने गलतियाँ की होंगी। हाँ, कुछ बातें बेहतर तरीके से कही या सुनी जा सकती थीं। लेकिन सिर्फ एक इंसान के प्रयासों से कोई भी टूटी हुई चीज़ नहीं जुड़ती, खासकर जब हालात और समय भी उसके खिलाफ हों।

फिर भी, हम खुद को कोसते रहते हैं, मानो यह बोझ उठाना ही हमारी सज़ा हो। यह वैसा ही है जैसे एक भारी पत्थर को अपने कंधों पर लादे रहना, यह सोचकर कि यही प्रायश्चित है। लेकिन सच तो यह है कि उस बोझ का पूरा वज़न आपका नहीं था।

सबसे मुश्किल हिस्सा यह नहीं था कि चीज़ें खत्म हो गईं–बल्कि यह था कि खुद को माफ़ करना कैसे सीखा जाए। जब तक हम अतीत में उलझे रहते हैं, हम वर्तमान में पूरी तरह जी नहीं पाते।

खुद को माफ़ करना मतलब यह नहीं कि आप अपनी गलतियों को नज़रअंदाज़ कर दें। इसका मतलब है, उन्हें स्वीकार करना, उनसे सीखना,

और फिर खुद को यह इजाज़त देना कि आप आगे बढ़ सकते हैं। जैसे कोई नदी जो पत्थरों से टकराती है, लेकिन फिर भी बहती रहती है–वैसे ही हमें भी अपने दर्द से गुज़रकर, लेकिन उसमें फँसे बिना आगे बढ़ना सीखना होता है।

शायद जवाब यह नहीं था कि "मैं इसे कैसे रोक सकता था?" बल्कि यह था–"मैं खुद को इस सबके लिए कैसे माफ करूं?"

खुद को माफ करना ही असली इलाज है

खुद को माफ करना एक जलते हुए दीपक की लौ को शांत करने जैसा है। आदि शंकराचार्य के अद्वैत वेदांत के अनुसार, आत्मा सदा शुद्ध, नित्य और मुक्त है। हमारे अपराधबोध और शर्म ठीक उसी प्रकार हैं जैसे किसी निर्मल जल में पड़ने वाली छायाएँ–वे असली नहीं हैं, केवल हमारे मन के प्रतिबिंब हैं। जब हम खुद को दोषी मानते हैं, तो हम अपने सत्य स्वरूप को भूल जाते हैं और स्वयं को सीमित पहचान में बाँध लेते हैं–"मैं गलत हूँ," "मैंने अच्छा नहीं किया।" मगर क्या लहरों का अस्तित्व समुद्र को दूषित कर सकता है? नहीं, क्योंकि लहरें आती-जाती हैं, मगर सागर की गहराई अडिग रहती है।

हमारी गलतियाँ भी लहरों की तरह हैं–वे हमारे जीवन में आती हैं, हमें कुछ सिखाती हैं, और फिर चली जाती हैं। यदि हम उन्हें पकड़कर बैठे रहेंगे, तो वे बोझ बन जाएँगी, मगर यदि हम उन्हें स्वीकार कर लें और सीख लें, तो वे हमें मुक्त कर देंगी। भगवद गीता में कहा गया है–जो व्यक्ति सुख और दुख में समान रहता है, वही वास्तविक शांति प्राप्त करता है। इसी तरह, खुद को माफ करना इस सत्य को पहचानना है कि हमने अतीत में जो किया, वह हमारी उस समय की समझ के अनुसार था।

अब जब चेतना का प्रकाश बढ़ चुका है, तो क्या हम अतीत की छाया में जीते रहेंगे? या अपनी आत्मा की वास्तविक स्वतंत्रता को पहचानकर आगे बढ़ेंगे?

पछतावे से परे: नई जिंदगी की ओर पहला कदम

जब आप अपने अतीत को देखते हैं, तो अब सिर्फ पछतावे नहीं दिखते– अब आपको वे मोड़ दिखते हैं, जिन्होंने आपको आज की इस मजबूत स्थिति

तक पहुँचाया। वे चट्टानें, जिनसे टकराकर आपने धैर्य और साहस सीखा। और वे घाव, जो अब सिर्फ निशान भर रह गए हैं, यह गवाही देते हुए कि आपने दर्द को झेला, लेकिन उससे आगे भी बढ़े।

अपराधबोध की प्रकृति भी कुछ ऐसी ही है। यह एक आईना है–यदि आप उसमें बस अपनी गलतियाँ ही देखते रहेंगे, तो वही आपकी पहचान बन जाएगी। लेकिन अगर आप उसमें अपने सबक और अपनी ग्रोथ को देखना सीख लें, तो वही आईना आपको खुद से प्रेम करना सिखा देगा।

अपराधबोध हमें यह एहसास कराता है कि हम इंसान हैं–हमसे गलतियाँ हो सकती हैं, लेकिन हम उनसे परे भी जा सकते हैं। यही वास्तविक हीलिंग है–खुद को उस तरह अपनाना, जिस तरह एक पेड़ अपने हर टूटे हुए पत्ते को गिरने देता है, लेकिन उसकी जड़ों से मिलने वाली सीख को संजोकर रखता है। आप भी अपने बीते समय को मिटाए बिना, उसे एक नयी समझ के साथ स्वीकार कर सकते हैं–और यही आत्म-विकास की सबसे बड़ी जीत है।

अपराधबोध का कौन सा चेहरा आपका सच है?

अपराधबोध एक सिक्के की तरह है–एक पहलू संतुलित और मूल्यवान होता है, तो दूसरा भारी और बोझिल। स्वस्थ अपराधबोध उस चमकदार सिक्के का वो पहलू, जो हमें अपनी गलतियों को सुधारने और बेहतर बनने की प्रेरणा देता है। यह आत्म-जागरूकता का दर्पण है, जो हमें दिखाता है कि हमने कहाँ गलती की और कैसे उसे ठीक किया जा सकता है। जैसे कोई कलाकार अपनी पेंटिंग में आई त्रुटियों को सुधारकर उसे और खूबसूरत बनाता है, वैसे ही यह अपराधबोध हमें आत्म-विकास की दिशा में ले जाता है।

लेकिन टॉक्सिक अपराधबोध किसी जंग लगे सिक्के की तरह जो धीरे-धीरे हमारे आत्मसम्मान को खोखला कर देता है। यह हमारे दिमाग में उन गलतियों का बोझ डालता है, जिनका अस्तित्व भी नहीं होता या जो हमारी नियंत्रण शक्ति से परे होती हैं। एक मां, जो अपने परिवार के लिए काम कर रही है, फिर भी अपराधबोध से ग्रसित है, या एक छात्र, जो अपने पूरे प्रयास के बावजूद खुद को दोषी मानता है–ये उदाहरण बताते हैं कि विषैला अपराधबोध कैसे हमें एक अंतहीन आत्म-दोष के चक्र में फंसा देता है।

अपराधबोध की एक कहानी

राज की कहानी उस पंछी की तरह है, जो अपने पिंजरे का दरवाज़ा खुला होने के बावजूद उड़ने से डरता है–क्योंकि उसे यकीन हो गया है कि वह उड़ने लायक नहीं रहा। अपराधबोध और पछतावे का बोझ ठीक वैसा ही होता है, जैसे किसी पुराने जख्म को बार-बार कुरेदना, उसे भरने ही न देना। राज के साथ भी यही हुआ।

एक गलतफहमी ने उसे उस व्यक्ति से दूर कर दिया, जिससे वह सबसे ज्यादा जुड़ा हुआ था। लेकिन दूरी से ज़्यादा दर्दनाक थी वह खुद से चल रही अंतहीन लड़ाई–"अगर मैंने ऐसा न किया होता... अगर मैंने उसे समझाने की कोशिश की होती..." इन "अगर" और "काश" के बीच साल गुजरते गए, लेकिन उसकी उलझन वैसी की वैसी बनी रही।

अपराधबोध की सबसे खतरनाक सच्चाई यह है कि यह हमें इस कदर जकड़ लेता है कि हम खुद को माफी के लायक भी नहीं समझते। राज भी इसी भ्रम में जी रहा था। उसे लगा कि उसने वह मौका खो दिया है, जब वह अपनी गलती सुधार सकता था। फिर उसने महसूस किया कि अपराधबोध उसे जकड़कर खड़ा रख सकता है, लेकिन आगे बढ़ने से रोकने की ताकत उसमें नहीं है। माफी माँगना सिर्फ सामने वाले के लिए नहीं होता, बल्कि खुद के लिए भी होता है। उसने अपने डर को किनारे रखकर पहल की, और उस रिश्ते को दोबारा संवारने की कोशिश की।

राज की यह यात्रा हमें याद दिलाती है कि अपराधबोध, जब तक हम उसे अनदेखा करते हैं, हमें धीमे-धीमे अंदर से खोखला कर देता है। लेकिन जब हम उससे सीधे नज़रें मिलाते हैं, तो वही हमारे बदलाव और आत्म-स्वीकृति का पहला कदम बन सकता है।

अपराधबोध का शरीर और आत्मा पर पड़ने वाला अनदेखा असर

वैज्ञानिक अध्ययन बताते हैं कि जब हम अपराधबोध को लंबे समय तक अपने अंदर पकड़े रहते हैं, तो हमारा मस्तिष्क इसे किसी वास्तविक खतरे की तरह लेता है। **एमिग्डाला**, जो दिमाग का वह हिस्सा है जो डर और तनाव को नियंत्रित करता है, लगातार एक्टिव रहता है, जिससे **कोर्टिसोल** जैसे तनाव

हार्मोन का स्तर बढ़ जाता है। 2012 में *American Psychological Association* द्वारा प्रकाशित एक अध्ययन के अनुसार, लंबे समय तक बढ़ा हुआ कोर्टिसोल न केवल हमारी प्रतिरक्षा प्रणाली को कमजोर करता है, बल्कि **हृदय रोग, हाई ब्लड प्रेशर और पाचन संबंधी समस्याओं** का कारण भी बन सकता है।

अपराधबोध का असर हमारे नींद चक्र को भी बाधित करता है। जब हम बार-बार अपनी गलतियों को दोहराते हैं, तो हमारा दिमाग लगातार सक्रिय रहता है, जिससे **अनिद्रा, थकान और सिरदर्द** जैसे लक्षण पैदा हो सकते हैं।

भावनात्मक स्तर पर, अपराधबोध हमें अंदर से खोखला करने लगता है। यह हमें खुशी महसूस करने से रोकता है, क्योंकि हम खुद को आनंद के लायक ही नहीं समझते। यह वही भावना है, जो समुद्र में डूबते किसी जहाज को महसूस होती होगी—जहां उसे किनारा नजर तो आता है, लेकिन वह खुद को वहां तक पहुंचने के काबिल नहीं मानता।

इसका एक और असर यह होता है कि हम बार-बार दूसरों से सत्यापन मांगने लगते हैं। हमें इस डर से घबराहट होती है कि अगर हमने फिर कोई गलती कर दी, तो क्या होगा? यह स्थिति हमें आत्म-निर्भर बनने से रोकती है और धीरे-धीरे आत्म-सम्मान को खत्म कर देती है।

अपराधबोध से मुक्त होने का रास्ता

अपराधबोध को पीछे छोड़ने का पहला कदम है - इसे पूरी ईमानदारी से स्वीकार करना, लेकिन बिना खुद को कठोरता से जज किए। हम सभी गलतियाँ करते हैं, लेकिन इन गलतियों को खुद पर हावी होने देना हमें आगे बढ़ने से रोक सकता है। तो, इस बोझ को हल्का करने और खुद को माफ करने का सफर कैसे शुरू करें?

1. खुद से एक ईमानदार बातचीत करें

अपराधबोध से बाहर निकलने का पहला कदम है—खुद से खुलकर, बिना किसी पूर्वधारणा के बात करना। हम अक्सर अपने अंदर एक भारी बोझ लिए घूमते हैं, लेकिन क्या हमने कभी रुककर यह सोचा है कि यह बोझ असल में कितना वास्तविक है?

अपने आप से ईमानदारी से पूछें: **"क्या मैंने सच में किसी को चोट पहुँचाई है, या मैं बस खुद से बहुत ज्यादा उम्मीदें लगाए बैठा हूँ?"**

अगर आपने सच में किसी को दुख पहुँचाया है...

अगर जवाब 'हाँ' है, तो यह अपराधबोध आपको कुछ सिखाने के लिए आया है। इसे एक संकेत के रूप में लें, न कि सज़ा के रूप में। क्या आप माफ़ी मांग सकते हैं? क्या आप किसी तरह अपनी गलती सुधार सकते हैं? अगर हाँ, तो कोशिश करें। लेकिन अगर स्थिति ऐसी है कि अब सुधार संभव नहीं, तो खुद को क्षमा करना सीखें। आप अपने अतीत को बदल नहीं सकते, लेकिन उससे सीखकर आगे ज़रूर बढ़ सकते हैं।

अगर यह अपराधबोध सिर्फ आपकी खुद से अवास्तविक अपेक्षाओं का नतीजा है...

कई बार, हम अपने मन में एक आदर्श छवि बना लेते हैं—एक ऐसा व्यक्ति जो कभी गलती नहीं करता, जो हमेशा दूसरों की ज़रूरतों को खुद से ऊपर रखता है, और जो हर हाल में परफेक्ट रहता है। लेकिन क्या यह वास्तव में संभव है? नहीं।

अगर आपका अपराधबोध सिर्फ इसलिए है कि आप दूसरों को खुश नहीं कर पाए, या किसी और की अपेक्षाओं पर खरे नहीं उतर पाए, तो शायद इसे छोड़ने का समय आ गया है। हर किसी को खुश रखना आपका काम नहीं है।

2. जहाँ सुधार की जरूरत है, वहाँ पहल करें: माफी का सही अर्थ

हम सभी से गलतियाँ होती हैं—कभी अनजाने में, कभी ग़लतफ़हमी की वजह से, और कभी परिस्थितियाँ ऐसी बन जाती हैं कि हम चाहकर भी सही निर्णय नहीं ले पाते। लेकिन गलती का असली भार तब महसूस होता है जब हमें एहसास होता है कि हमारे शब्दों या कर्मों ने किसी को ठेस पहुँचाई है। उस समय, हमारे पास दो रास्ते होते हैं—या तो हम अपराधबोध में जीते रहें, या फिर सुधार की दिशा में कदम बढ़ाएँ।

माफी का मतलब सिर्फ "सॉरी" कहना नहीं होता

अक्सर लोग यह सोचते हैं कि बस "मुझे माफ कर दो" कह देने से सब कुछ ठीक हो जाएगा। लेकिन माफी सिर्फ शब्दों तक सीमित नहीं होनी चाहिए— it should come from the heart.

- **क्या आपने सच में अपनी गलती को समझा?**

- **क्या आप महसूस कर सकते हैं कि आपकी वजह से दूसरे व्यक्ति को कैसा लगा होगा?**

- **क्या आप सच में आगे से यह गलती न करने का संकल्प ले रहे हैं?**

माफी का सही अर्थ है—अपने अंदर एक सच्ची स्वीकृति लाना कि हाँ, मैंने गलती की, और मैं उसे सुधारने की पूरी कोशिश करूंगा। यह खुद को दोष देने की प्रक्रिया नहीं, बल्कि अपनी जिम्मेदारी लेने की प्रक्रिया है।

माफी माँगने से झुकना नहीं पड़ता, बल्कि आप भावनात्मक रूप से और मज़बूत बनते हैं

कई बार, हमारे अहंकार (ego) के कारण हम माफी माँगने से बचते हैं। हमें लगता है कि अगर हमने अपनी गलती मान ली, तो हम छोटे पड़ जाएँगे या सामने वाला हमें कमज़ोर समझेगा। लेकिन सच्चाई इसके उलट है—जो व्यक्ति अपने शब्दों और कर्मों की पूरी जिम्मेदारी लेता है और खुलकर अपनी गलती स्वीकार करता है, वह न केवल अपने आत्म-सम्मान को बनाए रखता है, बल्कि रिश्तों में भी विश्वास और गहराई लाता है।

जहाँ सुधार की जरूरत है, वहाँ पहल करें

अगर किसी को आपकी गलती से चोट पहुँची है, तो सिर्फ पछताने से कुछ नहीं होगा—वास्तविक सुधार के लिए आपको कुछ ठोस कदम उठाने होंगे:

1. **साफ़ और स्पष्ट संवाद करें** - जिस व्यक्ति को आपने चोट पहुँचाई है, उससे खुलकर और विनम्रता से बात करें। यह मत सोचिए कि समय के साथ सब कुछ अपने आप ठीक हो जाएगा।

2. **दूसरे व्यक्ति की भावनाओं को सुनें और समझें** - सिर्फ अपनी सफाई देने से बचें, बल्कि सामने वाले की भावनाओं को महत्व दें।

3. **अगर संभव हो तो गलती का सुधार करें** - माफी मांगने के साथ-साथ अपने कार्यों से यह भी दिखाएँ कि आपने सीखा है और आगे से ऐसा नहीं करेंगे।

3. अतीत की गलतियों को नया अर्थ देना

हममें से हर कोई कभी न कभी ऐसी स्थिति में रहा है जहाँ हमने कुछ ऐसा कह दिया या कर दिया जो हमें बाद में पछतावे के रूप में महसूस हुआ। कई बार हम इन गलतियों को इतनी गहराई से पकड़ लेते हैं कि वे हमारी पहचान का हिस्सा बन जाती हैं–जैसे कि हम हमेशा से वैसे ही थे और हमेशा वैसे ही रहेंगे। लेकिन सच्चाई यह है कि हमारी गलतियाँ हमें परिभाषित नहीं करतीं; वे हमें आगे बढ़ने और सीखने का अवसर देती हैं।

गलतियों को अपनी पहचान मत बनाइए

सोचिए, अगर किसी बच्चे ने पहली बार चलना सीखा और वह गिर गया, तो क्या इसका मतलब यह होगा कि वह कभी चल नहीं पाएगा? बिल्कुल नहीं। वह दोबारा उठेगा, कोशिश करेगा, और अंततः अपने पैरों पर मज़बूती से खड़ा हो जाएगा।

वैसे ही, जब हम गुस्से, डर, या भावनात्मक असंतुलन के कारण कोई गलती करते हैं, तो यह हमें एक असफल व्यक्ति नहीं बनाता–यह सिर्फ यह दिखाता है कि हम इंसान हैं। फर्क सिर्फ इतना है कि क्या हम उसी गलती के साथ अपनी पहचान जोड़कर उसे हमेशा अपने ऊपर हावी रहने देते हैं, या फिर उसे सीखने के अवसर के रूप में देखते हैं और अपनी कहानी को नया अर्थ देते हैं।

सीखने और बदलाव की शक्ति

मान लीजिए, एक दिन गुस्से में आकर आपने किसी करीबी को ऐसी बात कह दी जिससे उनका दिल दुख गया। उस पल में, आप अपने शब्दों पर नियंत्रण नहीं रख पाए और परिणामस्वरूप, एक दूरी पैदा हो गई।

अब यहाँ दो रास्ते हैं:

1. आप खुद को दोष देते रहें और सोचें कि "मैं हमेशा गुस्से में गलत बोल जाता हूँ" या "मैं एक बुरा इंसान हूँ।"

2. या फिर आप इसे एक सीखने का अवसर मानें—यह समझें कि गुस्से में आपके शब्दों ने क्या असर डाला, और आगे से ऐसी स्थिति में खुद को शांत रखने का अभ्यास करें।

दूसरा रास्ता ही आपकी असली ताकत को दर्शाता है। जब आप अपनी गलतियों को एक सबक की तरह देखते हैं, तो आप अपने अंदर बदलाव लाने के लिए प्रेरित होते हैं।

अपनी कहानी का नायक बनें, दोषी नहीं

अगर हम अपने अतीत को एक "फिक्स्ड स्टोरी" की तरह देखेंगे, जहाँ हम हमेशा वही गलतियाँ दोहराते रहेंगे, तो हम अपने ही दायरे में फंसे रहेंगे। लेकिन अगर हम इसे एक चलती हुई कहानी की तरह देखें, जहाँ हर अध्याय हमें सीखने और आगे बढ़ने का मौका देता है, तो हम खुद को एक नई पहचान देने की शक्ति हासिल कर सकते हैं।

आपका अतीत आपकी पूरी कहानी नहीं है। आपने जो किया, वह **एक पन्ना हो सकता है, लेकिन पूरी किताब नहीं।** तो क्यों न अगला अध्याय खुद लिखें—एक ऐसा अध्याय जहाँ आप अपनी गलतियों से सीखते हैं, उन्हें दोहराने से बचते हैं, और खुद को एक बेहतर इंसान बनने का अवसर देते हैं?

4. खुद को उसी प्यार से देखें, जैसे आप अपने किसी प्रिय को देखते हैं

हम अक्सर दूसरों के लिए बेहद दयालु और सहानुभूतिपूर्ण होते हैं, लेकिन जब खुद की बारी आती है, तो हमारे शब्द और विचार कठोर हो जाते हैं। अगर कोई दोस्त, परिवार का सदस्य, या कोई प्रियजन हमसे आकर कहे कि वह अपराधबोध में डूबा हुआ है, तो हम उसे सांत्वना देने की कोशिश करेंगे। हम उसे याद दिलाएंगे कि गलतियाँ इंसान का हिस्सा हैं, और हर कोई उनसे सीखकर आगे बढ़ सकता है।

लेकिन जब खुद की बात आती है, तो हम अपनी गलतियों को बार-बार दोहराते हैं, खुद को कोसते हैं, और उस अपराधबोध को एक सजा की तरह ढोते रहते हैं। ऐसा क्यों?

अगर दोस्त होता तो आप क्या कहते?

कल्पना करें कि आपका कोई करीबी दोस्त आपसे कहे:

"मुझे बहुत बुरा लग रहा है। मैंने गलती की, और अब मैं खुद को माफ नहीं कर पा रहा।"

आप उसे क्या कहेंगे?

"तुम बेकार हो, तुम्हें हमेशा यही महसूस करना चाहिए!" या फिर "कोई बात नहीं, तुमने उस समय जो सबसे अच्छा समझा, वही किया। अब तुम उससे सीख सकते हो और आगे बढ़ सकते हो।"

स्वाभाविक रूप से, आप उसे दिलासा देंगे, उसे माफ करने और आगे बढ़ने के लिए प्रेरित करेंगे। तो फिर, यही दयालुता और समझदारी खुद पर क्यों लागू नहीं करते?

खुद से भी वैसा ही व्यवहार करें

सोचिए, अगर किसी बच्चे ने गलती से कोई चीज़ गिरा दी, तो क्या आप उसे हमेशा के लिए दोषी महसूस कराएंगे? नहीं, बल्कि आप उसे समझाएंगे कि "गलती हो गई, अब आगे से ध्यान रखना।"

वैसे ही, आप भी एक इंसान हैं, और आपकी गलतियाँ भी सीखने का ही हिस्सा हैं। अगर आप खुद से प्यार और सहानुभूति से पेश नहीं आएंगे, तो आपके अंदर बदलाव लाने की ऊर्जा कहाँ से आएगी?

खुद को कठोरता से जज करने के बजाय, खुद को समझें

जब आप अपराधबोध में होते हैं, तो खुद को कोसने के बजाय खुद से यह कहें:

- "मैंने उस समय जो सबसे अच्छा समझा, वही किया।"
- "मैं परिपूर्ण नहीं हूँ, लेकिन मैं सीख सकता हूँ और आगे बढ़ सकता हूँ।"
- "मैं अपने सबसे अच्छे दोस्त को जो सलाह देता, वही खुद को भी दूँगा।"

5. सीमाएँ तय करना सीखें: अपराधबोध से मुक्त होने का एक ज़रूरी कदम

हममें से कितने लोग ऐसे हैं जो किसी की मदद करने से इनकार करने के बाद अपराधबोध महसूस करते हैं? किसी दोस्त की मदद करने में असमर्थ होने पर या किसी रिश्तेदार की अपेक्षाओं को पूरा न कर पाने पर क्या आपके मन में यह विचार आता है–*"मैं अच्छा इंसान नहीं हूँ,"* या *"शायद मुझे थोड़ा और प्रयास करना चाहिए था"*?

यह अपराधबोध अक्सर इसलिए महसूस होता है क्योंकि हमें बचपन से सिखाया जाता है कि "अच्छा इंसान वह होता है जो हमेशा दूसरों के लिए मौजूद रहे।" हालाँकि, इस सोच में एक समस्या यह है कि यह हमें खुद को प्राथमिकता देने से रोकती है और कई बार हमें ऐसे बोझ तले दबा देती है जो हमारे लिए बने ही नहीं होते।

हर किसी की मदद करना आपकी ज़िम्मेदारी नहीं

हमारी संस्कृति में "त्याग" को महानता की निशानी माना जाता है। अगर आप किसी से मुँह मोड़ लेते हैं, तो लोग इसे स्वार्थ समझ सकते हैं। लेकिन सच्चाई यह है कि हर किसी की मदद करना और सभी की उम्मीदों पर खरा उतरना किसी एक इंसान के लिए संभव नहीं है।

सोचिए:

- अगर आप हर किसी की मदद करने के लिए हमेशा तैयार रहते हैं, तो क्या आप अपने लिए समय निकाल पाते हैं?
- अगर आप हर हाँ कहने के पीछे छिपे दबाव को महसूस करें, तो क्या वह खुशी से किया गया काम होगा?
- अगर आपकी मानसिक और शारीरिक ऊर्जा खत्म हो जाएगी, तो क्या आप किसी की सच में मदद कर पाएँगे?

'ना' कहना स्वार्थ नहीं, बल्कि आत्म-सम्मान है

"अगर मैं मना कर दूँगा, तो लोग क्या सोचेंगे?" यह सवाल हमें कई बार खुद की जरूरतों को नजरअंदाज करने पर मजबूर कर देता है। लेकिन जब

हम हर बार अपनी सीमाओं को तोड़कर दूसरों को खुश करने की कोशिश करते हैं, तो धीरे-धीरे हम खुद को खोने लगते हैं।

सीमाएँ तय करना यह नहीं कहता कि आप असंवेदनशील या स्वार्थी हैं। बल्कि, यह आपके आत्म-सम्मान की निशानी है।

मान लीजिए, आपके दोस्त को हर हफ्ते आपसे लंबी बातचीत की आदत है, जिसमें वह अपनी परेशानियों को आपके ऊपर डालता है। आप सुनते हैं, समझते हैं, और मदद करने की पूरी कोशिश करते हैं। लेकिन धीरे-धीरे आपको महसूस होता है कि ये बातचीत आपको खुद थका रही है, आपका तनाव बढ़ा रही है।

अब आपके पास दो रास्ते हैं:

1. आप अपराधबोध में फँसे रहकर उसकी हर कॉल उठाएँ, अपनी मानसिक शांति को कुर्बान करें, और धीरे-धीरे अपने अंदर की ऊर्जा को खत्म कर दें।

2. आप विनम्रता से सीमाएँ तय करें, यह स्पष्ट करें कि आप उसकी मदद करने के लिए हमेशा मौजूद नहीं रह सकते, और उसे आत्मनिर्भर बनने के लिए प्रेरित करें।

दूसरा विकल्प **आपको अपराधबोध से बचाएगा और मानसिक शांति देगा।** जब आप अपनी सीमाएँ तय करना सीखते हैं, तो आप **सिर्फ उन्हीं चीज़ों को स्वीकार करते हैं जो आपके लिए भी सही हैं।**

आत्म-क्षमा: एक आध्यात्मिक सफर

हममें से हर कोई कभी न कभी अपने अतीत की किसी बात को लेकर अपराधबोध महसूस करता है। ऐसा लगता है जैसे कोई बोझ दिल पर रखा हो, जिसे हम छोड़ना तो चाहते हैं, लेकिन पूरी तरह से छोड़ नहीं पाते। पर क्या आत्म-क्षमा सिर्फ खुद को समझाने की कोई मानसिक प्रक्रिया है, या इससे भी गहरी कोई बात है?

दुनिया की अलग-अलग आध्यात्मिक परंपराएँ हमें यही सिखाती हैं कि आत्म-क्षमा सिर्फ मन से नहीं, बल्कि आत्मा से भी जुड़ी होती है। यह एक

ऐसी यात्रा है जो हमें खुद के प्रति दयालु बनना सिखाती है और हमारे सच्चे स्वरूप से फिर से जोड़ती है।

कभी-कभी, अपराधबोध इसलिए होता है क्योंकि हम अपने अतीत के किसी निर्णय या गलती के नतीजों से जुड़ जाते हैं। लेकिन भगवद गीता हमें सिखाती है कि हमारा हक केवल कर्म करने पर है, न कि उसके परिणामों पर।

भगवान कृष्ण कहते हैं: *"तुम्हें कर्म करने का अधिकार है, लेकिन फल की चिंता मत करो।"* (गीता 2.47)

अगर हमने अपने इरादे से सही काम करने की कोशिश की थी, तो खुद को सज़ा देते रहना कोई समाधान नहीं है। गीता हमें सिखाती है कि हमें अपने कर्मों से सीखकर आगे बढ़ना चाहिए, न कि उन्हें पकड़कर बैठ जाना चाहिए।

क्या करें? एक ऐसी घटना को सोचें जहां आप अपराधबोध महसूस कर रहे हैं। खुद से पूछें, *"क्या मैं किसी नतीजे से बहुत ज्यादा जुड़ा हुआ था?"* फिर अपने आप से कहें, *"मैंने अपनी पूरी कोशिश की थी, और अब मैं खुद को माफ करता हूँ।"*

तुम अपने अतीत से कहीं बड़े हो

आत्म-क्षमा सिर्फ अपने अतीत को भुला देने की बात नहीं है, बल्कि यह उसे स्वीकार करने और आगे बढ़ने की ताकत पाने की प्रक्रिया है। दुनिया के हर आध्यात्मिक ज्ञान में यह संदेश छुपा है—*तुम्हें अपने पुराने बोझ को उठाने की जरूरत नहीं है। तुम प्रेम, शांति और एक नए सफर के लायक हो।*

अब यह आप पर है—क्या आप खुद को माफ करने के लिए तैयार हैं?

अध्याय 7

माइंडफुलनेस - वर्तमान में रहने की कला

माइंडफुलनेस और इसकी शक्ति का परिचय

माइंडफुलनेस क्या है?

जब आप किसी नदी के किनारे खड़े होते हैं, तो पानी लगातार बहता रहता है। कुछ लहरें तेज़ होती हैं, कुछ शांत, लेकिन कोई भी लहर वहाँ स्थायी नहीं रहती। माइंडफुलनेस भी इसी बहाव को समझने की कला है–अपने विचारों और भावनाओं को उसी तरह देखना, जैसे कोई नदी को देखता है, बिना उसमें कूदकर बह जाने के।

आदि शंकराचार्य के अद्वैत सिद्धांत के अनुसार, *"ब्रह्म सत्यं जगन्मिथ्या"*, यानी परम सत्य केवल "ब्रह्म" है, और यह जगत एक परिवर्तनशील माया है। माइंडफुलनेस इसी सत्य को व्यावहारिक रूप से अनुभव करने का मार्ग दिखाता है। जब हम अपने विचारों से जुड़कर उन्हें ही अपनी पहचान मान लेते हैं, तो हम माया में उलझ जाते हैं–गुजरा हुआ कल और आने वाले कल की चिंताओं में फंसे रहते हैं। लेकिन जब हम अपने मन को एक साक्षी की

तरह देखना सीखते हैं, तो हमें अहसास होता है कि हम इन विचारों से परे हैं।

माइंडफुलनेस का अर्थ यह नहीं है कि मन को पूरी तरह से खाली कर दिया जाए, बल्कि यह है कि हम अपने विचारों को जागरूकता और करुणा के साथ देखें। आदि शंकराचार्य के दृष्टिकोण से, यह वही अवस्था है जहाँ हम *"साक्षी भाव"* को अपनाते हैं–जहाँ हम जानते हैं कि विचार आते-जाते रहेंगे, लेकिन हमारी असली चेतना उनसे प्रभावित नहीं होती।

हमारा मन एक विशाल आकाश की तरह है, और हमारे विचार बादलों की तरह। कुछ बादल घने होते हैं, कुछ हल्के, लेकिन कोई भी बादल स्थायी नहीं होता। माइंडफुलनेस हमें यह सिखाती है कि हम इन बादलों को देखकर स्वीकार करें, लेकिन उनके साथ बहें नहीं। जब हम इसे समझ जाते हैं, तो जीवन में जो कुछ भी होता है–खुशी, दुख, असफलता, सफलता–हम उसे उतनी ही सहजता से स्वीकार कर पाते हैं, जितनी सहजता से आकाश सूरज और बारिश, दोनों को स्वीकार करता है।

आधुनिक विज्ञान भी इस सिद्धांत की पुष्टि करता है। *Harvard University* के एक शोध के अनुसार, जो लोग माइंडफुलनेस का अभ्यास करते हैं, उनके मस्तिष्क का *prefrontal cortex* अधिक सक्रिय रहता है, जो तनाव को कम करने और निर्णय लेने की क्षमता को बढ़ाने में मदद करता है। इसका मतलब यह है कि जब हम वर्तमान में जीते हैं, तो हम बेहतर तरीके से सोच पाते हैं और भावनाओं को संतुलित कर सकते हैं।

लेकिन इसे अपनाने के लिए किसी जटिल प्रक्रिया की जरूरत नहीं है। बस अभी, इसी क्षण, गहरी सांस लें। अपने आस-पास की ध्वनियों को महसूस करें, अपने शरीर की मौजूदगी को पहचानें। क्या आपने देखा कि जैसे ही आपने यह किया, आप अभी के क्षण में लौट आए?

यही माइंडफुलनेस का जादू है–यह हमें जीवन को पूरी तरह महसूस करने की कला सिखाती है। यह हमें बताती है कि *हम अपने विचार नहीं हैं, हम वह चेतना हैं जो इन विचारों को देख रही है।* यही अद्वैत का मूल सार है–जहाँ विचार तो आते-जाते हैं, लेकिन हमारी वास्तविक उपस्थिति अडिग और अचल बनी रहती है।

भावनात्मक उपचार में माइंडफुलनेस का महत्व

माइंडफुलनेस हमें यही सिखाती है–अपनी भावनाओं के साक्षी बनना, न कि उनका गुलाम। यह एक ऐसा दीपक है जो हमारे भीतर के अंधेरे को रोशन करता है। जब हम वर्तमान क्षण में रहते हैं, तो हम महसूस करते हैं कि हमारे विचार और भावनाएँ स्थायी नहीं हैं। वे आते हैं, थोड़ी देर ठहरते हैं, और फिर चले जाते हैं–ठीक वैसे ही जैसे समुद्र की लहरें तट से टकराकर लौट जाती हैं।

इमोशनल हीलिंग में माइंडफुलनेस की शक्ति को समझने के लिए एक वृक्ष की कल्पना करें। जब तेज़ हवा चलती है, तो उसकी टहनियाँ झुक जाती हैं, लेकिन जड़ें उसे गिरने नहीं देतीं। माइंडफुलनेस हमारी जड़ों को गहरा करने का काम करती है, ताकि जीवन के तूफ़ान हमें उखाड़ न फेंकें। जब हम किसी कठिन भावना से गुजर रहे होते हैं, तो माइंडफुलनेस हमें सिखाती है कि हम बस उस भावना को देखें–बिना जज किए, बिना उससे लड़ने की कोशिश किए।

वर्तमान में रहने से तनाव, चिंता और अत्यधिक सोच कैसे कम होती है?

तनाव और चिंता तब बढ़ते हैं जब हमारा मन या तो अतीत में अटका होता है या भविष्य की अनिश्चितताओं में उलझा होता है। हम बार-बार पुरानी घटनाओं को दोहराते हैं या आने वाले कल की चिंता में घुलते रहते हैं। यह मानसिक समय यात्रा हमें थका देती है और हमें वर्तमान से disconnect कर देती है।

माइंडफुलनेस हमें "यहाँ और अभी" में लाने का एक शक्तिशाली तरीका है। जब हम पूरी तरह से किसी काम में शामिल होते हैं, तो हमारा दिमाग व्यर्थ की चिंताओं से मुक्त हो जाता है। उदाहरण के लिए, अगर आप किसी महत्वपूर्ण प्रेजेंटेशन की तैयारी कर रहे हैं और चिंता कर रहे हैं कि यह कैसा जाएगा, तो माइंडफुलनेस आपको इसी पल में वापस लाने और पूरी ऊर्जा के साथ तैयारी करने की प्रेरणा देती है।

वैज्ञानिक शोध भी इस बात की पुष्टि करते हैं। कई अध्ययनों से यह पता चला है कि माइंडफुलनेस प्रथाओं, जैसे ध्यान और माइंडफुल ब्रीडिंग, से शरीर

में कोर्टिसोल (तनाव हार्मोन) का स्तर कम होता है और मस्तिष्क का वह हिस्सा सक्रिय होता है जो भावनाओं को नियंत्रित करता है।

कर्म, वैराग्य और वर्तमान

भगवद गीता के ज्ञान को यदि गहराई से देखा जाए, तो इसमें माइंडफुलनेस का सार निहित है। श्रीकृष्ण ने अर्जुन को कर्म का उपदेश देते हुए कहा– *"कर्मण्येवाधिकारस्ते मा फलेषु कदाचन।"* अर्थात्, हमारा अधिकार केवल कर्म पर है, उसके परिणाम पर नहीं। यह वैराग्य और जागरूकता का एक विलक्षण समन्वय है। जब हम फल की चिंता छोड़कर, पूरी तरह से कर्म में लीन हो जाते हैं, तो वह कर्म ध्यान बन जाता है–पूर्ण जागरूकता और एकाग्रता के साथ किया गया कार्य। यह वही मानसिक अवस्था है जिसे आधुनिक मनोविज्ञान *माइंडफुलनेस* कहता है।

दैनिक जीवन में माइंडफुलनेस की शक्ति

माइंडफुलनेस केवल ध्यान करने की विधि नहीं है, बल्कि यह जीवन को जीने की कला है। इसे अपनाने के लिए हमें किसी विशेष स्थान या समय की आवश्यकता नहीं, बल्कि बस अपने हर क्रियाकलाप में पूर्ण जागरूकता लाने की जरूरत है।

जैसे अद्वैत वेदांत में कहा गया है कि आत्मा एक ही है, लेकिन हम भ्रमवश खुद को उससे अलग मान लेते हैं, वैसे ही, जीवन के छोटे-छोटे कार्यों में भी पूर्णता होती है, परंतु हम उन्हें साधारण मानकर अनदेखा कर देते हैं। माइंडफुलनेस हमें इन्हीं छोटे क्षणों में लौटने की सीख देती है।

कल्पना कीजिए कि आप चलते समय हर कदम को महसूस कर रहे हैं– धरती की ऊर्जा को, पैरों की हर हलचल को, हवा के स्पर्श को। यह माइंडफुल वॉकिंग है, जहाँ आप केवल चल नहीं रहे, बल्कि प्रत्येक क्षण में पूरी तरह उपस्थित हैं। इसी प्रकार, जब आप किसी से बात कर रहे होते हैं, तो केवल उनके शब्द नहीं सुनते, बल्कि उनके भावों, उनकी ऊर्जा को भी महसूस करते हैं–यह माइंडफुल लिसनिंग है।

श्रीकृष्ण का संदेश हमें सिखाता है कि जब हम जीवन के प्रत्येक अनुभव को पूर्णता से जीते हैं, तो हम स्वयं को कर्म में खोते नहीं, बल्कि उसमें स्वयं

को पाते हैं। यही माइंडफुलनेस का असली सार है–हर क्षण में पूर्णता की अनुभूति, कर्म में ध्यान, और जीवन में शांति।

आज के समय में माइंडफुलनेस का महत्व

हम एक ऐसी दुनिया में रहते हैं, जहाँ सूचनाओं की बाढ़ और डिजिटल distractions हमारे दिमाग को लगातार व्यस्त रखते हैं। हम अक्सर इतने तेजी से दौड़ रहे होते हैं कि "होने" की कला को भूल जाते हैं। माइंडफुलनेस हमें एक अवसर देती है–धीमा होने, खुद को ट्यून इन करने और अपनी आंतरिक शांति को फिर से खोजने का।

यह किसी समस्या से भागने का तरीका नहीं है, बल्कि उसे अधिक जागरूकता और संतुलन के साथ संभालने की कला है। चाहे वह काम का दबाव हो, रिश्तों की उलझनें हों या मन की बेचैनी–माइंडफुलनेस हमें हर परिस्थिति को अधिक स्पष्टता और धैर्य के साथ देखने में मदद करती है।

माइंडफुलनेस कोई मंज़िल नहीं, बल्कि एक यात्रा है। इसमें परफेक्ट होने की ज़रूरत नहीं है, बस इसे अपनाने की ज़रूरत है। कुछ दिन आपका मन शांत और केंद्रित लगेगा, तो कुछ दिन यह अस्थिर और बेचैन रहेगा। दोनों ही इस प्रक्रिया का हिस्सा हैं।

अगली बार जब आप खाना खाएं, टहलें या किसी से बात करें–बस उस पल को पूरी तरह से महसूस करें। शायद, आपको इसमें शांति का एक नया एहसास मिले!

माइंडफुलनेस की जीवन-परिवर्तनकारी यात्रा–एक वास्तविक जीवन से प्रेरित परिवर्तन की कहानी

अनिका की जिंदगी किसी ऐसे विशाल पुस्तकालय की तरह थी, जहाँ हर किताब अधूरी पड़ी थी–कुछ पन्ने खो गए थे, कुछ कोने मुड़े हुए थे, और कुछ पर इतनी धूल जम चुकी थी कि उनके शब्द धुंधले हो गए थे। दिनभर वह दूसरों की डिजिटल ज़िंदगियों को चमकाने में लगी रहती, लेकिन जब रात में अकेले अपने कमरे में होती, तो सन्नाटा उसकी सबसे बड़ी आवाज़ बन जाता।

सोशल मीडिया मैनेजर के रूप में वह ब्रांड्स के लिए कहानियाँ गढ़ती, लेकिन खुद की कहानी जैसे कहीं गुम हो गई थी।

यह खालीपन केवल मानसिक नहीं था, उसका शरीर भी इसका बोझ उठा रहा था। हर रात वह करवटें बदलती, दिल की धड़कन तेज़ हो जाती, और दिमाग बीते हुए पलों और भविष्य की आशंकाओं में उलझा रहता। हर सुबह उसकी आंखों के नीचे काले धब्बे इस अंतहीन जंग के गवाह बनते। ऑफिस में छोटी-छोटी बातें उसे खटकने लगीं–किसी सहयोगी की हंसी उसे व्यंग्य लगती, तो किसी ईमेल का टोन ताने की तरह महसूस होता।

फिर एक रात, जब वह एक और प्रोजेक्ट पर काम कर रही थी, उसकी नजर माइंडफुलनेस मेडिटेशन पर एक लेख पर पड़ी। और राहत की तलाश में उसने इसे आजमाने का फैसला किया। जब पहली बार उसने आँखें बंद कीं और अपनी सांसों पर ध्यान केंद्रित किया, तो उसे ऐसा लगा जैसे किसी अंधेरे कमरे में अचानक रोशनी कर दी गई हो–उसका दिमाग और भी तेज़ भागने लगा, पुरानी यादें, अधूरे काम, भविष्य की चिंताएँ–सब एक साथ उमड़ पड़े।

जैसे ही उसने इस प्रक्रिया को अपनाया, उसे महसूस हुआ कि उसका दर्द केवल तकलीफ नहीं, बल्कि एक अनसुनी कहानी थी, जो अब सुनी जा रही थी। उस क्षण उसे एहसास हुआ कि माइंडफुलनेस केवल ध्यान की तकनीक नहीं, बल्कि खुद को स्वीकारने की शक्ति है।

धीरे-धीरे, अनिका ने इसे अपने जीवन का हिस्सा बना लिया। वह सुबह की शुरुआत दस मिनट के ध्यान से करने लगी, जिससे उसका दिन एक स्थिर ऊर्जा के साथ शुरू होता। काम के दौरान, जब भी तनाव महसूस होता, वह कुछ मिनटों के लिए अपनी सांसों पर ध्यान केंद्रित करती, और यह छोटे-छोटे ब्रेक किसी म्यूजिक ट्रैक के बीच मिलने वाली मौन ध्वनि की तरह काम करते–शांत, लेकिन आवश्यक।

हर शाम, वह अपने दिन की तीन अच्छी चीज़ें लिखती। यह एक बंद खिड़की खोलने जैसा था, जिससे रोशनी धीरे-धीरे अंदर आने लगी। बातचीत में भी उसने बदलाव महसूस किया–अब वह केवल जवाब देने के लिए नहीं सुनती थी, बल्कि सचमुच लोगों की बातें महसूस करती थी।

अनिका की ज़िंदगी अब भी व्यस्त थी, लेकिन अब वह उसमें उपस्थित थी। वह अब केवल स्क्रीन पर चमकते लाइक्स और कमेंट्स की दुनिया में नहीं, बल्कि अपने वास्तविक अस्तित्व में जी रही थी–हर सांस, हर एहसास को पूरी तरह अपनाते हुए।

दैनिक जीवन में माइंडफुलनेस का अभ्यास करने के पाठ

करने और होने के बीच का अंतर - माइंडफुलनेस एक होने की स्थिति कैसे है

अनिका ने अपने जीवन में जो सबसे गहरा सबक सीखा, वह था "करने" और "होने" के बीच का अंतर। वह हमेशा कुछ न कुछ करने में लगी रहती– लक्ष्य पूरे करना, दूसरों की अपेक्षाओं को पूरा करना, अपनी काबिलियत साबित करना। लेकिन माइंडफुलनेस ने उसे सिखाया कि बस "होने" का भी अपना एक मूल्य है–बिना किसी निर्णय या एजेंडा के, बस पूरी तरह से वर्तमान क्षण में उपस्थित रहना।

पहले यह बदलाव उसके लिए आसान नहीं था। जब भी वह कुछ नहीं करती, उसके भीतर बेचैनी होने लगती–*"क्या मैं समय बर्बाद कर रही हूँ? क्या मुझे कुछ और करना चाहिए?"* लेकिन धीरे-धीरे उसने यह स्वीकार कर लिया कि उसकी योग्यता उसकी उपलब्धियों से नहीं, बल्कि उसके अस्तित्व से जुड़ी है। इस एहसास ने उसे गहरी शांति और आत्म-स्वीकृति दी।

व्यावहारिक सुझाव: हर दिन कुछ मिनट बस "होने" के लिए निकालें। शांति से बैठें, आँखें बंद करें और अपनी साँस पर ध्यान केंद्रित करें। कुछ भी हासिल करने की जरूरत नहीं है, बस इस क्षण में उपस्थित रहें।

मंकी माइंड को समझना और इसे शांत कैसे करें

अनिका का मन अक्सर *"मंकी माइंड"* जैसा महसूस होता–बेचैन, अव्यवस्थित, और लगातार विचारों की छलांग लगाता हुआ। पहले यह माइंडफुलनेस मेडिटेशन को निराशाजनक बना देता था। लेकिन समय के साथ, उसने सीखा कि विचारों को रोकना नहीं, बल्कि उन्हें बिना उनसे उलझे देखना है।

अब जब भी कोई विचार आता, वह खुद से कहती, *"ओह, ये एक विचार है। इसे देखने दो और गुजरने दो।"* उसने अपने विचारों को अपने मन के

आकाश में तैरते बादलों की तरह देखना शुरू किया–कुछ हल्के और शांत, तो कुछ काले और भारी। लेकिन उसे एहसास हुआ कि बादलों को नियंत्रित करने की जरूरत नहीं, उन्हें बस गुजरने देना है।

सुबह से रात तक: छोटे बदलाव, बड़ा असर

अनिका की ज़िंदगी एक तेज़ रफ़्तार ट्रेन की तरह थी, जो हर स्टेशन को पार तो कर रही थी, लेकिन वहाँ के नज़ारों को देखने का कभी समय नहीं मिलता था। वह खाना भी वैसे ही खाती थी–जल्दी-जल्दी, कभी लैपटॉप स्क्रीन पर नजरें गड़ाए, तो कभी टीवी के सामने बैठकर। लेकिन जब उसने सचेत होकर खाने की कला अपनाई, तो उसे महसूस हुआ कि वह कितनी बारीकियों को नज़रअंदाज़ कर रही थी। पहली बार उसने खाने की सुगंध को महसूस किया, उसके स्वाद को पहचाना, उसके हर निवाले की बनावट को समझा। जैसे कोई पुराना संगीतकार पहली बार अपने ही गाने के हर सुर को सचमुच सुन रहा हो।

पहले, जब कोई उससे बात करता, तो वह आधी बात सुनते ही जवाब सोचने लगती–जैसे कोई संगीतकार धुन सुने बिना ही अगला नोट बजाने लगे। लेकिन जब उसने सचमुच सुनना शुरू किया, बिना किसी पूर्व धारणा के, तो उसे एहसास हुआ कि हर शब्द के पीछे एक भावना होती है। अब वह न सिर्फ शब्दों को, बल्कि उनके बीच के मौन को भी सुनने लगी, जो अक्सर सबसे गहरी बात कह जाता है।

चलना भी अब उसके लिए सिर्फ एक गंतव्य तक पहुँचने की प्रक्रिया नहीं रहा। जब उसने माइंडफुल वॉकिंग की आदत डाली, तो पहली बार उसे हवा का गालों को छूना, पत्तों की धीमी सरसराहट और ज़मीन पर अपने कदमों की ध्वनि सुनाई देने लगी। यह वैसा ही था जैसे कोई पुरानी किताब, जिसे वह बस अलमारी में रखे देखती थी, अब पहली बार पढ़ रही थी–हर पन्ना, हर शब्द, नया और जिंदा।

माइंडफुलनेस में आत्म-करुणा की भूमिका

माइंडफुलनेस का सबसे महत्वपूर्ण हिस्सा जो अनिका ने सीखा, वह था *आत्म-करुणा।* यह पूर्णता पाने की कोई दौड़ नहीं है। कभी-कभी हमारा मन

अशांत होगा, कभी हम खुद से नाराज़ होंगे, लेकिन माइंडफुलनेस हमें अपने प्रति दयालु रहना सिखाती है।

पहले जब अनिका किसी गलती के लिए खुद को कठोरता से जज करती, तो अब वह खुद से कहती, *"कोई बात नहीं, मैं इंसान हूँ और मैं सीख रही हूँ।"* इस बदलाव ने उसे खुद के साथ एक बेहतर रिश्ता बनाने में मदद की।

व्यावहारिक सुझाव: जब आप खुद पर कठोर हो रहे हों, तो खुद से पूछें, "अगर मेरा कोई प्रिय मित्र इस स्थिति में होता, तो मैं उसे क्या कहता?" फिर वही शब्द खुद के लिए भी अपनाएँ।

माइंडफुलनेस का रिपल इफेक्ट

जैसे-जैसे अनिका की माइंडफुलनेस यात्रा गहरी होती गई, उसने पाया कि यह उसके जीवन के हर पहलू में सकारात्मक प्रभाव डाल रही थी।

- वह अपने काम में अधिक ध्यान केंद्रित करने लगी।
- उसके रिश्ते अधिक मजबूत हो गए, क्योंकि वह अधिक धैर्य और करुणा के साथ सुनने लगी।
- वह चुनौतियों का सामना शांतिपूर्वक और संतुलित रूप से करने लगी।

अब जब भी कोई मुश्किल परिस्थिति आती, वह पहले गहरी साँस लेती और खुद से पूछती–*"इस स्थिति को संभालने का सबसे माइंडफुल तरीका क्या है?"* और यही सोच उसे संतुलन में रखती।

व्यावहारिक सुझाव: जब आप तनावग्रस्त महसूस करें, तो बस कुछ क्षण रुकें। गहरी साँस लें और खुद को याद दिलाएँ कि *"अभी, इस क्षण में, मैं सुरक्षित हूँ।"* यह छोटी-सी प्रैक्टिस आपकी पूरी ऊर्जा को बदल सकती है।

सांस: मन और शरीर के बीच का सेतु

हमारी सांस एक ऐसा स्वाभाविक शारीरिक कार्य है जो स्वतःस्फूर्त भी है और जिसे हम अपने नियंत्रण में भी ले सकते हैं। यही विशेषता इसे माइंडफुलनेस का सबसे शक्तिशाली उपकरण बनाती है। जब हम गहरी और सचेत रूप से सांस लेते हैं, तो हमारा पैरासिम्पेथेटिक नर्वस सिस्टम सक्रिय हो जाता है, जो शरीर को शांति और सुकून की स्थिति में ले जाता है। इसके

विपरीत, जब हम तनावग्रस्त होते हैं, तो हमारी सांसें तेज़ और उथली हो जाती हैं, जिससे सिम्पेथेटिक नर्वस सिस्टम सक्रिय होकर "फाइट-या-फ्लाइट" प्रतिक्रिया को ट्रिगर कर देता है।

यदि हम अपनी सांस की गति और गहराई को नियंत्रित करना सीख लें, तो हम अपने मानसिक और शारीरिक संतुलन को बेहतर बना सकते हैं। यही कारण है कि ब्रीदिंग एक्सरसाइज़ को माइंडफुलनेस का "लंगर" कहा जाता है– क्योंकि यह हमें वर्तमान क्षण में टिके रहने और मानसिक शांति पाने में मदद करता है।

माइंडफुल ब्रीदिंग पर वैज्ञानिक और आध्यात्मिक दृष्टिकोण

वैज्ञानिक दृष्टिकोण

माइंडफुल ब्रीदिंग का असर हमारे मस्तिष्क और शरीर पर उसी तरह पड़ता है, जैसे किसी अशांत समुद्र में अचानक से शांति छा जाए। जब कोई समुद्र किनारे खड़ा होता है और लहरों को शांत होते हुए देखता है, तो उसके भीतर भी एक स्थिरता महसूस होती है। माइंडफुल ब्रीदिंग का प्रभाव भी कुछ ऐसा ही है–यह हमारी अंदरूनी हलचल को धीरे-धीरे शांत कर देती है, जिससे हमारा तन और मन दोनों स्थिर हो जाते हैं।

जब हम तनाव में होते हैं, तो हमारा शरीर एक प्राचीन सुरक्षा तंत्र "फाइट-या-फ्लाइट" मोड में चला जाता है। यह वही प्रतिक्रिया है जो हमारे पूर्वजों के समय में उन्हें किसी शेर या अन्य खतरों से बचने में मदद करती थी। लेकिन आज, हमारे खतरों का स्वरूप बदल चुका है–अब ये शेर किसी डेडलाइन, रिश्तों की जटिलताओं, या अनिश्चित भविष्य के रूप में हमारे सामने खड़े होते हैं। लेकिन हमारा शरीर अभी भी उसी तरह प्रतिक्रिया देता है–दिल की धड़कन तेज़ हो जाती है, सांसें उथली हो जाती हैं, और कोर्टिसोल (तनाव हार्मोन) का स्तर बढ़ जाता है।

हार्वर्ड मेडिकल स्कूल के एक अध्ययन में यह पाया गया कि माइंडफुल ब्रीदिंग इस प्रतिक्रिया को उलट सकती है। जब हम धीरे-धीरे और गहराई से सांस लेते हैं, तो हमारा पैरासिम्पेथेटिक नर्वस सिस्टम सक्रिय हो जाता है, जो शरीर को "आराम और पुनर्बहाली" (Rest & Digest) मोड में डाल देता है।

ठीक वैसे ही जैसे किसी तूफानी रात के बाद आकाश साफ होने लगता है। इससे न केवल कोर्टिसोल का स्तर घटता है, बल्कि रक्तचाप भी सामान्य होता है, हृदय की धड़कन संतुलित होती है, और नींद की गुणवत्ता में सुधार आता है।

माइंडफुल ब्रीदिंग का असर केवल शरीर तक सीमित नहीं रहता, यह हमारे दिमाग के कार्य करने के तरीके को भी बदल देता है। एमोरी यूनिवर्सिटी के न्यूरोसाइंटिस्ट्स ने पाया कि माइंडफुल ब्रीदिंग का अभ्यास करने वाले लोगों के मस्तिष्क में प्रीफ्रंटल कॉर्टेक्स अधिक सक्रिय हो जाता है। यह मस्तिष्क का वही हिस्सा है जो निर्णय लेने, ध्यान केंद्रित करने, और समस्या हल करने की क्षमता को नियंत्रित करता है। ठीक वैसे ही जैसे एक मैला शीशा जब साफ किया जाता है, तो उसमें चीजें अधिक स्पष्ट दिखने लगती हैं, माइंडफुल ब्रीदिंग हमारे दिमाग को स्पष्टता और फोकस देती है।

इसके अलावा, माइंडफुल ब्रीदिंग का सीधा असर हमारी भावनाओं पर भी पड़ता है। जब हम किसी कठिन परिस्थिति का सामना करते हैं, तो हमारा एमिगडाला (मस्तिष्क का वह भाग जो डर और भावनात्मक प्रतिक्रियाओं को नियंत्रित करता है) ओवरएक्टिव हो जाता है। यह ठीक वैसे ही है जैसे किसी छोटी सी चिंगारी से जंगल में आग लग जाती है। लेकिन माइंडफुल ब्रीदिंग इस आग को बुझाने का काम करती है–यह एमिगडाला की अधिक सक्रियता को कम करती है, जिससे हम अपनी भावनाओं पर बेहतर नियंत्रण रख पाते हैं।

यूसीएलए (UCLA) के एक अध्ययन में पाया गया कि जो लोग नियमित रूप से माइंडफुल ब्रीदिंग का अभ्यास करते हैं, वे तनावपूर्ण परिस्थितियों में अधिक धैर्य और लचीलापन दिखाते हैं। यह ठीक वैसे ही है जैसे किसी अनुभवी नाविक को तूफान का अंदाजा पहले से हो और वह पहले से ही अपनी नाव को संभालने की तैयारी कर ले।

माइंडफुल ब्रीदिंग सिर्फ एक तकनीक नहीं, बल्कि एक जीवनशैली है, जो हमें अपने भीतर की हलचल को शांत करके स्थिरता और संतुलन की ओर ले जाती है।

सांस केवल शरीर को ऑक्सीजन देने का माध्यम नहीं है, बल्कि यह जीवन ऊर्जा (Vital Energy) का एक शक्तिशाली स्रोत भी है। दुनिया की कई आध्यात्मिक और चिकित्सा परंपराओं में सांस को एक दिव्य शक्ति माना गया है, जो न केवल शारीरिक बल्कि मानसिक और आत्मिक स्तर पर भी गहरा प्रभाव डालती है। योग में इसे **प्राण**, चीनी चिकित्सा में **क्यूई**, और हिब्रू परंपरा में **रूच** कहा जाता है। सांस पर ध्यान केंद्रित करके, हम इस सार्वभौमिक ऊर्जा से जुड़ सकते हैं और अपने भीतर एक गहरी शांति का अनुभव कर सकते हैं।

भारतीय योग परंपरा में, **प्राण** को जीवन शक्ति (Vital Force) माना गया है, जो पूरे शरीर में प्रवाहित होती है। यह ऊर्जा सांस के माध्यम से ग्रहण की जाती है और हमारे शारीरिक, मानसिक और आध्यात्मिक स्वास्थ्य को प्रभावित करती है।

- प्राणायाम (सांस नियंत्रण) तकनीकों का अभ्यास करने से शरीर की ऊर्जा प्रणाली संतुलित होती है।

- यह चक्रों (ऊर्जा केंद्रों) को सक्रिय करने में मदद करता है, जिससे व्यक्ति गहरे आत्म-ज्ञान और मानसिक स्पष्टता का अनुभव कर सकता है।

- कहा जाता है कि जब प्राण शरीर में मुक्त रूप से प्रवाहित होती है, तो व्यक्ति अधिक स्वस्थ, शांत और केंद्रित महसूस करता है।

उदाहरण के लिए, **अनुलोम-विलोम प्राणायाम** (नाक के दोनों छिद्रों से बारी-बारी से सांस लेना) का अभ्यास करने से नाड़ी तंत्र (एनर्जी चैनल्स) शुद्ध होते हैं, जिससे मानसिक और आध्यात्मिक चेतना का विकास होता है।

भगवद गीता, जो आत्मज्ञान का गहन स्रोत है, सांस और माइंडफुलनेस के महत्व पर अद्भुत शिक्षा प्रदान करती है। अध्याय 6, श्लोक 19 में भगवान कृष्ण कहते हैं:

"जैसे हवा रहित स्थान में दीपक नहीं झिलमिलाता, वैसे ही योगी का अनुशासित मन ध्यान में स्थिर रहता है।"

इसका अर्थ यह है कि जैसे दीपक की लौ स्थिर रहने के लिए हवा रहित वातावरण की जरूरत होती है, वैसे ही मन को स्थिर करने के लिए सांस की स्थिरता आवश्यक होती है। जब हम अपनी सांस को नियंत्रित करते हैं, तो हमारा मन भी शांत और केंद्रित होने लगता है।

दैनिक जीवन में सांस की भूमिका

हमारी सांस किसी बहते हुए दरिया की तरह है–हमेशा गतिशील, हमेशा प्रवाहमान। लेकिन हम अक्सर इस पर ध्यान नहीं देते, जैसे किसी नदी की धारा को तब तक नजरअंदाज किया जाता है जब तक उसकी लहरें तेज़ न हो जाएँ। अगर हम सचेत रूप से अपनी सांस को महसूस करना शुरू करें, तो यह माइंडफुलनेस का सबसे सरल और शक्तिशाली माध्यम बन सकती है।

जब कोई तनाव में होता है, तो उसकी सांसें छोटी और तेज़ हो जाती हैं, जैसे किसी तेज़ आंधी में पेड़ की शाखाएँ हिलने लगती हैं। लेकिन अगर हम उस आंधी के बीच स्थिर खड़े हो जाएँ और तीन गहरी सांसें लें, तो अचानक सब कुछ शांत लगने लगता है। यही हमारी सांस की शक्ति है–यह हमें तूफानों के बीच भी स्थिरता दे सकती है।

रात में जब हम सोने जाते हैं, तो हमारे विचार अक्सर किसी अशांत समुद्र की लहरों की तरह ऊपर-नीचे होते रहते हैं। लेकिन अगर हम बिस्तर पर जाने से पहले धीरे-धीरे गहरी सांसें लें, तो यह समुद्र शांत होने लगता है। गहरी सांसें हमारे मस्तिष्क को आराम देती हैं, जैसे चंद्रमा की रोशनी रात के समुद्र को स्थिर कर देती है, और इससे हमें गहरी और सुकूनभरी नींद मिलती है।

किसी बहस या गुस्से के क्षण में भी हमारी सांस एक ढाल की तरह काम कर सकती है। जब हम प्रतिक्रिया देने से पहले एक गहरी सांस लेते हैं, तो यह हमें सोचने और समझदारी से जवाब देने का अवसर देती है। ठीक वैसे ही जैसे एक योद्धा युद्ध में जाने से पहले अपने कदमों को संभालता है, ताकि वह बिना विचलित हुए सही निर्णय ले सके।

काम के दौरान जब ऊर्जा कम होने लगती है, तो एक छोटा ब्रीदिंग ब्रेक हमें फिर से ऊर्जावान बना सकता है। यह वैसा ही है जैसे तपती दोपहर में अचानक ठंडी हवा का झोंका हमें तरोताजा कर देता है। केवल कुछ गहरी सांसें लेकर हम अपनी ऊर्जा को दोबारा जागृत कर सकते हैं।

हमारी सांस हमारी सबसे बड़ी शक्ति है–हमेशा हमारे साथ, बिना किसी प्रयास के। लेकिन जब हम इसे सचेत रूप से अपनाते हैं, तो यह एक गहरे परिवर्तन का माध्यम बन जाती है। अगली बार जब ज़िंदगी तेज़ भागती लगे या कोई मुश्किल घड़ी आए, तो बस एक पल के लिए रुकें... और गहरी सांस लें।

याद रखें, शांति आपके बाहर नहीं, बल्कि आपके भीतर है। और उसे महसूस करने के लिए, बस अपनी सांस को महसूस करना शुरू करें।

चरण-दर-चरण गाइडेड ब्रीदिंग एक्सरसाइज

चरण 1: एक शांत स्थान ढूंढना और सांस का अवलोकन करना

हर माइंडफुलनेस अभ्यास की शुरुआत सही वातावरण से होती है। जब आप किसी शांत जगह पर बैठते हैं और बस अपनी सांसों को महसूस करते हैं, तो यह आपके भीतर स्थिरता और शांति की नींव रखता है।

कैसे करें?

- **एक शांत जगह चुनें** - यह कोई भी जगह हो सकती है जहां आप सहज महसूस करें, जैसे घर का कोई कोना, एक पार्क या आपका ऑफिस।

- **आरामदायक स्थिति में बैठें** - अपनी रीढ़ सीधी रखें, हाथों को घुटनों या गोद में रखें। अगर ज़रूरत लगे तो दीवार या कुर्सी का सहारा लें।

- **धीरे से आंखें बंद करें** और अपना ध्यान अपने भीतर की ओर ले जाएं।

- **अपनी सांसों का अवलोकन करें** - महसूस करें कि हवा आपकी नाक से अंदर जाती है, फेफड़ों में फैलती है और फिर बाहर निकलती है। कुछ भी बदलने की कोशिश न करें, बस इस प्रक्रिया को देखें।

सामान्य चुनौतियां और सुझाव

- **अगर आपका मन भटकता है**, तो परेशान न हों। बस ध्यान से इसे वापस अपनी सांसों पर ले आएं।

- **अगर बैठने में असहजता हो**, तो कुशन का उपयोग करें या लेटकर अभ्यास करें।

यह क्यों काम करता है? यह अभ्यास आपको अपने शरीर और मन से जुड़ने का मौका देता है। यह सांसों को नियंत्रित किए बिना सिर्फ उनका साक्षी बनने की कला सिखाता है।

चरण 2: विश्राम के लिए 4-7-8 विधि (सांस लेना-रोकना-छोड़ना)

यह तकनीक तुरंत मन और शरीर को शांत करने में मदद करती है। जब आप सांस को गहरी और नियंत्रित तरीके से लेते हैं, तो यह नर्वस सिस्टम को आराम देता है।

कैसे करें?

1. 4 सेकंड तक नाक से गहरी सांस लें।
2. 7 सेकंड के लिए सांस रोकें।
3. 8 सेकंड तक धीरे-धीरे मुंह से सांस छोड़ें।
4. इस प्रक्रिया को 4-5 बार दोहराएं।

सामान्य चुनौतियां और सुझाव

- अगर 7 सेकंड तक सांस रोकना मुश्किल लगे, तो 4 सेकंड से शुरू करें और धीरे-धीरे समय बढ़ाएं।

- अगर ध्यान भटकने लगे, तो सांस की लय पर ध्यान केंद्रित करें।

लंबी सांस छोड़ने से तनाव कम होता है और मस्तिष्क को यह संकेत मिलता है कि वह विश्राम की अवस्था में जा सकता है। यह व्यस्त दिमाग को धीमा करने में मदद करता है।

चरण 3: नकारात्मक विचारों से अलग होने के लिए सांस जागरूकता का उपयोग करना

हमारे विचार लगातार चलते रहते हैं, लेकिन हमें उनके साथ बहना ज़रूरी नहीं। यह अभ्यास आपको सिखाता है कि कैसे नकारात्मक विचारों को देखने के बावजूद उनसे प्रभावित न हों।

कैसे करें?

- जब कोई नकारात्मक विचार आए, तो उसे दबाने की कोशिश न करें। बस उसे नोटिस करें।

- **उस विचार को एक बहते हुए बादल की तरह देखें**, जो धीरे-धीरे गुजर रहा है।

- **अपनी सांस पर ध्यान वापस लाएं।** अगर मन फिर से भटके, तो दोबारा सांसों की ओर लौटें।

सामान्य चुनौतियां और सुझाव

- अगर कोई विचार बहुत शक्तिशाली लगे, तो खुद को याद दिलाएं कि यह स्थायी नहीं है, यह एक गुजरती हुई भावना है।

- खुद को जज करने की बजाय जिज्ञासा और करुणा के साथ अपने विचारों को देखें।

यह अभ्यास आपको अपने विचारों से दूरी बनाने और उन पर प्रतिक्रिया देने के बजाय सिर्फ उनका साक्षी बनने में मदद करता है। यह आपको मानसिक शांति की ओर ले जाता है।

चरण 4: सांस से परे पूरे शरीर में विश्राम तक जागरूकता का विस्तार करना

सिर्फ सांसों पर ध्यान केंद्रित करने के बजाय, जब आप पूरे शरीर में जागरूकता लाते हैं, तो यह गहरी शांति और सुकून प्रदान करता है।

कैसे करें?

- कुछ मिनटों तक सांसों पर ध्यान केंद्रित करने के बाद, अब अपने शरीर पर ध्यान दें।

- अपने सिर के शीर्ष से शुरुआत करें और धीरे-धीरे पूरे शरीर को स्कैन करें।

- **किसी भी तनाव को नोटिस करें**, फिर धीरे-धीरे सांस के साथ उसे छोड़ने की कल्पना करें।

सामान्य चुनौतियां और सुझाव

- अगर किसी हिस्से में बहुत तनाव महसूस हो, तो उस हिस्से की मांसपेशियों को हल्का-सा टाइट करें और फिर छोड़ दें।
- अगर आपका ध्यान भटके, तो धीरे से वापस अपने शरीर पर ले आएं।

यह क्यों काम करता है? यह पूरे शरीर को रिलैक्स करने में मदद करता है और माइंडफुलनेस को गहरा बनाता है।

चरण 5: कृतज्ञता और आत्म-जुड़ाव के साथ अभ्यास समाप्त करना

किसी भी माइंडफुलनेस अभ्यास को सकारात्मकता और कृतज्ञता के साथ समाप्त करना इसे और अधिक प्रभावशाली बनाता है। यह आपकी ऊर्जा को संतुलित करता है और आपके दिन को सकारात्मक दिशा में ले जाता है।

कैसे करें?

- आंखें खोलने से पहले, कुछ पलों के लिए **कृतज्ञता महसूस करें**—इस अभ्यास के लिए, अपनी सांस के लिए, और खुद के लिए।
- खुद को एक **सकारात्मक पुष्टि** दें: "मैं शांत, उपस्थित और अपनी आंतरिक शांति से जुड़ा हुआ हूं।"
- धीरे से **आंखें खोलें** और अपने आसपास के माहौल को ध्यान से देखें। कोशिश करें कि इस शांति को पूरे दिन अपने साथ बनाए रखें।

रोज़मर्रा की ज़िंदगी में ब्रीदवर्क कैसे जोड़ें?

ब्रीदवर्क ठीक वैसे ही है जैसे किसी शांत झील में गिरती छोटी-सी बूँदें—वे सतह पर तरंगें पैदा करती हैं, लेकिन धीरे-धीरे पूरा जल स्थिर और साफ़ हो जाता है। हमारी सांसें भी ऐसी ही होती हैं; जब हम उन पर ध्यान देना शुरू करते हैं, तो वे हमारे भीतर की हलचल को शांत कर देती हैं, तनाव को घोल देती हैं, और हमें केंद्रित कर देती हैं।

अक्सर लोग सोचते हैं कि गहरी सांस लेना केवल ध्यान या योग का हिस्सा है, लेकिन यह वास्तव में एक ऐसा उपकरण है जो हमें हर क्षण

संतुलित और स्थिर रख सकता है। जब हम अपने दिन की भागदौड़ में उलझे होते हैं, तब भी हमारी सांसें हमारे साथ होती हैं–हमारी हर भावना, हर विचार, हर हलचल का एक अनदेखा प्रतिबिंब। सवाल यह है कि क्या हम इसे महसूस कर रहे हैं?

तनावपूर्ण स्थितियों में ब्रीदवर्क एक जीवनरक्षक की तरह काम करता है। जब कोई मीटिंग सामने हो और दिल की धड़कन तेज़ हो जाए, तब कुछ गहरी सांसें लेना वैसा ही है जैसे कोई नाविक तूफान में अपनी पकड़ मजबूत कर ले। सांसें धीमी और स्थिर होते ही मन भी शांत होने लगता है, और आत्मविश्वास हमारे भीतर जगह बना लेता है। घर की किसी बहस में, जब भावनाएँ बेकाबू हो रही हों, एक गहरी सांस वैसा ही प्रभाव डालती है जैसे किसी उफनते समुद्र पर अचानक चंद्रमा की शीतल रोशनी गिर जाए–शांत, स्थिर, और नियंत्रित।

यात्रा करते समय, भीड़ और शोर से घबराहट महसूस होना स्वाभाविक है। ऐसे में धीरे-धीरे सांस लेना और खुद को यह याद दिलाना कि "मैं इस पल में सुरक्षित हूं" एक एंकर की तरह काम करता है। यह हमें इस सच्चाई से जोड़ता है कि किसी भी बाहरी परिस्थिति से ज़्यादा शक्तिशाली हमारी आंतरिक शांति हो सकती है, अगर हम उसे महसूस करने की कला सीख जाएँ।

ब्रीदवर्क का असली जादू तब प्रकट होता है जब यह हमारी दिनचर्या का हिस्सा बन जाता है। सुबह की शुरुआत 5-10 मिनट की माइंडफुल ब्रीदिंग से करना दिन को एक शांत लय में ले आता है, जैसे उगते सूरज की पहली किरणें अंधेरे को धीरे-धीरे हटाती हैं। दोपहर के दौरान, जब दिमाग थकान महसूस करने लगे, तो ब्रीदवर्क एक ठंडी हवा के झोंके की तरह होता है– ऊर्जावान और ताज़ा करने वाला। और शाम को, जब पूरा दिन अपने भार के साथ हमें थकाने लगे, 4-7-8 ब्रीदिंग तकनीक वैसी ही राहत देती है जैसे किसी शांत झील के किनारे बैठकर बहती हवा को महसूस करना।

ब्रीदवर्क केवल एक अभ्यास नहीं, बल्कि खुद से जुड़ने की एक प्रक्रिया भी है। इसे और गहरा करने के लिए, जर्नलिंग एक अद्भुत तरीका हो सकता है। अपने अनुभवों को लिखना ऐसा ही है जैसे किसी जंगल में बने पगडंडी पर हर रोज़ निशान छोड़ना–धीरे-धीरे यह राह अधिक स्पष्ट और सुगम हो जाती

है। जब आप यह लिखते हैं कि ब्रीदवर्क से आपके शरीर और मन पर क्या प्रभाव पड़ा, तो आप अपने भीतर की हलचल को बेहतर समझने लगते हैं। यह विचार करना कि आपकी कौन-सी भावनाएँ सांसों के साथ बदलती हैं, एक अनमोल आत्मनिरीक्षण हो सकता है। क्या किसी खास पल में अचानक कोई पुरानी चिंता हल्की हो गई? क्या कोई अनदेखी भावना सामने आई? और सबसे ज़रूरी सवाल–मैं इस अभ्यास को अपने जीवन में और कैसे शामिल कर सकता हूँ?

रोजमर्रा की हलचल में भी ध्यान और शांति कैसे पाएँ?

हमारा दिन कई छोटे-छोटे प्रतीक्षा क्षणों से भरा होता है–चाहे वह किसी कतार में खड़े रहने का समय हो, ट्रैफिक लाइट पर रुकने का, या किसी नियुक्ति का इंतज़ार करने का। आमतौर पर, ये पल अधीरता से भरे होते हैं, लेकिन यदि हम इस दौरान अपनी सांसों को महसूस करें, तो वही प्रतीक्षा एक शांत विश्राम में बदल सकती है। एक गहरी सांस लेना वैसा ही है जैसे किसी तेज़ धूप में अचानक ठंडी छाँव मिल जाए–एक राहत देने वाला क्षण जो हमें बेचैनी से बाहर निकालकर संतुलन में ले आता है।

भोजन भी केवल पेट भरने की क्रिया नहीं, बल्कि एक अनुभव हो सकता है, अगर हम इसे पूरी उपस्थिति के साथ महसूस करें। खाने से पहले कुछ गहरी सांसें लेना ऐसा ही है जैसे कोई कलाकार रंग भरने से पहले कैनवास को देखे और सराहे। यह हमें उस क्षण में पूरी तरह लाने में मदद करता है, जिससे हम स्वाद, सुगंध, और बनावट को अधिक गहराई से अनुभव कर सकते हैं। जब हम माइंडफुल होकर खाते हैं, तो न केवल भोजन अधिक आनंददायक हो जाता है, बल्कि हमारा शरीर भी इसे बेहतर तरीके से पचा पाता है।

रात को सोने से पहले माइंडफुल ब्रीदिंग का अभ्यास वैसा ही है जैसे किसी नदी को धीरे-धीरे शांत होते देखना। पूरे दिन की हलचल के बाद, जब हम गहरी और नियंत्रित सांसें लेते हैं, तो यह हमारे शरीर और मन को एक सुकून भरी लय में ले आती है। यह उस हल्के झरने की तरह है जो धीरे-धीरे चट्टानों के ऊपर बहता हुआ एक गहरे और स्थिर जलाशय में समा जाता है–निस्तब्ध, संतुलित और सहज।

ब्रीदवर्क के प्रभाव को और गहरा करने के लिए, हम एक आत्म-पुष्टि (अफर्मेशन) का सहारा ले सकते हैं। जैसे किसी पौधे को बढ़ने के लिए मिट्टी के साथ सूरज की रोशनी भी चाहिए, वैसे ही हमारी सांसों को एक सकारात्मक विश्वास का साथ मिलने से उनका असर और बढ़ जाता है। जब हम यह कहते हैं कि *"हर सांस के साथ, मैं हल्का और मुक्त महसूस करता/करती हूं,"* तो यह वाक्य हमारे भीतर एक वास्तविकता बन जाता है। यह हमें याद दिलाता है कि हमारी सांसें केवल हवा नहीं, बल्कि हमारे मन और शरीर के बीच का सेतु हैं, जो हमें संतुलन और स्थिरता प्रदान करता है।

एक अंतिम विचार

ब्रीदवर्क एक सरल लेकिन शक्तिशाली उपकरण है जो आपके जीवन को अनुभव करने के तरीके को बदल सकता है। इसे अपनी दैनिक दिनचर्या में शामिल करके, आप शांति, स्पष्टता और जुड़ाव के क्षण बना सकते हैं, चाहे आपका दिन कितना भी व्यस्त या तनावपूर्ण क्यों न हो। याद रखें, हर सांस एक नया अध्याय है, एक नया अवसर खुद को फिर से खोजने और शांतिपूर्ण जीवन की ओर बढ़ने का। बस एक सांस लें... और महसूस करें कि आप पहले से बेहतर महसूस कर रहे हैं।

अध्याय 8

आत्म-प्रेम - खुद को पूरी तरह से अपनाना

आत्म-प्रेम क्या है?

आदि शंकराचार्य के अद्वैत सिद्धांत के अनुसार, आत्मा और ब्रह्म एक ही हैं–अर्थात, आत्मा किसी बाहरी चीज़ की मोहताज नहीं, बल्कि स्वयं में ही पूर्ण है। यही आत्म-प्रेम का मूल सार भी है। जब कोई व्यक्ति आत्म-प्रेम की यात्रा पर निकलता है, तो वह धीरे-धीरे इस सत्य को समझने लगता है कि वह पहले से ही पूर्ण है, उसे खुद को साबित करने या किसी बाहरी मंजूरी की आवश्यकता नहीं। यह वैसा ही है जैसे कोई नदी यह समझे कि वह समुद्र से अलग नहीं, बल्कि उसी का ही विस्तार है–बस उसे यह एहसास होने में समय लगता है।

अक्सर हम आत्म-प्रेम को किसी भौतिक अनुभव से जोड़कर देखते हैं– महंगे तोहफे, आलीशान यात्राएँ, या फिर कुछ पल का विश्राम। लेकिन यह प्रेम वास्तव में भीतर की स्वीकृति से जुड़ा होता है। आत्म-प्रेम का अर्थ है खुद को वैसे ही अपनाना, जैसे समुद्र हर लहर को अपनाता है–चाहे वह शांत हो या तूफ़ानी। यह खुद के प्रति उस दयालुता को जगाने की प्रक्रिया है, जिसे

हम अक्सर दूसरों के लिए सहजता से महसूस कर लेते हैं लेकिन खुद को देने में हिचकिचाते हैं।

लोग अक्सर यह सोचते हैं कि आत्म-प्रेम स्वार्थी होने जैसा है। लेकिन अद्वैत दर्शन के अनुसार, जब हम खुद को स्नेहपूर्वक स्वीकार करते हैं, तो यह प्रेम संकीर्ण नहीं रहता, बल्कि पूरे अस्तित्व में फैल जाता है। जैसे जब सूर्य चमकता है, तो वह यह नहीं सोचता कि उसकी रोशनी किसे मिलेगी और किसे नहीं–वह बस अपनी प्रकृति के अनुसार प्रकाशित होता है। आत्म-प्रेम भी कुछ ऐसा ही है–यह भीतर की रोशनी को पहचानना और उसे दुनिया तक पहुँचने देना है, बिना किसी संकोच या शर्त के।

बहुत से लोग यह मानते हैं कि अगर वे खुद से प्यार करने लगे, तो वे अपने दोषों को सुधारने की कोशिश बंद कर देंगे। लेकिन सच्चा आत्म-प्रेम सुधार से नहीं रोकता, बल्कि आत्म-विकास को और सरल बना देता है। जब हम किसी बच्चे को प्यार करते हैं, तो हम उसे सुधारने के लिए डांटते नहीं, बल्कि प्यार और समझ से उसका मार्गदर्शन करते हैं। आत्म-प्रेम का भी यही स्वभाव है–यह कठोर आलोचना से नहीं, बल्कि दयालुता से हमें बेहतर बनने की प्रेरणा देता है।

अद्वैत वेदांत कहता है कि यह संसार एक प्रतिबिंब की तरह है–जो कुछ भी बाहर दिखता है, वह भीतर की स्थिति का ही विस्तार है। जब हम खुद से प्रेम करना शुरू करते हैं, तो दुनिया भी हमें उसी प्रेम से उत्तर देती है। यह आत्म-स्वीकृति का वह क्षण होता है जब हम समझ जाते हैं कि जीवन की हर चुनौती, हर कमी, और हर संघर्ष हमें खुद से जोड़ने का ही एक माध्यम था। जिस दिन यह बोध जागृत हो जाता है, उस दिन आत्म-प्रेम कोई प्रयास नहीं, बल्कि हमारा स्वाभाविक स्वरूप बन जाता है।

आत्म-प्रेम स्वार्थी नहीं है–बल्कि यह ज़रूरी है

बचपन से ही हमें यह सिखाया जाता है कि दूसरों की जरूरतों का हमें पूरी तरह ध्यान रखना चाहिए, क्यूंकि यही "अच्छे इंसान" की पहचान होती है। खासकर वे बच्चे जो घर में सबसे बड़े या सबसे छोटे होते हैं, वे अक्सर इस भूमिका में ढल जाते हैं। उन्हें यह एहसास ही नहीं होता कि अपनी जरूरतों को प्राथमिकता देना भी उतना ही महत्वपूर्ण है जितना दूसरों की मदद करना।

यह आदत धीरे-धीरे उनके व्यक्तित्व का हिस्सा बन जाती है–वे देने के लिए हमेशा तैयार रहते हैं, भले ही खुद के पास देने के लिए कुछ बचा ही न हो।

यह ठीक वैसा ही है जैसे कोई नदी हर किसी को पानी देती जाती है, लेकिन अगर वह अपने स्रोत को भरने का ख्याल नहीं रखती, तो एक दिन खुद ही सूख जाएगी। मैं भी इसी स्थिति से गुज़रा। अगर कोई दोस्त मुझसे पेंसिल माँगता, तो मैं उसे बिना सोचे दे देता, भले ही मेरे पास सिर्फ एक ही क्यों न हो। अगर कोई मुझसे कोई काम करने को कहता, तो मैं कभी "ना" नहीं कह पाता, चाहे मैं खुद कितना ही थका हुआ क्यों न होऊँ। धीरे-धीरे, यह आदत इतनी गहरी बैठ गई कि मैंने खुद को प्राथमिकता देना कभी सीखा ही नहीं। और जब कभी मैंने अपने लिए कुछ किया, तो अपराधबोध घेर लेता– जैसे कि मैंने कोई गलती कर दी हो।

"अगर मैं खुद को प्राथमिकता दूँ, तो क्या इसका मतलब है कि मैं स्वार्थी हूँ?" "क्या लोग मुझे बुरा समझेंगे?" "क्या इससे कोई मुझे कम प्यार करने लगेगा?"

ये सवाल मेरे मन में बार-बार गूंजते रहते थे। लेकिन धीरे-धीरे, मैंने यह समझा कि खुद को प्राथमिकता देना न तो स्वार्थ है और न ही किसी की अनदेखी करना। यह एक भावनात्मक, मानसिक और शारीरिक ज़रूरत है। बिना इसके, न तो मैं संतुलित रह सकता था, न ही सही मायने में दूसरों की मदद कर सकता था।

इसे ऐसे समझें–अगर एक मोमबत्ती जलते-जलते पूरी तरह पिघल जाए और खुद ही खत्म हो जाए, तो वह किसी और को रोशनी कैसे दे पाएगी? उसी तरह, अगर हम अपने मानसिक और भावनात्मक स्वास्थ्य का ख्याल नहीं रखेंगे, तो किसी और के लिए कुछ कर पाने की ताकत भी नहीं बचेगी। खुद को प्राथमिकता देना खुद को ऊर्जा देने जैसा है, ताकि हम दूसरों के लिए भी उपयोगी बन सकें।

समाज हमें यह नहीं सिखाता कि 'ना' कहना भी एक स्वस्थ आदत है। लेकिन यह उतना ही ज़रूरी है जितना कि 'हाँ' कहना। जब हम खुद की ज़रूरतों को अनदेखा करते हैं, तो धीरे-धीरे हमारी ऊर्जा खत्म होने लगती है, हमारे रिश्ते प्रभावित होने लगते हैं, और हम भीतर से खाली महसूस करने

लगते हैं। इसलिए, यह ज़रूरी है कि हम खुद को भी उसी दयालुता और समझ से देखें, जैसी हम दूसरों को देते हैं।

आत्म-प्रेम अहंकार नहीं है–बल्कि यह आत्म-स्वीकृति है

बचपन में अगर किसी बच्चे को यह सिखाया जाए कि *"खुद की तारीफ करना घमंड होता है,"* तो यह बात धीरे-धीरे उसके मन में गहराई से बैठ जाती है। जैसे कोई बीज ज़मीन में पड़ता है और समय के साथ एक विशाल वृक्ष बन जाता है, वैसे ही यह विश्वास उसके पूरे व्यक्तित्व का हिस्सा बन जाता है। वह जब भी अपनी किसी उपलब्धि पर गर्व महसूस करने की कोशिश करता है, तो अंदर से एक आवाज़ उसे रोक लेती है–*"इसमें मेरी क्या खासियत है?"* या *"शायद यह सिर्फ मेरी किस्मत थी।"*

धीरे-धीरे, यह बच्चा जब बड़ा होता है और दुनिया को करीब से देखता है, तो वह दूसरों की सफलता को सराहता तो है, लेकिन अपने भीतर एक खालीपन भी महसूस करता है। जब वह किसी को आगे बढ़ते हुए देखता है, तो उसे लगता है–*"काश, मैं भी इतना अच्छा होता!"* सोशल मीडिया की चकाचौंध में जब वह औरों की उपलब्धियाँ देखता है, तो यह भावना और गहरी होने लगती है। तुलना का बीज, जो उसके बचपन में बोया गया था, अब विशाल वटवृक्ष बन चुका होता है। उसके मन में सवाल उठने लगते हैं– *"वे मुझसे बेहतर हैं!"* *"मुझे और मेहनत करनी चाहिए!"* *"शायद यह मेरी औकात से बाहर है?"*

लेकिन सच्चाई कुछ और ही है। आत्म-प्रेम यह कहता है कि तुलना किए बिना भी आप उतने ही मूल्यवान हैं जितना कोई और। अहंकार कहता है–*"मैं सबसे बेहतर हूँ,"* जबकि आत्म-प्रेम कहता है–*"मैं खुद को वैसे ही स्वीकार करता हूँ, जैसे मैं हूँ।"*

इसे ऐसे समझिए जैसे एक जंगल में अलग-अलग पेड़ हों–कोई ऊँचा देवदार है, कोई फलदार आम का पेड़, तो कोई छोटा सा गुलमोहर। अगर गुलमोहर यह सोचे कि *"क्योंकि मैं देवदार जितना ऊँचा नहीं हूँ, इसलिए मेरी कोई कीमत नहीं,"* तो यह उसकी अपनी अनदेखी होगी। लेकिन जब वह समझता है कि उसका सौंदर्य, उसकी लाल फूलों की छटा, उसका अपनी जगह खड़ा रहना ही उसकी खूबसूरती है, तब वह सच्चे आत्म-स्वीकार का अनुभव करता है।

जब कोई व्यक्ति अपने अस्तित्व को पूरी तरह स्वीकार कर लेता है, तो उसे खुद को साबित करने की कोई ज़रूरत नहीं होती। वह बिना किसी तुलना के अपनी जगह पर खड़ा रह सकता है, अपने रंग और खुशबू को महसूस कर सकता है। वह जानता है कि जैसे हर पेड़ का अपना स्थान और महत्व होता है, वैसे ही उसका भी है।

आत्म-प्रेम खामियों को नज़रअंदाज़ करना नहीं है–बल्कि खुद को सुधारने की प्रेरणा है

मेरा एक मित्र हमेशा अपने आप से नाखुश रहता था। उसे अपनी शक्ल पसंद नहीं थी, अपनी आवाज़ पसंद नहीं थी, और जब भी आईने में खुद को देखता, तो उसे बस कमियाँ ही नज़र आती थीं–*"मेरी नाक थोड़ी बड़ी है," "मेरी आवाज़ उतनी अच्छी नहीं है," "मैं उतना स्मार्ट नहीं हूँ।"* धीरे-धीरे, यह असंतोष उसके आत्मविश्वास को खोखला करता जा रहा था।

एक दिन, जब हम यूँ ही टहल रहे थे, तो उसने मुझसे खुलकर अपनी बातें साझा कीं। उसने कहा, *"यार, मैं हमेशा खुद में कमियाँ ही देखता रहता हूँ, लेकिन अब मुझे इससे बाहर निकलना है। मैं खुद का बेहतर वर्जन बनना चाहता हूँ।"* हमने इस पर लंबी चर्चा की, और धीरे-धीरे उसे यह समझ आने लगा कि दूसरों से प्यार पाने की इच्छा से कहीं ज़्यादा ज़रूरी यह है कि वह पहले खुद से प्यार करना सीखे।

आत्म-प्रेम का अर्थ यह नहीं है कि हम अपनी कमजोरियों से मुँह मोड़ लें। बल्कि, इसका असली मतलब है कि हम अपनी खामियों को स्वीकार करें और उन्हें प्यार से सुधारें। कई लोग यह सोचते हैं कि अगर वे खुद से प्यार करने लगे, तो वे खुद को बेहतर बनाने की कोशिश करना बंद कर देंगे। लेकिन यह सच नहीं है। जब हम खुद को स्वीकारते हैं, तो बदलाव लाना और भी आसान हो जाता है।

इसे ऐसे समझिए जैसे कुम्हार मिट्टी के घड़े बनाता है। अगर वह अपने बनाए हुए घड़े से नफ़रत होने लगे, तो क्या वह उसे और बेहतर बना पाएगा? नहीं। लेकिन अगर वह उस घड़े को प्यार से देखे, उसकी खामियों को समझे और धैर्य से उसे आकार दे, तो वह एक बेहतरीन कलाकृति बना सकता है।

आत्म-प्रेम भी इसी तरह काम करता है–जब आप खुद को स्नेह और धैर्य से देखते हैं, तो अपने भीतर बदलाव लाना आसान हो जाता है।

अगर कोई बच्चा गिरकर रो रहा हो और आप उसे डाँटने लगें, तो क्या वह दोबारा चलने की कोशिश करेगा? लेकिन अगर आप उसे सहारा दें, उसे यह एहसास दिलाएँ कि गिरना कोई गलती नहीं है, तो वह फिर से उठकर चलने की हिम्मत जुटा सकेगा। यही आत्म-प्रेम की ताकत है। यह आपको कठोर आलोचना से नहीं, बल्कि अपने प्रति करुणा और समझदारी से आगे बढ़ने में मदद करता है।

मेरा मित्र धीरे-धीरे इस बात को समझने लगा। उसने खुद के बारे में नकारात्मक बातें कहना कम कर दिया, खुद को आईने में देखकर मुस्कुराने की आदत डाली, और अपनी आवाज़ की आलोचना करने के बजाय उसे अपनाना शुरू किया। कुछ ही महीनों में उसका आत्मविश्वास निखरने लगा। यह जादू किसी बाहरी परिवर्तन से नहीं, बल्कि भीतर की स्वीकृति और प्रेम से हुआ था।

आत्म-प्रेम आपको परिपूर्ण नहीं बनाता, लेकिन यह आपको खुद को सुधारने का एक सुरक्षित और पोषणकारी वातावरण देता है। यह आपको यह एहसास दिलाता है कि आप जैसे हैं, वैसे ही योग्य और महत्वपूर्ण हैं–और खुद को बेहतर बनाने की प्रक्रिया किसी मजबूरी से नहीं, बल्कि प्रेम से होनी चाहिए।

लोग आत्म-प्रेम के साथ क्यों संघर्ष करते हैं?

आत्म-प्रेम एक ऐसा शब्द है, जो सुनने में बेहद सहज लगता है, लेकिन जब इसे अपनाने की बात आती है, तो यह किसी ऊँचे पहाड़ पर चढ़ने जैसा महसूस होता है। हममें से कई लोग इसे अपनाने में संघर्ष करते हैं, और इसके पीछे कुछ गहरी वजहें होती हैं।

बचपन से ही हमें यह सिखाया जाता है कि हमारी क़ीमत हमारे द्वारा हासिल की गई उपलब्धियों से तय होती है–अच्छे नंबर, सम्मानजनक नौकरी, और मजबूत रिश्ते। इससे यह विश्वास पक्का हो जाता है कि *"अगर मैं कुछ हासिल नहीं करता, तो मेरी कोई क़ीमत नहीं।"* जब यह सोच गहराई से बैठ

जाती है, तो हम बिना शर्त खुद को स्वीकार ही नहीं कर पाते। हमें लगता है कि आत्म-प्रेम का हक़दार बनने के लिए पहले कुछ साबित करना ज़रूरी है।

इसके अलावा, अगर बचपन में हमें उपेक्षा, आलोचना, या अस्वीकृति का सामना करना पड़ा हो, तो यह हमारे भीतर एक स्थायी भाव बन जाता है। जब हमें यह महसूस कराया जाता है कि हम पर्याप्त नहीं हैं, तो हम अनजाने में खुद से भी वैसा ही व्यवहार करने लगते हैं। एक बच्चा, जिसे बार-बार यह सुनने को मिले कि वह दूसरों जितना अच्छा नहीं है, बड़ा होकर भी यही मानता रहेगा कि वह आत्म-प्रेम का अधिकारी नहीं है।

हमारा समाज भी आत्म-स्वीकृति को आसान नहीं बनाता। चारों तरफ़ से हमें यह संदेश मिलता है कि सुंदरता, सफलता, और खुशहाली के लिए एक "सही" तरीका होता है। अगर हम उस ढाँचे में फिट नहीं बैठते, तो खुद को कमतर आंकने लगते हैं। सोशल मीडिया पर हर दिन हमें ऐसे लोग दिखते हैं, जो "आदर्श" जीवन जी रहे हैं। जब हम अपने संघर्षों को उनकी चमकती-दमकती ज़िंदगियों से तुलना करते हैं, तो आत्म-प्रेम और भी कठिन लगने लगता है।

इसे ऐसे समझिए जैसे एक जंगल हो, जहाँ हर पेड़ की अपनी जगह, अपनी खूबसूरती होती है–कोई ऊँचा होता है, कोई छायादार, तो कोई फूलों से भरा। लेकिन अगर एक बांस का पेड़ यह सोचने लगे कि *"मैं आम के पेड़ जैसा क्यों नहीं हूँ?"* या कोई गुलाब यह सोचे कि *"काश मैं सूरजमुखी की तरह होता!"* तो। लेकिन सच्चाई यही है कि हर पेड़ अपनी जगह पर खूबसूरत है, अपने होने भर से मूल्यवान है। आत्म-प्रेम भी यही समझने की यात्रा है– कि हम जैसे हैं, वैसे ही क़ीमती हैं।

लेकिन यह यात्रा आसान नहीं होती। जब जीवन में किसी गहरे आघात का सामना होता है–कोई बिछड़ जाता है, कोई सपना टूट जाता है, या कोई ठोकर लगती है–तब यह अहसास होता है कि हर इंसान किसी न किसी तरह से अपने घावों को भरने और खुद को अपनाने की कोशिश कर रहा है। तब समझ आता है कि आत्म-प्रेम कोई मंज़िल नहीं, जिसे एक बार पा लिया तो सब आसान हो जाएगा। यह एक सतत प्रक्रिया है, जिसमें हर दिन हमें खुद को थोड़ा और अपनाना पड़ता है, खुद को थोड़ी और करुणा देनी पड़ती है।

अधिकतर हम अपनी खुशियों की चाभी किसी और के हाथ में सौंप देते हैं, जैसे हमारा अस्तित्व ही दूसरों की स्वीकृति पर निर्भर हो। जब तक कोई हमें सराहता है, तब तक हम खुद को मूल्यवान मानते हैं, लेकिन जरा-सी आलोचना हमें अंदर से तोड़ देती है। मैंने भी लंबे समय तक यही किया—मेरा सुख-दुख इस बात पर निर्भर था कि लोग मुझे कैसे देखते हैं। मैंने सोचा था कि अगर मैं अपने करियर में सफल हो जाऊं, अपने परिवार की अपेक्षाओं पर खरा उतरूं, और समाज में एक प्रतिष्ठित छवि बना लूं, तो मुझे सच्ची संतुष्टि मिलेगी। लेकिन जितनी भी ऊँचाइयाँ हासिल कीं, भीतर कहीं न कहीं एक अधूरापन बना रहा।

कोई व्यक्ति पानी में पड़े चंद्रमा के प्रतिबिंब को पकड़ने की कोशिश करे। वह जितना उसे पकड़ने की कोशिश करेगा, उतना ही पानी में लहरें उठेंगी। लेकिन जैसे ही वह पानी को शांत रहने देगा और ऊपर देखेगा, असली चंद्रमा वहीं होगा—बिना किसी बदलाव के, अपनी पूर्णता में।

यही हमारी खुशी का भी सच है। जब हम उसे बाहरी उपलब्धियों, लोगों की राय, या सामाजिक मानकों में खोजते हैं, तो वह हमेशा दूर ही लगती है। लेकिन जब हम भीतर देखते हैं, तो महसूस होता है कि खुशी कोई वस्तु नहीं, जिसे पाया जाए, बल्कि यह तो हमारी मौलिक प्रकृति ही है।

मैंने यह समझा कि जब तक मैं अपनी पहचान को बाहरी चीज़ों से जोड़कर देखूंगा, तब तक अधूरापन बना रहेगा। असली संतोष तब आता है, जब हम खुद को वैसे ही स्वीकार करते हैं जैसे हम हैं—बिना किसी शर्त के, बिना किसी तुलना के। मैंने यह भी जाना कि लोगों की राय हमेशा बदलती रहती है। अगर मैं किसी के लिए अच्छा हूँ, तो किसी और के लिए शायद औसत। अगर एक दिन लोग मेरी तारीफ करते हैं, तो दूसरे दिन आलोचना भी कर सकते हैं। क्या मैं अपनी खुशी को इतने अस्थिर आधार पर टिका सकता हूँ?

आत्मा की पहचान करना, अपनी मूल प्रकृति को समझना ही असली सुख का स्रोत है। आदि शंकराचार्य ने कहा था कि आत्मा हमेशा मुक्त है, बस हमें अपने भीतर देखना आना चाहिए। जब मैंने यह समझा, तो मेरी खुशी अब

किसी बाहरी चीज़ पर निर्भर नहीं रही। अब यह एक स्थायी भाव है, जो मेरे ही भीतर है—हमेशा से था, बस मैं उसे बाहर खोज रहा था।

मैंने खुद को स्वीकार करना कैसे सीखा?

खुद को स्वीकार करना कोई एक रात में पूरी हो जाने वाली प्रक्रिया नहीं थी। यह वैसा ही था जैसे कोई नदी धीरे-धीरे अपनी धारा को मोड़कर अपने वास्तविक स्रोत की ओर लौटती है। शुरुआत में, मैं बाहरी चीज़ों से अपनी पहचान जोड़ता रहा—लोगों की राय, उपलब्धियाँ, और समाज के बनाए मानक। लेकिन धीरे-धीरे यह एहसास हुआ कि मैं इन सबसे परे हूँ।

आदि शंकराचार्य के *"शिवोऽहम्"* के दर्शन में यही सिखाया गया है—*"मैं न यह शरीर हूँ, न यह मन, मैं शुद्ध चेतना हूँ, शिव हूँ।"* जब मैंने इस विचार को अपनाना शुरू किया, तो मैंने अपने मूल्य को पहचानना शुरू किया। मेरा अस्तित्व किसी की स्वीकृति पर निर्भर नहीं था। यह समुद्र की तरह था—अगर कोई लहर उसे ऊँचा उठाए या नीचे गिराए, तो भी उसकी गहराई वैसी ही बनी रहती है।

मैंने यह भी समझा कि परफेक्शन का पीछा करना एक छलावा है। परफेक्ट बनने की कोशिश करने के बजाय, मैंने खुद को वैसे ही अपनाने का अभ्यास किया जैसे मैं हूँ। यह वैसा ही था जैसे कोई दीपक अपने ही प्रकाश को पहचानने लगे—जिस रोशनी को वह बाहर खोज रहा था, वह तो हमेशा उसके भीतर थी।

धीरे-धीरे मैंने अपनी प्रगति को देखना और उसकी सराहना करना शुरू किया। पहले जो मुझे छोटी जीत लगती थी, अब वही मुझे अपने सफर का महत्वपूर्ण हिस्सा लगने लगी। यह बदलाव एक नई ऊर्जा लेकर आया—एक ऐसी शांति, जो इस एहसास से उपजी थी कि मैं हमेशा से पूर्ण था, बस इस सच्चाई को महसूस करने में समय लगा।

आत्म-प्रेम विकसित करने के व्यावहारिक कदम

आत्म-प्रेम एक निरंतर अभ्यास है—एक ऐसा बीज जिसे हर दिन पोषण देना पड़ता है ताकि वह एक मजबूत वृक्ष बन सके। यह वैसे ही है जैसे कोई माली अपने बगीचे का ध्यान रखता है। अगर वह सिर्फ खूबसूरत फूलों की

चिंता करे, लेकिन जड़ों की परवाह न करे, तो बगीचा कभी फल-फूल नहीं सकता। आत्म-प्रेम भी कुछ ऐसा ही है–यह सिर्फ बाहरी देखभाल नहीं, बल्कि अपनी भीतरी जड़ों को पोषित करने की प्रक्रिया है।

जब मैंने माइंडफुल सेल्फ-केयर को अपनाना शुरू किया, तो यह समझ में आया कि इसका अर्थ केवल खुद को खुश रखने के सतही प्रयासों तक सीमित नहीं है, बल्कि यह खुद को गहराई से जानने, समझने और स्वीकार करने की यात्रा है। शुरुआत में, मैंने ध्यान देना शुरू किया कि मेरा शरीर क्या महसूस कर रहा है। यह वैसा ही था जैसे किसी पुराने, उपेक्षित वृक्ष की जड़ों को पानी देना। कई बार हम खुद को अनदेखा कर देते हैं–थकान के संकेतों को नजरअंदाज करते हैं, भूख लगने पर भी खुद को टालते हैं, या बिना रुके सिर्फ काम में लगे रहते हैं। लेकिन जब मैंने अपने शरीर की जरूरतों को समझना और उन्हें सम्मान देना शुरू किया, तो एक नई ऊर्जा महसूस हुई।

इसके साथ ही, मैंने अपनी भावनाओं की जांच करना भी सीखा। पहले जब कोई नकारात्मक भावना आती थी, तो मैं उसे दबाने या अनदेखा करने की कोशिश करता था, लेकिन यह वैसा ही था जैसे किसी बहते हुए पानी को रोकने की कोशिश करना–आखिरकार, वह अपने रास्ते बना ही लेता है। अब मैंने यह समझ लिया कि भावनाओं को महसूस करना भी आत्म-प्रेम का हिस्सा है। हर दिन, कुछ पल अपने आप से जुड़ने के लिए निकालने लगा– खुद से पूछता, "आज मैं कैसा महसूस कर रहा हूँ?" यह आत्म-जागरूकता का अभ्यास वैसा ही था जैसे गहरे पानी में झाँकना और उसकी सतह के नीचे की लहरों को देखना।

छोटे-छोटे माइंडफुल मोमेंट्स भी मेरी दिनचर्या का हिस्सा बन गए। यह कोई बड़ा बदलाव नहीं था, बल्कि छोटे लेकिन महत्वपूर्ण क्षण थे–जैसे सुबह की चाय को सचेत रूप से पीना, काम शुरू करने से पहले कुछ गहरी साँसें लेना, या किसी भी काम को पूरी तरह से उस पल में रहकर करना। यह वैसा ही था जैसे रोज़ अपने मन के बगीचे को थोड़ी-सी धूप और ताज़ी

आंतरिक आलोचना को ठीक करना: खुद से दोस्ती का सफर

क्या आपने कभी गौर किया है कि आप अपने मन में खुद से कैसे बात करते हैं? अगर आपसे कोई दोस्त अपनी किसी गलती के लिए माफ़ी मांगता

या उदास होता, तो आप उसे कैसे जवाब देते? शायद आप उसे हिम्मत देने की कोशिश करते, उसकी अच्छाइयों को बताते और उसे आगे बढ़ने की प्रेरणा देते। लेकिन जब हम खुद से बात करते हैं, तो अक्सर हम उतने दयालु नहीं होते।

हम सभी के भीतर एक *आंतरिक आलोचक* (Inner Critic) मौजूद होता है—वह कड़ी और आलोचनात्मक आवाज, जो बार-बार हमें याद दिलाती है कि "तुम पर्याप्त नहीं हो," "तुमसे नहीं होगा," या "तुम हमेशा गलत फैसले लेते हो।" यह आवाज धीरे-धीरे हमारे आत्म-सम्मान (Self-Worth) और आत्म-प्रेम (Self-Love) को कमजोर कर देती है।

लेकिन यह आलोचक हमेशा से ऐसा नहीं था। यह हमारी परवरिश, समाज की उम्मीदों, और पुरानी भावनात्मक चोटों (Emotional Wounds) से बना है। इसे पूरी तरह से खत्म करना जरूरी नहीं है, लेकिन इसे *ठीक करना और बदलना* जरूरी है।

अब इसे गहराई से समझते हैं–

नकारात्मक आत्म-चर्चा को पहचानें

पहला कदम है यह समझना कि आपका दिमाग आपके बारे में कैसे बात करता है।

हमारे विचार किसी पुराने टेप रिकॉर्डर की तरह होते हैं, जो बार-बार वही बातें दोहराता है—कभी प्रोत्साहन, तो कभी कठोर आलोचना। लेकिन कई बार यह टेप बिना किसी ठोस वजह के नकारात्मक बातों को ही बार-बार बजाने लगता है, और हम इसे सच मान बैठते हैं। यह आत्म-चर्चा (Self-Talk) हमें बिना एहसास कराए उस दिशा में मोड़ देती है, जहां हम खुद को कमतर समझने लगते हैं।

कल्पना करें कि आपका मन एक बगीचे की तरह है। अगर इसमें लगातार नकारात्मक विचारों के कांटे उगते रहें, तो वे पूरे बगीचे को बंजर बना सकते हैं। जैसे—*"मुझमें कभी कुछ करने की काबिलियत नहीं रही"* या *"अगर मैं गलतियाँ करता हूँ, तो इसका मतलब मैं बेकार हूँ।"* ये विचार सिर्फ शब्द नहीं होते, बल्कि वे हमारी आत्म-छवि को आकार देते हैं।

इस टेप को बंद करने या इस बगीचे को संवारने के लिए सबसे पहला कदम है–ध्यान देना। जब भी कोई नकारात्मक विचार आए, उसे पकड़ें, उसे समझें। जर्नलिंग एक बढ़िया तरीका है, जैसे कोई माली कांटों को छाँटकर बगीचे को साफ करता है। जब आप लिखते हैं कि क्या सोच रहे हैं, तो आप उस विचार को अपने दिमाग से निकालकर कागज पर रखते हैं–जहां वह आपको नियंत्रित नहीं करता, बल्कि आप उसे देख और समझ सकते हैं।

अगर किसी असफलता के बाद आप खुद से कठोरता से बात करते हैं, तो रुकिए और सोचिए–क्या आप अपने किसी दोस्त से भी ऐसे ही बोलते? अगर नहीं, तो फिर खुद से ऐसा व्यवहार क्यों? आत्म-आलोचना अगर अनियंत्रित हो जाए, तो यह भीतर एक ऐसी दीवार खड़ी कर देती है, जो आत्म-प्रेम और आत्मविश्वास को अंदर आने से रोक देती है।

प्यार से सीमाएँ तय करना: आत्म-प्रेम की मजबूत नींव

क्या आपने कभी महसूस किया है कि आप दूसरों की जरूरतों को पूरा करने में इतने उलझ जाते हैं कि अपनी ज़रूरतों को नज़रअंदाज़ कर देते हैं? क्या आप बिना मर्जी के "हाँ" कह देते हैं, सिर्फ इसलिए कि आप किसी को निराश नहीं करना चाहते?

अगर हाँ, तो यह अध्याय आपके लिए है।

सीमाएँ (Boundaries) तय करना आत्म-प्रेम का एक महत्वपूर्ण हिस्सा है। यह खुद को प्राथमिकता देने का साहस करना है–बिना अपराधबोध, बिना डर। जब हम सीमाएँ बनाते हैं, तो हम यह तय करते हैं कि हमारे साथ कैसा व्यवहार किया जाए, और किन चीज़ों को हम अपने जीवन में जगह देना चाहते हैं।

यह आत्म-सम्मान (Self-Worth) और मानसिक शांति (Inner Peace) की रक्षा करने का सबसे ज़रूरी कदम है।

1. "न" कहना सीखें: बिना अपराधबोध, बिना डर

"न" कहना वैसा ही है जैसे किसी बगीचे का माली अपने पौधों की सुरक्षा के लिए एक दीवार खड़ी करता है। अगर वह हर आने-जाने वाले को अंदर

आने दे, बिना सोचे-समझे हर किसी को फूल तोड़ने की अनुमति दे, तो बगीचा जल्द ही सूख जाएगा। लेकिन जब वह सावधानी से निर्णय लेता है कि किसे अंदर आने देना है और किसे नहीं, तो बगीचा फलता-फूलता रहता है।

हममें से कई लोगों को बचपन से सिखाया गया कि दूसरों को खुश रखना हमारी ज़िम्मेदारी है। हमें बताया गया कि "अच्छे" लोग हमेशा मदद करते हैं, हमेशा "हाँ" कहते हैं, और कभी किसी को निराश नहीं करते। लेकिन जब हम लगातार दूसरों की जरूरतों को खुद से ऊपर रखते हैं, तो हमारी ऊर्जा धीरे-धीरे खत्म होने लगती है–बिल्कुल वैसे ही जैसे कोई नदी अपनी धारा को दूसरों में बांटते-बांटते खुद सूख जाए।

"न" कहना खुद के लिए जगह बनाने जैसा है। यह अपने समय, ऊर्जा और भावनाओं को बचाने की प्रक्रिया है, ताकि हम अपने जीवन को बेहतर तरीके से जी सकें। जब कोई अतिरिक्त काम करने के लिए कहे, जब कोई हमें ऐसे रिश्ते में खींचना चाहे जहाँ सम्मान की जगह सिर्फ समझौते हों, तब "न" कहना अपने प्रति ईमानदार रहने का सबसे सरल तरीका बन जाता है।

शुरुआत में, यह मुश्किल लगता है। ऐसा लगता है कि "न" कहकर हम किसी को नाराज कर देंगे, कोई हमें गलत समझ लेगा। लेकिन सच तो यह है कि जब हम बिना सफाई दिए, बिना अपराधबोध के अपनी सीमाएँ तय करते हैं, तो लोग धीरे-धीरे हमें उसी रूप में स्वीकार करने लगते हैं। जैसे एक पेड़ हवा की दिशा में झुक सकता है, लेकिन अपनी जड़ों से अलग नहीं होता– वैसे ही हमें भी संतुलन बनाना आना चाहिए।

"न" कहना सिर्फ एक शब्द नहीं है, बल्कि खुद से किया गया एक वादा है कि हम अपनी भलाई को हल्के में नहीं लेंगे। जब हम अपनी सीमाएँ तय करते हैं, तभी हमारे पास दूसरों को देने के लिए भी कुछ बचता है–ठीक वैसे ही जैसे एक भरा हुआ घड़ा ही किसी और को पानी दे सकता है।

2. स्पष्ट संवाद करें: अपनी जरूरतों को खुलकर बताना सीखें

अगर आप अपनी सीमाएँ खुद स्पष्ट नहीं करेंगे, तो लोग उन्हें तोड़ते रहेंगे।

हममें से कई लोग यह मानकर चलते हैं कि हमारे आसपास के लोग हमारे मन की बात बिना कहे समझ लेंगे। लेकिन यह वैसा ही है जैसे बिना बताए

किसी से उम्मीद करना कि वह अंधेरे में भी रास्ता ढूंढ ले। जब तक हम अपनी जरूरतों को शब्दों में नहीं रखते, तब तक दूसरे लोग उन्हें समझ नहीं सकते।

अगर आप थके हुए हैं और फिर भी "हाँ" कहते रहते हैं, तो धीरे-धीरे आपकी ऊर्जा खत्म हो जाएगी। अगर कोई बार-बार आपके स्पेस में घुसपैठ कर रहा है और आप चुप रहते हैं, तो वह इसे आपकी सहमति मान लेगा। यही कारण है कि स्पष्ट संवाद करना उतना ही जरूरी है जितना एक पेड़ के लिए अपनी जड़ों को फैलाना–ताकि वह मजबूती से खड़ा रह सके।

कुछ लोग लगातार हमारी सीमाओं का उल्लंघन करते हैं। वे ऐसे होते हैं जो हमें छोटा महसूस कराते हैं, हमें थका देते हैं या हमें दोषी महसूस कराते हैं। मतलब अगर कोई आपके घर में बिना इजाजत घुस आए और आपके सामान को अस्त-व्यस्त कर दे। क्या आप इसे चुपचाप सहन करेंगे? बिल्कुल नहीं। तो फिर अपनी भावनात्मक सीमाओं के साथ ऐसा क्यों होने दें?

आपका समय और ऊर्जा बहुमूल्य हैं। इसे उन्हीं लोगों पर खर्च करना चाहिए जो आपके विकास को प्रोत्साहित करें, न कि उन पर जो आपकी चमक को फीका कर दें। जैसे सूरज के प्रकाश में खिलने वाले फूलों को हम छाँव में रखकर मुरझाने नहीं देते, वैसे ही हमें खुद को उन लोगों से दूर रखना चाहिए जो हमारे आत्म-सम्मान को ठेस पहुँचाते हैं।

3. कृतज्ञता और आत्म-करुणा का अभ्यास

कृतज्ञता और आत्म-करुणा का अभ्यास वैसा ही है जैसे एक बगीचे को संवारना। अगर हम सिर्फ उन खरपतवारों (नकारात्मकताओं) पर ध्यान देंगे जो वहां उग आई हैं, तो हमें कभी यह अहसास नहीं होगा कि उसी बगीचे में खूबसूरत फूल भी खिले हुए हैं। हमारा मन भी ऐसा ही एक बगीचा है, और अगर हम इसे हर दिन सकारात्मकता और आत्म-स्वीकृति से नहीं सींचेंगे, तो यह धीरे-धीरे सूखता चला जाएगा।

हमारा दिमाग नकारात्मक बातों को जल्दी पकड़ता है। हम अपनी गलतियों को बार-बार दोहराते हैं, खुद को कठोरता से जज करते हैं और अपनी कमियों पर ध्यान देते हैं। लेकिन क्या हमने कभी सोचा है कि जिस तरह हम दूसरों

के प्रति दयालु होते हैं, वैसे ही खुद के प्रति भी हो सकते हैं? आत्म-करुणा का अभ्यास हमें यही सिखाता है–खुद के साथ भी वैसे ही पेश आएं, जैसे हम अपने किसी प्रियजन के साथ आते हैं।

जब आप किसी कठिन समय से गुजर रहे हों, तो खुद से कहें, *"मैं अभी मुश्किल में हूँ, लेकिन मैं अपना सर्वश्रेष्ठ दे रहा हूँ!"* यह वैसा ही है जैसे किसी तूफान में फँसे व्यक्ति को यह याद दिलाना कि यह तूफान हमेशा नहीं रहेगा–यह भी गुजर जाएगा।

इसी तरह, कृतज्ञता एक मानसिक रीसेट बटन की तरह काम करती है। जब हम अपने जीवन में उन चीजों की सराहना करना शुरू करते हैं जो हमारे पास पहले से हैं, तो धीरे-धीरे हमारा ध्यान अभाव से संतोष की ओर चला जाता है। रोज़ तीन चीजें लिखना जिनके लिए हम आभारी हैं–चाहे वह एक अच्छी नींद हो, किसी दोस्त की मुस्कान हो या सुबह की चाय का सुकून– हमारी मानसिकता को बदल सकता है।

आत्म-प्रेम कोई मंज़िल नहीं, बल्कि एक रोज़ का चुनाव है। यह हर दिन खुद को यह याद दिलाने का चुनाव है कि *"मैं जैसा हूं, वैसा ही पर्याप्त हूं!"* जब तक हम खुद को स्वीकार नहीं करेंगे, तब तक बाहरी दुनिया से भी स्वीकृति की उम्मीद करना निरर्थक है।

वास्तविक जीवन की कहानी: आत्म-संदेह से आत्म-स्वीकृति तक

मैंने हमेशा सफलता और आत्म-विश्वास को बाहरी चीज़ों से जोड़ा था– लोगों की तारीफ, सामाजिक पहचान, और उपलब्धियाँ। मेरे भीतर एक हल्की सी बेचैनी रहती थी, लेकिन मैंने कभी इसे गहराई से समझने की कोशिश नहीं की। ऐसा लगता था जैसे मैं एक नदी के किनारे खड़ा हूँ, जो अपने प्रवाह में सब कुछ बहा ले जाती है, लेकिन फिर भी मैं उस बहाव का हिस्सा बनने के बजाय किनारे पर ही खड़ा रह जाता था, किसी और के अनुमोदन का इंतजार करता हुआ।

फिर, मेरे ऑफिस में मेरी मुलाकात रिकिन से हुई। वह युवा, आत्मविश्वासी और एक सफल ग्राफिक डिज़ाइनर था। बाहर से देखने में ऐसा लगता था जैसे उसे खुद पर पूरा भरोसा है, लेकिन जब मैंने उसे करीब से जाना, तो एहसास

हुआ कि उसकी ज़िंदगी उतनी परफेक्ट नहीं थी जितनी वह दिखाता था। वह लगातार बाहरी मान्यता की तलाश में था–अपने काम, रिश्तों और सामाजिक दायरे में खुद को साबित करने की कोशिश कर रहा था। यह मान्यता उसे कुछ समय के लिए संतुष्टि देती, लेकिन जल्द ही वह फिर से किसी और उपलब्धि की ओर भागने लगता। यह वैसा ही था जैसे वह एक खाली घड़ा था, जिसे भरने के लिए वह बाहरी दुनिया से पानी ढूंढ रहा था, लेकिन वह घड़ा हमेशा रिसता रहता था।

एक दिन लंच ब्रेक के दौरान मैंने उससे पूछा, **"अगर लोग बिना शर्त खुद से प्यार करने लगें, तो कैसा महसूस होगा?"** वह कुछ पलों के लिए चुप रहा, फिर हंसते हुए बोला, **"यह तो बड़ा अजीब सा ख्याल है। मुझे लगता है कि हमें खुद को साबित करना पड़ता है, तभी हम खुद को स्वीकार कर सकते हैं।"** उसकी बातों ने मुझे झकझोर दिया। क्योंकि यह सिर्फ उसकी नहीं, मेरी भी सच्चाई थी। मैं भी अपनी वैल्यू को बाहरी चीज़ों से जोड़कर देखता था। जब कोई मेरी तारीफ करता, तो मैं अच्छा महसूस करता, लेकिन जैसे ही वह तारीफ खत्म होती, मेरे अंदर फिर वही खालीपन लौट आता। अगर मैं खुद से खुश नहीं था, तो फिर बाहरी मान्यता कितनी भी क्यों न मिल जाए, वह अधूरी ही रहेगी।

उस रात मैंने खुद से एक सवाल पूछा– *"अगर दुनिया मुझे स्वीकार न करे, तो क्या मैं खुद को स्वीकार कर सकता हूँ?"* यह सवाल एक आईने की तरह था, जिसमें मेरी असली छवि दिख रही थी। मैंने महसूस किया कि मैं परफेक्शन की दौड़ में अपने आप से दूर होता जा रहा था। मैंने खुद को बदलने के छोटे-छोटे कदम उठाने शुरू किए, जैसे एक नदी अपने प्रवाह को खुद नियंत्रित करना सीखती है, बाहरी बाधाओं के बावजूद।

मैंने दूसरों को खुश करने की कोशिश करना बंद कर दी और अपनी भावनाओं को प्राथमिकता देने लगा। जब भी खुद की आलोचना करता, तो सोचता–*"अगर यही बात मेरे सबसे अच्छे दोस्त के साथ होती, तो क्या मैं उससे भी इतनी सख्ती से पेश आता?"* और जवाब हमेशा *नहीं* होता। मैंने छोटी-छोटी सफलताओं को नोटिस करना शुरू किया, जैसे एक सूरजमुखी छोटे-छोटे किरणों से पोषण पाकर खिलता है।

समय के साथ, मैंने खुद को एक नए दृष्टिकोण से देखना शुरू किया। पहले जहाँ मैं बाहरी मान्यता पर निर्भर था, अब मैं अपनी ही नजरों में खुद को देखने की कोशिश कर रहा था। यह बदलाव आसान नहीं था, जैसे एक बीज को जमीन के नीचे अंधेरे में संघर्ष करना पड़ता है, मिट्टी को चीरकर ऊपर आना होता है, सूरज की रोशनी तक पहुँचने के लिए। लेकिन यह यात्रा ज़रूरी थी–क्योंकि बिना इसके, कोई वृक्ष कभी अपनी पूरी क्षमता तक नहीं बढ़ सकता।

रिकिन के साथ हुई उस बातचीत ने मेरी सोच को झकझोर दिया था। उसने अनजाने में मुझे एक आईना दिखा दिया था, जिसमें मैंने अपनी ही असुरक्षाओं को साफ-साफ देखा। मैं समझ गया कि आत्म-स्वीकृति कोई मंज़िल नहीं, जिसे एक बार पा लिया तो सफर खत्म हो गया। यह तो हर दिन खुद को अपनाने की प्रक्रिया है, जैसे नदी हर मोड़ पर अपने प्रवाह को नए सिरे से ढालती है, बिना अपनी गहराई खोए।

मैंने यह भी महसूस किया कि आत्म-प्रेम कुछ ऐसा नहीं जिसे मेहनत करके, किसी मान्यता या उपलब्धि के बाद कमाया जाए। यह तो वैसे ही है जैसे सूरज चमकने के लिए किसी अनुमति का इंतज़ार नहीं करता, या जैसे समुद्र को अपनी गहराई साबित करने की जरूरत नहीं होती। आत्म-प्रेम हमारे भीतर हमेशा से मौजूद होता है, बस हमें उसे देखने की आदत डालनी होती है।

पहले मैं अपनी असफलताओं और कमियों को अपने आत्म-मूल्य से जोड़कर देखता था, लेकिन अब मैं उन्हें अपनी यात्रा का हिस्सा मानने लगा। जैसे कोई कुम्हार मिट्टी के बर्तन को गढ़ने के लिए उसे थपथपाता है, आकार देता है, वैसे ही जीवन की हर चुनौती हमें तराशती है। आत्म-संदेह अब भी आता था, लेकिन अब मैं उसे पहचानता था और उसे खुद पर हावी नहीं होने देता।

इस सफर में मैंने सीखा कि **मैं जैसा हूँ, वैसे ही पर्याप्त हूँ**। यह समझ आते ही मन में एक अजीब सी शांति छा गई, जैसे लंबे समय से ठहरे हुए

पानी में कोई हल्की सी लहर चल पड़ी हो। आत्म-स्वीकृति की यह यात्रा जारी है, और अब मैं इसे अपनाने के लिए तैयार हूँ–बिना शर्त, बिना संकोच।

खुद से आत्म-प्रेम की ओर:

आत्म-खोज के लिए जर्नलिंग

कई बार हमें ऐसा लगता है कि हमारी पुरानी गलतियों, तकलीफों, या असुरक्षाओं की वजह से हम प्यार के लायक नहीं हैं। लेकिन जब आप जर्नल में अपने अतीत को लिखते हैं, तो आप उसे एक बाहरी दृष्टिकोण से देख पाते हैं। यह आपको अपने अतीत को समझने और खुद को माफ करने में मदद करता है।पहले मुझे जर्नलिंग करना थोड़ा अजीब लगता था। मुझे खुद ही समझ नहीं आता था क्या लिखूँ? कैसे लिखूँ? कितनी ही बार मैंने लिखकर जलाया है। लेकिन जब मैंने इसे बस एक दोस्त की तरह मान लिया, और समझ आया कि इस तरीके से मैं खुलकर बात कर सकता हूँ, तो चीजें बदलने लगीं। एक दिन, जब मन बहुत उलझा हुआ था, मैंने अपनी डायरी उठाई और बिना रुके लिखना शुरू किया। लिखते-लिखते अहसास हुआ कि मेरे डर चिंताएँ और दर्द सिर्फ मेरे ही बनाए हुए थे। तब से, मेरा मन हल्का होना शुरू हो गया और मैंने इसे अपनी रोज़मर्रा की आदत बना लिया।

कैसे शुरू करें:

हर दिन आप 10-15 मिनट निकालकर स्वतंत्र रूप से आप जो फील करते हैं उसके बारे में लिख सकते हैं ।

- कुछ सहायक प्रश्नों का उपयोग करें, जैसे:
    - "मैं अभी क्या महसूस कर रहा हूँ?"
    - "इस समय मुझे सबसे ज्यादा क्या चाहिए?"
    - "आज मैं किन चीजों के लिए आभारी हूँ?"

अपूर्णता को गले लगाना

भगवद्गीता (6.5) में कहा गया है–

"मनुष्य को चाहिए कि वह अपने मन के द्वारा स्वयं को ऊपर उठाए, न कि स्वयं को नीचे गिराए। क्योंकि मन ही मनुष्य का मित्र और शत्रु दोनों होता है।"

इसका अर्थ यह है कि अगर हम खुद को स्वीकार नहीं करेंगे, तो हमारा ही मन हमें अपने खिलाफ कर देगा। आत्म-प्रेम की शुरुआत खुद को अपनी कमियों सहित अपनाने से होती है।हम में से कई लोग यह मानते हैं कि आत्म-प्रेम का अधिकार केवल उन्हीं को है जो किसी भी तरह की कमी से मुक्त हैं–जो हमेशा आत्मविश्वासी, सफल, और मानसिक रूप से मजबूत होते हैं। लेकिन यह सोच ही आत्म-प्रेम की राह में सबसे बड़ी बाधा बन जाती है। जब तक हम खुद को "पूर्ण" नहीं मानते, तब तक हम खुद को प्यार के योग्य भी नहीं मानते।

हममें से कई लोग हर छोटी गलती पर खुद को कोसते रहते हैं। हमें लगता है कि अगर हम परफेक्ट नहीं हैं, तो हम नाकाम हैं। यह अपराधबोध धीरे-धीरे हमारे आत्म-सम्मान को कम करता जाता है और हमें अंदर से कमजोर कर देता है। लेकिन सवाल यह है–क्या हम दूसरों के साथ भी ऐसा ही करते हैं? अगर कोई दोस्त गलती करे, तो क्या हम उसे उसी कठोरता से जज करते हैं, जैसे खुद को करते हैं? शायद नहीं।

जब हम खुद को जरूरत से ज्यादा जज करते हैं, तो यह दो रूप ले सकता है:

1. आत्म-आलोचना (Self-Criticism):

- "मैं कभी भी कुछ ठीक नहीं कर सकता।"
- "मुझे यह करने की कोशिश ही नहीं करनी चाहिए थी।"
- "लोग मेरी गलतियों को हमेशा याद रखेंगे।"

यह नकारात्मक सोच हमें आगे बढ़ने से रोकती है और हमारी आत्म-छवि को तोड़ देती है।

2. आत्म-जागरूकता (Self-Awareness):

- "गलती हुई, लेकिन इससे मैंने कुछ सीखा।"

- ○ "कोई भी परफेक्ट नहीं होता, मैं अगली बार बेहतर करूंगा।"
- ○ "क्या मैं अपने दोस्त को इस तरह जज करता? अगर नहीं, तो खुद के साथ ऐसा क्यों करूं?"

आत्म-जागरूकता हमें यह सिखाती है कि गलतियां हमारे व्यक्तित्व को परिभाषित नहीं करतीं, बल्कि वे सीखने के अवसर हैं।

एक सपोर्ट सिस्टम बनाना

अपने आसपास सहायक, प्यार करने वाले लोगों को रखना आत्म-प्रेम विकसित करने के लिए महत्वपूर्ण है। एक मजबूत सपोर्ट सिस्टम आपको उत्थान, प्रोत्साहन दे सकता है और जब आप अपने मूल्य को भूल जाते हैं, तो आपको याद दिला सकता है।

हमारे आस-पास के लोग हमारे आत्म-सम्मान और आत्म-छवि को गहराई से प्रभावित करते हैं। जब हम लगातार ऐसे लोगों के बीच होते हैं जो हमारी कमियों को उजागर करने में लगे रहते हैं, तो हमारा अवचेतन मन इसे सच मानने लगता है। हमें लगने लगता है कि शायद हम पर्याप्त नहीं हैं, और यह भावनात्मक रूप से हमें कमजोर कर सकता है।

यदि कोई व्यक्ति बार-बार हमारी कमजोरियों पर ध्यान केंद्रित करता है और हमें हमारी कमियों के लिए ही पहचानता है, तो धीरे-धीरे हम भी खुद को उसी नज़रिए से देखने लगते हैं। आलोचनाएं हमारे अंदर नकारात्मक आत्म-छवि विकसित करती हैं, जिससे आत्म-संदेह जन्म लेता है। हम खुद को सीमित करने लगते हैं और अपनी क्षमताओं पर शक करने लगते हैं।

जब व्यक्ति यह समझ जाता है कि आत्म-सम्मान बाहरी लोगों की मान्यता पर निर्भर नहीं होना चाहिए, तो वह बदलाव की ओर कदम बढ़ाता है। यह समझना कि हम किन लोगों के साथ रहते हैं, यह हमारी मानसिक शांति और आत्म-विकास के लिए कितना महत्वपूर्ण है—यही आत्म-प्रेम की पहली निशानी है।

कुछ पुराने रिश्ते छोड़ना आसान नहीं होता, खासकर जब वे लंबे समय से हमारे जीवन का हिस्सा रहे हों। लेकिन जब रिश्ते हमें मानसिक और भावनात्मक रूप से थका दें, तब खुद को प्राथमिकता देना ज़रूरी हो जाता है।

यह अहसास कि हमें ऐसे लोगों के बीच रहना चाहिए जो हमें उसी रूप में स्वीकार करें जैसे हम हैं, जीवन का एक बड़ा मोड़ साबित हो सकता है।

नए लोगों से जुड़ना जो हमें प्रेरित करें, हमें समझें और बिना शर्त हमें अपनाएं, यह आत्म-सम्मान और आत्म-प्रेम को मजबूत करता है।

कैसे बनाएं:

- उन लोगों की पहचान करें जो आपको मूल्यवान और सम्मानित महसूस कराते हैं।
- ऐसे लोगों के साथ अधिक समय बिताएं जो आपको प्रेरित करते हैं और नकारात्मकता फैलाने वालों से दूरी बनाएँ।
- अपने प्रियजनों को अपनी जरूरतों और सीमाओं के बारे में स्पष्ट रूप से संवाद करें।

स्वयं को अपनाने की कला

जब हम आत्म-प्रेम की राह पर चलते हैं, तो हम अपने दोषों और कमजोरियों को नकारने के बजाय उन्हें स्वीकार करना सीखते हैं। यह यात्रा हमें यह सिखाती है कि हम संपूर्ण होने के लिए नहीं, बल्कि संपूर्ण रूप से खुद को अपनाने के लिए बने हैं। आत्म-प्रेम का अर्थ सिर्फ खुद को खुश रखने से नहीं, बल्कि अपनी सीमाओं, संघर्षों और असफलताओं को भी समझने से है।

यह हमें दूसरों की स्वीकृति की तलाश से मुक्त करता है और हमें अपने अस्तित्व की सुंदरता को पहचानने की शक्ति देता है। जब हम अपने भीतर की आवाज़ को सुनना शुरू करते हैं, तब ही हम आत्म-संदेह से बाहर निकलकर आत्म-स्वीकृति की ओर बढ़ते हैं।

आत्म-प्रेम की यह यात्रा हमें सिखाती है कि हम खुद के सबसे अच्छे साथी बन सकते हैं–बिना शर्त, बिना डर, और बिना किसी बाहरी मान्यता की आवश्यकता के।

आइए इस यात्रा को विस्तार से समझें।

1. शैडो वर्क और इनर चाइल्ड हीलिंग

हमारी छाया (Shadow) वह भाग है जिसे हम अक्सर अनदेखा कर देते हैं–हमारी असुरक्षाएँ, पुरानी यादें, और दर्द जो दबा रहता है। **शैडो वर्क** हमें इन हिस्सों को पहचानने और स्वीकारने में मदद करता है।

- **जर्नलिंग एक्सरसाइज़:** अपने किसी ऐसे डर या असुरक्षा को लिखें जिसे आप स्वीकारना नहीं चाहते। खुद से पूछें: "इस डर की जड़ क्या है?" और "अगर मैं इसे पूरी तरह स्वीकार लूँ, तो कैसा महसूस होगा?"

- **इनर चाइल्ड कनेक्शन:** अपनी बचपन की एक ऐसी याद को याद करें जब आपको प्यार और स्वीकृति की जरूरत थी। अपनी आँखें बंद करें, गहरी साँस लें और खुद से कहें, "मैं तुम्हें देखता हूँ, तुम्हें प्यार करता हूँ, और हमेशा तुम्हारे साथ हूँ।"

2. ऊर्जा उपचार (एनर्जी हीलिंग)

हमारे विचार और भावनाएँ हमारे ऊर्जा स्तर को प्रभावित करती हैं। जब हम नकारात्मक सोचते हैं या भावनात्मक दर्द सहते हैं, तो हमारी ऊर्जा असंतुलित हो जाती है, जिससे तनाव, चिंता और आत्म-संदेह बढ़ता है। **एनर्जी हीलिंग** एक प्रभावशाली तरीका है जो हमें अपनी ऊर्जा को संतुलित करने और आत्म-प्रेम विकसित करने में मदद करता है। यह ध्यान, रेकी, प्राणायाम या अन्य तकनीकों के माध्यम से नकारात्मक ऊर्जा को मुक्त कर सकारात्मकता को बढ़ावा देता है। जब हमारी ऊर्जा शुद्ध और संतुलित होती है, तो आत्म-स्वीकृति और आंतरिक शांति स्वाभाविक रूप से बढ़ती है, जिससे हम खुद को और अधिक प्रेम और सम्मान दे पाते हैं।

- **हृदय चक्र संतुलन:** अपने सीने पर हाथ रखें और गहरी साँस लें। कल्पना करें कि हरे रंग की एक रोशनी आपके दिल को भर रही है।

- **अफर्मेशन:** "मैं योग्य हूँ," "मैं खुद से प्यार करता हूँ," "मैं खुद को स्वीकार करता हूँ।" इन्हें हर दिन बोलें।

- **साउंड हीलिंग:** संगीत या मंत्रों (जैसे ओम या सोल्फेगियो फ्रीक्वेंसी) का उपयोग जो आपके कंपन (vibration) को ऊँचा कर सकते हैं।

आत्म-प्रेम का प्रभाव और दूसरों के लिए प्रेरणा

आत्म-प्रेम हमारे पूरे जीवन को सकारात्मक रूप से प्रभावित करता है। जब हम खुद को स्वीकार करते हैं, अपनी कमजोरियों को अपनाते हैं और अपनी ज़रूरतों को प्राथमिकता देते हैं, तो हमारा आत्म-सम्मान बढ़ता है। यह बदलाव हमारे रिश्तों में भी झलकता है।

रिश्तों में आत्म-प्रेम का महत्व

जब हम खुद को प्राथमिकता देना सीखते हैं, तो हमारे रिश्ते संतुलित और स्वस्थ बनते हैं। हम दूसरों को खुश करने के लिए अपनी सीमाओं का उल्लंघन नहीं करते, बल्कि एक समान और सम्मानजनक संबंध बनाते हैं। आत्म-बलिदान के बिना प्यार देने की क्षमता हमें भावनात्मक रूप से मजबूत बनाती है, जिससे रिश्तों में पारदर्शिता और समझ बढ़ती है।

दूसरों के लिए प्रेरणा

जब कोई व्यक्ति आत्म-प्रेम को अपनाता है, तो उसकी ऊर्जा और आत्मविश्वास दूसरों को भी प्रेरित करते हैं। ऐसे लोग अपने आस-पास सकारात्मकता फैलाते हैं और दूसरों को भी खुद को स्वीकारने व खुद से प्यार करने के लिए प्रेरित करते हैं। आत्म-प्रेम का यह प्रभाव सिर्फ एक व्यक्ति तक सीमित नहीं रहता, बल्कि यह एक चेन रिएक्शन की तरह समाज में भी फैलता है।

4. आत्म-प्रेम का गाइडेड ध्यान (Guided Meditation)

अगर आप आत्म-प्रेम की इस यात्रा को गहराई से अनुभव करना चाहते हैं, तो यह छोटा सा ध्यान आज़माएँ:

1. शांत स्थान पर बैठें और आँखें बंद करें।

2. गहरी साँस लें और महसूस करें कि हर साँस के साथ शांति आपके भीतर समा रही है।

3. कल्पना करें कि एक सुनहरी रोशनी आपके सिर से लेकर पैरों तक आपको भर रही है।

4. खुद से कहें: "मैं योग्य हूँ, मैं संपूर्ण हूँ, मैं खुद को स्वीकार करता हूँ।"

5. कुछ क्षण इस एहसास में रहें और फिर धीरे-धीरे अपनी आँखें खोलें।

आत्म-प्रेम कोई मंज़िल नहीं, बल्कि जीवनभर चलने वाली प्रक्रिया है। छोटे-छोटे कदम उठाएँ, अपनी प्रगति को स्वीकार करें और हर दिन खुद को थोड़ा और प्यार दें।

आज से अगले 7 दिनों तक, आत्म-प्रेम की कोई नई प्रैक्टिस आज़माएँ– चाहे वह सकारात्मक बातें कहना हो, खुद के लिए समय निकालना हो, या बस खुद को एक प्यारी मुस्कान देना। याद रखें, आप इसके योग्य हैं।

अध्याय 9

सीमाएँ - अपनी ऊर्जा की रक्षा करना

टॉक्सिक रिलेशनशिप से बाहर निकलने की कहानी

एक ऐसा व्यक्ति जिसके साथ उसने अपने भविष्य के सपने देखे थे। शुरुआत में सब कुछ एक खूबसूरत कहानी की तरह था, जैसे किसी शांत झील में गिरती बारिश की बूंदें, जो उसकी दुनिया को ताज़गी और उमंग से भर रही थीं। लेकिन धीरे-धीरे वह झील अशांत होती गई, और वह इस बदलाव को समझ नहीं पाया।

रिश्ते में शुरुआत में प्यार, समर्थन और आपसी समझ थी, लेकिन धीरे-धीरे उसकी भावनाओं का महत्व कम होने लगा। जब भी उसने अपने मन की बात कहनी चाही, उसे यह अहसास कराया गया कि वह बहुत ज़्यादा सोचता है, बहुत संवेदनशील है, या बस बेवजह चीज़ों को बड़ा बना रहा है। शुरू में वह इन छोटी-छोटी बातों को नज़रअंदाज़ करता रहा, यह सोचकर कि शायद वही गलत समझ रहा है। लेकिन जैसे-जैसे समय बीता, उसने महसूस किया कि उसकी पहचान कहीं खो रही है। पहले वह अपने फैसले खुद लेता था, अपनी इच्छाओं और सपनों पर गर्व करता था, लेकिन अब हर निर्णय इस

डर से लिया जाने लगा कि कहीं उसके साथी को बुरा न लगे। उसकी दुनिया सिकुड़ रही थी, जैसे कोई नदी जिसे धीरे-धीरे किनारों से घेरकर एक छोटे से तालाब में बदल दिया गया हो।

आत्म-संदेह धीरे-धीरे उसकी सोच पर हावी हो गया। जब भी वह खुद के बारे में सोचता, तो यही सवाल उसके मन में गूंजता–"क्या वाकई मैं इतना ज़्यादा सोचता हूँ?" "क्या मेरी भावनाएँ इतनी महत्वहीन हैं कि उन्हें बार-बार नज़रअंदाज़ कर दिया जाए?" यह ठीक वैसा ही था जैसे कोई आईना, जिसमें वह कभी खुद को साफ देख पाता था, अब धुंधला हो गया था।

लेकिन यह कहानी केवल खोने की नहीं थी–यह खुद को फिर से पाने की भी थी। एक दिन उसने खुद से एक सवाल किया–"क्या मैं इसी तरह जीना चाहता हूँ?" और पहली बार, उसका जवाब स्पष्ट था–"नहीं।"

उसने सीमाएँ तय करने का फैसला किया। उसने धीरे-धीरे अपनी आवाज़ वापस पाई। शुरुआत में यह कठिन था। जब भी उसने खुद के लिए खड़े होने की कोशिश की, उसे पहले से ज्यादा प्रतिरोध का सामना करना पड़ा। लेकिन इस बार वह झुका नहीं। उसने समझ लिया था कि सच्चा प्यार कभी आत्म-सम्मान की कीमत पर नहीं आता।

धीरे-धीरे, उसने फिर से अपने आप को खोजा। उसने खुद को याद दिलाया कि उसकी भावनाएँ भी मायने रखती हैं, कि उसका आत्म-सम्मान किसी और की मंज़ूरी पर निर्भर नहीं करता। वह अब सिर्फ देने वाला नहीं था–अब उसने यह सीख लिया था कि स्वस्थ रिश्ते में संतुलन ज़रूरी होता है।

आज, जब वह पीछे मुड़कर देखता है, तो उसे एहसास होता है कि वह रिश्ता उसे धीरे-धीरे खत्म कर रहा था, लेकिन उस दर्द ने उसे नया जीवन भी दिया। यह उसकी आत्म-उन्मुक्ति की कहानी थी–जहाँ उसने जाना कि सच्चा प्यार वह होता है, जो हमें उड़ने के लिए पंख देता है, न कि हमारी उड़ान को रोकता है।

जब सीमाएँ तय नहीं की जातीं, तो क्या होता है?

प्यार और त्याग के बीच की रेखा अक्सर धुंधली हो जाती है, खासकर जब बचपन से यह सिखाया गया हो कि सच्चे प्रेम का मतलब अपनी इच्छाओं

को बलिदान कर देना है। यही सीख उसके मन में इतनी गहरी बैठ गई कि जब वह बड़ा हुआ और रिश्तों में आया, तो उसने बिना किसी सवाल के इसे अपनाया। यह ठीक वैसे ही था जैसे कोई नदी अपने प्रवाह को रोककर सिर्फ किनारों को भिगोने लगे, यह भूलकर कि उसकी असली प्रकृति बहते रहने में है।

उसका सबसे बड़ा डर था–अपने साथी को खो देना। इस डर ने उसे कभी सीमाएँ तय करने की अनुमति ही नहीं दी। जब भी उसके मन में कोई असहमति आती, कोई तकलीफ महसूस होती, वह उसे यह सोचकर दबा देता कि कहीं यह नाराज़गी का कारण न बन जाए। वह हर बार झुक जाता, यह मानकर कि प्यार का मतलब समझौता करना है। लेकिन जितना वह देता गया, उतना ही उसका साथी लेता गया।

धीरे-धीरे, उसके बिना पूछे ही योजनाएँ बनाई जाने लगीं। अगर कोई और दिलचस्प चीज़ सामने आ जाती, तो उसे अंतिम समय पर छोड़ दिया जाता। जब उसने कभी अपनी निराशा जाहिर करने की कोशिश की, तो उसे यही जवाब मिलता–"इतना ओवररिएक्ट क्यों कर रहे हो?" यह सुनते-सुनते उसने अपनी भावनाओं को व्यक्त करना ही बंद कर दिया।

अब उसकी अपनी पहचान धीरे-धीरे धुंधली पड़ने लगी। वह हमेशा खुद पर शक करने लगा–क्या वाकई वह "बहुत सेंसिटिव" है? क्या वह "जरूरत से ज्यादा रिएक्ट" कर रहा है? आत्म-संदेह उसके अंदर इस कदर घर कर गया कि उसने अपनी भावनाओं पर भरोसा करना ही बंद कर दिया। यह वैसे ही था जैसे किसी आईने में अपनी तस्वीर देखने की कोशिश करना, लेकिन आईना धूल और धुंध से ढक चुका हो।

इसका असर सिर्फ उसके रिश्ते तक सीमित नहीं रहा। वह खुद को हर जगह कमतर महसूस करने लगा। अपने दोस्तों और परिवार से दूरी बना ली, क्योंकि उसके साथी को उनका पसंद आना ज़रूरी नहीं था। जिन चीजों में उसे खुशी मिलती थी, वे अब "बचकानी" लगने लगीं, क्योंकि उसके साथी ने उन्हें इसी तरह देखा था। धीरे-धीरे उसका आत्म-सम्मान इतना गिर चुका था कि उसने खुद को एक छोटे, संकुचित दायरे में समेट लिया, जहाँ उसकी भावनाओं की कोई कद्र नहीं थी।

काम पर भी उसका ध्यान केंद्रित करना मुश्किल हो गया। उसका दिमाग हमेशा रिश्ते की उलझनों में फंसा रहता। वह दिन-रात इसी कोशिश में लगा रहता कि कैसे अपने साथी को खुश रखा जाए, लेकिन उसकी खुद की खुशी कहीं पीछे छूट गई थी। जैसे कोई दीया जो लगातार हवा के झोंकों को सहने की कोशिश कर रहा हो, लेकिन उसकी लौ अब मद्धम पड़ने लगी थी।

लेकिन यह कहानी केवल खोने की नहीं थी–यह खुद को फिर से पाने की भी थी। एक दिन, जब उसने खुद से पूछा–"क्या मैं इसी तरह जीना चाहता हूँ?" तो जवाब उसके भीतर पहले से मौजूद था, बस उसे सुनने की हिम्मत करनी थी।

उसने सीमाएँ तय करने की हिम्मत जुटाई। यह आसान नहीं था–जैसे कोई पेड़, जो बरसों से झुका हुआ था, अचानक सीधा खड़ा होने की कोशिश करे। शुरुआत में जब उसने अपनी जरूरतों को आवाज़ दी, तो उसे प्रतिरोध का सामना करना पड़ा। लेकिन इस बार वह झुका नहीं। उसने महसूस किया कि जो रिश्ता उसकी पहचान मिटा रहा था, वह प्यार नहीं था, बल्कि सिर्फ एक आदत थी–एक ऐसी आदत जिसे बदलना ज़रूरी था।

जब आँखें खुलीं

रात की ठंडी हवा खिड़की से भीतर आ रही थी, लेकिन उसके भीतर एक अजीब-सी घुटन थी। उसने अपनी आँखें बंद कीं और सोने की कोशिश की, लेकिन दिमाग के किसी कोने में अभी भी वही शब्द गूंज रहे थे–*"तुम्हें हर चीज के लिए मुझ पर निर्भर रहने के बजाय अपने काम पर ध्यान देना चाहिए।"*

यह पहली बार नहीं था जब उसने अपने साथी से वक़्त मांगा था, और यह पहली बार नहीं था जब उसे यह जवाब मिला था कि वह बहुत ज्यादा माँग रहा है। लेकिन आज की रात कुछ अलग थी। आज वह सिर्फ दुखी नहीं था, बल्कि खुद से एक सवाल पूछ रहा था–*क्या सच में मैं ज्यादा माँग रहा हूँ? या मैंने अपनी कीमत इतनी कम कर दी है कि मुझे यह भीख माँगने जैसा लगने लगा है?*

उसे वो दिन याद आया जब घंटों की बातें हुआ करती थीं, जब वे सड़क किनारे चाय पीते हुए सपने बुना करते थे। जब छोटी-छोटी बातें भी खास लगती थीं, और जब उसकी भावनाएँ बोझ नहीं लगती थीं। लेकिन अब, जैसे कोई पुराना पुल धीरे-धीरे कमजोर होकर गिरने वाला हो, वैसे ही यह रिश्ता भी ढह रहा था। फर्क बस इतना था कि पुल के गिरने की आवाज़ होती है, लेकिन इस रिश्ते के टूटने की कोई आवाज़ नहीं थी–सिर्फ एक धीमी, लेकिन ठहरी हुई चुप्पी।

सुबह होते ही उसके फोन की घंटी बजी। बहन का फोन था। वह अनमने ढंग से फोन उठाने ही वाला था कि उसे याद आया कि उसने कितने दिनों से किसी से खुलकर बात नहीं की थी। *मैं ठीक हूँ*–यह कहने के बजाय उसने बस इतना कहा, *"मुझे नहीं पता कि मैं कैसा हूँ।"*

उसकी बहन कुछ देर चुप रही, फिर बोली, *"क्या तुम खुश हो?"*

सवाल सीधा था, लेकिन जवाब इतना आसान नहीं था। वह चुप रहा। वह सोचने लगा कि क्या प्यार का मतलब सिर्फ संघर्ष करना होता है? क्या किसी रिश्ते को निभाने के लिए हमेशा खुद को छोटा महसूस करना ज़रूरी होता है?

उसकी बहन की आवाज़ फिर आई, *"प्यार में तुम्हें छोटा महसूस नहीं करना चाहिए, तुम्हें कीमती महसूस करना चाहिए।"*

ये शब्द उसके भीतर कहीं गहरे उतर गए। जैसे किसी शांत झील में कोई पत्थर गिरा हो, और उसकी लहरें पूरे पानी में फैलने लगी हों।

उसने फोन काटा और आईने में खुद को देखा। क्या यह वही इंसान था जो कभी खुद से प्यार करता था? जो अपनी बातों पर यकीन रखता था, जो खुद को कमतर नहीं समझता था?

शायद प्यार किसी पुराने पेड़ की तरह होता है। अगर जड़ें सड़ने लगें, तो ऊपर से पत्ते चाहे जितने भी हरे दिखें, पेड़ धीरे-धीरे खत्म होने लगता है। और यह रिश्ता भी अब ऐसा ही महसूस होने लगा था–ऊपर से ठीक, लेकिन भीतर से खोखला।

उसने एक गहरी साँस ली। आज वह कोई बड़ा फैसला नहीं लेने वाला था। वह किसी को छोड़ने या कोई बहस करने के बारे में नहीं सोच रहा था। लेकिन उसने खुद से एक वादा किया–*अब से, मैं अपनी अहमियत नहीं भूलूँगा।*

शायद यह सफर आसान नहीं होगा। शायद उसे खुद को बार-बार याद दिलाना पड़ेगा कि प्यार का मतलब केवल देना नहीं, बल्कि संतुलन बनाए रखना भी होता है। लेकिन कम से कम आज उसने पहला कदम उठा लिया था–खुद को वापस पाने का पहला कदम।

सीमाएँ तय करने की यात्रा: खुद को फिर से पाना

कई सालों तक वह खुद को उस नदी की तरह महसूस करता रहा जो लगातार किसी और की दिशा में बह रही थी, अपने ही किनारों से कटती हुई, धीरे-धीरे मिटती हुई। उसने हर बार अपने साथी की जरूरतों को अपनी प्राथमिकताओं से ऊपर रखा, उसकी खुशी के लिए अपनी इच्छाओं को दबाया और इस भ्रम में जीता रहा कि यही सच्चे प्यार की परिभाषा है। लेकिन जब उसने महसूस किया कि यह रिश्ता उसकी आत्मा को धीरे-धीरे खत्म कर रहा है, तब उसने खुद को वापस पाने के लिए छोटे मगर ठोस कदम उठाने शुरू किए।

पहला कदम था आत्म-चिंतन। उसने एक दिन एक पुरानी डायरी निकाली और उसमें लिखना शुरू किया–हर उस पल को दर्ज किया जब उसे अनदेखा किया गया, जब उसकी भावनाओं को हल्के में लिया गया, जब उसने खुद को अप्रासंगिक महसूस किया। यह पहली बार था जब उसने अपनी तकलीफ को शब्दों में उतारा, जब उसने अपने ही जीवन को बाहरी दृष्टिकोण से देखा। ऐसा लगा जैसे कोई काला धुंआ धीरे-धीरे साफ हो रहा हो, और उसके भीतर एक नई स्पष्टता जन्म ले रही हो। उसे एहसास हुआ कि उसने खुद को कितना नजरअंदाज किया है, और अब इसे बदलने का वक्त आ गया है।

दूसरा कदम था अपनी आवाज़ को जगह देना। उसने पहली बार अपने साथी से खुलकर बात की। उसने कहा, *"मुझे दुख होता है जब मेरी भावनाओं को नजरअंदाज किया जाता है। मैं चाहता हूँ कि हम अपने रिश्ते को प्राथमिकता दें और एक-दूसरे की जरूरतों का सम्मान करें।"* लेकिन पहले की तरह इस बार भी उसका साथी इस बातचीत को टालने की कोशिश करने लगा, कोई

बहाना बनाकर, कोई हल्की हंसी हंसकर बात को हवा में उड़ा देने की कोशिश करने लगा। लेकिन इस बार वह पीछे नहीं हटा। उसने पहली बार महसूस किया कि उसकी भावनाएँ सिर्फ महसूस करने के लिए नहीं, बल्कि व्यक्त करने के लिए भी हैं। उसने तय कर लिया कि अब उसकी आवाज़ सिर्फ गूँजकर खो जाने के लिए नहीं, बल्कि सुनी जाने के लिए होगी।

फिर आया *ना* कहना सीखने का पल। जब उसके साथी ने एक दिन उससे कहा कि वह अपनी बनाई योजनाएँ छोड़कर उसके साथ समय बिताए, तो उसने पहली बार खुद को प्राथमिकता दी। *"मैं पहले ही कमिट कर चुका हूँ, लेकिन मैं किसी और समय तुम्हारी मदद कर सकता हूँ!"* ये शब्द उसके लिए अजनबी थे, क्योंकि उसने हमेशा दूसरों को खुश रखने के लिए अपनी इच्छाओं को दबाया था। लेकिन आज, जब उसने अपने लिए खड़ा होना सीखा, तो उसे अहसास हुआ कि अगर वह अपनी सीमाएँ तय नहीं करेगा, तो उसे हमेशा दूसरों की इच्छाओं के अनुरूप ही चलना पड़ेगा—एक पतंग की तरह, जिसकी डोर किसी और के हाथ में हो।

इसके बाद उसने खुद को फिर से अपनाना शुरू किया। वह उन चीजों की ओर लौटा जो कभी उसकी पहचान का हिस्सा थीं—गिटार की धुनों में अपनी भावनाएँ बहाना, पहाड़ों की उन ऊँचाइयों तक पहुँचना जहाँ हवा भी आज़ाद महसूस होती है, उन किताबों में खो जाना जो उसे उसकी खुद की गहराइयों तक ले जाती थीं। उसने उन दोस्तों और परिवार से फिर से जुड़ना शुरू किया जो उसे बिना किसी शर्त के अपनाते थे, जो उसकी खुशी में ही खुश होते थे।

लेकिन यह सफर अकेले तय करना आसान नहीं था। उसने सीखा कि मदद माँगना कमजोरी नहीं, बल्कि आत्म-देखभाल का एक हिस्सा है। उसकी बहन और करीबी दोस्त उसके लिए एक भावनात्मक सहारा बने। कभी-कभी, जब आत्म-संदेह की छाया उस पर हावी होने लगती, तब वे उसे याद दिलाते कि उसकी भावनाएँ वैध हैं, कि उसका सम्मान सिर्फ किसी रिश्ते की सफलता पर निर्भर नहीं करता, बल्कि इस पर निर्भर करता है कि वह खुद को कितना अपनाता है।

लेकिन सबसे महत्वपूर्ण था अपनी सीमाओं को मजबूत रखना। हर बार जब उसके साथी ने उसे अपराधबोध महसूस कराने की कोशिश की, उसने

शांत लेकिन दृढ़ता से जवाब दिया, *"मुझे अपने जीवन के अन्य रिश्तों को भी पोषित करने की जरूरत है।"* यह पहली बार था जब उसने यह महसूस किया कि प्यार त्याग में नहीं, बल्कि संतुलन में होता है—सम्मान में होता है, खुद के और दूसरे के भी।

नतीजा: आत्म-सम्मान की वापसी

धीरे-धीरे, उसकी सीमाएँ तय करने की कोशिशों ने उसका जीवन बदलना शुरू कर दिया। पहले जहां वह हर चीज़ में अपने साथी की स्वीकृति ढूँढता था, अब उसने खुद को अपनी पहचान के लिए देखना शुरू कर दिया। उसने महसूस किया कि उसकी खुशी, उसकी शांति और उसका आत्म-सम्मान किसी और की मंजूरी पर निर्भर नहीं होना चाहिए।

अब वह वही कर रहा था जो कभी उसे खुशी देता था—गिटार की धुनों में खो जाना, ट्रेकिंग पर जाना, और उन दोस्तों से मिलना जो उसे बिना किसी शर्त के अपनाते थे। इन छोटे-छोटे कदमों से उसने अपने भीतर के उस हिस्से को फिर से जगा लिया, जिसे उसने रिश्ते की जरूरतों में कहीं दबा दिया था।

पहले वह लगातार इस डर में रहता था कि अगर उसने अपने लिए खड़ा होना शुरू किया, तो उसका साथी उसे छोड़ देगा। लेकिन अब, जब उसने सीमाएँ तय कीं और खुद को प्राथमिकता दी, तो उसने पाया कि यह डर केवल एक भ्रम था। जो लोग आपसे सच्चा प्यार करते हैं, वे आपकी सीमाओं का सम्मान करते हैं। और जो नहीं करते, वे शायद पहले से ही आपको खो चुके होते हैं।

अब जब भी कोई उसे यह महसूस कराने की कोशिश करता कि उसकी भावनाएँ बेकार हैं, वह खुद को याद दिलाता: *"मुझे अपनी भावनाओं को सही साबित करने की जरूरत नहीं है। वे पहले से ही वैध हैं।"* उसने समझ लिया कि सीमाएँ तय करना किसी और को बदलने के लिए नहीं होता—यह खुद की ऊर्जा और आत्म-सम्मान की रक्षा करने के लिए होता है। वह अब रिश्तों में अपने आत्म-सम्मान की कीमत पर समझौता नहीं करने वाला था।

अब जब वह अपने जीवन के हर पहलू में अधिक आत्मनिर्भर महसूस कर रहा था, उसने अपने रिश्तों को भी एक नए नजरिए से देखना शुरू कर दिया।

उसे एहसास हुआ कि वह अब केवल उन्हीं रिश्तों को अपनाएगा जो उसे स्वीकार करें, ना कि उसे बदलने की कोशिश करें।

सीमाएँ तय करना उसकी सबसे बड़ी जीत थी। यह सिर्फ एक व्यवहारिक बदलाव नहीं था, बल्कि एक आंतरिक जागृति थी–खुद से प्यार करने और खुद को महत्व देने की। यह एहसास कि सच्चा प्यार केवल तब ही फलता-फूलता है जब उसमें आत्म-सम्मान बना रहे, उसकी सबसे बड़ी उपलब्धि थी।

खुद के लिए खड़े होना सीखें

क्या आपको कभी ऐसा महसूस हुआ है कि आप 'ना' कहना चाहते थे, लेकिन कह नहीं पाए? शायद किसी दोस्त, सहकर्मी या परिवार के सदस्य ने आपसे कुछ ऐसा करने को कहा, जो आपको ठीक नहीं लगा, लेकिन फिर भी आप मना नहीं कर पाए। यह स्थिति बहुत आम है, और इससे बाहर निकलने का रास्ता है - अपनी सीमाएँ तय करना।

याद रखें:

सीमाएँ तय करना कोई कठोर या असभ्य चीज़ नहीं है - यह **स्वस्थ और संतुलित जीवन** की ओर एक कदम है। जब आप खुद के लिए खड़े होते हैं, तो आप दूसरों को भी सिखाते हैं कि वे आपकी इज्जत करें। आज से ही छोटे-छोटे कदम उठाइए और देखिए कि आपका आत्मविश्वास कैसे बढ़ता है!

वास्तविक जीवन का उदाहरण: "ना" कहना सीखना और विषैले पैटर्न को तोड़ना

सीमाएँ तय करने की मेरी यात्रा

कुछ साल पहले, मैं एक ऐसी दोस्ती में था, जो मुझे धीरे-धीरे थका रही थी। मेरी दोस्त अनन्या, जिसे अपनी परेशानियाँ मुझसे साझा करने की आदत थी–कभी भी, किसी भी वक्त। अक्सर देर रात, जब मैं दिनभर की थकान मिटाने की कोशिश करता, उसका फोन आ जाता। वह अपने दिल की बात कहती रहती, और मैं बस सुनता रहता, सलाह देता, उसे सपोर्ट करता।

शुरुआत में, मैंने इसे दोस्ती का हिस्सा समझा। मैंने खुद से कहा, "एक **अच्छा दोस्त वही तो करता है–हमेशा साथ रहता है, चाहे कुछ भी हो।"** लेकिन

धीरे-धीरे, मुझे एहसास होने लगा कि जब मुझे उसकी जरूरत होती, जब मुझे किसी से अपने मन की बात कहनी होती, तो वह शायद ही कभी उपलब्ध होती। उसकी ज़रूरतें हमेशा प्राथमिकता में थीं, और मेरी... शायद कहीं खो गई थीं।

धीरे-धीरे, मैंने खुद को **थका हुआ, चिड़चिड़ा और भावनात्मक रूप से खाली** महसूस करना शुरू कर दिया। ऐसा लगने लगा कि मैं सिर्फ देता जा रहा हूँ।जिससे मेरे आत्म-सम्मान और मानसिक शांति पर असर पड़ने लगा था।

मैंने खुद से पूछा–*"क्या यह दोस्ती सच में संतुलित है, या मैं सिर्फ किसी और की भावनात्मक बैसाखी बनकर रह गया हूँ?"* इस सवाल ने मुझे सोचने पर मजबूर कर दिया।

बदलाव का पल

एक रात, अनन्या ने मुझे आधी रात को फोन किया। वह अपने बॉयफ्रेंड के साथ किसी मामूली झगड़े को लेकर परेशान थी। मैं पूरे दिन के काम के बाद बेहद थका हुआ था और अगले दिन सुबह एक जरूरी मीटिंग थी। मैंने फोन उठाया, लेकिन जैसे-जैसे उसकी बातें सुनता गया, मेरे भीतर झुंझलाहट बढ़ती गई। मैं कहना चाहता था, **"अभी नहीं, मैं बहुत थका हुआ हूँ,"** लेकिन मैं स्वार्थी या बेपरवाह नहीं दिखना चाहता था।

मैं हमेशा एक अच्छा दोस्त बनना चाहता था, लेकिन इस चक्कर में मैंने खुद को पूरी तरह नजरअंदाज कर दिया था। उस रात, जैसे ही फोन कॉल खत्म हुई, मुझे एक अजीब सी घुटन महसूस हुई। मैंने अपने भीतर सवाल किया–*"क्या मेरी भावनाएँ और ज़रूरतें वाकई इतनी गैरज़रूरी हैं?"*

अगली सुबह, मैं पूरी तरह चिड़चिड़ा और थका हुआ उठा। मीटिंग में ध्यान लगाना मुश्किल हो रहा था, और पूरे दिन मन में एक ही बात चलती रही– *"मैंने अपनी तकलीफ खुद चुनी है, क्योंकि मैंने कभी सीमाएँ तय नहीं कीं।"*

यह अहसास कड़वा था, लेकिन ज़रूरी भी। मैंने समझ लिया कि जब तक मैं खुद अपनी ज़रूरतों को प्राथमिकता नहीं दूँगा, कोई और भी नहीं देगा। मुझे खुद से पूछना पड़ा–*"क्या मैं दोस्ती निभा रहा हूँ, या सिर्फ अपनी भावनात्मक बैसाखी बनने दे रहा हूँ?"*

उसी दिन, मैंने फैसला किया कि अब चीजें बदलनी होंगी। मुझे खुद के लिए खड़ा होना होगा, अपनी सीमाएँ तय करनी होंगी। यह आसान नहीं था, लेकिन यह जरूरी था–क्योंकि एकतरफा रिश्ते में खुद को खो देने से बड़ा कोई नुकसान नहीं होता।

मैंने "ना" कहना कैसे सीखा

पहली बार जब मैंने अनन्या को "ना" कहा, तो मेरा दिल ज़ोरों से धड़क रहा था। वह फिर देर रात फोन पर थी, और इस बार, मैंने गहरी साँस ली और धीरे से कहा, "अनन्या, मैं समझता हूँ कि तुम परेशान हो, लेकिन मुझे अभी आराम की ज़रूरत है। हम कल बात कर सकते हैं।"

फोन पर कुछ सेकंड्स की चुप्पी छा गई। मुझे लगा कि शायद वह नाराज हो जाएगी, मुझे गलत समझेगी, या फिर दोस्ती में दरार आ जाएगी। लेकिन फिर, उसने धीरे से कहा, "ओह... ठीक है। हम बाद में बात करते हैं।"

उस पल, मैंने पहली बार महसूस किया कि सीमाएँ तय करना कोई अपराध नहीं है। यह खुद को प्राथमिकता देना है।

मैंने हमेशा सोचा था कि एक अच्छा दोस्त वही होता है जो हर परिस्थिति में दूसरे के लिए मौजूद रहे, बिना यह सोचे कि वह खुद कितना थक चुका है। लेकिन उस रात मुझे एहसास हुआ कि अगर मैं खुद को नज़रअंदाज करता रहूँगा, तो धीरे-धीरे मेरा अस्तित्व ही खत्म हो जाएगा।

धीरे-धीरे बदलाव लाने की प्रक्रिया

उस पहली बार के बाद, मैंने अपनी सीमाओं को और स्पष्ट करना शुरू किया–

✔ मैं कितनी देर फोन उठाऊँगा,

✔ कितनी बार मैं किसी के लिए उपलब्ध रहूँगा,

✔ और कब मुझे अपने लिए वक्त चाहिए।

अब हर बार जब कोई मुझसे कुछ ऐसा करने को कहता जो मेरी मानसिक शांति को प्रभावित कर सकता था, तो मैं खुद से पूछता: *"क्या मैं यह सच में*

करना चाहता हूँ, या सिर्फ इसलिए कर रहा हूँ क्योंकि मुझे 'ना' कहने की आदत नहीं है?"

शुरुआती संघर्ष और अपराधबोध

जब मैंने अनन्या के साथ सीमाएँ तय करने की कोशिश की, तो शुरुआत में उसने इसका विरोध किया। वह कहती, *"तुम तो बदल गए हो!"* या *"मुझे लगा था कि मैं तुम पर भरोसा कर सकती हूँ!"* उसकी ये बातें सुनकर मुझे गहरा अपराधबोध होता। मुझे लगता कि शायद मैं ही गलत हूँ, शायद मैं बहुत कठोर या स्वार्थी हो गया हूँ। दोस्ती का मतलब तो एक-दूसरे के लिए हमेशा मौजूद रहना होता है, है न?

लेकिन फिर मैंने खुद से एक ज़रूरी सवाल पूछा–*"अगर कोई रिश्ता सिर्फ तभी बना रह सकता है जब मैं अपनी ज़रूरतों और भावनाओं की अनदेखी करूँ, तो क्या वह वास्तव में रिश्ता है?"*

मैंने यह भी नोटिस किया कि जब अनन्या को मेरी ज़रूरत होती, तो वह मुझसे बिना किसी झिझक के मदद मांगती। लेकिन जब मुझे उसकी जरूरत पड़ती, तो उसके पास वक्त नहीं होता। यह असंतुलन ही मेरी सबसे बड़ी परेशानी थी। मैं खुद को खोता जा रहा था, सिर्फ इसलिए कि मैं "ना" कहने की हिम्मत नहीं जुटा पा रहा था।

टॉक्सिक पैटर्न को तोड़ना

जब मैंने पहली बार अनन्या से कहा, *"मैं अभी बात नहीं कर सकता, मुझे आराम की ज़रूरत है,"* तो उसने इसे हल्के में नहीं लिया।कुछ लोगों के लिए ये न सुनना शुरुआत में अटपटा लग सकता है ठीक उसे भी लगा। वह नाखुश हुई, शिकायतें कीं, और यहां तक कि मुझसे दूरी भी बना ली। लेकिन मैंने अपनी सीमाओं पर कायम रहने का फैसला किया, भले ही यह मेरे लिए असहज क्यों न हो।

धीरे-धीरे, मुझे एहसास हुआ कि यह सिर्फ इस दोस्ती तक सीमित नहीं था–मेरी ज़िंदगी के कई हिस्सों में मैं ज़रूरत से ज्यादा **"हाँ"** कहता आया था।

- **काम पर:** मैं अक्सर उन ज़िम्मेदारियों को भी उठा लेता था जो मेरी नौकरी का हिस्सा ही नहीं थीं, सिर्फ इसलिए कि मैं "ना" कहने से हिचकिचाता था।

- **परिवार में:** कुछ चर्चाएँ सिर्फ तनाव बढ़ाने का काम करती थीं, लेकिन मैं उन्हें टाल नहीं पाता था।

- **सोशल लाइफ में:** मैंने कई ऐसे इवेंट्स में जाना जारी रखा, जिनमें मेरी कोई दिलचस्पी नहीं थी, सिर्फ इसलिए कि मुझे दूसरों को मना करने में बुरा लगता था।

सीमाएँ तय करने का असर

जब मैंने हर जगह सीमाएँ तय करनी शुरू कीं, तो यह धीरे-धीरे आसान होता गया। अब मैं किसी से बहाने नहीं बनाता, न ही खुद को किसी चीज़ के लिए मजबूर करता हूँ।

मुझे एहसास हुआ कि जब मैं आत्मविश्वास से अपनी सीमाओं को स्पष्ट करता हूँ, तो ज्यादातर लोग उनका सम्मान करते हैं। और जो नहीं करते? वे शायद मेरी ज़िंदगी में पहले ही ज़रूरत से ज्यादा जगह घेर रहे थे।

सीमाएँ तय करना किसी और को बदलने के लिए नहीं होता–यह खुद की सुरक्षा, आत्म-सम्मान और मानसिक शांति के लिए होता है।

सीखने लायक बातें:

"ना" कहना स्वार्थी नहीं, बल्कि **आत्म-सम्मान** की निशानी है। सीमाएँ तय करने से **आपकी ऊर्जा और मानसिक शांति** की रक्षा होती है। हर कोई आपकी सीमाओं को नहीं समझेगा, और **यह बिल्कुल ठीक है।**

सीमाएँ आत्म-प्रेम का एक कार्य हैं

कल्पना कीजिए कि आप एक बगीचे के मालिक हैं। यह बगीचा आपका मन और आत्मा है। अगर आप इसमें कोई सीमा नहीं लगाते, तो कोई भी आकर इसे रौंद सकता है, इसकी नाज़ुक कलियों को तोड़ सकता है या इसे कूड़े से भर सकता है। लेकिन जब आप चारों ओर एक सुंदर बाड़ लगाते हैं, तो यह न केवल आपके बगीचे की रक्षा करता है, बल्कि यह यह भी तय

करता है कि कौन अंदर आ सकता है और कौन नहीं। इसी तरह, जब हम अपने जीवन में सीमाएँ स्थापित करते हैं, तो हम यह सुनिश्चित कर रहे होते हैं कि केवल वे लोग और अनुभव ही हमारे जीवन का हिस्सा बनें जो हमारे लिए फायदेमंद हैं।

बहुत से लोग सीमाओं को कठोरता या अस्वीकृति के रूप में देखते हैं, लेकिन वास्तव में, यह आत्म-प्रेम और आत्म-सम्मान की अभिव्यक्ति है। जब हम अपनी भावनाओं और जरूरतों को प्राथमिकता देते हैं, तो हम खुद को भी उतना ही महत्व देने लगते हैं जितना हम दूसरों को देते हैं। यह समझना ज़रूरी है कि हमारी भावनाएँ उतनी ही मायने रखती हैं जितनी किसी और की। यदि कोई हमारी सीमाओं का सम्मान नहीं करता, तो इसका मतलब यह हो सकता है कि वह व्यक्ति हमारे जीवन में रहने के लायक ही नहीं है।

सीमाओं को तय करने का अर्थ किसी के प्रति कठोर होना नहीं है, बल्कि यह एक ऐसा दरवाजा बनाने जैसा है, जो सही लोगों और सही ऊर्जा को अंदर आने की इजाज़त देता है, लेकिन नकारात्मकता को बाहर रखता है। उदाहरण के लिए, एक नदी को देखिए—अगर उसके किनारे न हों, तो पानी बेकाबू होकर फैल जाएगा, अपने रास्ते में आने वाली हर चीज़ को बहा ले जाएगा। लेकिन जब किनारे होते हैं, तो नदी अपने प्रवाह में स्थिर रहती है और अपनी शक्ति बनाए रखती है। ठीक इसी तरह, जब हम सीमाएँ तय करते हैं, तो हम अपनी ऊर्जा को व्यर्थ जाने से बचाते हैं और उसे उन चीज़ों में लगाते हैं जो हमारे लिए वास्तव में मायने रखती हैं।

सीमाएँ तय करना आसान नहीं होता। यह एक सीखने की प्रक्रिया है और इसमें धैर्य की ज़रूरत होती है। कई बार, जब हम पहली बार अपनी सीमाएँ स्थापित करते हैं, तो कुछ लोग इसे पसंद नहीं करेंगे। लेकिन यह ज़रूरी है कि हम अपने फैसले पर दृढ़ रहें, क्योंकि लंबे समय में यह हमारे मानसिक और भावनात्मक स्वास्थ्य के लिए फायदेमंद होता है।

सीमाएँ तय करना क्यों ज़रूरी है?

कई बार हम रिश्तों में इतना डूब जाते हैं कि अपनी जरूरतों और इच्छाओं को भूल जाते हैं। हम दूसरों को खुश करने के लिए अपने ही आराम, समय

और भावनाओं की उपेक्षा करने लगते हैं। लेकिन जब हम अपनी सीमाएँ तय नहीं करते, तो धीरे-धीरे हमें भावनात्मक थकान, तनाव और आत्म-संदेह घेरने लगता है।

सीमाएँ तय करना केवल खुद की सुरक्षा के लिए नहीं होता, बल्कि यह दूसरों को भी यह सिखाने का तरीका है कि वे हमारा सम्मान करें। जब आप यह स्पष्ट करते हैं कि आप क्या स्वीकार करेंगे और क्या नहीं, तो आप अपने मानसिक और भावनात्मक स्वास्थ्य की रक्षा करते हैं। इससे आपको आत्मविश्वास भी मिलता है और आप अनावश्यक तनाव से बचते हैं।

सीमाएँ किसी दीवार की तरह नहीं होतीं जो आपको दूसरों से दूर कर दें। बल्कि, यह एक पुल की तरह होती हैं जो आपके और दूसरों के बीच स्वस्थ संतुलन बनाए रखती हैं।

कब आपको सीमाएँ तय करने की ज़रूरत है?

जब नदी अपनी सीमाओं को खो देती है, तो बाढ़ आ जाती है, और वह अपने रास्ते में आने वाली हर चीज़ को बहा ले जाती है। ठीक इसी तरह, अगर आप रिश्तों में अपनी सीमाओं को स्पष्ट नहीं करते, तो आप खुद को खो सकते हैं, भावनात्मक रूप से थक सकते हैं और अपनी असली पहचान से दूर हो सकते हैं।

अगर आपको अक्सर ऐसा लगता है कि आप दूसरों की जरूरतों को अपने ऊपर रख रहे हैं, तो यह संकेत है कि आपको अपनी सीमाएँ तय करने की जरूरत है। कई बार हम यह सोचकर अपनी इच्छाओं और भावनाओं को अनदेखा कर देते हैं कि ऐसा करने से हमारे रिश्ते मजबूत बने रहेंगे। लेकिन जब हम लगातार अपने मन की बात नहीं कह पाते, तो हमारे भीतर असंतोष और थकान भरने लगती है। यह वैसा ही है जैसे किसी पेड़ की जड़ों को लगातार पानी न मिले—धीरे-धीरे उसकी हरियाली मुरझाने लगती है।

क्या आपने कभी महसूस किया है कि आपको किसी को "ना" कहने में कठिनाई होती है? यह इसलिए हो सकता है क्योंकि आप दूसरों की नाराजगी से डरते हैं या यह सोचते हैं कि वे आपको छोड़ न दें। लेकिन "ना" कहना कोई कठोरता नहीं है, यह अपनी आत्म-इज्जत बनाए रखने का एक तरीका

है। अगर कोई आपकी सीमाओं का सम्मान नहीं कर रहा, तो इसका मतलब यह नहीं कि आप गलत हैं–बल्कि यह इस बात का संकेत है कि आपको अपने आत्मसम्मान की रक्षा करने की जरूरत है।

कई बार ऐसा भी होता है कि लोग हमारी भावनाओं को हल्के में लेते हैं। हम अपने मन की बात कहने की कोशिश करते हैं, लेकिन वे इसे अनदेखा कर देते हैं या हंसी में टाल देते हैं। यह बिल्कुल वैसा ही है जैसे एक पक्षी बार-बार पंख फैलाकर उड़ने की कोशिश करे, लेकिन कोई उसे हर बार पिंजरे में बंद कर दे। अगर आप यह अनुभव कर रहे हैं, तो यह समय है कि आप अपने लिए एक स्पष्ट सीमा तय करें और अपनी भावनाओं को वह महत्व दें जिसकी वे हकदार हैं।

कैसे प्रभावी ढंग से सीमाएँ तय करें?

सीमाएँ तय करना किसी मजबूत किले की दीवारें खड़ी करने जैसा नहीं है, बल्कि यह एक ऐसे दरवाजे का निर्माण है जो सही लोगों और ऊर्जा को अंदर आने की इजाज़त देता है और अनावश्यक दबाव को बाहर रोकता है। जब हम अपने लिए स्पष्ट सीमाएँ निर्धारित करते हैं, तो हम अपने मानसिक और भावनात्मक स्वास्थ्य की रक्षा करते हैं। लेकिन यह प्रक्रिया केवल "ना" कहने तक सीमित नहीं है–यह स्वयं को समझने, आत्म-सम्मान बनाए रखने और दूसरों के साथ संतुलित रिश्ते स्थापित करने की कला है।

कल्पना कीजिए कि आप एक नाव चला रहे हैं, और आपकी नाव में धीरे-धीरे पानी भरने लगा है। यदि आप ध्यान नहीं देंगे और हर किसी को अंदर आने देंगे, तो एक समय बाद नाव डूब सकती है। इसी तरह, अगर हम बिना सोचे-समझे हर किसी की इच्छाओं और अपेक्षाओं को प्राथमिकता देते रहे, तो हम खुद को खो सकते हैं। इसलिए, सीमाएँ तय करना जरूरी है ताकि हमारी "नाव" संतुलित और सुरक्षित बनी रहे।

सबसे पहला कदम यह है कि हम खुद को समझें–हमें क्या चाहिए, हम किन चीजों से असहज महसूस करते हैं, और हमारी प्राथमिकताएँ क्या हैं। अगर हमें खुद ही स्पष्टता नहीं होगी, तो दूसरों से यह अपेक्षा करना व्यर्थ होगा कि वे हमारी सीमाओं का सम्मान करेंगे। जब आप अपनी सीमाएँ तय

करें, तो अस्पष्टता से बचें। उदाहरण के लिए, अगर आपको बार-बार देर रात तक काम करने के लिए कहा जाता है, तो यह कहने के बजाय कि "मुझे यह पसंद नहीं है," आप स्पष्ट रूप से कह सकते हैं, "मैं अपनी नींद और मानसिक स्वास्थ्य को प्राथमिकता देता हूँ, इसलिए मैं देर रात तक काम नहीं कर सकता।" इस तरह की स्पष्टता सामने वाले व्यक्ति को भी यह समझने में मदद करती है कि आपकी सीमाएँ क्या हैं।

सीमाएँ तय करते समय आत्मविश्वास बनाए रखना उतना ही ज़रूरी है जितना कि उन्हें स्पष्ट रूप से व्यक्त करना। कई बार, लोग संकोच के कारण अपनी सीमाओं को सही ढंग से व्यक्त नहीं कर पाते, और इसका परिणाम यह होता है कि दूसरे उनकी बात को हल्के में लेने लगते हैं। जिस तरह एक पेड़ अपनी जड़ों को जितना मजबूत करता है, उतना ही वह आंधियों का सामना कर पाता है, उसी तरह जब हम आत्मविश्वास से अपनी सीमाएँ तय करते हैं, तो लोग हमें गंभीरता से लेते हैं।

कई लोगों को यह डर होता है कि सीमाएँ तय करने से वे स्वार्थी लग सकते हैं। लेकिन सच्चाई यह है कि अपनी जरूरतों को प्राथमिकता देना स्वार्थ नहीं, बल्कि आत्म-सम्मान की निशानी है। अगर आप किसी को बार-बार टालते हैं और झूठी उम्मीदें देते हैं, तो वे आपको मनाने की कोशिश करते रहेंगे। इसलिए, स्पष्ट रूप से और पहली बार में ही अपनी बात कहना जरूरी है। यदि कोई आपको किसी योजना में शामिल करना चाहता है, लेकिन आप सहज नहीं हैं, तो "शायद मैं देखता हूँ" कहने की बजाय सीधे "नहीं, मैं नहीं आ पाऊँगा" कहना अधिक प्रभावी होगा।

जो रिश्ते आपकी सीमाओं का सम्मान करते हैं

जिन रिश्तों में सच्चा सम्मान और अपनापन होता है, वहां "ना" कहने की गुंजाइश होती है। जब आप किसी चीज़ के लिए मना करते हैं, तो वे आपको दोषी महसूस नहीं कराते, बल्कि आपकी भलाई को समझते हैं। ठीक वैसे ही जैसे एक अच्छा माली जानता है कि कुछ पौधों को खिलने के लिए दूरी और स्पेस चाहिए, एक अच्छा रिश्ता भी यह समझता है कि हर व्यक्ति को अपने लिए एक दायरा चाहिए।

एक स्वस्थ रिश्ता दोतरफा होता है। वह केवल एक व्यक्ति की इच्छाओं और जरूरतों पर केंद्रित नहीं रहता, बल्कि दोनों के भावनात्मक संतुलन को बनाए रखता है। अगर कोई सच में आपके जीवन में अपनी जगह चाहता है, तो वह सिर्फ अपनी जरूरतों के लिए नहीं आएगा, बल्कि आपकी भावनाओं और सीमाओं को भी समझेगा। एक दोस्त, परिवार का सदस्य, या साथी जो आपकी इच्छाओं का सम्मान करता है, वह आपको बिना शर्त अपनाता है, ठीक वैसे ही जैसे खुला आसमान हर उड़ते पक्षी को उसकी आज़ादी देता है।

जब आप सीमाएँ तय करते हैं, तो यह सच के आईने की तरह होता है, जो आपको दिखाता है कि कौन-से लोग सच में आपके अपने हैं और कौन-से सिर्फ अपने मतलब के लिए आपके करीब हैं। जो रिश्ते आपका सम्मान करते हैं, वे आपके साथ बने रहेंगे–मजबूत जड़ों की तरह, जो आंधियों में भी टिके रहते हैं।

वे आपसे सहमति लेने की कोशिश करते हैं वे आपकी भावनाओं को समझते हैं और आपको असहज स्थिति में डालने के बजाय, आपकी सहमति लेना ज़रूरी समझते हैं। वे आपसे जबरदस्ती कुछ करवाने की कोशिश नहीं करते।

वे आपको दोषी नहीं ठहराते कई बार लोग कहते हैं, *"तुम पहले जैसे नहीं रहे,"* या *"तुम मुझे अब इग्नोर कर रहे हो।"* लेकिन जो सच में आपकी इज्जत करते हैं, वे यह नहीं कहेंगे। वे आपकी सीमाओं को लेकर आपको अपराधबोध में नहीं डालेंगे।

ऐसे रिश्तों का महत्व

जो रिश्ते आपकी सीमाओं का सम्मान करते हैं, वे आपको मानसिक और भावनात्मक शांति देते हैं। वे आपको आपकी पूरी शख्सियत के साथ स्वीकार करते हैं, बिना यह चाहे कि आप उनकी उम्मीदों पर हमेशा खरे उतरें।

जब आप ऐसे रिश्तों को प्राथमिकता देते हैं, तो आपको दिखावे के रिश्ते निभाने की जरूरत नहीं रहती। आपकी ज़िंदगी में ऐसे लोग होते हैं जो आपको सच में समझते हैं, और यही असली रिश्तों की पहचान होती है।

अध्याय 10

नकारात्मक विचार - अपनी मानसिकता को बदलना

नकारात्मक विचार ठीक वैसे ही हैं जैसे कोई पुराने जन्म की स्मृति–जिन्हें हम भूल जाना चाहते हैं, लेकिन वे बार-बार लौट आते हैं। जैसे कोई बेसुरा गीत जो दिमाग में अटक जाता है, ये विचार भी अपनी जगह बना लेते हैं। हम जितना इन्हें रोकने की कोशिश करते हैं, उतना ही वे हमें घेर लेते हैं। जब हम खुद पर संदेह करते हैं, अपनी असफलताओं को बार-बार दोहराते हैं, तो यह विचार हमारे अवचेतन मन में जड़ें जमा लेते हैं। आदि शंकराचार्य ने "माया" के सिद्धांत में समझाया था कि यह संसार हमारे मन का प्रतिबिंब है–अगर मन में अज्ञान और भ्रम है, तो हमारा जीवन भी उसी तरह का अनुभव करेगा।

कई बार नकारात्मक सोच इतनी गहरी हो जाती है कि हम इसे सच मान लेते हैं। "मैं काबिल नहीं हूँ," "मुझे कोई पसंद नहीं करता," "मेरे साथ हमेशा बुरा ही होता है"–ये विचार हमारी पहचान का हिस्सा बन जाते हैं, जैसे कोई गलत दिशा में बहता जहाज, जो खुद को बचाने के बजाय धाराओं के सहारे बहता चला जाता है। लेकिन क्या हम इस बहाव को मोड़ नहीं सकते? क्या

जहाज को वापस किनारे तक नहीं लाया जा सकता? आदि शंकराचार्य ने अपने "अहं ब्रह्मास्मि" के सिद्धांत में बताया था कि हमारी असली शक्ति हमारे भीतर ही है। जिस तरह अंधकार को दूर करने के लिए रोशनी जलानी होती है, उसी तरह नकारात्मक सोच को हटाने के लिए हमें अपनी मानसिकता बदलनी होगी।

सोचिए, अगर आपका मन एक बगीचा है, तो क्या आप उसमें खरपतवार को उगने देंगे, या फिर उसे सुंदर फूलों से भर देंगे? नकारात्मक विचार भी उसी खरपतवार की तरह हैं, जो ध्यान न देने पर पूरे बगीचे को निगल लेते हैं। लेकिन अच्छी खबर यह है कि इस पर हमारा नियंत्रण है। जिस तरह एक माली अपने बगीचे की देखभाल करता है, वैसे ही हमें भी अपने विचारों को संवारना होगा। जब हम अपने भीतर की शक्ति को पहचानते हैं, तब हम अपने नकारात्मक विचारों को भी नियंत्रित कर सकते हैं।

आयुषी की कहानी भी कुछ ऐसी ही थी। एक भावनात्मक तूफान में फंसकर उसने खुद को खो दिया था। लेकिन जब उसने अपनी मानसिकता को बदला, तो उसकी पूरी दुनिया बदल गई। यही सिद्धांत हमें आदि शंकराचार्य के ज्ञान से भी मिलता है–हमारे जीवन की दिशा हमारे विचारों से तय होती है। अगर हम अपने मन को प्रशिक्षित करें, तो हम अपने नकारात्मक विचारों से मुक्त होकर अपनी वास्तविक शक्ति को पहचान सकते हैं।

आयुषी और अधूरी कहानी का भंवर

ज़िंदगी कभी-कभी उन सूखे पत्तों की तरह होती है, जो हवा के झोंकों के साथ किसी अनजानी दिशा में बह जाते हैं। उन्हें न तो अपनी मंज़िल का पता होता है, न ही इस बात का कि वे किस डाल से टूटकर गिरे हैं। आयुषी भी कुछ इसी तरह खुद को भटकता हुआ महसूस कर रही थी।

30 साल की आयुषी, जो एक ग्राफिक डिज़ाइनर थी, एक खूबसूरत रिश्ते में थी–कम से कम उसे ऐसा लगता था। राहुल का प्यार उसके लिए किसी इंद्रधनुष की तरह था, चमकीला, मंत्रमुग्ध करने वाला, लेकिन उतना ही अस्थायी। शुरुआत में वह उसे ऐसे संभालता था जैसे कोई अनमोल पेंटिंग, लेकिन धीरे-धीरे उस पेंटिंग के रंग फीके पड़ने लगे। उसकी आँखों में जो चमक

थी, वह बुझने लगी, उसकी बातें अब पहले की तरह सुनी नहीं जाती थीं। फिर एक दिन, बिना किसी पूर्वाभास के, राहुल ने कह दिया–"मुझे नहीं लगता कि हम एक-दूसरे के लिए बने हैं।"

यह वाक्य किसी वज्रपात से कम नहीं था। आयुषी को लगा जैसे किसी ने उसकी ज़मीन छीन ली हो और वह तेज़ हवा में गिरती जा रही हो। उसके अंदर सवालों का बवंडर उठने लगा–"मैंने क्या गलती की?" "क्या मैं काफी नहीं थी?" लेकिन इन सवालों के जवाब कहीं नहीं थे। जो चीज़ें कल तक संपूर्ण लगती थीं, वे अब अधूरी और बेमानी हो गई थीं।

रिश्ते ऐसे ही होते हैं, कुछ फूलों की तरह जो अपने मौसम में खिलते हैं, लेकिन जब वह मौसम बीत जाता है, तो वे मुरझा जाते हैं। लेकिन क्या फूलों का मुरझाना इस बात की निशानी है कि वे कभी खूबसूरत नहीं थे? आयुषी के मन में ये नकारात्मक विचार धीरे-धीरे अपनी जड़ें फैलाने लगे थे। हर दिन एक नए भ्रम को जन्म देता, हर रात बीते कल की यादों का जहर घोल देती।

"शायद मैं कभी उसके लिए खास थी ही नहीं।" "अब हर कोई मुझे बस एक हारे हुए इंसान की तरह देखता होगा।" "शायद मुझमें ही कोई कमी थी, इसलिए उसने मुझे छोड़ दिया।"

लेकिन सच यह था कि यह कहानी अधूरी थी, खत्म नहीं। किताब उसके हाथ से छीनी जरूर गई थी, लेकिन वह खुद एक नई कहानी लिख सकती थी–इस बार बिना किसी और के सहारे, अपनी शर्तों पर, अपने तरीके से। आदि शंकराचार्य ने कहा था कि यह संसार एक भ्रम है–जो कुछ भी अस्थायी है, वह सत्य नहीं हो सकता। राहुल का प्यार भी अगर अस्थायी था, तो उसकी वास्तविकता भी उतनी ही अल्पकालिक थी।

समय के साथ आयुषी ने जाना कि जो बीत गया, वह सिर्फ एक अध्याय था, पूरी किताब नहीं। जैसे कोई नदी अपना मार्ग खुद बनाती है, पत्थरों को काटती है, दिशाओं को मोड़ती है, वैसे ही वह भी अपने लिए एक नई राह बना सकती थी। हर अंत में एक नया आरंभ छिपा होता है, और यह उसकी कहानी थी–जिसे अब उसे खुद लिखना था।

ब्रेकअप के बाद आयुषी की ज़िंदगी किसी उजाड़, वीरान शहर की तरह हो गई थी। वह शहर जहाँ कभी रौशनी हुआ करती थी, अब वहाँ सिर्फ अंधेरा था। हर गली, हर मोड़ पर यादों की परछाइयाँ मंडराती थीं, और कोई भी रास्ता उसे बाहर निकलने का संकेत नहीं देता था। पहले जो दुनिया रंगीन थी, अब उसे बेरंग और धुंधली लगने लगी थी। हर सुबह एक बोझिल एहसास के साथ शुरू होती, और हर रात टूटे हुए सपनों की कब्रगाह बन जाती। ऐसा लगता था जैसे वह किसी गहरे कुएं में गिर गई हो, जहाँ ऊपर रोशनी दिखती तो थी, लेकिन वहाँ तक पहुँचने का कोई रास्ता नहीं था।

राहुल की गैरमौजूदगी के बावजूद वह पूरी तरह उससे अलग नहीं हो पाई थी। सोशल मीडिया अब उसके लिए ज़हर बन चुका था। जब भी वह राहुल की कोई नई तस्वीर देखती, कोई ऐसी स्टोरी जहाँ वह दोस्तों के साथ हंस रहा होता, कहीं घूम रहा होता, ज़िंदगी को पूरी तरह जी रहा होता–उसके अंदर कुछ दरक जाता। "देखो, वह कितना खुश है! शायद उसे मेरी कभी ज़रूरत ही नहीं थी।" यह ख़याल किसी विषैले पौधे की तरह उसके मन में फैलने लगा। हर नई पोस्ट जैसे उसके दिल पर एक नया वार करती थी, और वह खुद को उसकी ज़िंदगी से तुलना करने से रोक नहीं पा रही थी। ऐसा लगता था जैसे वह एक बंद खिड़की से देख रही हो–राहुल बाहर खुली हवा में उड़ रहा था, और वह कैद में छटपटा रही थी।

रातें सबसे ज़्यादा मुश्किल थीं। जब दिन का शोर थम जाता, जब बाहर की दुनिया सोने लगती, तब उसके भीतर का अंधेरा और गहरा हो जाता। वह बिस्तर पर करवटें बदलती, लेकिन उसके सवाल पीछा नहीं छोड़ते। "अगर मैंने उसे थोड़ा और स्पेस दिया होता, तो क्या वह मुझे छोड़ता?" "अगर मैं और खूबसूरत होती, तो क्या वह रहता?" ये सवाल किसी आंधी की तरह उसके भीतर चलने लगते, और वह चाहकर भी खुद को शांत नहीं कर पाती। उसके विचार अब किसी ऐसे झूले की तरह हो गए थे, जो ज़मीन पर कभी नहीं टिकता, बस इधर-उधर झूलता रहता था।

धीरे-धीरे इस दर्द ने उसकी पहचान को ही बदलना शुरू कर दिया। ग्राफिक डिज़ाइन, जो कभी उसका जुनून हुआ करता था, अब उसे बोझ लगने लगा

था। हर नया प्रोजेक्ट उसे फीका और बेमतलब लगने लगा। अब रंगों में कोई चमक नहीं थी, कोई प्रेरणा नहीं थी। "इस सब का क्या फायदा? मैं कभी सफल नहीं हो पाऊँगी," वह खुद से कहने लगी। उसके सपने, जो कभी उसके जीवन की दिशा तय करते थे, अब किसी पुरानी दीवार पर लटके धुंधले चित्रों की तरह लगने लगे थे। जैसे बारिश में बह जाते रंग, वैसे ही उसकी महत्वाकांक्षाएँ भी धुंधली होती जा रही थीं।

लेकिन सबसे खतरनाक था आत्म-संदेह। वह अब खुद को प्यार के काबिल नहीं समझने लगी थी। "शायद मैं ही कुछ गलत थी। शायद मैं कभी किसी के लिए काफ़ी नहीं रहूँगी।" यह ख़याल उसके भीतर किसी धीमी जलती हुई आग की तरह था, जो धीरे-धीरे उसके आत्म-सम्मान को राख में बदल रहा था। यह ठीक वैसे ही था जैसे किसी पुराने, खंडहर हो चुके मकान में नमी धीरे-धीरे दीवारों को सड़ा देती है, और फिर एक दिन वह मकान अचानक गिर जाता है।

आदि शंकराचार्य के शब्दों में यह संसार मायावी है–जो कुछ भी अस्थायी है, वह सत्य नहीं हो सकता। अगर राहुल का प्यार अस्थायी था, तो उसकी वास्तविकता भी उतनी ही क्षणिक थी। आयुषी को अब समझना था कि उसकी असली पहचान किसी और की नज़रों से नहीं, बल्कि खुद के विश्वास से बनती है। अगर वह इस खंडहर को फिर से एक महल में बदलना चाहती थी, तो उसे खुद अपने भीतर रोशनी जलानी थी। यह दर्द एक अंत नहीं था–यह एक नये अध्याय की शुरुआत थी, जो अब उसे खुद लिखना था।

आयुषी की सुबह: जब उसने नया सूरज देखा

आयुषी की ज़िंदगी एक वीरान बगीचे की तरह हो गई थी–जहाँ पहले फूल खिला करते थे, अब वहाँ सिर्फ सूखे पत्ते बिखरे थे। लेकिन एक दिन, उसने फैसला किया कि वह इस बगीचे को दोबारा संवारने की कोशिश करेगी। उसने सोचा, *"अगर मैं अपने विचारों को यूँ ही बढ़ने दूँ, तो ये जंगली बेलों की तरह मेरी ज़िंदगी को जकड़ लेंगे।"* वह जानती थी कि बदलाव बाहर से नहीं, भीतर से आना होगा।

पहला कदम था–*अपने दिमाग की सफाई करना।* उसने एक खाली डायरी निकाली और अपने सबसे गहरे डर, सबसे कड़वे सवाल, और सबसे तकलीफदेह

भावनाओं को लिखना शुरू किया। जब उसने लिखा—*"मैं उसके लिए कभी खास नहीं थी!"*—तो उसके अंदर एक आवाज़ उठी, *"क्या यह पूरी तरह सच है?"* उसने खुद को याद दिलाया कि राहुल ने कभी उसे *"मेरी लाइफ का सबसे खूबसूरत हिस्सा"* कहा था। तो क्या यह सच नहीं था? क्या पूरी कहानी सिर्फ दुःख से भरी थी? या फिर उसने सिर्फ दर्द के पन्ने ही संभाल कर रखे थे?

जैसे-जैसे वह लिखती गई, वैसे-वैसे उसके विचारों की उलझी गांठें खुलने लगीं। उसने हर नकारात्मक सोच को एक सवाल की तरह देखा और फिर खुद ही उसका जवाब ढूंढा। उसने महसूस किया कि सिर्फ एक रिश्ता खत्म होने से उसकी काबिलियत कम नहीं हो जाती।

अब अगला कदम था—*अपने आप से सही बातें कहना।* हर सुबह, जब वह आईने में खुद को देखती, तो अपनी ही आँखों में झाँककर कहती, *"मैं प्यार और सम्मान के लायक हूँ!"* शुरू-शुरू में ये शब्द खोखले लगते थे, लेकिन धीरे-धीरे वे उसकी आत्मा में उतरने लगे। जैसे बंजर ज़मीन में पहली बारिश के बाद घास उगने लगती है, वैसे ही उसके दिल में आत्म-सम्मान की एक कोमल परत जमने लगी।

इसके बाद उसने *कृतज्ञता का अभ्यास* शुरू किया। हर रात सोने से पहले, वह तीन चीज़ें लिखती, जिनके लिए वह शुक्रगुज़ार थी। कभी वह अपनी कॉफी के स्वाद के लिए, कभी किसी अजनबी की मुस्कान के लिए, तो कभी अपने ही मजबूत दिल के लिए। इससे उसे एहसास हुआ कि उसकी ज़िंदगी सिर्फ अधूरी कहानियों से नहीं बनी, बल्कि उसमें खूबसूरत लम्हे भी थे।

सबसे बड़ा बदलाव तब आया जब उसने *भगवद गीता के एक वाक्य* को अपनाया—*"विचार हमारे भविष्य को आकार देते हैं; उन्हें शुद्ध करना आवश्यक है!"* ये शब्द उसके लिए एक दीपक की तरह थे, जिसने उसके मन के अंधेरे कोनों को रोशन कर दिया। उसने जाना कि राहुल की सोच उसके भविष्य को तय नहीं कर सकती, बल्कि उसकी अपनी सोच कर सकती है।

फिर एक दिन, उसने आदतन राहुल की सोशल मीडिया स्टोरी खोली। लेकिन इस बार, कोई टीस नहीं हुई। कोई बेचैनी नहीं। कोई जलन नहीं। उसने पहली बार शांति महसूस की। *"मैं उसके बिना भी खुश रह सकती हूँ,"* उसने खुद से कहा। उसने गहरी सांस ली, एक हल्की मुस्कान के साथ उसका

अकाउंट अनफॉलो कर दिया, और अपने बगीचे में एक नया बीज बो दिया—नई शुरुआत का।

एक नया चित्र: जब आयुषी ने अपनी दुनिया को फिर से रंगा

उसने तय किया कि अब वह सिर्फ एक दर्शक बनकर अपने जीवन को देखने के बजाय, खुद इसकी चित्रकार बनेगी। और इसके लिए, उसे सबसे पहले अपने दिमाग में एक नई तस्वीर बनानी थी—एक ऐसी तस्वीर, जिसमें वह कमजोर नहीं, बल्कि मजबूत थी; जहां वह अकेली नहीं, बल्कि अपने ही साथ में पूरी थी।

हर सुबह, जब वह अपनी आँखें खोलती, तो अपनी कल्पना की दुनिया में प्रवेश करती। वह खुद को एक सुंदर बगीचे में खड़ा देखती—जहां पेड़ हरे थे, सूरज की रोशनी नरम थी, और हवा हल्की सी ठंडक लिए हुए थी। वह खुद को वहाँ मुस्कुराते हुए देखती, एक हल्की सफेद ड्रेस पहने, जिसमें हल्की हवा बह रही थी। उसके चेहरे पर शांति थी, उसकी आँखों में आत्मविश्वास की चमक। यह कोई सपना नहीं था, यह उसका नया सच था—जो अभी भले ही उसकी कल्पना में था, लेकिन जिसे वह धीरे-धीरे अपनी हकीकत बनाना चाहती थी।

हर दिन, वह कुछ मिनटों के लिए बैठकर इस तस्वीर को और गहराई से महसूस करती। वह अपने मन में वह क्षण देखती, जब वह बिना किसी डर या संदेह के, दुनिया के सामने खड़ी होती। वह खुद को अपने काम में पूरी तरह डूबा हुआ देखती, नए डिज़ाइन बनाते हुए, आत्मविश्वास से अपने क्लाइंट्स के साथ बातचीत करते हुए। वह महसूस करती कि उसका शरीर हल्का है, जैसे किसी बोझ से मुक्त हो चुका हो।

धीरे-धीरे, यह विजुअलाइज़ेशन उसके दिमाग की पुरानी धारणाओं को मिटाने लगा। जैसे एक बंजर ज़मीन पर हल चलाया जाता है ताकि वहां नए बीज बोए जा सकें, वैसे ही यह प्रक्रिया उसके दिमाग को नए विचारों के लिए तैयार कर रही थी।

अब वह अपने आप से अलग तरीके से बात करने लगी थी। पहले जहां वह खुद को कमज़ोर समझती थी, अब वह हर दिन खुद से कहती:

"मैं पूरी हूँ, मैं मजबूत हूँ।" "मुझे किसी और की मान्यता की जरूरत नहीं, मैं खुद ही काफी हूँ।" "मेरा अतीत मेरी पहचान नहीं, मेरा आज मेरी सच्ची शक्ति है।"

जब उसने पहली बार ये शब्द बोले थे, तो वे उसे अजनबी से लगे थे– जैसे कोई पुराना, भूला-बिसरा गीत जिसे उसने कभी सुना तो था, लेकिन गुनगुना नहीं पाई थी। पर जैसे-जैसे वह इन्हें दोहराती गई, वैसे-वैसे वे उसके दिमाग का हिस्सा बनने लगे।

और फिर, एक दिन, जब उसने खुद को आईने में देखा, तो उसे वही लड़की दिखी, जिसे वह हर सुबह अपनी कल्पना में देखती थी–शांत, आत्मनिर्भर, और सबसे महत्वपूर्ण, खुश। उसने महसूस किया कि उसने अपनी दुनिया को फिर से रंग दिया था, और अब यह कैनवास पहले से कहीं ज़्यादा खूबसूरत था।

1. आत्म-संदेश (Self-Talk) को दोबारा लिखना

हमारा मस्तिष्क लगातार हमारे साथ संवाद करता रहता है, और यह संवाद हमारे विचारों, भावनाओं और आत्मविश्वास को प्रभावित करता है। यदि यह संवाद नकारात्मक है, तो हमारा आत्म-सम्मान कम हो सकता है, लेकिन यदि हम इसे सकारात्मक और प्रेरणादायक बना लें, तो यह हमें मानसिक रूप से मजबूत बना सकता है। आत्म-संदेश (Self-Talk) को दोबारा लिखने का अर्थ है अपने भीतर चल रहे संवाद को पहचानना और उसे अधिक सहायक व सकारात्मक रूप देना।

हर सुबह और रात को खुद से प्रेरणादायक बातें कहना एक प्रभावी तरीका है। जब भी कोई नकारात्मक विचार मन में आए, उसे तुरंत सकारात्मक विचार से बदल देना चाहिए। उदाहरण के लिए, यदि मन में यह विचार आए कि *"मैं कभी सफल नहीं हो पाउंगा,"* तो इसे इस तरह बदला जा सकता है–*"मैं सीख रहा हूँ और हर दिन बेहतर हो रहा हूँ।"* इसी तरह, यदि आपको यह डर सताता है कि *"लोग मुझे जज करेंगे,"* तो खुद से कहें–*"लोगों की राय मेरे आत्म-मूल्य को तय नहीं करती। मैं खुद को पूरी तरह स्वीकार करता हूँ।"*

इस प्रक्रिया को और प्रभावी बनाने के लिए अपने नाम का उपयोग करके खुद से बात करना भी फायदेमंद होता है। जैसे, *"[आपका नाम], तुम योग्य हो और तुमने अब तक बहुत कुछ हासिल किया है।"* जब हम बार-बार इस तरह के सकारात्मक वाक्य दोहराते हैं, तो हमारा अवचेतन मन इसे सच मानने लगता है। धीरे-धीरे यह हमारी सोच और व्यवहार का हिस्सा बन जाता है, जिससे नकारात्मक विचारों की पकड़ कमजोर होने लगती है और आत्म-विश्वास बढ़ता है। इस प्रकार, आत्म-संदेश को दोबारा लिखने से व्यक्ति अपने जीवन में सकारात्मक बदलाव ला सकता है।

2. विज़ुअलाइज़ेशन (Visualization) - अपनी नई मानसिकता को जीवंत बनाना

विज़ुअलाइज़ेशन एक प्रभावशाली मानसिक तकनीक है, जिसके माध्यम से हम अपनी इच्छित वास्तविकता की कल्पना कर सकते हैं, मानो वह पहले से ही सच हो। यह हमारे मस्तिष्क को नए विश्वासों के अनुरूप ढालने में मदद करता है, जिससे हम अपनी मानसिकता को सकारात्मक दिशा में मोड़ सकते हैं। जब हम किसी लक्ष्य को केवल सोचते ही नहीं, बल्कि उसे अनुभव करने की कोशिश करते हैं, तो हमारा अवचेतन मन इसे वास्तविकता के रूप में स्वीकार करने लगता है। इससे आत्म-विश्वास बढ़ता है और हम अपने डर, संकोच और नकारात्मक विचारों से मुक्त होकर अधिक प्रभावी और आत्मनिर्भर बन सकते हैं।

विज़ुअलाइज़ेशन करने के लिए सबसे पहले एक शांत जगह चुनें, जहां कोई व्यवधान न हो। कुछ मिनट के लिए गहरी सांस लें और अपनी आँखें बंद करें। अपने मन में एक स्पष्ट चित्र बनाएं कि आप उस स्थिति में हैं, जहां आप आत्मविश्वास से भरे हुए हैं और अपने लक्ष्यों को प्राप्त कर रहे हैं। इसे केवल सोचने तक सीमित न रखें, बल्कि इसे पूरी तरह महसूस करने की कोशिश करें। जब आप अपनी सफलता की कल्पना करेंगे, तो उसके साथ आने वाली भावनाओं को भी जागृत करें—जैसे उत्साह, संतोष और गर्व। जब आप खुद को इस मानसिक स्थिति में बार-बार देखते हैं, तो यह आपके अवचेतन मन में गहराई से अंकित हो जाता है और वास्तविक जीवन में भी आपके व्यवहार और दृष्टिकोण को प्रभावित करता है।

उदाहरण के लिए, यदि आपके मन में यह नकारात्मक विचार आता है कि *"मैं कभी अपने डर को नहीं जीत पाऊंगा,"* तो अपनी कल्पना में खुद को आत्मविश्वास से भरा हुआ देखें, जहाँ आप अपने डर का सामना कर रहे हैं और सफल हो रहे हैं। अगर आपको मंच पर बोलने का डर है, तो अपनी कल्पना में खुद को बड़े मंच पर खड़े हुए देखें–शांत, स्थिर और आत्मविश्वास से भरे हुए। जितना अधिक स्पष्ट और वास्तविक यह मानसिक चित्र होगा, उतना ही अधिक प्रभावशाली उसका प्रभाव आपके मस्तिष्क पर पड़ेगा।

विजुअलाइज़ेशन को प्रभावी बनाने के लिए इसे नियमित रूप से दोहराना आवश्यक है। इसे हर सुबह और रात को करने की आदत डालें। जब यह प्रक्रिया आपके दैनिक जीवन का हिस्सा बन जाती है, तो आप अपनी सोच को बदलकर अपनी वास्तविकता को भी बदल सकते हैं। यह न केवल आपको प्रेरित रखता है, बल्कि आपके आत्म-संदेह को भी कम करता है और आपको आपके लक्ष्यों के प्रति अधिक केंद्रित बनाता है।

विजुअलाइज़ेशन एक शक्तिशाली मानसिक अभ्यास है, जिसका वैज्ञानिक आधार भी है। हमारा मस्तिष्क वास्तविकता और कल्पना में ज्यादा फर्क नहीं कर पाता। न्यूरोसाइंस में हुए कई शोध इस बात की पुष्टि करते हैं कि जब हम किसी चीज़ की गहराई से कल्पना करते हैं, तो हमारे मस्तिष्क में वही न्यूरल पैटर्न सक्रिय हो जाते हैं, जो उस स्थिति को वास्तव में अनुभव करने पर होते हैं। उदाहरण के लिए, 1995 में किए गए एक अध्ययन में (Harvard Medical School), शोधकर्ताओं ने पाया कि जो लोग केवल पियानो बजाने की कल्पना कर रहे थे, उनके मस्तिष्क में ठीक वैसे ही बदलाव हुए, जैसे कि वे वास्तव में पियानो बजा रहे हों। यह दिखाता है कि हमारा दिमाग कल्पना को हकीकत जैसा ही मान सकता है।

जब हम बार-बार किसी सकारात्मक स्थिति की कल्पना करते हैं, तो मस्तिष्क इसे सच मानने लगता है। यह प्रक्रिया न्यूरोप्लास्टिसिटी (Neuroplasticity) के माध्यम से होती है, जहां मस्तिष्क नए विश्वासों और अनुभवों के अनुरूप खुद को ढाल लेता है। यदि कोई व्यक्ति आत्म-संदेह से घिरा रहता है, लेकिन रोज़ खुद को आत्मविश्वास से भरा हुआ कल्पना करता है, तो समय के साथ उसका मस्तिष्क इस नए विश्वास को वास्तविकता

मानने लगता है। यही कारण है कि विज़ुअलाइज़ेशन हमारी सोच को बदलने और आत्मविश्वास बढ़ाने में मदद करता है।

इसके अलावा, विज़ुअलाइज़ेशन से जुड़ी एक और वैज्ञानिक अवधारणा *सेल्फ-इफिकेसी (Self-Efficacy)* है, जिसे प्रसिद्ध मनोवैज्ञानिक अल्बर्ट बांदुरा (Albert Bandura) ने प्रस्तुत किया था। उन्होंने बताया कि जब व्यक्ति खुद को किसी चुनौतीपूर्ण स्थिति में सफल होते हुए देखता है, तो उसका आत्म-विश्वास बढ़ता है और वह अधिक प्रेरित होकर कार्य करता है। उदाहरण के लिए, यदि कोई व्यक्ति बार-बार खुद को एक सार्वजनिक मंच पर प्रभावी रूप से बोलते हुए कल्पना करता है, तो उसका वास्तविक डर कम होने लगता है और वह अधिक आत्म-निर्भर बनता है।

इन प्रभावों के कारण विज़ुअलाइज़ेशन केवल एक काल्पनिक तकनीक नहीं, बल्कि एक वैज्ञानिक रूप से सिद्ध अभ्यास है, जो मानसिकता को स्थायी रूप से बदलने में मदद कर सकता है। यह हमें नकारात्मक सोच से मुक्त करता है और नए विश्वासों को अपनाने में सहायता करता है। जब हम अपने दिमाग को सकारात्मक छवियों से प्रशिक्षित करते हैं, तो धीरे-धीरे हमारा वास्तविक व्यवहार और कार्य भी उसी दिशा में बदलने लगते हैं। इसलिए, आत्म-संदेश और विज़ुअलाइज़ेशन दो ऐसे उपकरण हैं, जो न केवल हमारी सोच को बदलते हैं, बल्कि हमारी वास्तविकता को भी सकारात्मक रूप से प्रभावित कर सकते हैं।

3. सकारात्मक मानसिकता बनाए रखने के लिए उन्नत रणनीतियाँ

सकारात्मक मानसिकता बनाए रखना किसी मांसपेशी को मजबूत करने जैसा है–जितना अधिक अभ्यास करेंगे, उतना ही यह स्वाभाविक हो जाएगा। यह केवल एक बार का परिवर्तन नहीं, बल्कि लगातार की जाने वाली एक साधना है। जब जीवन में चुनौतियाँ आती हैं, तो हमारा दिमाग़ पुराने, परिचित पैटर्न्स की ओर लौटने की कोशिश करता है, जैसे कोई नदी अपने पुराने बहाव की ओर मुड़ने की प्रवृत्ति रखती है। लेकिन अगर हम एक नया रास्ता बनाना चाहते हैं, तो हमें उस पर बार-बार पानी बहाना होगा, ताकि नया मार्ग गहराई से बन जाए और पुराना रास्ता स्वतः ही मिट जाए।

सकारात्मक मानसिकता को बनाए रखने के लिए सबसे पहले हमें अपने विचारों को पहचानने और उनकी दिशा बदलने की कला सीखनी होगी। यह वैसा ही है जैसे कोई माली अपने बगीचे में नियमित रूप से खरपतवार निकालकर सुंदर फूलों को जगह देता है। यदि हम नकारात्मक विचारों को बिना परखे स्वीकार कर लेंगे, तो वे धीरे-धीरे हमारे मन की उर्वर भूमि को जकड़ लेंगे। इसलिए, जब भी कोई नकारात्मक सोच उभरती है, उसे पकड़कर उसका मूल्यांकन करना ज़रूरी है–क्या यह सच है? क्या यह मुझे आगे बढ़ने में मदद कर रही है? यदि नहीं, तो इसे सकारात्मक सोच से बदलना ही सही रणनीति होगी।

इसके अलावा, अपने आप को सही वातावरण में रखना भी महत्वपूर्ण है। जैसे सूरज की रोशनी और पानी के बिना कोई पौधा नहीं पनप सकता, वैसे ही प्रेरणादायक किताबें पढ़ना, अच्छी संगति में रहना और खुद से उत्साहवर्धक संवाद करना हमारी सकारात्मक मानसिकता को पोषित करता है। आत्मचिंतन और ध्यान (मेडिटेशन) भी इसमें सहायक होते हैं। वे मन को शांत करने और विचारों को व्यवस्थित करने में मदद करते हैं, जिससे हम अपनी प्रतिक्रियाओं पर बेहतर नियंत्रण पा सकते हैं।

कई बार, जब चुनौतियाँ हमारे आत्मविश्वास को हिला देती हैं, तो हमें अपनी सफलताओं को याद रखना चाहिए। यह वैसा ही है जैसे एक पर्वतारोही जो ऊँचाई तक पहुँचने के लिए नीचे देखता है और यह अहसास करता है कि उसने कितनी दूरी तय कर ली है। यह एहसास हमें आगे बढ़ने की ताकत देता है।

इसलिए, सकारात्मक मानसिकता बनाए रखना कोई जादू नहीं, बल्कि निरंतर अभ्यास की प्रक्रिया है। सही आदतों, जागरूकता और अनुशासन के साथ हम अपने मानसिक पैटर्न्स को इस तरह ढाल सकते हैं कि वे हमें हर परिस्थिति में आत्मविश्वास और आशा से भर दें।

माइंडफुलनेस और ध्यान: वर्तमान में जीने की कला

माइंडफुलनेस और ध्यान वर्तमान में जीने की कला है, जहाँ हम अपने विचारों और भावनाओं को बिना किसी जजमेंट के स्वीकार करते हैं। इसे इस

तरह समझ सकते हैं जैसे कोई शांत झील, जिसमें पानी पूरी तरह स्थिर हो, और जब कोई कंकड़ उसमें गिरता है, तो बस हल्की लहरें उठती हैं, लेकिन झील उसे अपने स्वभाव में समा लेती है। माइंडफुलनेस हमें यही सिखाती है– बाहरी परिस्थितियाँ या विचार हमारे भीतर हलचल तो ला सकते हैं, लेकिन हम उन पर कैसे प्रतिक्रिया दें, यह हमारे हाथ में है।

जब हमारा मन भूतकाल की गलतियों या भविष्य की अनिश्चितताओं में उलझा रहता है, तो यह वैसा ही होता है जैसे कोई व्यक्ति अपने हाथ में एक भारी पत्थर लेकर चलता रहे–वह पत्थर हमारा मानसिक बोझ बन जाता है। माइंडफुलनेस और ध्यान हमें सिखाते हैं कि इस पत्थर को धीरे-धीरे रखना भी संभव है, ताकि हम हल्का महसूस कर सकें और पूरी तरह से वर्तमान क्षण में जी सकें।

इस अभ्यास का सबसे सरल तरीका है अपनी सांसों पर ध्यान केंद्रित करना। जब हम गहरी सांस लेते हैं और अपने श्वास की गति को महसूस करते हैं, तो यह हमारे मन को स्थिर करने का कार्य करता है। यह एक लंगर (anchor) की तरह है, जो हमें हमारे भीतर की शांति से जोड़ता है। इसी तरह, बॉडी स्कैन तकनीक हमें अपने शरीर को ध्यानपूर्वक महसूस करने का अवसर देती है, जिससे हम यह समझ सकते हैं कि कहाँ तनाव या थकान छिपी हुई है। यह अभ्यास हमारे शरीर और मन के बीच एक संतुलन बनाने में मदद करता है।

प्रकृति में टहलना भी माइंडफुलनेस का एक सुंदर तरीका है। जब हम हवा की ठंडक को महसूस करते हैं, पक्षियों की चहचहाहट को सुनते हैं और पेड़ों के हिलने की ध्वनि पर ध्यान देते हैं, तो यह हमें वर्तमान क्षण में पूरी तरह से ले आता है। यह ठीक वैसे ही है जैसे कोई पेड़, जो केवल वर्तमान में जीता है–न वह अपनी पुरानी पत्तियों के झड़ने का शोक करता है, न ही इस बात की चिंता करता है कि नई पत्तियाँ कब आएंगी। वह बस मौजूद रहता है, हर क्षण को अपनाते हुए।

माइंडफुलनेस और ध्यान का नियमित अभ्यास हमें तनाव से मुक्त करने, आत्म-जागरूकता बढ़ाने और मानसिक स्पष्टता प्राप्त करने में मदद करता

है। यह हमें सिखाता है कि जीवन की दौड़ में कुछ पल ठहरना भी ज़रूरी है, ताकि हम सही दिशा में आगे बढ़ सकें।

भावनात्मक लचीलापन (Emotional Resilience) विकसित करना

भावनात्मक लचीलापन (Emotional Resilience) विकसित करना जीवन में आने वाले तूफानों से बचने की कोशिश नहीं, बल्कि उनके बीच संतुलन बनाकर खड़े रहने की कला है। इसे इस तरह समझा जा सकता है जैसे एक मजबूत पेड़, जो आंधी में झुक तो सकता है, लेकिन टूटता नहीं। उसकी जड़ें गहरी होती हैं, जिससे वह किसी भी विपरीत परिस्थिति को सहन कर पाता है। इसी तरह, हमारे भीतर भी एक आंतरिक शक्ति होती है, जो हमें कठिनाइयों का सामना करने और उनसे उभरने की क्षमता देती है।

कई बार, जब जीवन हमारी अपेक्षाओं के अनुरूप नहीं चलता, तो हम खुद को दोषी मानने लगते हैं या हालात से हार मान लेते हैं। लेकिन भावनात्मक लचीलापन सिखाता है कि हर असफलता या कठिनाई सिर्फ एक अनुभव है, न कि हमारी अंतिम पहचान। जैसे कोई कुम्हार मिट्टी को बार-बार गूंधकर, थपथपाकर और आग में तपाकर मजबूत बर्तन बनाता है, वैसे ही चुनौतियाँ हमें भीतर से मजबूत बनाती हैं। हमें अपनी अपूर्णताओं को स्वीकार करना सीखना होगा, क्योंकि यही वे मोड़ हैं जो हमें नया सीखने और आगे बढ़ने का मौका देते हैं।

समस्याओं से घबराने के बजाय, समाधान-केन्द्रित सोच अपनाना ज़रूरी है। जब कोई मुश्किल आती है, तो यह सोचने के बजाय कि "यह मेरे साथ ही क्यों हुआ?" हमें खुद से पूछना चाहिए, "मैं इससे क्या सीख सकता हूँ?" और "इस स्थिति को सुधारने के लिए मैं क्या कर सकता हूँ?" यह वैसा ही है जैसे गाड़ी चलाते समय किसी गड्ढे में पहिया फंस जाए–अगर हम सिर्फ यह सोचते रहें कि गड्ढा कितना गहरा है, तो हम वहीं अटक जाएंगे। लेकिन अगर हम रास्ता खोजें और आगे बढ़ने की कोशिश करें, तो हम फिर से सफर जारी रख सकते हैं।

कभी-कभी, कठिनाइयों को अकेले सहन करने की ज़रूरत नहीं होती। एक मजबूत सपोर्ट सिस्टम होना बेहद ज़रूरी है–दोस्त, परिवार या कोई ऐसा

व्यक्ति जिससे हम खुलकर बात कर सकें। जब हम अपनी भावनाओं को बांटते हैं, तो उनका बोझ हल्का हो जाता है। यह वैसा ही है जैसे किसी भारी सामान को अकेले उठाने के बजाय किसी और की मदद ले ली जाए—हम न केवल उसे बेहतर तरीके से संभाल सकते हैं, बल्कि आगे बढ़ना भी आसान हो जाता है।

भावनात्मक लचीलापन केवल मुश्किल समय में उपयोगी नहीं होता, बल्कि यह जीवन के हर पहलू में हमें आत्मविश्वास, संतुलन और सकारात्मक दृष्टिकोण बनाए रखने में मदद करता है।

कैसे बढ़ाएं:

- **अपूर्णता को स्वीकार करें:** गलतियाँ सीखने का एक हिस्सा हैं। जब भी आप असफल हों, इसे एक नए सबक के रूप में देखें।

- **समाधान-केन्द्रित सोच अपनाएं:** समस्या पर ध्यान देने के बजाय, पूछें - *"मैं इस स्थिति को सुधारने के लिए क्या कर सकता हूँ?"*

- **सपोर्ट सिस्टम बनाएं:** ज़रूरत पड़ने पर अपने दोस्तों, परिवार या किसी विश्वसनीय व्यक्ति से बात करें। कभी-कभी अलग नज़रिया चीज़ों को हल्का बना सकता है।

"अगर आप अस्वीकृति का सामना करते हैं, तो खुद से कहें - यह सिर्फ एक अनुभव है, यह मेरे मूल्य को परिभाषित नहीं करता।"

एक सकारात्मक माहौल तैयार करना

एक सकारात्मक माहौल तैयार करना ऐसा ही है जैसे किसी पौधे को सही मिट्टी, पर्याप्त धूप और स्वच्छ पानी देना। अगर किसी बीज को उपजाऊ ज़मीन, सही मात्रा में पानी और पोषण न मिले, तो वह कभी ठीक से नहीं पनपेगा, भले ही उसमें कितनी भी क्षमता क्यों न हो। हमारा मन भी इसी सिद्धांत पर काम करता है—अगर हम उसे सही वातावरण नहीं देंगे, तो सकारात्मक मानसिकता बनाए रखना मुश्किल होगा।

हम जिन लोगों के साथ रहते हैं और जिनसे रोज़ बातचीत करते हैं, वे हमारे विचारों और भावनाओं पर सीधा असर डालते हैं। अगर हमारा समय ऐसे लोगों के बीच बीतता है जो हमें प्रेरित करते हैं, हमारा हौसला बढ़ाते हैं

और आगे बढ़ने में मदद करते हैं, तो हमारी मानसिकता भी सकारात्मक बनी रहती है। लेकिन अगर हम नकारात्मक सोच वाले या हमें नीचा दिखाने वाले लोगों के संपर्क में ज्यादा रहते हैं, तो यह हमारे आत्मविश्वास और मानसिक शांति को धीरे-धीरे कमजोर कर सकता है। यह वैसा ही है जैसे एक सुंदर फूल को गंदे पानी से सींचना–वह जल्द ही मुरझा जाएगा।

सिर्फ लोग ही नहीं, बल्कि हमारा डिजिटल वातावरण भी हमारी सोच को प्रभावित करता है। आज के समय में सोशल मीडिया पर हम जितना समय बिताते हैं, उतना शायद अपनों के साथ भी नहीं बिताते। अगर हम लगातार ऐसे कंटेंट को देखते रहते हैं जो हमें असुरक्षित, निराश या हीन महसूस कराता है, तो हमारी मानसिकता भी उसी दिशा में ढलने लगती है। इसलिए समय-समय पर डिजिटल डिटॉक्स करना ज़रूरी है–ऐसे अकाउंट्स को अनफॉलो करें जो नेगेटिव एनर्जी फैलाते हैं और ऐसे कंटेंट को देखें जो हमें प्रेरित करे और मानसिक शांति दे।

इसके अलावा, हमारा भौतिक वातावरण भी हमारे मनोविज्ञान को प्रभावित करता है। अगर हमारा कमरा या कार्यस्थल गंदा और अव्यवस्थित रहेगा, तो हमारे विचार भी बिखरे हुए रहेंगे। लेकिन जब हम अपने आसपास सफाई और व्यवस्था बनाए रखते हैं, तो हमारा मन भी हल्का और ऊर्जावान महसूस करता है। यह ठीक वैसे ही है जैसे किसी शांत, सुव्यवस्थित बगीचे में बैठने से सुकून का अनुभव होता है।

इसलिए, अगर हमें अपनी मानसिकता को सकारात्मक बनाए रखना है, तो हमें अपने आस-पास के माहौल को भी सकारात्मक बनाना होगा–चाहे वह लोग हों, डिजिटल स्पेस हो या हमारा भौतिक वातावरण।

कैसे करें:

- **सकारात्मकता से घिरें:** उन लोगों के साथ समय बिताएं जो आपको प्रेरित करते हैं और आपकी ग्रोथ में सहायक हैं।

- **डिजिटल डिटॉक्स करें:** सोशल मीडिया पर ऐसे अकाउंट्स को अनफॉलो करें जो आपको नेगेटिव फील कराते हैं।

- **अपने आसपास सफ़ाई रखें:** एक साफ़ और व्यवस्थित वातावरण आपके मन को भी हल्का करता है।

लाभ: एक अच्छा वातावरण आपकी ऊर्जा को बढ़ाता है और मानसिक शांति देता है।

आत्म-करुणा का अभ्यास करें

आत्म-करुणा का अभ्यास करना वैसा ही है जैसे किसी छोटे बच्चे को गिरते देखना और उसे प्यार से उठाकर कहना, "कोई बात नहीं, अगली बार संभलकर चलना।" जब वह बच्चा चलता है, गिरता है, फिर से उठता है और धीरे-धीरे बेहतर होता जाता है, तो हम उसे कभी यह नहीं कहते कि "तुम निकम्मे हो, तुमसे नहीं होगा।" बल्कि हम उसे प्रोत्साहित करते हैं, उसका हौसला बढ़ाते हैं। लेकिन जब बात खुद की आती है, तो हम इतने दयालु नहीं होते। हम अपनी गलतियों पर खुद को कठोर शब्दों से कोसते हैं, आत्म-संदेह से भर जाते हैं और खुद को कमजोर महसूस कराते हैं।

आत्म-करुणा का मतलब खुद को यह अहसास कराना है कि हम भी इंसान हैं, और हमसे गलतियाँ होना स्वाभाविक है। जब हम खुद को स्वीकार करना सीखते हैं, तो हमारे अंदर एक आंतरिक शांति विकसित होती है। यह वैसा ही है जैसे किसी कठोर जमीन पर धीरे-धीरे घास उगने लगे–पहले सूखा और सख्त, लेकिन धीरे-धीरे नमी और हरियाली से भरता हुआ।

जब भी आप कोई गलती करें, तो खुद को यह याद दिलाएँ कि गलती करना सीखने की प्रक्रिया का एक हिस्सा है। अगर आप अपने किसी प्रियजन को असफल होते हुए देखें, तो क्या आप उसे कठोरता से जज करेंगे या प्यार और समझदारी से समझाएँगे कि यह केवल एक अनुभव है? खुद के साथ भी वैसा ही व्यवहार करें। जब आप अपने आप से प्यार और दया से बात करेंगे, तो आपका आत्मविश्वास भी बढ़ेगा और आप आगे बढ़ने की ताकत महसूस करेंगे।

इसके अलावा, हमें अपनी छोटी-छोटी जीतों का जश्न मनाने की आदत डालनी चाहिए। अगर कोई पर्वतारोही सिर्फ चोटी तक पहुँचने पर ही खुशी मनाए, तो उसका सफर बहुत कठिन लग सकता है। लेकिन अगर वह हर छोटे पड़ाव को एक उपलब्धि की तरह देखे, तो यात्रा आनंददायक हो जाती है। इसी तरह, हमें अपनी प्रगति को पहचानना और उसकी सराहना करना सीखना होगा।

अगर कभी कोई बड़ी असफलता मिलती है, तो खुद को यह कहकर संभालें—"मैंने अपना सर्वश्रेष्ठ दिया, और अगली बार मैं और बेहतर करूँगा।" आत्म-करुणा हमें यह सिखाती है कि हम अपने सबसे अच्छे दोस्त खुद बन सकते हैं। जब हम अपने प्रति दयालु होते हैं, तो हम और अधिक आत्मविश्वासी, शांत और खुशहाल महसूस करने लगते हैं।

कैसे करें:

- जब आप कोई गलती करें, तो खुद से कहें, "मैं इंसान हूँ, और मैं सीख रहा हूँ।"
- छोटी-छोटी जीतों का जश्न मनाएँ। हर प्रगति मायने रखती है।
- खुद से सवाल पूछें: "अगर मेरा कोई दोस्त मेरी जगह होता, तो मैं उसे क्या सलाह देता?" उसी तरह खुद से भी बात करें।

"अगर आप किसी डेडलाइन को मिस कर देते हैं, तो खुद को दोष देने के बजाय कहें - मैंने अपना सर्वश्रेष्ठ दिया, और अगली बार मैं और बेहतर करूंगा।"

यथार्थवादी लक्ष्य निर्धारित करें

यथार्थवादी लक्ष्य निर्धारित करना वैसा ही है जैसे किसी पहाड़ की चोटी पर चढ़ने का सपना देखना, लेकिन यह समझना कि एक ही छलांग में वहाँ पहुँचना नामुमकिन है। अगर कोई पर्वतारोही सीधा शिखर की ओर दौड़ पड़े, तो थकान और निराशा उसे बीच में ही रोक देगी। लेकिन अगर वह अपने रास्ते को छोटे-छोटे पड़ावों में बाँट ले—"पहले इस पहाड़ी तक, फिर उस चट्टान तक"—तो सफर भी आसान लगेगा और मंज़िल भी निश्चित हो जाएगी। यही सिद्धांत हमारे जीवन के लक्ष्यों पर भी लागू होता है।

अक्सर हम बड़े सपने देखते हैं, लेकिन उन्हें हासिल करने की कोई ठोस योजना नहीं बनाते। इसका नतीजा यह होता है कि जब शुरुआती कोशिशें नाकाम होती हैं, तो हम निराश हो जाते हैं और अपने ही प्रयासों पर संदेह करने लगते हैं। यही कारण है कि लक्ष्य निर्धारित करने के लिए SMART तकनीक को अपनाना ज़रूरी है।

कोई भी लक्ष्य तभी प्रभावी होता है जब वह स्पष्ट हो। अगर कोई कहे, "मुझे सफल होना है," तो यह बहुत अस्पष्ट है। सफलता का क्या अर्थ है? कैसे मापा जाएगा कि आप सफल हो रहे हैं या नहीं? अगर हम इसे स्पष्टता के साथ तय करें–जैसे, "मैं हर महीने दो किताबें पढ़ूँगा" या "मैं अगले छह महीनों में 5 किलो वजन कम करूँगा"–तो यह हमारे दिमाग़ को दिशा देता है और हमें अपने प्रयासों को केंद्रित करने में मदद करता है।

यही नहीं, लक्ष्य ऐसे होने चाहिए जिन्हें हम माप सकें और उन्हें हासिल करना व्यावहारिक हो। अगर कोई कहे, "मैं एक हफ्ते में 10 किलो वजन घटा लूँगा," तो यह न सिर्फ़ असंभव है बल्कि हतोत्साहित करने वाला भी है। इसके बजाय, अगर कोई यह कहे, "मैं रोज़ 30 मिनट वर्कआउट करूँगा और हेल्दी डाइट अपनाऊँगा," तो यह ज़्यादा टिकाऊ और प्रभावी होगा।

एक अच्छा लक्ष्य वही होता है जो हमारे जीवन और मूल्यों से जुड़ा हो। अगर कोई लेखक बनना चाहता है, तो उसे हर दिन 500 शब्द लिखने का लक्ष्य तय करना चाहिए। और सबसे ज़रूरी बात यह है कि हर लक्ष्य के लिए एक समयसीमा हो। "कभी न कभी मैं किताब लिखूँगा" कहने से बेहतर है, "मैं अगले छह महीनों में अपनी किताब का पहला ड्राफ्ट पूरा करूँगा।"

जब हम छोटे-छोटे कदमों में अपने लक्ष्य तय करते हैं, तो न केवल हमारा आत्मविश्वास बना रहता है, बल्कि सफर भी आनंददायक हो जाता है।

SMART (Specific, Measurable, Achievable, Relevant, Time-bound) तकनीक अपनाएं:

- Specific: लक्ष्य स्पष्ट हो - "मैं फिट होना चाहता हूँ" की बजाय "मैं हर हफ़्ते 3 दिन वर्कआउट करूँगा" कहें।

- Measurable: प्रगति मापने योग्य हो - "मैं रोज़ 500 शब्द लिखूंगा" जैसे छोटे कदम लें।

- Achievable: लक्ष्य ऐसा हो जिसे हासिल किया जा सके - "मैं एक हफ्ते में 10 किलो वजन घटाऊँगा" की बजाय "मैं हेल्दी खाने और एक्सरसाइज़ पर ध्यान दूँगा" पर फोकस करें।

- Relevant: आपका लक्ष्य आपके जीवन और मूल्यों से जुड़ा हो।

- *Time-bound:* लक्ष्य के लिए एक निश्चित समयसीमा तय करें।

लाभ: इस तकनीक से लक्ष्य अधिक स्पष्ट और प्राप्त करने योग्य बनते हैं, जिससे प्रेरणा बनी रहती है।

मार्गदर्शित प्रतिबिंब अभ्यास

मार्गदर्शित प्रतिबिंब अभ्यास वैसा ही है जैसे किसी धुंधले आईने को धीरे-धीरे साफ करना, ताकि हम अपना असली प्रतिबिंब देख सकें। कई बार हमारे विचारों पर संदेह, डर और नकारात्मकता की धूल जम जाती है, जिससे हमें अपनी असली क्षमताएँ नज़र नहीं आतीं। लेकिन जब हम खुद से सही सवाल पूछते हैं, तो यह धुंध छँटने लगती है, और हम अपने भीतर छिपी असीम संभावनाओं को देख पाते हैं।

कभी-कभी हम खुद को ऐसी नकारात्मक धारणाओं में उलझा हुआ पाते हैं, जो हमें आगे बढ़ने से रोकती हैं। "अगर मैं असफल हो गया तो?", "क्या मैं इस काम के लायक हूँ?", "दूसरों के मुकाबले मैं पीछे हूँ"–ऐसे विचार हमें सीमित कर सकते हैं। लेकिन अगर इन्हें सही दृष्टिकोण से देखा जाए, तो यही विचार हमारी सबसे बड़ी ताकत बन सकते हैं। यह अभ्यास हमें यह समझने में मदद करता है कि हमारे नकारात्मक विचारों के पीछे कौन-से पैटर्न काम कर रहे हैं और हम इन्हें सकारात्मक सोच में कैसे बदल सकते हैं।

कल्पना करें कि आप एक किताब पढ़ रहे हैं, लेकिन पन्ने धुंधले हैं। अगर आप रुककर ध्यान से देखें और समझने की कोशिश करें, तो धीरे-धीरे अक्षर स्पष्ट होने लगते हैं। ठीक इसी तरह, जब हम अपनी सोच की परतों को ध्यानपूर्वक खोलते हैं, तो हमें समझ में आता है कि हमारे भीतर क्या चल रहा है।

सबसे पहले, हमें अपनी हाल की किसी ऐसी स्थिति पर विचार करना चाहिए जब नकारात्मक सोच ने हमें प्रभावित किया हो। यह कोई असफल इंटरव्यू हो सकता है, जहाँ हम खुलकर अपनी बात नहीं रख पाए, या कोई अवसर जिसे हमने सिर्फ इसलिए छोड़ दिया क्योंकि हमें खुद पर भरोसा नहीं था। उस क्षण हमारे दिमाग में पहला विचार क्या आया? क्या हमने सोचा कि "मैं इस काम के लिए पर्याप्त सक्षम नहीं हूँ?" या "शायद मैं इसमें सफल

नहीं हो पाऊँगा?" इन विचारों ने हमारी भावनाओं और फैसलों को किस तरह प्रभावित किया?

इसके बाद, हमें यह देखना चाहिए कि क्या यह कोई एकबारगी घटना थी या हमारे सोचने का एक पैटर्न बन चुका है। क्या हर बार जब हमें कोई नया अवसर मिलता है, तब हम खुद को पीछे कर लेते हैं? क्या हम हमेशा अपनी तुलना दूसरों से करके खुद को कमतर महसूस करते हैं? जब हम इन विचारों के पीछे के पैटर्न को पहचान लेते हैं, तभी हम इसे बदलने की प्रक्रिया शुरू कर सकते हैं।

अब जब हमने नकारात्मक सोच के इस चक्र को समझ लिया है, तो इसे पुनर्निर्मित करने का समय आ गया है। अगर हमने खुद से कहा, "मैं कभी सफल नहीं हो सकता," तो इसे बदलकर कहा जा सकता है, "हर असफलता मुझे कुछ नया सिखाने का अवसर देती है।" यह उतना ही प्रभावी है, जितना कि बीज को सही मिट्टी में लगाना। अगर हम नकारात्मक सोच के बीज बोते रहेंगे, तो डर और असफलता की बेल फैलती जाएगी। लेकिन अगर हम सकारात्मक विश्वास के बीज बोएँगे, तो आत्म-विश्वास और सफलता का एक मजबूत वृक्ष उगेगा।

इस नई सोच को अपनाने के लिए हमें छोटे-छोटे कदम उठाने चाहिए। अगर हमें किसी अवसर से डर लगता है, तो हमें खुद को चुनौती देकर उस अवसर को स्वीकार करना चाहिए। अगर हम खुद पर संदेह करते हैं, तो हमें अपनी पिछली उपलब्धियों को याद करना चाहिए और यह सोचना चाहिए कि हम पहले भी मुश्किलों को पार कर चुके हैं। जब हम बार-बार इस नए विश्वास को दोहराते हैं, तो हमारा दिमाग इसे सच मानने लगता है और हमारी मानसिकता धीरे-धीरे बदल जाती है।

मार्गदर्शित प्रतिबिंब अभ्यास हमें खुद को बेहतर समझने, नकारात्मक सोच से उबरने और एक सकारात्मक मानसिकता विकसित करने में मदद करता है। जब हम अपने विचारों को सही दिशा में मोड़ते हैं, तो जीवन का सफर आसान और प्रेरणादायक बन जाता है।

सकारात्मक मानसिकता कोई मंज़िल नहीं, यह रोज़ किए जाने वाले छोटे-छोटे चुनावों का नतीजा है। जब भी जीवन में कोई चुनौती आए, उसे खुद को मजबूत करने का एक अवसर मानें। माइंडफुलनेस, आत्म-करुणा, सकारात्मक वातावरण और यथार्थवादी लक्ष्य निर्धारित करके आप अपने मानसिक और भावनात्मक स्वास्थ्य को बेहतर बना सकते हैं।

हर दिन एक छोटा कदम उठाएं, और देखेंगे कि समय के साथ यह आपकी सबसे बड़ी ताकत बन जाएगी!

अध्याय 11

आंतरिक शांति - जीवन के संघर्षों के बीच सामंजस्य स्थापित करना

भीतर सद्भाव पैदा करना

आज की तेज़ रफ्तार दुनिया में हर कोई किसी न किसी चीज़ के पीछे भाग रहा है। सुबह उठते ही मोबाइल फोन में उलझ जाते हैं, ईमेल्स और सूचनाओं की बौछार होती है, पूरे दिन किसी न किसी ज़िम्मेदारी को निभाने में लगे रहते हैं। लेकिन जब रात को अकेले होते हैं, तब भी मन शांत नहीं रहता–अतीत की यादें पीछा करती हैं, भविष्य की चिंताएँ सताती हैं, समाज का दबाव मन को बोझिल कर देता है। यह सब मिलकर हमारे भीतर एक ऐसा शोर पैदा करता है, जिसे अनसुना करना मुश्किल हो जाता है। यह बिल्कुल उस समुद्र की तरह है, जिसकी सतह पर तूफान मचा होता है, लेकिन गहराई में अपार शांति होती है।

हम अक्सर सोचते हैं कि आंतरिक शांति किसी पहाड़ की चोटी पर, किसी दूरस्थ आश्रम में, या घंटों ध्यान करने से ही मिल सकती है। लेकिन सच यह

है कि यह कहीं बाहर नहीं, बल्कि हमारे भीतर ही मौजूद है। यह ठीक वैसे ही है जैसे किसी तूफान के बीच भी समुद्र की गहराइयों में स्थिरता बनी रहती है। सतह पर लहरें उग्र होती हैं, लेकिन गहराई में शांति बनी रहती है। जीवन के संघर्ष भी कुछ ऐसे ही होते हैं–बाहरी दुनिया में हलचल बनी रहती है, लेकिन अगर हम भीतर की शांति को पकड़ना सीख लें, तो यह हलचल हमें विचलित नहीं कर सकती।

आंतरिक शांति पाने का पहला कदम यह समझना है कि यह कोई मंज़िल नहीं, बल्कि एक अभ्यास है। इसका अर्थ यह नहीं कि जीवन में संघर्ष खत्म हो जाएंगे, बल्कि यह कि हम उन संघर्षों को किस नज़रिए से देखते हैं। जब कोई कठिनाई आती है, तो हम अक्सर उससे भागने की कोशिश करते हैं या परेशान हो जाते हैं। लेकिन अगर हम इसे एक लहर की तरह देखें–जो आती है और फिर चली जाती है–तो हम इससे अधिक सहजता से निपट सकते हैं। शांति तब आती है जब हम अपने मन में चल रहे शोर को पहचानते हैं और धीरे-धीरे उसे शांत करने की कोशिश करते हैं।

आदि शंकराचार्य ने आत्मबोध को ही परम शांति का माध्यम बताया था। जब हम यह समझ लेते हैं कि हम अपने विचारों से परे हैं, तब जीवन की समस्याएँ भी हल्की लगने लगती हैं। अगर हम खुद को केवल शरीर और मन तक सीमित मानते हैं, तो हर तकलीफ असहनीय लगती है। लेकिन जब हमें यह अहसास होता है कि हमारी असली पहचान आत्मा है, जो किसी भी परिस्थिति से परे है, तब बाहरी हलचल हमें उतनी प्रभावित नहीं कर पाती। यह बिल्कुल उस व्यक्ति की तरह है, जो नदी की सतह पर तैरती लकड़ी को देखकर डर जाता है, लेकिन जब पानी के भीतर गोता लगाता है, तो देखता है कि नीचे सब कुछ शांत है।

शांति की तलाश में सबसे महत्वपूर्ण कदम है अपने विचारों का अवलोकन करना–क्या हम हर स्थिति को नकारात्मक रूप से देखते हैं? क्या हम चीज़ों को अपने नियंत्रण में रखने की ज़रूरत से परेशान रहते हैं? क्या हम अपने अतीत में फंसे हुए हैं? जब हम इन सवालों पर विचार करने लगते हैं, तो हमें यह एहसास होता है कि जीवन की हर समस्या हमारी प्रतिक्रिया देने के तरीके पर निर्भर करती है। जैसे किसी शांत झील में अगर हम पत्थर फेंकें,

तो लहरें उठती हैं, लेकिन झील शांत रहती है, वैसे ही हमारा मन भी परिस्थितियों की हलचल से अस्थायी रूप से प्रभावित हो सकता है, लेकिन उसका मूल स्वभाव शांत ही रहता है।

आंतरिक शांति एक सागर की तरह है, जिसकी सतह पर हलचल हो सकती है, लेकिन गहराई में स्थिरता होती है। जब हम इस स्थिरता को खोज लेते हैं, तो बाहरी दुनिया की हलचल हमें उतना प्रभावित नहीं कर पाती। संघर्ष तो जीवन का हिस्सा हैं, लेकिन अगर हम उन्हें सही दृष्टिकोण से देखें, तो वे हमारे मन की शांति को छू नहीं सकते।

शांति कोई ऐसी चीज़ नहीं जो कहीं बाहर से मिले, यह हमारे भीतर ही है, ठीक वैसे ही जैसे एक दीपक की लौ हवा में कांप सकती है, लेकिन जब उसे किसी कांच के अंदर रखा जाता है, तो वह स्थिर जलती रहती है। यह कांच हमारी आत्मजागृति है–जो हमें बाहरी परिस्थितियों के प्रभाव से बचाकर, भीतर की स्थिरता तक पहुँचाती है। जब हम इस अवस्था को प्राप्त कर लेते हैं, तब जीवन के संघर्ष भी केवल परिस्थितियाँ लगने लगती हैं, न कि कोई बाधा। यही सच्ची आंतरिक शांति है–जीवन के संघर्षों के बीच संतुलन और स्थिरता बनाए रखना।

आंतरिक शांति का अर्थ

कल्पना कीजिए कि आप समुद्र के किनारे खड़े हैं। लहरें तेज़ हैं, कभी ऊँची उठती हैं, कभी किनारे से टकराकर बिखर जाती हैं। हवा भी तेज़ है, मानो हर चीज़ को अपने साथ उड़ा ले जाना चाहती हो। लेकिन अगर आप समुद्र के तल में झांकें, तो पाएंगे कि गहराई में सब कुछ शांत और स्थिर है। ऊपर चाहे जितना भी तूफान हो, गहराई में कोई हलचल नहीं होती। यही आंतरिक शांति है–बाहरी दुनिया में कितनी भी उथल-पुथल क्यों न हो, आपके भीतर स्थिरता बनी रहे।

आंतरिक शांति का मतलब यह नहीं कि जीवन में कोई संघर्ष या मुश्किलें नहीं होंगी। इसका अर्थ यह भी नहीं कि भावनाएँ या चुनौतियाँ खत्म हो जाएँगी। बल्कि इसका असली अर्थ यह है कि चाहे परिस्थितियाँ कैसी भी हों, आप अपने भीतर स्थिर और संतुलित बने रहें। यह एक ऐसी स्थिति है जहाँ

आप अपनी भावनाओं, विचारों और जीवन की सच्चाई को पूरी स्वीकृति के साथ स्वीकार कर सकते हैं–बिना उनसे लड़ने या भागने की कोशिश किए।

कई बार हम सोचते हैं कि शांति का अर्थ है किसी पहाड़ की चोटी पर बैठकर ध्यान करना, या दुनिया की हलचल से दूर चले जाना। लेकिन असली शांति तब होती है जब आप उसी भागती-दौड़ती दुनिया में रहकर भी अपने भीतर ठहराव महसूस कर सकें। ठीक वैसे ही जैसे एक कमल का फूल कीचड़ में भी खिलता है लेकिन कीचड़ से प्रभावित नहीं होता।

शायद आपने ऐसे कुछ लोगों को देखा होगा जो जीवन की कठिनाइयों के बावजूद शांत और संतुलित बने रहते हैं। उनकी ऊर्जा में एक अलग तरह की स्थिरता होती है। वे न तो छोटी-छोटी बातों पर विचलित होते हैं और न ही अपने अतीत या भविष्य की चिंता में खोए रहते हैं। उनके जीवन में भी संघर्ष होते हैं, लेकिन वे उन संघर्षों को एक अलग दृष्टिकोण से देखते हैं। वे जानते हैं कि हर परिस्थिति का केवल एक पहलू नहीं होता, बल्कि उसमें कुछ न कुछ सीखने और बढ़ने का अवसर भी छिपा होता है।

यह स्थिरता एक दिन में नहीं आती, इसे अपनाने और अभ्यास करने की ज़रूरत होती है। जब हम अपनी भावनाओं को बिना किसी प्रतिरोध के स्वीकार करना सीखते हैं, तो हम उनके प्रभाव से मुक्त होने लगते हैं। जब हम चीज़ों को वैसे ही देखने लगते हैं जैसी वे वास्तव में हैं, बिना किसी डर, अपेक्षा या भ्रम के, तब हम अपने भीतर शांति महसूस करते हैं।

आपकी बेचैनी के पीछे क्या कारण हैं?

क्या आपने कभी पानी में कंकड़ फेंका है? जैसे ही वह पानी की सतह से टकराता है, लहरें बनने लगती हैं–एक के बाद एक, जब तक वे खुद ही शांत न हो जाएं। हमारी बेचैनी भी कुछ ऐसी ही होती है। हमारे मन में जब कोई विचार, कोई डर, कोई अधूरी अपेक्षा या कोई पछतावा आता है, तो यह हलचल पैदा करता है। और जब तक हम इस हलचल की जड़ को नहीं समझते, तब तक हमारा मन शांत नहीं हो पाता।

अगर आप खुद से पूछें–"मैं इतना बेचैन क्यों महसूस करता हूँ?"–तो आपको महसूस होगा कि यह बेचैनी अचानक नहीं आती, बल्कि इसके पीछे कुछ गहरी वजहें छुपी होती हैं। यह चार प्रमुख कारणों से पैदा होती है:

1. बेकाबू विचार जब हम अपने विचारों को काबू में नहीं रख पाते, तो वे हर दिशा में भागते हैं–"अगर मैं असफल हो गया तो?" "लोग मेरे बारे में क्या सोचेंगे?" "क्या मैं कभी खुश रह पाऊंगा?"–इस तरह के सवाल हमें लगातार परेशान करते हैं। हमारा दिमाग हर वक्त दौड़ता रहता है, और यह लगातार भागना ही बेचैनी का कारण बन जाता है।

2. अधूरी अपेक्षाएँ कभी आपने देखा है कि जब विशेषज्ञ मौसम की भविष्यवाणी बताते हैं कि बारिश होगी, लेकिन धूप निकल आती है, तो हमें अजीब सा महसूस होता है? ऐसा क्योंकि हमारी अपेक्षाएँ कुछ और थीं, लेकिन हुआ कुछ और। यही सिद्धांत जीवन पर भी लागू होता है। जब हम दूसरों से या खुद से कुछ उम्मीदें रखते हैं और वे पूरी नहीं होतीं, तो हम निराश हो जाते हैं। "मैंने इतनी मेहनत की, फिर भी सफलता नहीं मिली।" "मैंने इस रिश्ते में इतना दिया, लेकिन मुझे बदले में कुछ नहीं मिला।" ये अधूरी उम्मीदें हमें अंदर ही अंदर खोखला करने लगती हैं और बेचैनी का रूप ले लेती हैं।

3. भविष्य की चिंता और अतीत का बोझ समुद्र की लहरें हमेशा किनारे की ओर बढ़ती हैं, लेकिन क्या होगा अगर वे पीछे हटने से इनकार कर दें? तब समुद्र में असंतुलन आ जाएगा। हमारी मानसिक स्थिति भी कुछ ऐसी ही होती है। जब हम बार-बार अपने अतीत की गलतियों और पछतावे में फंसे रहते हैं, तो हम वर्तमान में खुश नहीं रह पाते। वहीं, जब हम भविष्य को लेकर बहुत अधिक चिंतित रहते हैं–"अगर मैं असफल हो गया तो?" "कल क्या होगा?"– तो यह चिंता हमारी शांति को छीन लेती है।

4. बाहरी चीज़ों पर निर्भरता क्या आपने कभी किसी बच्चे को देखा है, जो अपने पसंदीदा खिलौने के बिना रोने लगता है? कई बार हम भी ऐसे ही होते हैं। हमें लगता है कि हमारी खुशी किसी चीज़, किसी व्यक्ति या किसी परिस्थिति पर निर्भर करती है। "अगर मेरे पास यह नौकरी होगी, तो मैं खुश रहूंगा।" "अगर यह व्यक्ति मेरे जीवन में रहेगा, तो मैं संतुष्ट रहूंगा।" जब हम अपनी शांति बाहरी चीज़ों से जोड़ते हैं, तो यह एक अस्थिर स्थिति बन

जाती है। जब तक यह निर्भरता बनी रहती है, तब तक हमारी बेचैनी भी खत्म नहीं होती।

आंतरिक शांति पाने के लिए हमें इस बेचैनी की जड़ को समझना होगा। जैसे ही हम इसकी वजहों को पहचान लेते हैं, वैसे ही हम इसे नियंत्रित करना सीख जाते हैं। फिर चाहे विचारों का तूफान कितना भी बड़ा क्यों न हो, हम समुद्र की गहराई की तरह शांत रह सकते हैं।

आइए, इन कारणों को विस्तार से समझते हैं और यह जानते हैं कि कैसे ये हमारी मानसिक शांति को प्रभावित करते हैं।

जब दिमाग हमारा दुश्मन बन जाता है

विज्ञान कहता है कि हमारा मस्तिष्क केवल एक सोचने वाली मशीन नहीं है, बल्कि यह मुख्य रूप से *सर्वाइवल मैकेनिज्म* के रूप में विकसित हुआ है। इसका प्राथमिक उद्देश्य है खतरे को पहचानना और उससे बचाव करना। हजारों साल पहले, जब हमारे पूर्वज जंगलों में रहते थे, तब उन्हें हर समय यह सतर्क रहना पड़ता था कि कहीं कोई शिकारी जानवर उन पर हमला न कर दे। यही कारण है कि हमारा दिमाग लगातार संभावित खतरों को स्कैन करता रहता है।

लेकिन समस्या तब शुरू होती है जब यह आदत बेकाबू हो जाती है। अब हम शेर-चीते से नहीं डरते, लेकिन हमारा मस्तिष्क हर रोज़ नए "खतरों" की कल्पना करता रहता है–समाज में हमारी छवि, असफलता का डर, भविष्य की अनिश्चितता। यह कुछ वैसा ही है जैसे आपके घर में धुएं का अलार्म इतना संवेदनशील हो जाए कि वह हर छोटी-छोटी चीज़ पर बजने लगे–चाय बनाने से निकली भाप पर भी और हल्की सी मोमबत्ती की लौ पर भी।

न्यूरोसाइंस के अनुसार, जब हमारा दिमाग किसी संभावित खतरे को पहचानता है, तो यह *अमिगडाला* (Amygdala) नामक भाग को सक्रिय कर देता है, जो हमारी "लड़ो या भागो" (Fight or Flight) प्रतिक्रिया को नियंत्रित करता है। जब वास्तविक खतरा होता है, तो यह प्रक्रिया हमारे लिए फायदेमंद होती है। लेकिन जब हमारा दिमाग हर समय बेवजह खतरे की घंटी बजाता रहता है, तो यह चिंता और तनाव का कारण बन जाता है।

एक प्रसिद्ध शोध *(Matthew Killingsworth & Daniel Gilbert, 2010, Harvard University)* बताता है कि ज्यादातर लोग अपने वर्तमान क्षण में मौजूद नहीं होते। उनका दिमाग या तो अतीत की गलतियों को दोहराता रहता है या भविष्य की चिंताओं में उलझा रहता है। यह मानसिक भटकाव ही मुख्य रूप से असंतोष और बेचैनी का कारण बनता है।

इसका एक सरल उदाहरण लें–आप गाड़ी चला रहे हैं, लेकिन आपका दिमाग ऑफिस की मीटिंग के बारे में सोच रहा है। आप घर पर परिवार के साथ बैठे हैं, लेकिन आपका दिमाग किसी पुराने झगड़े को दोहरा रहा है। इस तरह, हमारा दिमाग हमें कहीं भी पूरी तरह उपस्थित नहीं रहने देता।

जीवन जब हमारी उम्मीदों के मुताबिक नहीं चलता

हम समुद्र के किनारे खड़े होकर लहरों को रोक नहीं सकते, लेकिन उनके साथ बहना ज़रूर सीख सकते हैं। जीवन भी कुछ ऐसा ही है। हम चाहते हैं कि यह हमारी उम्मीदों के अनुसार चले–हर प्रयास का मनचाहा परिणाम मिले, हर रिश्ता हमारी उम्मीदों के मुताबिक चले, और हर संघर्ष का अंत हमारे हक़ में हो। लेकिन जब ऐसा नहीं होता, तो हमें निराशा, असंतोष और मानसिक अशांति घेर लेती है।

हम में से हर कोई कभी न कभी यह सोचता है–*"मैंने इतनी मेहनत की, फिर भी रिजल्ट क्यों नहीं मिला?"* या *"लोग मेरे प्रति वैसा व्यवहार क्यों नहीं कर रहे, जैसा मैं चाहता हूँ?"* ये सवाल हमारे मन में बेचैनी पैदा करते हैं क्योंकि हम दुनिया को अपने नजरिए से देखना चाहते हैं, लेकिन जीवन अपनी लय में चलता है।

न्यूरोसाइंस कहता है कि जब हमारी अपेक्षाएँ पूरी नहीं होतीं, तो हमारे मस्तिष्क का *रिवॉर्ड सिस्टम* (Reward System) प्रभावित होता है। *डोपामाइन*, जो खुशी और संतोष का हार्मोन है, वह तब रिलीज़ होता है जब हमें अपेक्षित परिणाम मिलता है। लेकिन जब हम कुछ उम्मीद करते हैं और वैसा नहीं होता, तो यह हार्मोन कम हो जाता है, जिससे हमें निराशा महसूस होती है। इसी वजह से जब हम कोई लक्ष्य बनाते हैं और वह पूरा नहीं होता, तो हमें बेचैनी और तनाव घेर लेता है।

हम जीवन को एक सीधी रेखा मान लेते हैं–*"अगर मैं मेहनत करूँगा, तो सफलता मिलेगी। अगर मैं अच्छा रहूँगा, तो लोग मेरे प्रति अच्छे रहेंगे।"* लेकिन वास्तविकता इससे अलग है। जीवन एक नदी की तरह बहता है–कभी शांत, कभी तूफानी। अगर हम सिर्फ इसलिए दुखी होते हैं क्योंकि नदी हमारी इच्छानुसार बहने से इनकार कर रही है, तो हम अपना ही नुकसान कर रहे हैं।

एक रोचक अध्ययन *(Harvard University, 2015)* बताता है कि जो लोग जीवन को नियंत्रित करने की कोशिश छोड़कर इसे स्वीकार करना सीखते हैं, वे अधिक संतुष्ट और मानसिक रूप से शांत रहते हैं। एक्सेप्टेंस (स्वीकृति) का अर्थ यह नहीं कि हम प्रयास करना छोड़ दें, बल्कि इसका मतलब यह है कि हम हर स्थिति को ज्यों का त्यों देखने और उससे सीखने की कला विकसित करें।

कभी-कभी हमारी उम्मीदें हमें बांध देती हैं, ठीक वैसे ही जैसे कोई पतंग ज़्यादा ऊँचाई तक न जा सके क्योंकि उसे डोर पकड़े हुए है। लेकिन जब हम उन उम्मीदों को ढीला छोड़ना सीखते हैं, तो जीवन अपने हिसाब से बहने लगता है, और हम हल्का महसूस करने लगते हैं।

शांति वहीं मिलती है, जहाँ हम स्वीकार करते हैं कि जीवन हमारी शर्तों पर नहीं चलता, लेकिन हम खुद को उसके अनुरूप ढाल सकते हैं। जब हम समुंदर की लहरों से लड़ने की बजाय उनके साथ बहना सीख जाते हैं, तब जीवन का असली आनंद महसूस होता है।

जब हम वर्तमान में नहीं जीते

जब भी हम सोचते हैं–*"काश मैंने ऐसा नहीं किया होता!"* या *"अगर मेरा भविष्य खराब हुआ तो?"*–तो हम एक ऐसी मानसिक स्थिति में चले जाते हैं, जिसमें शांति की कोई जगह नहीं होती। विज्ञान इस बात की पुष्टि करता है कि हमारा मस्तिष्क अनिश्चितता को पसंद नहीं करता। जब भी कोई अनिश्चित स्थिति सामने आती है, हमारा दिमाग संभावित खतरों को टटोलने लगता है और सबसे बुरी संभावनाओं की कल्पना करने लगता है। यह एक *"सर्वाइवल मैकेनिज्म"* (Survival Mechanism) है, जो हमारे पूर्वजों से हमें

विरासत में मिला है। लेकिन समस्या तब होती है जब यह प्रवृत्ति जरूरत से ज्यादा हावी हो जाती है और हमें लगातार बेचैनी में डाल देती है।

हार्वर्ड यूनिवर्सिटी के एक अध्ययन में पाया गया कि जिन लोगों का दिमाग अक्सर अतीत की यादों या भविष्य की चिंताओं में खोया रहता है, वे अधिक तनावग्रस्त और असंतुष्ट महसूस करते हैं। इसके विपरीत, जो लोग अपने वर्तमान पर ध्यान केंद्रित करना सीख जाते हैं, वे मानसिक रूप से अधिक शांत और खुशहाल होते हैं।

लेकिन सवाल यह उठता है कि इसे नियंत्रित कैसे किया जाए?

कल्पना कीजिए कि आप एक बगीचे में खड़े हैं। वहां मौजूद हर फूल, हर पत्ता, हर रंग आपके सामने है, लेकिन आप या तो यह सोचने में लगे हैं कि *"पिछली बार जब मैं यहां आया था, तो मौसम कितना अच्छा था!"* या फिर *"क्या अगली बार जब मैं यहां आऊंगा, तो यह बगीचा उतना ही सुंदर लगेगा?"* इस सोच में आप वह सुंदरता खो देते हैं, जो इस समय आपके सामने है।

यही वर्तमान में जीने का सार है–जो अभी है, उसका आनंद लें। अतीत की गलतियों से सीखें, लेकिन उनमें खुद को कैद न करें। भविष्य की चिंता करने के बजाय उसके लिए ठोस योजना बनाएं, लेकिन उसे लेकर डरें नहीं।

सच तो यह है कि जीवन सिर्फ इसी पल में मौजूद है। अतीत एक बीती हुई किताब की तरह है, जिससे हम सीख सकते हैं लेकिन जिसे बार-बार पढ़ने से कुछ बदलता नहीं। भविष्य एक अधूरी कहानी की तरह है, जिसकी स्याही अभी नहीं भरी गई है। लेकिन वर्तमान? यह वह कैनवास है, जिस पर हम अपने रंग भर सकते हैं–अगर हम सच में इसे देखने और महसूस करने की कला सीख लें।

जब हमारी खुशी दूसरों पर निर्भर हो जाती है

आप कभी रेगिस्तान में पानी की तलाश में भटकते किसी प्यासे यात्री की कल्पना करो, वह दूर कहीं चमकती हुई चीज़ को देखकर दौड़ पड़ता है, यह सोचकर कि वहाँ पानी होगा। लेकिन जब वह वहाँ पहुँचता है, तो उसे अहसास होता है कि वह सिर्फ एक मृगमरीचिका थी–एक भ्रम। फिर वह दूसरी दिशा

में भागता है, यह मानते हुए कि इस बार उसे असली पानी मिलेगा। लेकिन नतीजा वही होता है–खाली हाथ, और पहले से भी ज्यादा थकान और निराशा।

हम में से कई लोग इसी यात्री की तरह जीवन में खुशी ढूंढते हैं–"अगर मुझे प्रमोशन मिल जाए, तो मैं खुश रहूँगा!" या "अगर मेरा रिश्ता ठीक हो जाए, तो मैं शांत हो जाऊँगा!" लेकिन जब ये चीजें हासिल हो जाती हैं, तब भी अंदर कोई गहरी संतुष्टि नहीं आती। थोड़ी देर के लिए अच्छा महसूस होता है, लेकिन फिर वही बेचैनी वापस आ जाती है। और तब हम अगली चीज़ की तलाश में दौड़ने लगते हैं।

वैज्ञानिक रूप से देखा जाए तो हमारा दिमाग इस तरह से बना ही है कि यह हमेशा "अगली बड़ी चीज़" की ओर बढ़ना चाहता है। "डोपामिन लूप" (Dopamine Loop) नामक एक प्रक्रिया में, हमारा मस्तिष्क हमें लक्ष्य हासिल करने के लिए प्रेरित करता है, लेकिन जब वह लक्ष्य पूरा हो जाता है, तो यह तुरंत अगले की ओर बढ़ने के लिए हमें उत्तेजित कर देता है। यही कारण है कि नई कार, नया घर, या नई नौकरी शुरू में रोमांचक लगते हैं, लेकिन थोड़े समय बाद हमें उनकी आदत हो जाती है, और हम फिर से किसी और चीज़ की तलाश करने लगते हैं।

असल समस्या यह नहीं है कि हम खुश रहना चाहते हैं–बल्कि यह है कि हम खुशी को गलत जगह खोजते हैं। जब तक हमारा सुख बाहरी चीजों पर निर्भर करता है, तब तक यह अस्थायी रहेगा। खुशी कोई मंज़िल नहीं है, जिसे पाने के बाद हम हमेशा के लिए संतुष्ट हो जाएँगे। यह तो एक *अंतरिक अवस्था* है, जिसे हमें अभी, इसी पल में खोजना होगा।

कल्पना कीजिए कि आप एक विशाल वृक्ष हैं। अगर आपकी जड़ें ज़मीन के नीचे गहरी और मज़बूत हैं, तो बाहर कितनी भी आंधी आए, आप हिलेंगे नहीं। लेकिन अगर आप सिर्फ सतह पर फैली जड़ों पर निर्भर हैं, तो हलकी सी हवा भी आपको गिरा सकती है। हमारी आंतरिक शांति और खुशी वही गहरी जड़ें हैं–अगर वे मजबूत हैं, तो बाहरी परिस्थितियाँ हमें ज्यादा प्रभावित नहीं करेंगी।

इसलिए, अगली बार जब आप यह सोचें–"अगर मुझे यह मिल जाएगा, तो मैं खुश हो जाऊँगा,"–तो खुद से एक और सवाल पूछें–"अगर मुझे यह न

भी मिले, तो क्या मैं खुश रह सकता हूँ?" अगर इस सवाल का जवाब हाँ है, तो समझ लीजिए कि आपने खुशी का असली रहस्य जान लिया है।

खोए हुए संतुलन की वापसी: एक प्रेरणादायक यात्रा

राघव की ज़िंदगी एक तेज़ रफ्तार ट्रेन की तरह थी, जो बिना रुके आगे बढ़ती जा रही थी। उसके पास सब कुछ था–एक शानदार नौकरी, बढ़िया वेतन, और एक ऐसा जीवन जिसे बाहर से देखने पर कोई भी सफल कहता। लेकिन भीतर कुछ अधूरा था, कुछ ऐसा जो लगातार उसे कचोटता रहता। यह ठीक वैसा ही था जैसे कोई आदमी रेगिस्तान में पानी की तलाश में भागता रहे, लेकिन हर बार उसे सिर्फ मृगतृष्णा ही मिले।

हर सुबह जब वह शीशे में अपनी शक्ल देखता, तो उसे अपनी आँखों में थकान और खोखलापन नज़र आता। वह जानता था कि उसे कुछ बदलना है, लेकिन क्या? यह सवाल उसके दिमाग में बवंडर की तरह घूमता रहता। वह अपनी सफलता को महसूस तो करना चाहता था, लेकिन उसके भीतर की बेचैनी उसे कभी चैन नहीं लेने देती। ऑफिस की मीटिंग्स में बैठा राघव कभी-कभी महसूस करता कि वह कमरे में होते हुए भी वहां नहीं है–मानो उसका शरीर वहाँ बैठा हो, लेकिन मन कहीं दूर खोया हुआ हो।

फिर एक रात, जब वह अपने आलीशान अपार्टमेंट की बालकनी में बैठा था, उसने नीचे सड़क पर चलते लोगों को देखा। कुछ तेज़ी से दौड़ रहे थे, कुछ आराम से टहल रहे थे, और कुछ बस वहीं खड़े थे, उलझन में कि आगे कहाँ जाना है। उसे महसूस हुआ कि उसकी ज़िंदगी भी कुछ ऐसी ही थी–एक दौड़, जिसमें वह बस भागे जा रहा था, बिना यह समझे कि उसे आखिर जाना कहाँ है।

उसी रात, राघव ने पहली बार खुद से यह सवाल किया–*"मैं ये सब क्यों कर रहा हूँ? पैसा, शोहरत, सफलता... क्या यह सब वाकई मुझे खुशी दे रहा है?"* यह सवाल एक बीज की तरह उसके मन में बैठ गया और धीरे-धीरे अंकुरित होने लगा। उसने महसूस किया कि वह बाहरी दुनिया की उपलब्धियों के पीछे इतना भाग रहा था कि अपने भीतर झांकने का समय ही नहीं निकाल पाया। वह अपनी आत्मा की आवाज़ को सालों से अनसुना करता आ रहा था।

फिर एक दिन, उसे एक पुरानी किताब मिली, जिसे उसने कभी पढ़ने के लिए खरीदा था लेकिन समय न मिलने के कारण वह अलमारी में धूल खा रही थी। किताब का पहला ही वाक्य था–*"सच्ची शांति बाहर नहीं, भीतर होती है!"* यह शब्द उसके लिए बिजली की तरह थे। वह समझ गया कि थी कि वह अपनी खुशी को बाहरी चीज़ों से जोड़ चुका था।

इसके बाद, उसने अपने भीतर झांकने की कोशिश शुरू की। उसने ध्यान करना सीखा, खुद से बातें करना शुरू किया, और अपने मन की गहराइयों को टटोलना शुरू किया। धीरे-धीरे, वह समझने लगा कि असली संतोष तब आता है जब हम खुद को समझते हैं, न कि तब जब दुनिया हमें सफल कहती है।

अनिश्चितता की शुरुआत

राघव की ज़िंदगी बचपन से ही एक तयशुदा रास्ते पर चल रही थी, जिसकी दिशा उसके माता-पिता और समाज ने पहले ही तय कर दी थी। बचपन से उसे यह सिखाया गया था कि सफलता ही जीवन का अंतिम लक्ष्य है–उत्तम अंक लाना, बेहतरीन कॉलेज में दाखिला लेना, और फिर एक प्रतिष्ठित कंपनी में ऊँचे ओहदे की नौकरी पाना। उसने इन सभी पड़ावों को पार किया, ठीक वैसे ही जैसे कोई पर्वतारोही एक-एक शिखर पर चढ़ता चला जाता है, लेकिन जब वह शीर्ष पर पहुँचा, तो उसे एहसास हुआ कि यहाँ से आगे जाने के लिए कोई रास्ता ही नहीं था।

हर सुबह उसकी दिनचर्या किसी घड़ी की सुइयों की तरह बंधी हुई थी– समय पर उठो, जल्दी से तैयार हो, ट्रैफिक से जूझते हुए ऑफिस पहुँचो, मीटिंग्स करो, मेल्स का जवाब दो, टारगेट पूरे करो, और फिर थके-हारे घर लौट आओ। यह सिलसिला हफ्तों, महीनों और सालों तक चलता रहा। बीच-बीच में प्रमोशन मिलते, सैलरी बढ़ती, नई गाड़ियाँ और पार्टियाँ उसकी ज़िंदगी में चमक जोड़तीं, लेकिन यह चमक सिर्फ ऊपर-ऊपर थी। अंदर कहीं एक खालीपन था, एक अजीब-सी अधूरी तलाश, मानो किसी रेगिस्तान में भटकते प्यासे को दूर पानी का झूठा आभास हो, लेकिन जब वह वहाँ पहुँचे तो बस रेत मिले।

धीरे-धीरे, यह अधूरापन उसकी सेहत पर असर डालने लगा। उसकी आँखों के नीचे गहरे काले घेरे पड़ने लगे, सिर दर्द उसकी रोज़मर्रा की ज़िंदगी का

हिस्सा बन गया, और रातें करवट बदलते हुए बीतने लगीं। उसे यह समझ नहीं आ रहा था कि आखिर उसे हो क्या रहा है। वह सब कुछ तो कर रहा था जो उसे करना चाहिए था, फिर भी उसकी आत्मा बेचैन थी। यह ठीक वैसा था जैसे एक खूबसूरत पिंजरे में बंद पक्षी, जिसे बाहर की दुनिया तो दिखती है, लेकिन उड़ने की इजाज़त नहीं होती।

फिर एक दिन, ऑफिस में एक महत्वपूर्ण प्रेजेंटेशन के दौरान, अचानक उसके शरीर ने उसकी अनदेखी तकलीफों के खिलाफ विद्रोह कर दिया। जैसे ही उसने बोलना शुरू किया, उसकी सांसें तेज़ होने लगीं, माथे पर पसीना छलक आया, और दिल की धड़कनें इतनी तेज़ हो गईं कि मानो सीने से बाहर निकलने की कोशिश कर रही हों। वह घबरा गया, उसे लगा कि वह किसी अदृश्य बोझ तले दब रहा है। हाथ-पैर सुन्न होने लगे, और कमरे की आवाज़ें दूर-दूर से आती हुई लगने लगीं। यह पहली बार था जब उसने खुद को इतनी असहाय स्थिति में पाया।

बाद में डॉक्टर ने उसे बताया कि यह सब "अनियंत्रित तनाव" की वजह से हुआ है–एक ऐसा तनाव जिसे वह लगातार नज़रअंदाज़ करता आ रहा था। डॉक्टर ने उसे आराम करने और अपने मानसिक स्वास्थ्य पर ध्यान देने की सलाह दी। लेकिन यह सुनकर राघव उलझन में पड़ गया। **आराम? मानसिक शांति?** यह सब तो उसकी परवरिश और सफलता की दौड़ में कहीं पीछे छूट गया था। उसने कभी सीखा ही नहीं था कि अपने भीतर भी झाँकना ज़रूरी होता है।

जवाबों की तलाश

राघव को अहसास हो गया था कि उसकी परेशानी की जड़ कहीं बाहर नहीं, बल्कि उसके भीतर ही थी। डॉक्टर की सलाह के बाद उसने छुट्टी ली और अपने गाँव चला गया, जहाँ उसकी दादी रहती थीं। यह वही गाँव था जहाँ उसने अपना बचपन बिताया था–खुली हवा, हरे-भरे खेत, और पेड़ों की छाँव में बीता वह समय जब जीवन सरल और सुकूनभरा लगता था। लेकिन जैसे-जैसे वह बड़ा हुआ, यह सुकून कहीं पीछे छूट गया था, जैसे कोई नदी अपने ही स्रोत को भूल जाए।

गाँव में पहली सुबह, राघव बरामदे में बैठा था, जब उसने देखा कि उसकी दादी तुलसी के पौधे को पानी दे रही थीं। उनके चेहरे पर एक अजीब-सी शांति थी, जैसे कोई स्थिर झील, जिसकी सतह पर हल्की-हल्की लहरें खेलती हों, लेकिन गहराई में ठहराव हो। यह देखकर वह खुद को रोक नहीं पाया और पूछ बैठा, "दादी, आप हमेशा इतनी शांत कैसे रहती हैं? मेरी जिंदगी में सब कुछ होते हुए भी, मुझे सुकून क्यों नहीं मिलता?"

दादी हल्के से मुस्कुराईं, जैसे उन्होंने यह सवाल पहले भी कई बार सुना हो। फिर उन्होंने पास रखी मिट्टी की हांडी उठाई और कहा, "बेटा, इस हांडी में पानी देखो।"

राघव ने झाँककर देखा–पानी हल्का सा गंदला था। दादी ने हांडी को ज़ोर से हिलाया, और अब पानी और भी ज्यादा मैला हो गया। फिर उन्होंने उसे बिना छुए रहने दिया। कुछ देर बाद, सारी गंदगी नीचे बैठ गई और ऊपर से पानी फिर से साफ दिखने लगा।

"यही तुम्हारी परेशानी है," दादी बोलीं। "जब तुम्हारे विचार तुम्हारे नियंत्रण में नहीं होते, तब जीवन अशांत लगता है। तुम बाहर की चीज़ों में शांति खोजते हो–पैसा, सफलता, मान-सम्मान। लेकिन असली शांति भीतर होती है। जब तुम्हारा मन स्थिर नहीं होता, तब तुम उस गंदले पानी की तरह बन जाते हो–जिसमें कोई भी हलचल और ज्यादा अशांति भर देती है। लेकिन जब तुम खुद को भीतर से शांत कर लोगे, तो कोई भी बाहरी हलचल तुम्हें विचलित नहीं कर पाएगी।"

राघव उनकी बातों को ध्यान से सुन रहा था, लेकिन यह सिर्फ शब्द नहीं थे–यह किसी छुपे हुए सत्य की खिड़की खोलने जैसा था। उसने अपनी जिंदगी में पहली बार यह महसूस किया कि उसकी बेचैनी का कारण बाहरी दुनिया नहीं, बल्कि उसका अपना अस्थिर मन था।

उस दिन शाम को, जब वह गाँव के पास वाली झील के किनारे बैठा था, तो उसे दादी की बात याद आई–"तुम एक झील की तरह बनो, जिसकी सतह पर भले ही लहरें हों, लेकिन गहराई में हमेशा शांति रहती है।" उसने पहली बार इस झील को नए नजरिए से देखा। हाँ, हवा के झोंकों से सतह पर हल्की लहरें उठ रही थीं, लेकिन झील की गहराई स्थिर और शांत थी।

राघव ने गहरी सांस ली। अब उसे यह शांति महसूस करनी थी—न सिर्फ इस झील में, बल्कि अपने भीतर भी।

आत्म-खोज की यात्रा

राघव को अब अहसास होने लगा था कि असली शांति कहीं बाहर नहीं, बल्कि उसके भीतर ही छुपी थी। लेकिन इसे कैसे पाया जाए? यह सवाल अब भी उसके मन में बना हुआ था। दादी ने हल्की मुस्कान के साथ सुझाव दिया, "गाँव के पास एक आश्रम है, जहाँ योग और ध्यान सिखाया जाता है। वहाँ जाओ, शायद तुम्हें तुम्हारे सवालों के जवाब मिल जाएँ।"

राघव ने पहले कभी इस तरह के किसी अभ्यास के बारे में नहीं सोचा था। ध्यान और योग उसके लिए सिर्फ किताबों में पढ़ी गई चीज़ें थीं, लेकिन अब जब बाकी सब कुछ उसे अधूरा लग रहा था, तो उसने इसे भी आज़माने की ठान ली।

आश्रम गाँव के बाहर, एक शांत पहाड़ी पर स्थित था। चारों ओर हरियाली, चिड़ियों की चहचहाहट और मंद-मंद बहती ठंडी हवा—यह सब किसी और ही दुनिया का हिस्सा लग रहा था। लेकिन जैसे ही राघव ध्यान कक्ष में बैठा, उसकी आँखें बंद हुईं और उसकी वास्तविक दुनिया लौट आई—हज़ारों बेकाबू विचारों के रूप में।

"ऑफिस का वह प्रोजेक्ट अभी पूरा नहीं हुआ है..."
"क्या मैं सही कर रहा हूँ?"
"अरे! मुझे तो कल किसी को मेल भेजना था!"
"पिछली गलतियाँ, भविष्य की चिंता..."

राघव परेशान हो गया। उसे लगा कि ध्यान करना उसके बस की बात नहीं। वह उठा और जाने ही वाला था कि तभी आश्रम के गुरु उसके पास आए।

गुरु ने मुस्कराते हुए कहा, "तुम इतने बेचैन क्यों हो?"

राघव ने झिझकते हुए जवाब दिया, "गुरुजी, मैं ध्यान नहीं कर सकता। जैसे ही मैं आँखें बंद करता हूँ, मेरा दिमाग भागने लगता है। यह सब मेरे बस का नहीं।"

गुरु ने पास के एक पेड़ की ओर इशारा किया, "देखो, यह पेड़ हवा में झूल रहा है। क्या इसका मतलब यह है कि इसकी जड़ें कमजोर हैं?"

राघव ने सिर हिलाया, "नहीं, इसकी जड़ें मजबूत हैं, इसलिए यह गिरता नहीं।"

गुरु ने मुस्कराते हुए कहा, "बस ऐसे ही, मन में विचारों का आना जाना हवा के झोंकों की तरह है। उन्हें रोकने की कोशिश मत करो। बस देखो, जैसे बादल आसमान में तैरते हैं। वे आते हैं और चले जाते हैं, लेकिन आसमान हमेशा वहीं रहता है–निर्मल और अडिग। तुम्हारा मन भी ऐसा ही है। बस उसे देखने की आदत डालो, उससे लड़ने की नहीं।"

राघव चुपचाप सुनता रहा। यह विचार नया था, लेकिन उसमें सच्चाई थी। उसने फिर से ध्यान लगाने की कोशिश की–इस बार बिना विचारों को दबाने की कोशिश किए। उसने सिर्फ देखा कि कैसे वे आते हैं और चले जाते हैं। धीरे-धीरे, एक अजीब-सी शांति उसके भीतर उतरने लगी।

उसके अगले कुछ दिन योग और प्रकृति के साथ जुड़ने में बीते। सुबह सूरज की किरणों का स्पर्श, घास पर नंगे पैर चलना, पक्षियों के गीत सुनना– इन सबने उसे एहसास कराया कि शांति और खुशी पाने के लिए बहुत दूर जाने की ज़रूरत नहीं है। यह सब हमेशा उसके आसपास ही था, बस वह अब तक इसे देख नहीं पाया था।

राघव की यात्रा अब भी जारी थी, लेकिन इस बार उसकी मंज़िल स्पष्ट थी–अपने भीतर का वह शांत आकाश, जो बादलों के पार भी हमेशा उज्ज्वल रहता है।

आत्म-खोज: जब राघव ने खुद को पाया

राघव को आज भी याद था वह दिन, जब वह शहर की भागदौड़ और अपनी बेतरतीब ज़िंदगी से तंग आकर पहाड़ों की ओर निकला था। वह भीतर से टूटा हुआ था, लेकिन उस टूटन की कोई एक वजह नहीं थी। यह हज़ारों अनसुलझे सवालों, बेकाबू विचारों, बीते कल के बोझ और आने वाले कल की चिंता का एक मिला-जुला भार था, जिसे वह अपने कंधों पर ढो रहा था।

लेकिन उसे यह अंदाज़ा भी नहीं था कि यह यात्रा उसकी ज़िंदगी को पूरी तरह बदल देगी।

माइंडफुलनेस का पहला अनुभव: चाय के कप में छिपा जीवन

पहाड़ों की खुली हवा में सांस लेते हुए राघव ने पहली बार महसूस किया कि उसे खुद के साथ बैठे कितना वक्त हो गया था। एक दिन, जब वह घाटी के किनारे बैठा चाय पी रहा था, उसने पाया कि पहली बार वह सच में "जी रहा" था।

उसने देखा कि कप में भाप उठ रही थी, हल्की-सी महक थी, पहले घूंट में हल्की मिठास थी। यह एक साधारण पल था, लेकिन उसने इसे पूरी तरह महसूस किया। और यही उसका पहला माइंडफुलनेस का सबक था–

"अगर मैं अभी, इस पल में पूरी तरह जी सकता हूँ, तो भविष्य की चिंता और अतीत का बोझ मेरे ऊपर हावी क्यों हो?"

यह एक छोटी-सी शुरुआत थी, लेकिन एक बहुत बड़ा बदलाव लेकर आई।

नकारात्मक विचारों का सामना: गिरने और उठने की कला

पहले, जब भी कोई नकारात्मक विचार आता, राघव उससे बचने की कोशिश करता। लेकिन पहाड़ों में, वह अपनी ही सोच के साथ अकेला था। भागने का कोई रास्ता नहीं था। उसने धीरे-धीरे महसूस किया कि ये विचार केवल उसके मन की उपज थे, जिनका वास्तविकता से कोई लेना-देना नहीं था।

एक दिन, जब वह ट्रेकिंग कर रहा था, अचानक पैर फिसला और वह ज़मीन पर गिर पड़ा। पहले तो दर्द हुआ, लेकिन फिर एक जाना-पहचाना विचार उठा–

"तू हमेशा फेल हो जाता है, कभी कुछ ठीक से नहीं कर पाता!"

लेकिन इस बार, उसने खुद को रोका और एक पल सोचा। *क्या यह सच है? क्या मैंने कभी कुछ सही नहीं किया?*

"नहीं, ऐसा नहीं है," उसने खुद को जवाब दिया। *"मैंने बहुत कुछ हासिल किया है, सिर्फ ये एक गिरावट मेरी पूरी यात्रा को खराब नहीं कर सकती।"*

उस दिन पहली बार, उसने नकारात्मक विचारों का सामना किया, उनसे भागा नहीं।

स्वीकृति की शक्ति: अतीत को गले लगाना

पहले राघव को लगता था कि अगर उसने अपने अतीत की गलतियों को स्वीकार कर लिया, तो वह कमजोर पड़ जाएगा। लेकिन इस यात्रा के दौरान उसने समझा कि स्वीकृति कोई कमजोरी नहीं, बल्कि सबसे बड़ी ताकत है।

एक शाम, जब वह घाटी में अकेला बैठा था, उसकी पुरानी यादें सामने आने लगीं–वे फैसले जो गलत साबित हुए, वे लोग जो उसकी ज़िंदगी से चले गए।

पहले वह इन यादों से बचने की कोशिश करता था, लेकिन इस बार उसने उन्हें आने दिया, महसूस किया।

"हाँ, मैंने गलतियाँ की हैं। हाँ, कुछ चीज़ें मेरी सोच के मुताबिक नहीं हुईं। लेकिन इसका मतलब यह नहीं कि मैं इन्हें बदल नहीं सकता या सीख नहीं सकता।"

यही स्वीकृति थी–जो बीत गया, उसे गले लगाना और आगे बढ़ना।

शहर वापसी: बदलाव की असली परीक्षा

अब जब वह शहर लौटा, तो बाहरी दुनिया वही थी–

* ऑफिस की वही मीटिंग्स,
* वही डेडलाइंस,
* वही भीड़भाड़,
* वही संघर्ष।

लेकिन अब राघव वही नहीं था।

पहले, जब उसका बॉस अचानक टारगेट बढ़ा देता था, तो वह घबरा जाता था। अब, वह बस गहरी सांस लेता और कहता, *"मैं अपनी पूरी कोशिश करूँगा, बाकी जो होगा, देखा जाएगा।"*

पहले, जब कोई उसकी आलोचना करता था, तो वह कई दिन तक परेशान रहता था। अब, वह मुस्कुरा कर कहता, *"शायद वे सही कह रहे हैं, या शायद नहीं। मुझे बस अपनी ग्रोथ पर ध्यान देना है।"*

नई ज़िंदगी: पहाड़ों का सबक शहर में भी ज़िंदा था

राघव की ज़िंदगी अब भी वही थी, लेकिन उसका देखने का तरीका बदल गया था। पहाड़ों ने उसे सिखाया था कि ज़िंदगी कोई दौड़ नहीं है जिसे जीतना है, बल्कि एक सफर है जिसे हर पल महसूस करना है। अब हर दिन उसके लिए एक नया अवसर था–सुकून पाने का, खुद को समझने का, और असली खुशी महसूस करने का।

और इस बार, वह सिर्फ ज़िंदा नहीं था। वह जी रहा था।

बदलाव की असली परिभाषा

राघव को अब समझ आ चुका था कि बदलाव कोई बिजली की चमक की तरह एक पल में घटने वाली घटना नहीं है, बल्कि नदी की धारा की तरह धीरे-धीरे कटाव लाने वाली प्रक्रिया है। यह एक यात्रा है, जहां हर कदम मायने रखता है, हर ठहराव सीखने का मौका देता है।

आज जब वह दफ्तर के बाहर खड़ा था, उसने वही पुरानी सड़क देखी। वही भागती भीड़, वही शोरगुल, वही चेहरे जो अपने-अपने तनावों में उलझे थे। यह सब पहले जैसा ही था, फिर भी कुछ बदला था।

हवा में घुली घबराहट को अब वह महसूस तो कर सकता था, लेकिन उसे अपने भीतर नहीं उतरने दे रहा था। पहले, जब वह इसी मोड़ पर खड़ा होता था, तो उसका मन भी इस भीड़ के साथ भागने लगता था–डेडलाइन्स, बॉस की डांट, अधूरे काम, अनजानी चिंताओं का सैलाब। लेकिन अब, वह मुस्कुरा रहा था।

यह मुस्कान किसी जीत की नहीं थी, बल्कि उस सुकून की थी जो उसे यह एहसास दिला रही थी कि दुनिया को बदलने की ज़रूरत नहीं है, हालात वही रहेंगे, लोग वही रहेंगे, लेकिन अगर मैं खुद को बदल लूं, तो मेरा संसार बदल सकता है।

सागर की लहरें किनारों को तोड़ती हैं, मगर वही किनारे समय के साथ खुद को नया आकार देना सीख जाते हैं। राघव अब वही किनारा था–जो बदलते ज्वार को देखकर घबराता नहीं, बल्कि उसे अपना हिस्सा मानकर बह जाना सीख चुका था। यही उसकी सबसे बड़ी जीत थी।

आंतरिक शांति की ओर एक नया सफर

यह हम सभी की कहानी है–एक अनदेखी तलाश, जो हमें जीवन के हर मोड़ पर अंदर से कचोटती रहती है। बाहरी सफलता की सीढ़ियाँ चढ़ते हुए हम अक्सर महसूस करते हैं कि कुछ अधूरा रह गया है, मानो आत्मा एक प्यासे मुसाफिर की तरह किसी अदृश्य जलस्रोत की खोज में भटक रही हो।

कभी-कभी हम इसे अनदेखा करने की कोशिश करते हैं, खुद को काम, रिश्तों, या नई उपलब्धियों में उलझा लेते हैं। लेकिन यह अधूरापन वैसे ही बना रहता है, जैसे रेगिस्तान में चलते हुए दूर पानी का एक भ्रम दिखाई देता है–पास जाने पर एहसास होता है कि वह सिर्फ मृगतृष्णा थी। हम खुद से पूछते हैं–*आखिर हम सच में क्या चाहते हैं? हमें सबसे ज्यादा बेचैनी क्यों महसूस होती है? क्या हम सिर्फ भाग रहे हैं, या सच में जी भी रहे हैं?*

राघव की तरह, हममें से कई लोग भी अपने विचारों के तूफान में उलझे रहते हैं–अतीत के पछतावे और भविष्य की चिंता का भार हमारे मन को स्थिर नहीं रहने देता। यह समुद्र के उस कागज़ की नाव की तरह है, जो लहरों के थपेड़ों में कभी इधर, कभी उधर बहती रहती है। लेकिन जब राघव ने यह समझा कि *शांति बाहरी नियंत्रण में नहीं, बल्कि आंतरिक संतुलन में है,* तब उसने लहरों से लड़ने की बजाय, उनके साथ बहना सीख लिया।

बदलाव की यात्रा: धैर्य और स्वीकार्यता बदलाव कोई तेज़ आँधी नहीं जो एक पल में सब कुछ बदल दे। यह तो धीमी बारिश की तरह होता है, जो ज़मीन को अंदर तक भीगने में समय लेती है। जब राघव ने माइंडफुलनेस, ध्यान और आत्म-स्वीकृति को अपनाया, तो यह बदलाव धीरे-धीरे उसकी ज़िंदगी का हिस्सा बन गया–बिल्कुल वैसे ही जैसे कोई बीज धीरे-धीरे पेड़ में बदलता है।

उसने देखा कि वह जितना अपने विचारों से लड़ता, वे उतने ही तेज़ लौटते। लेकिन जब उसने उन्हें बस आने-जाने देना सीखा, तो उसकी बेचैनी भी शांत होने लगी। जैसे कोई नदी, जो अपने बहाव को रोकने की कोशिश में और अशांत हो जाती है, लेकिन जब उसे अपने प्रवाह पर भरोसा होता है, तो वह सहजता से आगे बढ़ती है।

आपके लिए यह सफर क्या मायने रखता है? अगर आप भी इस अधूरेपन को महसूस कर रहे हैं, तो जरूरी नहीं कि सब कुछ एक ही दिन में बदल जाए। एक छोटा कदम भी सही दिशा में बढ़ने की शुरुआत हो सकता है। यह बदलाव जागरूकता से आता है–अपने विचारों को समझने से, वर्तमान में जीने से, छोटी-छोटी खुशियों को महसूस करने से।

आखिर में, शांति कोई ऐसी चीज़ नहीं जो कहीं और से लाई जा सके। यह हमारे भीतर ही हमेशा से मौजूद होती है–बस हमें इसे देखने, महसूस करने और अपनाने की ज़रूरत है। जब हम यह समझ जाते हैं, तो बाहरी दुनिया वही रहते हुए भी हमें अलग दिखने लगती है–ठीक वैसे ही जैसे सुबह की पहली किरण से अंधेरे में चमक आ जाती है।

अध्याय 12

उद्देश्य - अपने जीवन में अर्थ ढूंढना

उद्देश्य क्यों मायने रखता है?

उद्देश्य वह अदृश्य धागा है जो हमारे जीवन के ताने-बाने को बुनता है, हमारे हर निर्णय और अनुभव को अर्थ प्रदान करता है। यह केवल सफलता प्राप्त करने या धन-संपत्ति इकट्ठा करने तक सीमित नहीं है; यह एक गहरी खोज है, जो हमें यह समझने में मदद करती है कि हम जो कर रहे हैं, उसका असली मतलब क्या है और वह व्यापक रूप से किसके लिए उपयोगी है। यह एक कंपास की तरह है, जो हमें जीवन की अनिश्चितताओं में सही दिशा दिखाता है, हमें भटकने से बचाता है और हमारे भीतर स्थायित्व बनाए रखता है।

अगर उद्देश्य न हो, तो जीवन दिशाहीन हो जाता है, जैसे कोई नाव बिना पतवार के भटकती रहती है। जब तक हमारे पास कोई सार्थक उद्देश्य नहीं होता, तब तक बाहरी उपलब्धियाँ भी अधूरी लगती हैं। एक व्यक्ति चाहे जितना भी धन और ऐश्वर्य अर्जित कर ले, अगर वह अपने कार्यों में कोई गहरी संतुष्टि नहीं महसूस करता, तो वह अंदर से खाली ही रहेगा। उद्देश्य

वह तत्व है, जो हमें बाहरी भौतिक उपलब्धियों से परे ले जाकर एक गहरी तृप्ति और संतोष देता है।

आदि शंकराचार्य के अद्वैत वेदांत के सिद्धांत में भी यही कहा गया है कि जीवन केवल बाहरी भौतिक सुखों तक सीमित नहीं है। उन्होंने 'ब्रह्म सत्यं जगत् मिथ्या' का सिद्धांत दिया, जिसका अर्थ है कि यह भौतिक संसार परिवर्तनशील और अस्थायी है, लेकिन आत्मज्ञान और उद्देश्य ही सच्चा सत्य है। जब कोई व्यक्ति केवल सांसारिक सफलता और पहचान के पीछे भागता है, तो वह स्वयं को भूल जाता है और बाहरी परिस्थितियों में उलझ जाता है। लेकिन जब वह अपने जीवन के गहरे उद्देश्य को खोज लेता है, तब वह इन अस्थायी चीजों से परे जाकर आत्मसंतोष प्राप्त करता है।

उद्देश्य केवल स्वयं की संतुष्टि तक सीमित नहीं होता, यह दुनिया में सकारात्मक योगदान देने की भावना भी पैदा करता है। जब हम अपने कार्यों को एक बड़े उद्देश्य से जोड़ते हैं, तो वे और अधिक मूल्यवान लगते हैं। एक शिक्षक केवल वेतन के लिए नहीं पढ़ाता, बल्कि इस उद्देश्य से पढ़ाता है कि वह समाज में ज्ञान और नैतिकता का बीज बो सके। एक डॉक्टर केवल पेशे के लिए इलाज नहीं करता, बल्कि इस उद्देश्य से करता है कि वह लोगों के जीवन को बेहतर बना सके। यह भावना हमें न केवल आत्मिक संतोष देती है, बल्कि हमारे कार्यों में अधिक ऊर्जा और प्रेरणा भी भर देती है।

आज की दुनिया में सफलता को अक्सर बाहरी उपलब्धियों से आँका जाता है—एक उच्च वेतन वाली नौकरी, एक शानदार जीवनशैली, या समाज में मान्यता प्राप्त करना। लेकिन उद्देश्य हमें यह याद दिलाता है कि सच्ची संतुष्टि बाहर से नहीं, भीतर से आती है। यह इस बारे में है कि हम अपने जुनून को अपने मूल्यों के साथ कैसे जोड़ते हैं और अपनी अद्वितीय प्रतिभाओं का उपयोग कर दुनिया पर सकारात्मक प्रभाव कैसे डालते हैं।

जीवन के हर चरण में, उद्देश्य की खोज आवश्यक होती है। जब कोई युवा होता है, तो उसे यह समझने की जरूरत होती है कि वह किस दिशा में जाना चाहता है और किस चीज़ से उसका मनोबल ऊँचा रहता है। जब कोई व्यक्ति परिपक्वता की ओर बढ़ता है, तो उसे अपने कार्यों में गहराई और अर्थ जोड़ने की आवश्यकता महसूस होती है। और जब कोई वृद्ध होता है, तो

उसे यह अहसास होता है कि उसका जीवन किन मूल्यों और योगदानों के कारण सार्थक बना।

आदि शंकराचार्य ने अपने जीवन में इसी उद्देश्य की भावना को अपनाया। वे केवल शास्त्रों का अध्ययन करने तक सीमित नहीं रहे, बल्कि उन्होंने पूरे भारत में भ्रमण कर ज्ञान का प्रचार किया और लोगों को आत्मबोध की ओर प्रेरित किया। यदि वे केवल व्यक्तिगत मुक्ति तक सीमित रहते, तो उनका प्रभाव सीमित रह जाता। लेकिन उन्होंने अपने ज्ञान को मानवता के कल्याण के लिए समर्पित किया, और इसी वजह से उनका दर्शन आज भी प्रासंगिक है।

उद्देश्य की शक्ति हमें जीवन के कठिन समय में भी संतुलित रखती है। जब संघर्ष आता है, तो एक उद्देश्यहीन व्यक्ति जल्दी हताश हो जाता है, लेकिन एक उद्देश्यपूर्ण व्यक्ति इसे अपने विकास का अवसर मानता है। जैसे एक नदी पहाड़ों से टकराती है, पत्थरों के बीच रास्ता बनाती है और अंततः सागर तक पहुँचती है, वैसे ही एक उद्देश्यपूर्ण व्यक्ति भी जीवन की बाधाओं के बावजूद अपने लक्ष्य की ओर बढ़ता रहता है।

उद्देश्य के बिना जीवन का खालीपन सोचिये अगर आपको एक विस्तरित रेगिस्तान में अकेले छोड़ दिया जाये, जिसमें आपके पास कोई दिशा नहीं है। सूरज सिर पर चमक रहा है, और हर कदम के साथ प्यास बढ़ती जा रही है। आपको नहीं पता कि पानी कहाँ मिलेगा, बस चलते जा रहे हैं, क्योंकि रुकना कोई विकल्प नहीं लगता। यह वही अनुभव है जो जीवन में उद्देश्य के बिना महसूस होता है—एक अंतहीन यात्रा, जहाँ मंज़िल अनिश्चित है और हर पड़ाव के बाद एक नए पड़ाव की तलाश बनी रहती है।

हम में से कई लोग इसी स्थिति में जी रहे हैं। हमारी दिनचर्या निर्धारित है, हमारे पास स्थिर नौकरी है, एक आरामदायक जीवन है, और फिर भी, भीतर कहीं न कहीं एक शून्यता महसूस होती है। समाज हमें सिखाता है कि सफलता का मतलब अच्छी नौकरी, अच्छी तनख्वाह और सामाजिक पहचान है, लेकिन क्या यही सब कुछ है? जब हम इन सभी चीजों को प्राप्त कर लेते हैं, तो भी वह अधूरापन क्यों बना रहता है? इसका कारण यही है कि हम

बाहरी उपलब्धियों के पीछे भागते रहते हैं, लेकिन अपने भीतर झाँककर यह नहीं देखते कि वास्तव में हमें किस चीज़ की तलाश है।

जीवन में उद्देश्य के बिना, हम एक दौड़ में भाग रहे होते हैं, जहाँ फिनिश लाइन कभी स्थिर नहीं रहती। जैसे ही हम एक लक्ष्य तक पहुँचते हैं, दूसरा लक्ष्य सामने खड़ा हो जाता है। इस दौड़ में अस्थायी संतुष्टि तो मिलती है, लेकिन वह लंबे समय तक नहीं टिकती। एक नया फोन खरीदने की खुशी कुछ हफ्तों में फीकी पड़ जाती है, एक पदोन्नति कुछ महीनों में सामान्य लगने लगती है, और धीरे-धीरे, हमें कुछ और पाने की चाह होने लगती है। यह एक अंतहीन चक्र है, जहाँ हर उपलब्धि केवल एक और उपलब्धि की लालसा को जन्म देती है।

लेकिन जब जीवन में उद्देश्य होता है, तो यह चक्र टूट जाता है। उद्देश्य हमें केवल किसी लक्ष्य को प्राप्त करने की दौड़ में नहीं रखता, बल्कि यह हमें यह समझने में मदद करता है कि जो हम कर रहे हैं, वह क्यों मायने रखता है। यह उस भटकते हुए यात्री के हाथ में एक नक्शे की तरह है, जो उसे बताता है कि सही दिशा कौन सी है। यह हमें बाहरी उपलब्धियों से परे ले जाकर एक गहरे आत्मिक संतोष की ओर ले जाता है।

अगर किसी नाविक को यह पता न हो कि उसे किस दिशा में जाना है, तो वह कितनी भी तेज़ी से नाव चलाए, वह केवल लहरों के साथ बहता रहेगा। लेकिन अगर उसे अपनी मंज़िल का ज्ञान हो, तो वह सही दिशा में आगे बढ़ सकता है, भले ही हवा विपरीत दिशा में ही क्यों न हो। जीवन भी कुछ ऐसा ही है। अगर हमारे पास कोई उद्देश्य नहीं है, तो हम परिस्थितियों के अनुसार बहते रहते हैं, लेकिन जब हम अपने उद्देश्य को पहचान लेते हैं, तो हम चुनौतियों के बावजूद भी सही रास्ते पर बने रहते हैं।

इसलिए, जीवन में केवल सफलता और उपलब्धियों से अधिक ज़रूरी यह समझना है कि हम जो कर रहे हैं, उसका गहरा अर्थ क्या है। उद्देश्य केवल हमें एक दिशा नहीं देता, बल्कि हमें उस यात्रा में संतोष और स्थायित्व भी प्रदान करता है। जब हम अपने वास्तविक उद्देश्य को पहचान लेते हैं, तब हर दिन सिर्फ एक और दिन नहीं लगता, बल्कि एक सार्थक यात्रा का हिस्सा बन जाता है।

जय शेट्टी की कहानी: खालीपन से संतुष्टि तक की यात्रा जय शेट्टी का जीवन इस बात का एक शक्तिशाली उदाहरण है कि कैसे उद्देश्य न केवल एक व्यक्ति को बदल सकता है, बल्कि लाखों लोगों के जीवन को भी प्रभावित कर सकता है। लंदन में पले-बढ़े जय ने समाज द्वारा तय किए गए रास्ते का अनुसरण किया–स्कूल में उत्कृष्ट प्रदर्शन करना, एक कॉर्पोरेट नौकरी हासिल करना, और भौतिक सफलता का पीछा करना। लेकिन अपनी उपलब्धियों के बावजूद, उन्हें एक गहरी खालीपन महसूस होती थी।

यह तब तक नहीं था जब तक उन्होंने एक साधु का व्याख्यान नहीं सुना, तब उन्होंने उस जीवन पर सवाल उठाना शुरू किया जो वह जी रहे थे। साधु के शब्दों ने उन्हें गहराई से छू लिया, और उन्होंने खुद से पूछा, "क्या जीवन में बस यही सब कुछ है?" यह सवाल उनकी आत्म-खोज की यात्रा का कारण बना।

जय ने अपना कॉर्पोरेट करियर छोड़ दिया और सालों तक आश्रमों में रहकर ध्यान का अभ्यास किया और प्राचीन ज्ञान का अध्ययन किया। इस यात्रा के माध्यम से, उन्होंने पाया कि सच्ची संतुष्टि अपने कार्यों को अपने गहरे मूल्यों के साथ जोड़ने और दूसरों की सेवा करने के लिए अपनी प्रतिभाओं का उपयोग करने से आती है। आज, जय एक वैश्विक प्रसिद्ध प्रेरक वक्ता, लेखक और कोच हैं, जो लाखों लोगों को उद्देश्य और सचेतनता के साथ जीने के लिए प्रेरित करते हैं।

उद्देश्य हर किसी के लिए क्यों आवश्यक है? जय शेट्टी की कहानी एक सार्वभौमिक सत्य को उजागर करती है: उद्देश्य एक विलासिता नहीं है; यह एक आवश्यकता है। यह वह है जो हमारे जीवन को दिशा, अर्थ और संतुष्टि प्रदान करता है। उद्देश्य के बिना, हम सामाजिक अपेक्षाओं के कैदी बन सकते हैं, उन लक्ष्यों का पीछा कर सकते हैं जो हमारे लिए वास्तव में मायने नहीं रखते।

उद्देश्य सिर्फ अपने जुनून को खोजने के बारे में नहीं है; यह उस जुनून को कुछ बड़े से जोड़ने के बारे में है। यह समझने के बारे में है कि आपकी अद्वितीय प्रतिभाएँ दुनिया में कैसे योगदान दे सकती हैं और उनका उपयोग सकारात्मक प्रभाव डालने के लिए कैसे किया जा सकता है। चाहे आप एक

छात्र हों, एक पेशेवर, एक माता-पिता, या एक रिटायर व्यक्ति, उद्देश्य एक ऐसे जीवन को जीने की कुंजी है जो सार्थक और संतुष्टिदायक लगे।

आगे की यात्रा इस अध्याय में, हम यह पता लगाएंगे कि आप कैसे अपने उद्देश्य की खोज कर सकते हैं, जैसे जय शेट्टी ने किया। हम व्यावहारिक कदम, अभ्यास और अंतर्दृष्टि पर गहराई से विचार करेंगे ताकि आप अपने कार्यों को अपने गहरे मूल्यों के साथ जोड़ सकें और एक ऐसा जीवन बना सकें जो वास्तव में सार्थक लगे।

याद रखें, उद्देश्य कुछ ऐसा नहीं है जो आपको अपने बाहर मिलता है; यह कुछ ऐसा है जो आप अपने भीतर खोजते हैं। यह अपनी आंतरिक आवाज़ को सुनने, अपने जुनून को समझने और उनका उपयोग दूसरों की सेवा करने के बारे में है। जैसा कि जय शेट्टी अक्सर कहते हैं, "आपका उद्देश्य सिर्फ आपके बारे में नहीं है–यह इस बारे में है कि आप दुनिया की सेवा कैसे कर सकते हैं।"

जय शेट्टी की यात्रा - भौतिक सफलता से आध्यात्मिक जागृति तक

प्रारंभिक जीवन और सामाजिक अपेक्षाएँ जय शेट्टी की कहानी लंदन में शुरू होती है, जहाँ वह एक पारंपरिक भारतीय परिवार में पले-बढ़े। हम में से कई की तरह, उन्हें यह विश्वास दिलाया गया था कि सफलता का मतलब स्कूल में उत्कृष्ट प्रदर्शन करना, एक उच्च वेतन वाली नौकरी हासिल करना और वित्तीय स्थिरता प्राप्त करना है। उनके माता-पिता, जैसे अधिकांश, चाहते थे कि वह एक सुरक्षित और सम्मानजनक करियर पथ का अनुसरण करें।

जय ने सब कुछ "सही" किया। उन्होंने क्वीन एलिजाबेथ स्कूल, एक प्रतिष्ठित संस्थान में पढ़ाई की, और बाद में लंदन के सिटी यूनिवर्सिटी के कैस बिजनेस स्कूल से स्नातक किया। उन्होंने एक शीर्ष कंसल्टिंग फर्म में नौकरी हासिल की, जहाँ उन्हें एक ऐसा वेतन मिला जिसे कई लोग ईर्ष्या करते। सतह पर, उनके पास सब कुछ था–एक आशाजनक करियर, वित्तीय सुरक्षा, और अपने साथियों की प्रशंसा।

लेकिन सतह के नीचे, जय को एक बढ़ती हुई खालीपन महसूस होती थी। अपनी उपलब्धियों के बावजूद, वह इस भावना को दूर नहीं कर पा रहे थे कि

कुछ गायब है। उन्होंने उस जीवन पर सवाल उठाना शुरू किया जो वह जी रहे थे: "क्या बस यही सब कुछ है? क्या सफलता सिर्फ पैसे, स्थिति और सामाजिक स्वीकृति के बारे में है?"

टर्निंग पॉइंट: एक साधु का ज्ञान जय का जीवन उनके कॉलेज के वर्षों के दौरान एक नाटकीय मोड़ लेता है जब उन्होंने गौरंग दास नामक एक साधु का व्याख्यान सुना। साधु ने निस्वार्थता, सचेतनता और उद्देश्यपूर्ण जीवन जीने के महत्व के बारे में बात की। उनके शब्द जय के मन में गहराई तक उतर गए, और उन्होंने आध्यात्मिकता और आत्म-खोज के बारे में जिज्ञासा जगाई।

पहली बार, जय ने उस रास्ते पर सवाल उठाना शुरू किया जिस पर वह चल रहे थे। उन्हें एहसास हुआ कि भौतिक सफलता का पीछा करना उन्हें असंतुष्ट छोड़ रहा है। साधु की शिक्षाओं ने उनके मन में एक बीज बोया: "क्या होगा अगर जीवन में वह सब कुछ है जो मैं पीछा कर रहा हूँ?"

यह सवाल जय की आध्यात्मिक यात्रा का कारण बना। उन्होंने नियमित रूप से गौरंग दास के व्याख्यानों में भाग लेना शुरू किया, प्राचीन ज्ञान और ध्यान और आत्म-प्रतिबिंब जैसी प्रथाओं में डूब गए। समय के साथ, उन्होंने जीवन को एक नए नज़रिए से देखना शुरू किया—एक ऐसा नज़रिया जो बाहरी उपलब्धियों से ज्यादा आंतरिक शांति को प्राथमिकता देता था।

आश्रम के वर्ष: आत्म-खोज की यात्रा साधु की शिक्षाओं से प्रेरित होकर, जय ने एक साहसिक निर्णय लिया: वह अपना कॉर्पोरेट करियर छोड़कर आश्रमों में समय बिताएंगे। तीन साल तक, उन्होंने एक साधारण जीवन जीया, खुद को ध्यान, योग और निस्वार्थ सेवा के लिए समर्पित किया।

इस दौरान, जय ने भारत और यूरोप की यात्रा की, विभिन्न आश्रमों में रहे और आध्यात्मिक नेताओं से सीखा। वह हर दिन सुबह 4 बजे उठकर ध्यान करते, दिन भर सचेतनता का अभ्यास करते, और भगवद गीता जैसे प्राचीन ग्रंथों का अध्ययन करने में घंटों बिताते।

ये वर्ष जय के लिए परिवर्तनकारी थे। उन्होंने वैराग्य का महत्व, सचेतनता की शक्ति और दूसरों की सेवा करने की खुशी सीखी। उन्हें एहसास हुआ कि

सच्ची खुशी बाहरी उपलब्धियों से नहीं, बल्कि अपने कार्यों को अपने गहरे मूल्यों के साथ जोड़ने से आती है।

इस समय के दौरान जय ने जो सबसे गहरा सबक सीखा, वह था "सेवा" (निस्वार्थ सेवा) की अवधारणा। उन्होंने देखा कि दूसरों की सेवा करने से न केवल उन्हें खुशी मिलती है, बल्कि यह उन्हें अपने सच्चे उद्देश्य से जोड़ने में भी मदद करती है। यह अहसास बाद में उनके प्रेरक वक्ता और कोच के रूप में उनके काम की नींव बना।

दुनिया में वापसी: एक नए मिशन के साथ आश्रम में समय बिताने के बाद, जय के सामने एक महत्वपूर्ण निर्णय था: क्या उन्हें साधु के रूप में जीवन जीना जारी रखना चाहिए, या दुनिया में वापस जाकर जो उन्होंने सीखा है, उसे साझा करना चाहिए? उन्होंने बाद वाला विकल्प चुना, यह मानते हुए कि उनका उद्देश्य प्राचीन ज्ञान और आधुनिक जीवन के बीच की खाई को पाटना है।

जय ने सोशल मीडिया पर सामग्री बनाना शुरू किया, सचेतनता, उद्देश्य और व्यक्तिगत विकास पर अंतर्दृष्टि साझा की। उनका अनूठा दृष्टिकोण— आध्यात्मिक ज्ञान को व्यावहारिक सलाह के साथ जोड़ना—लाखों लोगों के साथ प्रतिध्वनित हुआ। उन्होंने द हफ़िंगटन पोस्ट जैसे संगठनों के साथ काम करना शुरू किया और अंततः अपना पॉडकास्ट, ऑन पर्पस लॉन्च किया, जो एक वैश्विक सनसनी बन गया।

आज, जय शेट्टी व्यक्तिगत विकास की दुनिया में सबसे प्रभावशाली आवाज़ों में से एक हैं। कॉर्पोरेट सफलता से आध्यात्मिक जागृति तक की उनकी यात्रा एक शक्तिशाली अनुस्मारक है कि सच्ची संतुष्टि उद्देश्य के साथ जीने से आती है।

जय शेट्टी की यात्रा से मुख्य सबक

जय शेट्टी की यात्रा सफलता की वो कहानी है, जो आत्म-खोज, सेवा और आंतरिक शांति की दिशा में एक गहरी यात्रा को दर्शाती है। यह हमें यह समझने में मदद करती है कि सफलता केवल भौतिक उपलब्धियों तक सीमित

नहीं होती, बल्कि यह इस बात पर निर्भर करती है कि हम अपने मूल्यों और उद्देश्य के साथ कितने जुड़े हुए हैं।

कई बार जीवन को हम एक ऊँची पहाड़ी पर चढ़ने जैसा समझते हैं, जहाँ हमारा ध्यान केवल चोटी तक पहुँचने पर रहता है। लेकिन जय शेट्टी की यात्रा यह दर्शाती है कि अगर हम चोटी पर पहुँच भी जाएँ, फिर भी हमें भीतर से खालीपन महसूस हो सकता है, अगर हमारा सफर हमारे मूल्यों और उद्देश्य के अनुरूप नहीं रहा हो। वे बताते हैं कि बाहरी सफलता, चाहे वह प्रसिद्धि हो, धन हो या सामाजिक मान्यता, कभी भी स्थायी खुशी की गारंटी नहीं देती। बल्कि, वास्तविक संतोष तब आता है जब हम अपने कार्यों को अपने गहरे मूल्यों के साथ जोड़ते हैं और जीवन को सार्थक बनाने की दिशा में आगे बढ़ते हैं।

आत्म-खोज की यह यात्रा आसान नहीं होती। यह केवल सोचने या योजना बनाने से पूरी नहीं होती, बल्कि इसके लिए समय, धैर्य और आत्म-विश्लेषण की आवश्यकता होती है। अक्सर, हमें समाज की अपेक्षाओं से परे जाकर यह समझने की जरूरत होती है कि हम वास्तव में कौन हैं और हमारा उद्देश्य क्या है। यह ठीक वैसा ही है जैसे समुद्र की सतह पर तूफान का कोलाहल हो, लेकिन गहराई में जाकर हमें शांति मिलती है। आत्म-खोज का सफर भी ऐसा ही है–जब तक हम सतही चीज़ों में उलझे रहते हैं, तब तक हमें सच्चा अर्थ नहीं मिलता, लेकिन जब हम भीतर झाँकते हैं, तो हमें अपनी वास्तविक पहचान का अहसास होता है।

जय शेट्टी का एक और महत्वपूर्ण संदेश यह है कि सेवा ही जीवन के सच्चे उद्देश्य की कुंजी है। जब हम केवल अपने लिए जीते हैं, तो जीवन में एक खालीपन बना रहता है, लेकिन जब हम दूसरों की मदद करते हैं, तब हमें एक गहरा संतोष मिलता है। यह वैसा ही है जैसे एक मोमबत्ती, जो खुद जलती है लेकिन दूसरों को रोशनी भी देती है। दूसरों की सेवा न केवल उन्हें लाभ पहुँचाती है, बल्कि यह हमें भी अपने असली उद्देश्य से जोड़ती है और हमारी आंतरिक खुशी को बढ़ाती है।

इसके अलावा, शेट्टी यह भी बताते हैं कि प्राचीन ज्ञान आज भी उतना ही प्रासंगिक है जितना सदियों पहले था। ध्यान, सचेतनता (माइंडफुलनेस) और आत्म-विश्लेषण जैसी प्रथाएँ हमें जीवन की कठिनाइयों को समझने और

उन्हें सही तरीके से संभालने में मदद कर सकती हैं। आधुनिक दुनिया में, जहाँ सब कुछ तेज़ी से बदल रहा है और लोगों की चिंताएँ बढ़ रही हैं, ऐसे समय में यह प्राचीन ज्ञान एक लंगर की तरह काम करता है, जो हमें मानसिक और भावनात्मक रूप से स्थिर बनाए रखता है।

जय शेट्टी की यात्रा हमें यह सिखाती है कि जीवन केवल भौतिक लक्ष्यों को पाने के बारे में नहीं है, बल्कि यह इस बारे में है कि हम अपने भीतर की आवाज़ को सुनें, अपने उद्देश्य को खोजें और अपनी क्षमताओं का उपयोग दूसरों के जीवन में सकारात्मक बदलाव लाने के लिए करें। यही वास्तविक सफलता और संतोष का रहस्य है।

जुनून: ऊर्जा का प्रवाह

जुनून वह आग है जो हमें भीतर से प्रज्वलित करती है। जब हम अपने जुनून से जुड़े होते हैं, तो हमें ऐसा लगता है जैसे हम किसी चीज़ के लिए बने हैं। यह हमें ऊर्जा से भर देता है, हमें सृजनशील बनाता है, और हमें बिना थके काम करने के लिए प्रेरित करता है।

अगर हम जय शेट्टी के जीवन की बात करें, तो आश्रम में बिताए गए उनके समय ने उन्हें यह एहसास दिलाया कि उन्हें ज्ञान साझा करना पसंद है। वे जटिल विषयों को सरल बनाकर लोगों से जोड़ने में आनंद महसूस करते थे। यह उनका जुनून था—कहानियाँ सुनाना, लोगों को प्रेरित करना, और उनके जीवन में सकारात्मक बदलाव लाना।

लेकिन यहाँ एक सवाल उठता है—क्या जुनून हमेशा जीवन को पूर्णता से भर सकता है? नहीं। जुनून किसी मशाल की तरह होता है, जो अंधेरे में रोशनी तो देता है, लेकिन अगर इसे सही दिशा न मिले, तो यह केवल चमकता रहेगा, बिना किसी ठोस परिणाम के। इसलिए, जुनून को दिशा देने के लिए हमें लक्ष्यों की ज़रूरत होती है।

लक्ष्य: दिशा तय करने वाले कदम

लक्ष्य वे पड़ाव होते हैं जो हमें हमारी यात्रा में आगे बढ़ने के लिए प्रेरित करते हैं। ये वे छोटे-छोटे कदम हैं जो हमें एक स्पष्ट रास्ता दिखाते हैं। अगर जुनून आग की तरह है, तो लक्ष्य वह ईंधन है जो इसे जलाए रखता है।

जय शेट्टी ने भी अपने शुरुआती करियर में लक्ष्य निर्धारित किए। पहले उनका लक्ष्य था एक सफल कॉर्पोरेट करियर बनाना—अच्छी नौकरी, ऊँची सैलरी, और मान्यता। उन्होंने इस दिशा में काम किया, लेकिन जल्द ही महसूस किया कि यह उन्हें असली संतोष नहीं दे रहा। उनके भीतर एक सवाल लगातार उठ रहा था—"क्या यही सब कुछ है?"

यही समस्या कई लोगों के साथ होती है। हम अपने लक्ष्यों को पाते हैं, लेकिन जब वे पूरे हो जाते हैं, तो हमें भीतर से खालीपन महसूस होता है। ऐसा इसलिए होता है क्योंकि लक्ष्य केवल साधन होते हैं, वे अंतिम गंतव्य नहीं होते। जब तक कोई उद्देश्य नहीं होता, लक्ष्य केवल सफलता की सीढ़ी चढ़ने की प्रक्रिया भर रह जाते हैं, जिनका कोई गहरा अर्थ नहीं होता।

उद्देश्य: यात्रा की अंतिम दिशा

उद्देश्य हमारे जीवन की सच्ची दिशा तय करता है। यह वह कारण है, जो हमें आगे बढ़ने के लिए प्रेरित करता है। जुनून और लक्ष्य हमें एक राह पर ला सकते हैं, लेकिन जब तक इनका कोई बड़ा अर्थ नहीं होता, तब तक वे अधूरे रहते हैं।

जय शेट्टी ने अपने जीवन का उद्देश्य खोजा—"ज्ञान को वायरल बनाना।" यह केवल उनका जुनून या लक्ष्य नहीं था, बल्कि इससे उन्हें गहरे स्तर पर संतुष्टि मिली। उन्होंने महसूस किया कि उनकी असली खुशी दूसरों की सेवा करने में है, उनके जीवन को सकारात्मक दिशा देने में है। अब उनका जुनून (कहानियाँ सुनाना) और उनके लक्ष्य (एक प्रेरक वक्ता और सामग्री निर्माता बनना) उनके उद्देश्य से जुड़े हुए थे। यही कारण है कि उनका काम केवल व्यक्तिगत सफलता तक सीमित नहीं रहा, बल्कि यह लाखों लोगों को प्रेरित करने वाला बन गया।

जुनून, लक्ष्य और उद्देश्य: इनका आपसी संबंध

अगर हम जीवन को एक जहाज की तरह देखें, तो जुनून उसकी हवा है, लक्ष्य उसका पतवार है, और उद्देश्य उसका कम्पास। हवा से जहाज आगे बढ़ता है, पतवार उसे दिशा देती है, लेकिन कम्पास के बिना वह भटक सकता है। इसलिए, हमें इन तीनों तत्वों की आवश्यकता होती है।

उदाहरण के लिए, अगर कोई व्यक्ति लेखन के प्रति जुनूनी है, तो उसका लक्ष्य एक किताब प्रकाशित करना हो सकता है। लेकिन उसका उद्देश्य यह हो सकता है कि वह अपने शब्दों के माध्यम से दुनिया में सकारात्मक बदलाव लाए। अगर वह केवल किताब लिखने को ही अपना अंतिम लक्ष्य बना ले, तो शायद उसे पूरी संतुष्टि न मिले, लेकिन जब वह इसे अपने उद्देश्य से जोड़ देगा, तब वह अपने लेखन को एक गहरे अर्थ के साथ देख पाएगा।

जीवन का असली अर्थ

कई लोग जीवन भर केवल जुनून और लक्ष्यों के पीछे भागते हैं, लेकिन वे अपने उद्देश्य को नहीं खोज पाते। यही कारण है कि कई सफल लोग भी अंदर से खाली महसूस करते हैं। उद्देश्य वह पुल है जो हमारे जुनून और लक्ष्यों को जोड़ता है और हमारे जीवन को एक गहरे अर्थ से भरता है।

जय शेट्टी की यात्रा हमें यह सिखाती है कि जुनून महत्वपूर्ण है, लेकिन अकेले यह पर्याप्त नहीं है। लक्ष्य जरूरी हैं, लेकिन बिना उद्देश्य के वे अधूरे रह जाते हैं। जब हम अपने जुनून को पहचानकर उसे सही लक्ष्य और उद्देश्य से जोड़ते हैं, तभी हम अपने जीवन में सच्ची संतुष्टि प्राप्त कर सकते हैं।

जुनून या लक्ष्य से ज्यादा उद्देश्य क्यों मायने रखता है?

जुनून उस हवा की तरह है जो आपको आगे बढ़ाती है, लक्ष्य वह पतवार है जो आपको दिशा में रखता है, लेकिन उद्देश्य वह कम्पास है जो यह तय करता है कि आप किस ओर जा रहे हैं। बिना कम्पास के, चाहे जितनी तेज़ हवा हो या चाहे जितनी मज़बूत पतवार हो, जहाज भटक सकता है, और यह कभी नहीं जान पाएगा कि उसका असली गंतव्य क्या है। यही कारण है कि जुनून और लक्ष्य से ज्यादा उद्देश्य मायने रखता है।

उद्देश्य: जीवन की असली दिशा

जब कोई व्यक्ति केवल जुनून के सहारे आगे बढ़ता है, तो वह ऊर्जावान महसूस करता है, लेकिन यह ऊर्जा बिना सही दिशा के बिखर सकती है। जुनून एक चिंगारी की तरह है–यह प्रज्वलित तो करता है, लेकिन अगर इसे सही ईंधन और दिशा न मिले, तो यह जल्दी बुझ सकता है। यही कारण है कि

उद्देश्य की आवश्यकता होती है, जो इस आग को एक स्थायी रोशनी में बदल सकता है।

जय शेट्टी की यात्रा इस बात का प्रमाण है। जब वे आश्रम में रहे, तो उन्होंने ज्ञान साझा करने और दूसरों को प्रेरित करने का जुनून खोजा। लेकिन अगर यह सिर्फ जुनून तक सीमित रहता, तो यह एक अस्थायी अनुभव बनकर रह जाता। उन्होंने अपने जुनून को एक बड़े उद्देश्य से जोड़ा–ज्ञान को अधिक से अधिक लोगों तक पहुँचाना और उनके जीवन में सकारात्मक बदलाव लाना। यही उनका कम्पास था, जिसने उनकी पूरी यात्रा को एक गहरे अर्थ से भर दिया।

उद्देश्य स्थायी संतुष्टि देता है

लक्ष्य हासिल करने से खुशी तो मिलती है, लेकिन यह क्षणिक हो सकती है। जब कोई लक्ष्य पूरा हो जाता है, तो अक्सर एक सवाल उठता है–"अब आगे क्या?" यह सवाल तब तक बना रहता है जब तक हम अपने जीवन में किसी बड़े उद्देश्य से नहीं जुड़े होते।

उदाहरण के लिए, कोई व्यक्ति एक बड़ी कंपनी में नौकरी पाने का लक्ष्य रखता है। वह इसे हासिल कर भी लेता है, लेकिन कुछ सालों बाद उसे अहसास होता है कि केवल एक ऊँचा पद या अच्छी सैलरी उसे गहरी संतुष्टि नहीं दे सकती। अगर वह यह समझ जाए कि उसका उद्देश्य समाज में बदलाव लाना है, या दूसरों की मदद करना है, तो उसके करियर का हर कदम सिर्फ पेशेवर सफलता तक सीमित नहीं रहेगा, बल्कि इसका एक बड़ा अर्थ होगा।

उद्देश्य लचीलापन प्रदान करता है

जीवन में उतार-चढ़ाव आते हैं। जब कोई व्यक्ति केवल जुनून या लक्ष्य के सहारे आगे बढ़ रहा होता है, तो किसी असफलता का सामना करने पर वह टूट सकता है। लेकिन जब वह उद्देश्य से जुड़ा होता है, तो वह मुश्किल परिस्थितियों में भी आगे बढ़ने की ताकत पाता है।

जय शेट्टी अगर सिर्फ प्रसिद्धि या पैसे के लिए काम कर रहे होते, तो शुरुआती असफलताओं से निराश हो सकते थे। लेकिन उनका उद्देश्य–लोगों की मदद करना–उन्हें हर चुनौती के बावजूद आगे बढ़ने की शक्ति देता रहा।

अपने उद्देश्य की खोज - जीवन की धारा को दिशा देने की यात्रा

कल्पना कीजिए कि आपका जीवन एक बहती हुई नदी है। यह नदी कभी तेज़ बहती है, कभी शांत होती है, और कभी-कभी चट्टानों से टकराकर दिशाहीन भी महसूस कर सकती है। लेकिन यदि इस नदी को समुद्र तक पहुँचना है, तो उसे एक दिशा चाहिए। यही दिशा आपका **उद्देश्य** है। जुनून और लक्ष्य नदी की गति को बढ़ा सकते हैं, लेकिन यदि सही दिशा न हो, तो वह अंततः भटक सकती है। यही कारण है कि अपने उद्देश्य की खोज करना इतना महत्वपूर्ण है।

अपने उद्देश्य की खोज कैसे करें?

1. अपनी खुशी के स्रोत को पहचानें हमारा मन स्वाभाविक रूप से उन्हीं चीज़ों की ओर आकर्षित होता है, जो हमें खुशी देती हैं। जब हम किसी गतिविधि में डूब जाते हैं, समय का एहसास खो बैठते हैं और उसे करने से कभी थकते नहीं, तो वह हमारे उद्देश्य की ओर इशारा कर सकती है। जैसे नदी अपने प्रवाह में सहज होती है, वैसे ही जब आप किसी काम को करते समय पूर्णता महसूस करते हैं, तो वह आपके उद्देश्य से जुड़ा हो सकता है।

उदाहरण के लिए, जय शेट्टी ने अपने शुरुआती जीवन में ही यह पहचान लिया था कि उन्हें ज्ञान साझा करने में आनंद आता है। उन्होंने इसे अपना उद्देश्य बनाया और आज वे लाखों लोगों को प्रेरित कर रहे हैं।

2. अपनी ताकत और प्रतिभाओं को समझें नदी का प्रवाह जितना मजबूत होगा, वह उतनी ही आसानी से अपनी मंज़िल तक पहुँचेगी। आपकी क्षमताएँ और प्रतिभाएँ ही आपकी जीवन यात्रा में आपकी ताकत हैं। यह पहचानना ज़रूरी है कि आप किसमें स्वाभाविक रूप से अच्छे हैं। क्या लोग आपकी किसी विशेष कौशल के लिए तारीफ करते हैं? क्या कोई ऐसा काम है, जिसे आप बिना अतिरिक्त प्रयास के सहजता से कर सकते हैं?

उदाहरण के लिए, यदि आप लोगों की बातों को ध्यान से सुनने और उन्हें सलाह देने में अच्छे हैं, तो हो सकता है कि आपका उद्देश्य दूसरों की मदद करने या मेंटरशिप से जुड़ा हो।

3. सेवा की भावना को अपनाएँ नदी का असली सौंदर्य तब है जब वह सिर्फ अपनी यात्रा तक सीमित नहीं रहती, बल्कि रास्ते में आने वाली भूमि को भी उपजाऊ बनाती है। इसी तरह, आपका उद्देश्य सिर्फ आपकी सफलता से नहीं जुड़ा होता, बल्कि यह देखना भी ज़रूरी है कि आप दूसरों के जीवन में क्या योगदान दे सकते हैं। जब हम अपने कौशल और जुनून को किसी और के जीवन में सकारात्मक बदलाव लाने में लगाते हैं, तो हमारा उद्देश्य और भी गहरा हो जाता है।

जय शेट्टी के आश्रम में बिताए गए समय ने उन्हें सिखाया कि **सेवा ही वास्तविक उद्देश्य की जड़ है।** जब आप अपने ज्ञान, ऊर्जा, या संसाधनों को दूसरों की भलाई के लिए लगाते हैं, तो आपको एक अनोखी संतुष्टि मिलती है, जो किसी भी व्यक्तिगत उपलब्धि से बढ़कर होती है।

4. अपने अनुभवों से सीखें और पैटर्न देखें नदी का हर मोड़, हर बाधा, और हर यात्रा एक कहानी बयां करती है। आपकी ज़िंदगी में भी ऐसे कई क्षण आए होंगे, जब आपने सबसे अधिक संतोष महसूस किया होगा या जब आपने किसी कठिन परिस्थिति से सीख ली होगी। उन क्षणों को याद करें, जब आपको सबसे अधिक खुशी मिली थी या जब आपने किसी को प्रभावित किया था।

कई बार हमारे संघर्ष ही हमारे उद्देश्य की ओर हमें धकेलते हैं। जय शेट्टी को उनके कॉर्पोरेट करियर में खालीपन महसूस हुआ, जिससे उन्हें आध्यात्मिकता की ओर जाने की प्रेरणा मिली और उन्होंने ज्ञान को वायरल बनाने का उद्देश्य अपनाया। इसी तरह, आपके अतीत में भी कोई ऐसा अनुभव हो सकता है, जिसने आपको किसी दिशा में बढ़ने के लिए प्रेरित किया हो।

5. छोटे-छोटे कदमों से शुरुआत करें कोई भी नदी अचानक समुद्र तक नहीं पहुँचती, वह धीरे-धीरे आगे बढ़ती है, अपने रास्ते खुद बनाती है। ठीक उसी तरह, अपने उद्देश्य को पाने के लिए आपको भी छोटे लेकिन लगातार कदम उठाने होंगे।

अगर आपको मानसिक स्वास्थ्य के प्रति जागरूकता फैलाने का उद्देश्य महसूस होता है, तो आप छोटे स्तर पर दोस्तों से बातचीत शुरू कर सकते हैं,

ब्लॉग लिख सकते हैं, या सोशल मीडिया पर जागरूकता अभियान चला सकते हैं। जैसे-जैसे आप आगे बढ़ते हैं, आपके प्रयास और गहरे होते जाते हैं।

बिना उद्देश्य के जीवन उस नाव की तरह है जो लहरों के सहारे बहती जाती है, लेकिन जब दिशा स्पष्ट होती है, तो चाहे कितनी भी आंधी आए, नाव अपने गंतव्य की ओर बढ़ती रहती है। यह यात्रा बाहरी नहीं, बल्कि आंतरिक होती है, जहाँ हर कदम आत्म-जागरूकता, अनुशासन और निरंतरता से भरा होता है।

सुबह की शुरुआत - अपने कम्पास को संरेखित करें

हर सुबह जब सूरज उगता है, तो यह हमें एक नए अवसर की याद दिलाता है कि हम अपने उद्देश्य को जी सकते हैं। जैसे नाविक अपनी यात्रा शुरू करने से पहले नक्शा और दिशा तय करता है, वैसे ही हमें भी दिन की शुरुआत आत्म-प्रतिबिंब से करनी चाहिए। यह सोचें, "आज मैं अपने उद्देश्य के करीब कैसे जा सकता हूँ?"

सचेतनता और निर्णय - अपने पाल को समायोजित करें

दिनभर में हम कई निर्णय लेते हैं, लेकिन क्या वे निर्णय हमारे उद्देश्य के अनुरूप होते हैं? एक अनुभवी नाविक हर समय अपने पाल की दिशा को समायोजित करता है ताकि तेज़ हवाओं के बावजूद वह अपने लक्ष्य तक पहुँच सके। जब भी कोई निर्णय लें, तो खुद से पूछें, "क्या यह मेरे मूल्यों के साथ मेल खाता है?" यह सचेतनता हमें उन कार्यों से बचाती है जो हमें भटकाने का काम कर सकते हैं।

आभार का अभ्यास - अपने मार्गदर्शक तारों को पहचानें

जिस तरह समुद्र में नाविक तारों की मदद से अपनी दिशा तय करता है, वैसे ही हमारे जीवन में आभार एक मार्गदर्शक की तरह काम करता है। हर दिन, उन तीन चीज़ों को लिखें जिनके लिए आप आभारी हैं। यह अभ्यास न केवल आपको संतुलित रखता है बल्कि आपको यह भी याद दिलाता है कि आप पहले ही अपने उद्देश्य की दिशा में कितनी दूर आ चुके हैं।

लक्ष्य निर्धारण - अपनी दिशा स्पष्ट करें

एक नाविक कभी भी बिना योजना के समुद्र में नहीं निकलता। उसे पता होता है कि किन छोटे पड़ावों को पार करके वह अपने गंतव्य तक पहुँचेगा। इसी तरह, अपने उद्देश्य को पाने के लिए छोटे, स्पष्ट और मापने योग्य लक्ष्य बनाना ज़रूरी है। उदाहरण के लिए, यदि आपका उद्देश्य मानसिक स्वास्थ्य में योगदान देना है, तो आप छोटे कदमों से शुरुआत कर सकते हैं, जैसे एक ब्लॉग लिखना, किसी कार्यशाला में भाग लेना, या किसी हेल्पलाइन पर स्वयंसेवा करना।

चुनौतियाँ - तूफानों का सामना करें

कोई भी समुद्र पूरी तरह शांत नहीं होता। रास्ते में तूफान, ऊँची लहरें और अनिश्चितताएँ आती ही हैं। ऐसे समय में, एक अच्छा नाविक अपने जहाज़ को छोड़ता नहीं, बल्कि लहरों के साथ तालमेल बिठाकर आगे बढ़ता है। जब असफलताएँ मिलें, तो उन्हें रुकावट नहीं, बल्कि सीखने का अवसर समझें। जय शेट्टी भी अपने शुरुआती कंटेंट क्रिएशन में असफल रहे, लेकिन उन्होंने लगातार प्रयास जारी रखा और आज उनका संदेश लाखों लोगों तक पहुँचता है।

समुदाय और मेंटरशिप - समुद्र के नक्शे को समझें

हर नाविक के पास एक मार्गदर्शक होता है, जिसने पहले वह रास्ता तय किया है। मेंटर्स और सही समुदाय का साथ हमें प्रेरणा देता है और दिशा दिखाता है। अपने जीवन में ऐसे लोगों को खोजें जो आपको प्रोत्साहित करें, जो आपकी सोच को विस्तार दें और जो आपके उद्देश्य के अनुरूप हों।

सेवा - अपने यात्रा की सार्थकता

एक नाविक का उद्देश्य सिर्फ अपनी यात्रा पूरी करना नहीं होता, बल्कि दूसरों को भी सुरक्षित रास्ता दिखाना होता है। जब हम अपने उद्देश्य को सेवा से जोड़ते हैं, तो वह और गहरा हो जाता है। जय शेट्टी का उद्देश्य सिर्फ ज्ञान प्राप्त करना नहीं था, बल्कि उसे दुनिया तक पहुँचाना था, और यही सेवा भावना उनके कार्य को सार्थक बनाती है।

अपने उद्देश्य से जुड़े रहने के लिए कुछ व्यावहारिक अभ्यास अपनाएँ। "उद्देश्य मानचित्र" बनाएँ, जिसमें आपके जुनून, कौशल और सेवा को जोड़ने वाले रास्ते दर्शाए जाएँ। "5-क्यों अभ्यास" अपनाएँ, जिससे आपके कार्यों के पीछे की गहरी प्रेरणा स्पष्ट हो सके। और सबसे ज़रूरी, अपने उद्देश्य को दैनिक जीवन में एक आदत की तरह शामिल करें, ताकि यह केवल एक विचार न रहकर आपकी वास्तविकता बन जाए।

अपने और दुनिया पर उद्देश्य के साथ जीने का प्रभाव

यह जीवन एक विशाल झील के समान है, और हमारा उद्देश्य वह कंकड़ है जिसे हम उसमें डालते हैं। जब हम उद्देश्य के साथ जीते हैं, तो यह कंकड़ झील में गिरते ही लहरें उत्पन्न करता है, जो न केवल हमें, बल्कि हमारे आसपास की दुनिया को भी प्रभावित करता है। उद्देश्य से भरा जीवन सिर्फ एक व्यक्तिगत यात्रा नहीं है; यह एक ऊर्जा है, जो दूर तक फैलती है, दूसरों को छूती है, और समय के साथ बड़े बदलाव लाती है।

जब कोई व्यक्ति अपने जीवन का उद्देश्य खोज लेता है, तो वह एक स्थायी आंतरिक संतोष का अनुभव करता है। यह संतोष बाहरी उपलब्धियों या अस्थायी खुशियों पर आधारित नहीं होता, बल्कि एक गहरे आत्म-ज्ञान और अपने कार्यों की सार्थकता से आता है। ऐसे व्यक्ति का हर दिन अर्थपूर्ण हो जाता है, क्योंकि वह जानता है कि वह सिर्फ अस्तित्व में नहीं है, बल्कि किसी विशेष उद्देश्य के साथ जी रहा है। जैसे कोई नाविक अपने दिशा-सूचक तारे को पहचान कर शांत समुद्र में भी सही दिशा में आगे बढ़ता है, वैसे ही उद्देश्य व्यक्ति को कठिनाइयों के बीच भी मार्गदर्शन देता है।

उद्देश्य के साथ जीने का सबसे बड़ा लाभ यह है कि यह व्यक्ति के मानसिक स्वास्थ्य को सकारात्मक रूप से प्रभावित करता है। जब कोई व्यक्ति अपने "क्यों" को समझ जाता है, तो जीवन की अनिश्चितताएँ उसे अधिक विचलित नहीं करतीं। यह भावना उसे अधिक लचीला बनाती है, जिससे वह जीवन के उतार-चढ़ाव को सहजता से स्वीकार करता है। उदाहरण के लिए, जब जय शेट्टी अपने कॉर्पोरेट करियर को छोड़कर आध्यात्मिक मार्ग की ओर

बढ़े, तो यह उनके लिए आसान निर्णय नहीं था। लेकिन उन्होंने अपने उद्देश्य को पहचाना और उस पर चलने का साहस किया। परिणामस्वरूप, न केवल उनका व्यक्तिगत जीवन समृद्ध हुआ, बल्कि उन्होंने लाखों लोगों के जीवन में भी बदलाव लाया।

उद्देश्य से भरा जीवन केवल व्यक्ति को ही नहीं, बल्कि उसके आसपास के लोगों को भी प्रभावित करता है। जब कोई व्यक्ति पूरी निष्ठा और समर्पण से अपने उद्देश्य पर चलता है, तो वह अनजाने में दूसरों के लिए प्रेरणा का स्रोत बन जाता है। जैसे एक दीपक स्वयं जलकर अपने आसपास के अंधकार को मिटाता है, वैसे ही एक उद्देश्यपूर्ण व्यक्ति दूसरों को भी अपने जीवन में अर्थ खोजने के लिए प्रेरित करता है। जब हम अपनी सच्ची क्षमता को पहचानकर कार्य करते हैं, तो यह ऊर्जा हमारे आसपास के लोगों तक भी पहुँचती है।

यह प्रभाव किसी शांत झील में पड़ने वाली छोटी-सी हलचल की तरह होता है, जिसकी लहरें धीरे-धीरे किनारे तक पहुँचती हैं। एक छोटे-से परिवर्तन से शुरू होकर यह प्रभाव समाज के विभिन्न हिस्सों में फैलता है। उदाहरण के लिए, जब जय शेट्टी ने अपनी आध्यात्मिक यात्रा शुरू की, तो उनका उद्देश्य केवल व्यक्तिगत विकास तक सीमित नहीं था। उन्होंने अपने ज्ञान और अनुभवों को दूसरों तक पहुँचाने का निश्चय किया, जिससे लाखों लोग लाभान्वित हुए। उनके पॉडकास्ट, किताबें और विचारधाराएँ अब दुनिया भर के लोगों को प्रेरित कर रही हैं।

जब कोई व्यक्ति अपने उद्देश्य के प्रति समर्पित होता है, तो वह अपने समुदाय और समाज में भी बदलाव लाने का माध्यम बन जाता है। यह बदलाव सिर्फ बड़े स्तर पर नहीं, बल्कि व्यक्तिगत स्तर पर भी महसूस किया जा सकता है। एक शिक्षक, जो अपने उद्देश्य को समझकर शिक्षा देता है, वह न केवल ज्ञान का प्रसार करता है, बल्कि छात्रों के जीवन को भी प्रभावित करता है। एक डॉक्टर, जो अपने पेशे को सिर्फ एक नौकरी नहीं बल्कि सेवा के रूप में देखता है, वह अपने मरीजों के जीवन में गहरा परिवर्तन लाता है। इसी तरह, किसी भी क्षेत्र में कार्यरत व्यक्ति, जब अपने उद्देश्य को पहचानता है, तो उसके कार्य अधिक प्रभावशाली और सार्थक हो जाते हैं।

लोग अक्सर यह सोचते हैं कि उद्देश्य केवल महान कार्यों से जुड़ा होता है, लेकिन यह सच नहीं है। उद्देश्य किसी भी रूप में हो सकता है–किसी परिवार की देखभाल करना, समाज की सेवा करना, कला के माध्यम से भावनाएँ व्यक्त करना, या फिर अपने आस-पास के लोगों को प्रेरित करना। महत्वपूर्ण यह नहीं है कि उद्देश्य कितना बड़ा है, बल्कि यह है कि हम इसे कितनी सच्चाई और निष्ठा से निभाते हैं। जब एक छोटा-सा दीपक पूरे कमरे को रोशन कर सकता है, तो एक उद्देश्यपूर्ण जीवन भी समाज में अंधकार को दूर कर सकता है।

सबसे महत्वपूर्ण बात यह है कि उद्देश्य केवल वर्तमान को नहीं, बल्कि भविष्य को भी प्रभावित करता है। जब हम अपने जीवन को अर्थपूर्ण बनाते हैं, तो हम एक विरासत छोड़ जाते हैं, जो हमारी उपस्थिति के बाद भी बनी रहती है। जैसे एक वृक्ष, जो वर्षों तक छाया और फल प्रदान करता है, वैसे ही एक उद्देश्यपूर्ण जीवन आने वाली पीढ़ियों के लिए प्रेरणा बन जाता है। जय शेट्टी जैसे व्यक्तित्वों का प्रभाव केवल उनके जीवनकाल तक सीमित नहीं रहेगा, बल्कि उनकी शिक्षाएँ और विचार भविष्य में भी लाखों लोगों का मार्गदर्शन करती रहेंगी।

अंततः, उद्देश्य के साथ जीना केवल एक व्यक्तिगत लाभ नहीं है, बल्कि यह एक सामाजिक और वैश्विक प्रभाव भी डालता है। जब हम अपने जीवन को अर्थपूर्ण बनाते हैं, तो हम न केवल अपनी खुशी और संतुष्टि को बढ़ाते हैं, बल्कि दूसरों के जीवन में भी रोशनी भरते हैं। यह एक निरंतर यात्रा है, जो न केवल हमें बदलती है, बल्कि हमारे चारों ओर की दुनिया को भी अधिक सकारात्मक और प्रेरणादायक बनाती है।

सामाजिक परिवर्तन के लिए उद्देश्य एक उपकरण के रूप में हर महान सामाजिक परिवर्तन की जड़ में कोई न कोई उद्देश्य-driven व्यक्ति रहा है। महात्मा गांधी का अहिंसा का संकल्प, मार्टिन लूथर किंग जूनियर का समानता के प्रति समर्पण, और मदर टेरेसा की करुणा–इन सभी व्यक्तित्वों ने अपने-अपने उद्देश्यों को साधारण शब्दों या विचारों से ऊपर उठाकर उन्हें जीवन का केंद्र बना लिया। यह उद्देश्य ही था जिसने उन्हें कठिन परिस्थितियों में भी आगे बढ़ने की शक्ति दी, और अंततः, समाज में गहरे परिवर्तन की नींव रखी।

आज, जब दुनिया जलवायु परिवर्तन, सामाजिक असमानता, और मानसिक स्वास्थ्य जैसी चुनौतियों से जूझ रही है, तब उद्देश्य-संचालित व्यक्तियों की पहले से कहीं अधिक आवश्यकता है। ये वे लोग हैं, जो केवल समस्याओं के बारे में सोचने तक सीमित नहीं रहते, बल्कि उनके समाधान के लिए अपने जीवन को समर्पित कर देते हैं। जय शेट्टी इसका एक आधुनिक उदाहरण हैं। उन्होंने अपने प्लेटफॉर्म को केवल व्यक्तिगत सफलता की कहानियाँ साझा करने तक सीमित नहीं रखा, बल्कि मानसिक स्वास्थ्य और सचेतनता (mindfulness) को एक वैश्विक चर्चा का विषय बना दिया। जब लोग उनके संदेशों से जुड़ते हैं, तो वे केवल प्रेरित ही नहीं होते, बल्कि वे अपने जीवन में बदलाव लाने के लिए भी प्रेरित होते हैं। यही उद्देश्य की शक्ति है–यह केवल विचारों तक सीमित नहीं रहता, बल्कि वास्तविक बदलाव की लहर पैदा करता है।

उद्देश्य समाज में सहानुभूति और संबंध को भी बढ़ावा देता है। जब कोई व्यक्ति अपने उद्देश्य को समझता है और उसे अपनाता है, तो उसका ध्यान केवल खुद से नहीं, बल्कि दूसरों की भलाई की ओर भी जाता है। यह भावना हमें व्यक्तिगत सफलता से आगे बढ़ाकर एक व्यापक दृष्टिकोण अपनाने की प्रेरणा देती है। जैसे कोई नदी अपने प्रवाह में न केवल अपनी धारा को बनाए रखती है, बल्कि अपने आसपास के जीवन को भी पोषित करती है, वैसे ही एक उद्देश्य-संचालित व्यक्ति भी अपने आसपास के समाज को गहराई से प्रभावित करता है।

जय शेट्टी की सफलता सिर्फ उनके व्यक्तिगत प्रयासों का परिणाम नहीं है, बल्कि यह उनके उस दृष्टिकोण का प्रमाण है जिसमें वे समुदाय, सेवा और परस्पर सहयोग को प्राथमिकता देते हैं। उनके द्वारा साझा किए गए विचार न केवल लोगों को स्वयं को समझने में मदद करते हैं, बल्कि उन्हें अपने आसपास के लोगों से भी अधिक जुड़ने की प्रेरणा देते हैं। जब कोई व्यक्ति अपने उद्देश्य को अपनाता है, तो उसकी उपस्थिति से अन्य लोग भी अपने जीवन में अधिक जागरूक और उद्देश्यपूर्ण होने की प्रेरणा प्राप्त करते हैं। इस तरह, उद्देश्य की एक चिंगारी एक पूरे जंगल में सकारात्मक बदलाव की आग भड़का सकती है।

इसके अलावा, उद्देश्य नवाचार को भी जन्म देता है। जब किसी व्यक्ति को किसी समस्या को हल करने की गहरी इच्छा होती है, तो वह पारंपरिक रास्तों से हटकर कुछ नया करने का साहस करता है। यह न केवल व्यक्तिगत स्तर पर बल्कि सामाजिक स्तर पर भी परिवर्तन का मार्ग प्रशस्त करता है। जय शेट्टी का कार्य इस बात का प्रमाण है कि कैसे आध्यात्मिकता और आधुनिक मीडिया को मिलाकर एक नया और प्रभावशाली तरीका विकसित किया जा सकता है। उन्होंने प्राचीन ज्ञान को नए और व्यावहारिक तरीकों से प्रस्तुत किया, जिससे वह वैश्विक दर्शकों के लिए अधिक सुलभ और प्रासंगिक बन गया। यह एक उदाहरण है कि जब उद्देश्य और नवाचार मिलते हैं, तो वे दुनिया पर स्थायी प्रभाव डाल सकते हैं।

अगर हम उद्देश्य को एक बीज की तरह देखें, तो यह बीज जब किसी के भीतर अंकुरित होता है, तो वह सिर्फ एक पौधा बनकर नहीं रह जाता, बल्कि समय के साथ एक विशाल वृक्ष बन जाता है, जो आने वाली पीढ़ियों को भी छाया और फल प्रदान करता है। जय शेट्टी का जीवन इसी बात का उदाहरण है। उनके द्वारा साझा किया गया ज्ञान और अनुभव उनकी व्यक्तिगत सफलता से कहीं आगे बढ़ चुका है–यह अब लाखों लोगों के जीवन में सकारात्मक बदलाव लाने का माध्यम बन चुका है।

उनकी यात्रा हमें यह सिखाती है कि उद्देश्य केवल हमारी अपनी राह को रोशन करने के लिए नहीं है, बल्कि यह दूसरों के लिए भी एक प्रकाशस्तंभ बन सकता है। जब कोई व्यक्ति अपने जीवन के उद्देश्य को गहराई से अपनाता है, तो वह समाज में बदलाव लाने की एक लहर को जन्म देता है। और यह परिवर्तन केवल वर्तमान तक सीमित नहीं रहता, बल्कि यह एक विरासत के रूप में भविष्य की पीढ़ियों तक भी पहुँचता है।

उद्देश्य की ओर आपकी यात्रा

उद्देश्य इस यात्रा का वह किनारा है, जो हमारी धारा को एक सही मार्ग देता है, उसे व्यर्थ में भटकने से बचाता है और उसे सार्थकता की ओर ले जाता है। अद्वैत वेदांत के महान दार्शनिक आदि शंकराचार्य ने कहा है–

"यावत् जीवनं तावत् शिक्षां, यावत् शिक्षां तावत् ज्ञानम्।
यावत् ज्ञानं तावत् मुक्तिः, न हि ज्ञानेन सदृशं पवित्रम्।।"

अर्थात, जब तक जीवन है, तब तक सीखना चाहिए, और सीखते रहने से ही ज्ञान की प्राप्ति होती है। यह ज्ञान ही हमें वास्तविक मुक्ति या पूर्णता की ओर ले जाता है। इसी तरह, जीवन में उद्देश्य की खोज एक निरंतर सीखने की प्रक्रिया है। यह कोई ऐसा लक्ष्य नहीं, जिसे एक बार पा लेने के बाद ठहरा जा सके, बल्कि यह एक सतत प्रवाह है, जो हमें भीतर और बाहर दोनों स्तरों पर विकसित करता है।

किसी भी यात्रा की शुरुआत एक छोटे से कदम से होती है। उद्देश्य की यात्रा भी वैसे ही आरंभ होती है, जब हम अपने भीतर झांककर यह प्रश्न पूछते हैं– "मैं कौन हूँ?" और "मुझे इस जीवन में क्या करना है?" यह केवल बाहरी उपलब्धियों या सामाजिक पहचान की खोज नहीं है, बल्कि यह आत्मनिरीक्षण की वह प्रक्रिया है, जो हमें अपने मूल स्वभाव, अपने गुणों और अपनी सच्ची प्रवृत्ति से परिचित कराती है। जब मनुष्य अपने वास्तविक स्वरूप को पहचान लेता है, तब उसके कर्म भी स्वाभाविक रूप से एक गहरे उद्देश्य की ओर प्रवाहित होने लगते हैं।

शंकराचार्य के सिद्धांत बताते हैं कि केवल बाहरी उपलब्धियाँ ही मनुष्य को संतोष नहीं देतीं, बल्कि सच्चा आनंद आत्मबोध में है। जब कोई व्यक्ति अपने कार्यों को केवल स्वयं तक सीमित नहीं रखता, बल्कि उन्हें व्यापक मानवता की सेवा से जोड़ता है, तब उसका उद्देश्य एक उच्च आयाम प्राप्त कर लेता है। यह वही भावना है जिसे जय शेट्टी अपने जीवन के माध्यम से व्यक्त करते हैं– "आपका उद्देश्य केवल आपके बारे में नहीं है, बल्कि यह इस बारे में है कि आप दुनिया की सेवा कैसे कर सकते हैं।"

यह उद्देश्य हमें एक नया दृष्टिकोण प्रदान करता है, जो हमारे विचारों और कर्मों को एक उच्चतर सत्य से जोड़ता है। जिस प्रकार नदी अपने अंतिम गंतव्य, महासागर में मिलने से पहले अनेक मोड़ों से गुजरती है, वैसे ही मनुष्य भी अपने उद्देश्य की खोज में कई अनुभवों, असफलताओं और सीखों

से होकर गुजरता है। लेकिन हर अनुभव उसे अपने उद्देश्य के और करीब ले जाता है, बशर्ते वह उस यात्रा को पूरे मन से स्वीकार करे।

इसलिए, यदि जीवन को वास्तव में सार्थक बनाना है, तो अपनी ऊर्जा को अपने सच्चे उद्देश्य की खोज और उसकी पूर्ति में लगाइए। यह एक अनिश्चित यात्रा हो सकती है, लेकिन हर कदम, हर प्रयास, हर जागरूकता का क्षण महत्वपूर्ण है। आपकी प्रतिभाएँ, आपका ज्ञान, और आपकी सीख दुनिया के लिए अनमोल उपहार हैं। उन्हें पहचानिए, अपनाइए, और उन्हें एक बड़े उद्देश्य की ओर मोड़िए। जब तक आप इस दिशा में आगे बढ़ते रहेंगे, तब तक आपका जीवन केवल एक अस्तित्व न होकर, एक प्रकाश बन जाएगा—जो न केवल स्वयं को प्रकाशित करेगा, बल्कि औरों को भी राह दिखाएगा।

शब्दावली (Glossary)

...

1. **माइंडफुलनेस:** वर्तमान क्षण में पूरी तरह उपस्थित रहने की कला, जिसमें बिना किसी निर्णय के अपने विचारों, भावनाओं और शारीरिक संवेदनाओं को स्वीकार किया जाता है।

2. **हिप्नोथैरेपी:** एक चिकित्सीय तकनीक, जिसमें गहरी एकाग्रता और विश्राम के माध्यम से अवचेतन मन तक पहुँचा जाता है, जिससे सकारात्मक परिवर्तन और भावनात्मक उपचार संभव हो पाता है।

3. **आत्म-सुझाव (Self-Suggestion):** स्वयं को सकारात्मक और प्रेरणादायक विचारों से प्रभावित करने की एक विधि, जो अवचेतन मन में बदलाव लाने में मदद करती है।

4. **भावनात्मक उपचार (Emotional Healing):** बीते हुए मानसिक आघात, नकारात्मक भावनाओं या आत्म-संदेह को स्वीकार करके उनसे उबरने की प्रक्रिया, जो मानसिक और भावनात्मक संतुलन को पुनः स्थापित करती है।

5. **आत्म-करुणा (Self-Compassion):** स्वयं के प्रति प्रेमपूर्ण और सहानुभूतिपूर्ण दृष्टिकोण रखना, विशेष रूप से तब जब हम किसी कठिनाई या असफलता का सामना कर रहे हों।

6. **आत्म-प्रभावशीलता (Self-Efficacy):** अपने कार्यों और निर्णयों पर विश्वास रखना कि हम अपने लक्ष्यों को पूरा कर सकते हैं और जीवन की चुनौतियों का सामना कर सकते हैं।

7. **अवचेतन मन (Subconscious Mind):** हमारे मन का वह गहरा स्तर, जो हमारे विचारों, भावनाओं और आदतों को संचालित करता है, अक्सर बिना हमारे प्रत्यक्ष ज्ञान के।

8. **मानसिक पुनर्प्रोग्रामिंग (Mental Reprogramming):** पुरानी, नकारात्मक धारणाओं और सोच के पैटर्न को बदलकर नए, सकारात्मक विचारों और मान्यताओं को स्थापित करने की प्रक्रिया।

9. **विश्वास प्रणाली (Belief System):** व्यक्ति की गहरी जड़ें जमा चुकी धारणाएँ और विश्वास, जो उसके विचारों, भावनाओं और जीवन के निर्णयों को प्रभावित करते हैं।

10. **ध्यान (Meditation):** मन को शांत और केंद्रित करने की एक विधि, जिससे मानसिक स्पष्टता, आंतरिक शांति और आत्म-जागरूकता बढ़ती है।

www.ingramcontent.com/pod-product-compliance
Lightning Source LLC
Chambersburg PA
CBHW032007150726
47990CB00005B/1871